Fabricador de instrumentos de trabalho,
de habitações, de culturas e sociedades,
o Homem é também agente transformador
da História. Mas qual será o lugar
do Homem na História e o da História
na vida do Homem?

LUGAR DA HISTÓRIA

01. A NOVA HISTÓRIA, Jacques Le Goff, Le Roy Ladurie, Georges Duby e outros
02. PARA UMA HISTÓRIA ANTROPOLÓGICA, W. G. I., Randles, Nathan Watchel e outros
03. A CONCEPÇÃO MARXISTA DA HISTÓRIA, Helmut Fleischer
04. SENHORIO E FEUDALIDADE NA IDADE MÉDIA, Guy Fourquin
05. EXPLICAR O FASCISMO, Renzo de Felice
06. A SOCIEDADE FEUDAL, Marc Bloch
07. O FIM DO MUNDO ANTIGO E O PRINCÍPIO DA IDADE MÉDIA, Ferdinand Lot
08. O ANO MIL, Georges Duby
09. ZAPATA E A REVOLUÇÃO MEXICANA, John Womack Jr.
10. HISTÓRIA DO CRISTIANISMO, Ambrogio Donini
11. A IGREJA E A EXPANSÃO IBÉRICA, C. R. Boxer
12. HISTÓRIA ECONÓMICA DO OCIDENTE MEDIEVAL, Guy Fourquin
13. GUIA DE HISTÓRIA UNIVERSAL, Jacques Herman
15. INTRODUÇÃO À ARQUEOLOGIA, Carl-Axel Moberg
16. A DECADÊNCIA DO IMPÉRIO DA PIMENTA, de A. R. Disney
17. O FEUDALISMO, UM HORIZONTE TEÓRICO, Alain Guerreau
18. A ÍNDIA PORTUGUESA EM MEADOS DO SÉCULO XVII, C. R. Boxer
19. REFLEXÕES SOBRE A HISTÓRIA, Jacques Le Goff
20. COMO SE ESCREVE A HISTÓRIA, Paul Veyne
21. HISTÓRIA ECONÓMICA DA EUROPA PRÉ-INDUSTRIAL, Carlo Cipolla
22. MONTAILLOU, CÁTAROS E CATÓLICOS NUMA ALDEIA OCCITANA (1294-1324), E. Le Roy Ladurie
23. OS GREGOS ANTIGOS, M. I. Finley
24. O MARAVILHOSO E O QUOTIDIANO NO OCIDENTE MEDIEVAL, Jacques Le Goff
25. AS INSTITUIÇÕES GREGAS, Claude Mossé
26. A REFORMA NA IDADE MÉDIA, Brenda Bolton
27. ECONOMIA E SOCIEDADE NA GRÉCIA ANTIGA, Michel Austin e Pierre Vidal Naquet
28. O TEATRO ANTIGO, Pierre Grimal
29. A REVOLUÇÃO INDUSTRIAL NA EUROPA DO SÉCULO XIX, Tom Kemp
30. O MUNDO HELENÍSTICO, Pierre Lévêque
31. ACREDITARAM OS GREGOS NOS SEUS MITOS? Paul Veyne
32. ECONOMIA RURAL E VIDA NO CAMPO NO OCIDENTE MEDIEVAL (Vol. I), Georges Duby
33. OUTONO DA IDADE MÉDIA E PRIMAVERA DOS NOVOS TEMPOS? Philippe Wolff
34. A CIVILIZAÇÃO ROMANA, de Pierre Grimal
35. ECONOMIA RURAL E VIDA NO CAMPO NO OCIDENTE MEDIEVAL (Vol. I), Georges Duby
36. PENSAR A REVOLUÇÃO FRANCESA, François Furet
37. A GRÉCIA ARCAICA DE HOMERO A ÉSQUILO (Séculos VIII-VI a.C.), Claude Mossé
38. ENSAIOS DE EGO-HISTÓRIA, Pierre Nora, Maurice Agulhon, Pierre Chaunu, Georges Duby, Raoul Girardet, Jacques Le Goff, Michelle Perrot, René Remond
39. ASPECTOS DA ANTIGUIDADE, Moses I. Finley
40. A CRISTANDADE NO OCIDENTE 1400-1700, John Bossy
41. AS PRIMEIRAS CIVILIZAÇÕES – I. OS IMPÉRIOS DO BRONZE, Pierre Lévêque
42. AS PRIMEIRAS CIVILIZAÇÕES – II. A MESOPOTÂMIA / OS HITITAS, Pierre Lévêque
43. AS PRIMEIRAS CIVILIZAÇÕES – III. OS INDO-EUROPEUS E OS SEMITAS, Pierre Lévêque
44. O FRUTO PROIBIDO, Marcel Bernos, Charles de la Roncière, Jean Guyon, Philipe Lécrivain
45. AS MÁQUINAS DO TEMPO, Carlo M. Cipolla
46. HISTÓRIA DA PRIMEIRA GUERRA MUNDIAL 1914-1918, Marc Ferro
48. A SOCIEDADE ROMANA, Paul Veyne
49. O TEMPO DAS REFORMAS (1250-1550) – Vol. I, Pierre Chaunu
50. O TEMPO DAS REFORMAS (1250-1550) – Vol. II, Pierre Chaunu
51. INTRODUÇÃO AO ESTUDO DA HISTÓRIA ECONÓMICA, Carlo M. Cipolla
52. POLÍTICA NO MUNDO ANTIGO, M. I. Finley
53. O SÉCULO DE AUGUSTO, Pierre Grimal
54. O CIDADÃO NA GRÉCIA ANTIGA, Claude Mossé
55. O IMPÉRIO ROMANO, Pierre Grimal
56. A TRAGÉDIA GREGA, Jacqueline de Romilly
57. HISTÓRIA E MEMÓRIA – Vol. I, Jacques Le Goff
58. HISTÓRIA E MEMÓRIA – Vol. II, Jacques Le Goff
59. HOMERO, Jacqueline de Romilly
60. A IGREJA NO OCIDENTE, Mireille Baumgartner
61. AS CIDADES ROMANAS, Pierre Grimal
62. A CIVILIZAÇÃO GREGA, François Chamoux
63. A CIVILIZAÇÃO DO RENASCIMENTO, Jean Delumeau
64. A GRÉCIA ANTIGA, José Ribeiro Ferreira
65. A DESCOBERTA DE ÁFRICA, organizado por Catherine Coquery-Vidrovitch
66. NO PRINCÍPIO ERAM OS DEUSES, Jean Bottéro
67. HISTÓRIA DA IGREJA CATÓLICA, J. Derek Holmes, Bernard W. Bickers
68. A BÍBLIA, organizado por Françoise Briquel-Chatonnet
69. RECRIAR ÁFRICA, James H. Sweet
70. CONQUISTA. A DESTRUIÇÃO DOS ÍNDIOS AMERICANOS, Massimo Livi Bacci

CONQUISTA
A DESTRUIÇÃO DOS ÍNDIOS AMERICANOS

A tradução desta obra teve o patrocínio do
SEPS – SEGRETARIATO EUROPEO PER LE PUBBLICAZIONI SCIENTIFICHE

Via Val d'Aposa 7 – 40123 Bolonha – Itália
seps@alma.unibo.it
www.seps.it

Título original:
Conquista. La distruzione degli indios americani

© 2005 by Società editrice Il Mulino, Bologna

Tradução: Sandra Escobar

Capa: FBA

Depósito Legal n.º 257212/07

Paginação:
MARIANO

Impressão e acabamento:
MANUEL A. PACHECO

para
EDIÇÕES 70, LDA.
Março de 2007

ISBN: 978-972-44-1307-5

Direitos reservados para todos os países de língua portuguesa
por Edições 70

EDIÇÕES 70, Lda.
Rua Luciano Cordeiro, 123 – 1.º Esq.º – 1069-157 Lisboa / Portugal
Telefs.: 213190240 – Fax: 213190249
e-mail: geral@edicoes70.pt

www.edicoes70.pt

Esta obra está protegida pela lei. Não pode ser reproduzida,
no todo ou em parte, qualquer que seja o modo utilizado,
incluindo fotocópia e xerocópia, sem prévia autorização do Editor.
Qualquer transgressão à lei dos Direitos de Autor será passível
de procedimento judicial.

MASSIMO LIVI BACCI
CONQUISTA
A DESTRUIÇÃO
DOS ÍNDIOS
AMERICANOS

70

ÍNDICE

Prefácio 9

I. Onde se fala de três viagens que transformaram o rosto de um continente, da população americana na época do contacto, da catástrofe demográfica dos índios, do crescimento doloroso dos africanos e da expansão dos europeus 13

II. Um humilde franciscano, dois dominicanos aguerridos, um humanista italiano na corte de Espanha, um vice-rei com remorsos, um *alcalde* naturalista, um inca europeizado e um inca decadente, um conquistador observador... diversos testemunhos, diagnósticos comuns da catástrofe 33

III. Um viajante incansável, mas atrasado um quarto de século, devasta um continente. Das Caraíbas ao Peru: breve história de uma longa viagem e do suspeito assassino de Huayna Capac, pai de Atahualpa. As verdadeiras e as supostas culpas da varíola e das outras doenças de rebanho 55

IV. Um brinco de ouro e o trágico destino dos Tainos. Um índio segue um veado e descobre uma montanha de prata. Um povo em contínuo movimento ao longo de mil milhas, a quatro mil metros de altitude, e as riquezas de Potosí. Feitos e delitos do ouro e da prata 75

V. Hispaniola, o paraíso terrestre de Colombo e a imaginação dos estudiosos modernos. Cem mil ou dez milhões de Tainos? A catástrofe das Antilhas vista de perto e uma lenda negra muito credível. Morrem homens, prosperam animais 99

VI. Uma grande e rica cidade, sonhada por Colombo, destruída por Cortés. A disputa dos modernos pela população da Mesoamérica. Tributários, tributos e população. Treze bergantins levados às costas e um túnel na rocha. Homens e animais 127

VII. Os Incas e muitos milhões de súbditos. Um quarto de século de guerras: índios contra índios, Espanhóis contra índios, Espanhóis contra Espanhóis. «Quipos», canetas, tinteiros. Um vice-rei que contabiliza, calcula e age. As epidemias: os modernos falam delas, os antigos ignoram-nas 163

VIII. Colonos e «paulistas» à caça dos Guaranis entre o Paraná e o Uruguai. Cem jesuítas para cem mil índios. Machados de aço e segurança em troca de costumes cristãos. Monogamia e reprodução mais fortes do que as doenças de rebanho 197

Epílogo 227

Apêndice 239

Cronologia 269

Glossário 273

Ilustrações 277

Notas 281

Índice de nomes próprios 309

Índice geográfico 315

Prefácio

Este livro é fruto de um interesse precoce e de um empenho tardio. O interesse precoce, que surgiu na adolescência, diz respeito às extraordinárias vicissitudes do Novo Mundo, alimentado mais tarde por viagens, visitas e estadias sempre demasiado curtas para serem plenamente satisfatórias, mas longas o bastante para alimentar a curiosidade. O empenho tardio, ao invés, teve início em 1998, quando um ano de licença me levou a estadias de estudo e investigação na América, na University of California de Berkeley na Chair of Italian Studies, em Cuba, no Brasil, na Universidade Federal de Minas Gerais em Belo Horizonte e na Unicamp em Campinas. A troca de ideias com muitos colegas das três instituições que me acolheram consolidou ou contradisse hipóteses e abriu novas pistas de investigação.

Os métodos quantitativos tradicionais de pouco servem para indagar as causas e os mecanismos da catástrofe demográfica dos índios. Os dados são escassos, frequentemente pouco fiáveis, sempre incompletos. Não permitem tirar conclusões seguras, apesar de permitirem construir hipóteses e arriscar interpretações. A função do demógrafo na análise da grande catástrofe americana poderia parecer cingir-se à análise do pouco que há. Todavia, a documentação que chegou até nós é rica e complexa: conquistadores e homens de armas, religiosos e homens da lei, funcionários e mercadores, escreviam memórias e relatórios, lavravam actas, conduziam investigações, emitiam juízos e sentenças. O debate religioso, jurídico e filosófico sobre a natureza do Novo Mundo e dos seus habitantes apurou a natureza dos testemunhos da época. O mundo indígena deixou inúmeros testemunhos e marcas eloquentes dos acontecimentos. Séculos de investigação histórica organizaram e sedimentaram conhecimentos, construíram, modificaram e destruíram teorias e paradigmas. Este livro é uma incursão num vasto campo que procura factos e provas úteis para construir uma interpretação demográfica da catástrofe. Desde as primeiras décadas do século XVI, a *Leyenda Negra* da Conquista foi alimentada por testemunhos directos da impiedosa e cruel obra de submissão levada a cabo pelos europeus, e, mais tarde, será usada num registo antiespanhol e anticatólico. É uma interpretação da Conquista que alimenta o debate ético e político, embora não ajude a atribuir aos vários factores o peso que cada um deles tem no declínio catastrófico da população índia durante o século XVI. Por outro lado, o moderno revisionismo epidemiológico, que atribui às patologias europeias a causa exclusiva do declínio dos índios, nivela e anula a relevância que as perturbações da Conquista assumiram na economia, na sociedade e, portanto, na demografia das populações americanas. Esquece que não houve um único actor na tragédia americana, antes uma pluralidade de protagonistas com os quais interagiram conquistadores e colonos.

A catástrofe não foi uma fatalidade. Por outras palavras, não foi consequência necessária e inevitável do contacto entre europeus e índios, mas um resultado para o qual contribuíram quer as formas da Conquista, quer a natureza das sociedades submetidas e que, em algumas zonas, significou a destruição total, noutras um longo e enorme declínio, noutras ainda um choque inicial e uma rápida recuperação.

No campo dos estudos, as trocas de ideias e conselhos com amigos e colegas são um apoio importante. Quero agradecer, de modo particular, a Nicolás Sanchéz-Albórnoz, Carlos Sempat Assadourian, Francesco Barbarani, Carlo A. Corsini, Ernesto J. A. Maeder, Luciano Matrone, Letizia Mencarini, Floriano Papi, Cecilia Rabell Romero, David Reher, Stefano Turillazzi, que leram partes do texto dactilografado, deram conselhos e arranjaram materiais. Um agradecimento especial vai para Maria del Carmen Diez Hoyo, que dirige a excelente Biblioteca Hispânica de Madrid e que com generosidade e amizade ajudou a não me perder no labirinto da literatura hispano-americana.

Florença, Fevereiro de 2005

M.L.B.

I. *Onde se fala de três viagens que transformaram o rosto de um continente, da população americana na época do contacto, da catástrofe demográfica dos índios, do crescimento doloroso dos africanos e da expansão dos europeus*

Três percursos, três viagens, estão na origem das complexas vicissitudes demográficas do continente americano na época moderna. A primeira, a mais antiga, foi aquela empreendida há quinze ou vinte mil anos por um caçador siberiano que atravessou, com alguns companheiros, a gelada Beríngia e pisou o solo do Alasca, abrindo caminho a uma lenta migração que no espaço de mil ou dois mil anos levou ao povoamento disperso do continente inteiro até à Patagónia. Uma viagem de 20 000 quilómetros, à não insignificante velocidade de dez ou mais quilómetros por ano, em territórios desconhecidos e nem sempre hospitaleiros([1]). Desses poucos transmigrantes e dos que se seguiram em vagas posteriores descendiam os trinta ou quarenta milhões de habitantes que se pensa terem povoado a América há 500 anos. Dos acontecimentos desta transmigração pouco se sabe, a não ser o que os arqueólogos e os paleontólogos podem reconstruir ou conjecturar com base nos achados que laboriosa e lentamente são estudados.

A segunda viagem é a de um genovês de 40 anos, de estatura mediana, grande navegador, tão corajoso quanto tenaz, com excelentes relações políticas e religiosas. Da sua viagem – apesar de não ser a primeira da Europa, é a que dá início a um contacto permanente entre as duas margens do Atlântico – conhece-se praticamente tudo. A viagem de Cristóvão Colombo e dos seus 90 companheiros é veloz, tendo começado sexta-feira, 3 de Agosto de 1492, meia hora depois do amanhecer, quando os três barcos levantaram ferro do porto de Palos, com maré favorável([2]). A travessia atlântica, após uma longa paragem nas Canárias, começa ao amanhecer, a 6 de Setembro, em La Gomera e acaba com o avistar da ilha de Guanahaní (mais tarde baptizada San

Salvador) às duas da manhã de 12 de Outubro, 36 dias depois[3]. Esta viagem, que inaugura o permanente e contínuo laço transatlântico, deu início ao «contacto» entre os dois mundos: um contacto «móvel» obviamente, porque a fronteira da exploração e da implantação europeia, por muito que se desloque rapidamente, necessita de muitas décadas para abranger a grande maioria da população autóctone e de um ou mais séculos para alcançar as populações mais isoladas.

A terceira viagem é a de uma pessoa, supostamente um homem, não sabemos se grumete ou marinheiro, passageiro ou funcionário real, realizada no Outono de 1516. Sabe-se que a personagem desconhecida desembarca em Santo Domingo de Hispaniola e tem uma particularidade: está infectado com o vírus da varíola e difunde o contágio na ilha. Dois frades jerosolimitas(*) – Luis de Figueroa e Alonso de Santo Domingo –, então chefes da administração da ilha, deixaram um testemunho da existência da doença, escrevendo, a 10 de Janeiro de 1519 ao rei Fernando, que desde Dezembro passado morreram de varíola «um terço dos chamados índios e ainda continuam a morrer»[4]. É a primeira epidemia grave conhecida no Novo Mundo que se espalhará pelas Caraíbas, em terra firme, no México e na Guatemala e, como alguns defendem, ainda mais a sul. Este viajante simboliza e sintetiza a chegada à América, entre outras pessoas anónimas, de patologias infecciosas desconhecidas (sarampo, escarlatina, difteria) e altamente destrutivas, porque os índios não tinham a protecção imunitária que os europeus possuíam para essas doenças.

A primeira viagem determina a base demográfica do continente no limiar da Idade Moderna; a segunda estabelece o contacto permanente com o mundo europeu, as formas de uma supremacia duradoura e a terceira enriquece as patologias do Novo Mundo com armas destrutivas que antes não existiam. As testemunhas da Conquista e do contacto, conscientes de que as populações indígenas diminuíam rapidamente, fizeram interpretações geralmente complexas do fenómeno, em que, porém, privilegiavam as causas políticas, económicas e sociais (exploração, violência, desenraizamento, expropriação) em detrimento das causas naturais (patologias e epidemias). Os estudiosos modernos, ao invés, revalorizaram bastante o papel das novas patologias e, nos casos mais extremos, atribuíram-lhe a inteira responsabilidade da catástrofe demográfica.

(*) Da Ordem de São João de Jerusalém, mais conhecidos por Hospitalários – e que a partir de 1530 se designaria Ordem de Malta. (*N. R.*)

Este livro aborda a demografia da América indígena e a sua catástrofe. O presente capítulo é dedicado a uma síntese de factos numéricos e as páginas seguintes a uma avaliação da dimensão dos recursos humanos que a viagem de Colombo colocou em risco. Esta avaliação é um argumento técnico com muitas implicações ideológicas e históricas. Simplificando, poderemos dizer que, nas avaliações modernas, a escola «baixista» da primeira metade do século XX foi suplantada pela «altista» da segunda metade. As divergências entre as duas escolas são modestas no que diz respeito à avaliação da população americana na segunda metade do século XVI, quando recenseamentos fiscais e outras fontes documentais limitam bastante as probabilidades do erro e o espaço da imaginação. As divergências entre as escolas também não se referem ao facto de, efectivamente, durante o primeiro século da Conquista as populações do continente terem sofrido uma queda catastrófica, ainda que haja divisões profundas sobre as causas que estiveram na sua origem. Estas dizem respeito ao valor da queda entre um «início» (altura do contacto: 1492 para as Caraíbas, as décadas seguintes para o continente) desconhecido e uma «continuação» (a partir de 1570) bastante bem conhecida. A diferença entre as duas escolas é de uma ordem de grandeza: de menos de 10 a mais de 100 milhões[5]. Não convém entrar em pormenores técnicos das estimativas, objecto de debate intenso entre os especialistas, antes limitarmo-nos à observação geral. As estimativas dos «altistas» implicam a hipótese de uma catástrofe e de um declínio calamitoso: partindo do ano B, em que a população pode ser avaliada com uma boa aproximação baseada em elementos exactos, remonta-se ao ponto A (o momento do contacto, várias décadas anterior). Quanto mais rápido é o declínio, quanto mais profunda é a catástrofe, maior é a avaliação da população no momento do contacto. Para justificar a avaliação do declínio – que não seria possível imputar nem à espada dos poucos conquistadores, nem a outras causas económicas e sociais que agem gradualmente – é funcional considerar a causa epidemiológica como principal factor de despovoamento. Os «altistas» dos últimos 50 anos são, por isso, defensores convictos da hipótese epidemiológica e, consequentemente, são também induzidos a subvalorizar outros factores não naturais do declínio, esquecendo-se de indagar as causas que possam ter provocado alterações complexas nos sistemas demográficos indígenas. Só as epidemias podem justificar a redução da estrutura demográfica – entre o zénite do povoamento na época do contacto e o seu nadir um século depois – a um décimo ou a um vigésimo das dimensões originais.

As avaliações modernas da população americana, na época do contacto (veja-se a tabela 1 no Apêndice), variam entre um mínimo de 8 e um máximo de 112 milhões (relação de 1 para 13). A última revisão sistemática efectuada por William Denevan, em 1992, fala de 54 milhões e baixa um pouco as suas estimativas anteriores (1976), feitas em plena época «altista»[6]; à luz de novos elementos e avaliações (para as Caraíbas, para a América do Norte), há bons motivos para considerar plausível uma população ainda menor, talvez próxima dos 30 milhões, cerca de um terço da população europeia contemporânea. Só por volta de 1800 é que se recuperaram os níveis de três séculos antes, embora com uma população a que acresceu o contributo africano e europeu. Mas não nos precipitemos: na altura do contacto, os recursos humanos do continente eram conspícuos: dois terços concentrados na Mesoamérica e na região dos Andes, fixados de forma esparsa em outros lugares, nómadas nas zonas mais longínquas.

Que os índios, entre 1500 e 1650, estivessem reduzidos a menos de um décimo do número inicial, como pensam alguns «altistas», a um terço ou a metade, como pensam outros mais moderados, faz certamente diferença, porém não deixou de se tratar de uma catástrofe. Assim como foi catastrófico o impacto da peste na Europa, ainda que tenha reduzido «apenas» um terço da população entre 1348 e as primeiras décadas do século seguinte, quando as vagas de epidemias abrandaram o ritmo e diminuíram a sua intensidade de destruição. Para se fazer uma ideia geral da América nos séculos que se seguiram à Conquista, socorramo-nos da figura 1 (no Apêndice) que traça a evolução das componentes indígena (a totalidade em 1500), branca, negra e mestiça, desde 1500 a 1950. A população total, em forte diminuição no século XVI, regressa às dimensões originais por volta de 1800, mas os indígenas são, já à época, uma minoria. Os brancos, graças à imigração, representam um quarto do potencial do continente e os negros, trazidos acorrentados de África, cerca de um quinto. O resto são misturas de vários tipos e graus. Mas atenção: as distinções eram mais sociais do que biodemográficas. Naqueles que eram considerados «brancos» nos recenseamentos e em outros documentos, o sangue índio ou negro circulava abundantemente, e os mestiços eram definidos como «índios» ou «negros». Lei, costume, censo – mais do que a genética e a demografia – determinavam a inscrição dos indivíduos nos vários grupos. Considere-se, porém, as grandes tendências que sugerem imediatamente uma constatação: além da evidente catástrofe dos índios, há ainda a dos negros que, apesar de serem trazidos de África aos milhões, constituem um grupo relativamente modesto em 1800, ao passo que é indubitável o «sucesso» dos brancos, cerca de 8 milhões em 1800, descendentes de ténues fluxos de imigração.

As considerações precedentes devem ser aprofundadas e precisadas, porque a evolução demográfica diferencial é um indicador importantíssimo das consequências do contacto entre grupos que têm diferentes prerrogativas no que toca à biologia, ao conhecimento, à tecnologia, aos recursos e à capacidade de organização. O encontro americano foi profundamente assimétrico para os actores envolvidos e essa assimetria estende-se às condições demográficas. Releia-se o famoso quarto capítulo da *Origem das Espécies* de Darwin, intitulado «A selecção natural e a sobrevivência do mais apto». Em presença de variações biológicas favoráveis ao homem «podemos talvez duvidar (recordando que nascem muitos mais indivíduos do que os que podem sobreviver) de que os indivíduos que têm características vantajosas, por muito modestas que sejam, em relação a outros, tenham mais oportunidades de sobreviver e procriar a sua descendência?»[7]. Tomando cuidado para não cairmos num darwinismo social grosseiro, esta consideração pode estender-se dos indivíduos aos grupos que entram pela primeira vez em contacto recíproco e que, através ou em consequência do próprio contacto, deparam com diferentes oportunidades de sobrevivência e de reprodução. O contacto entre europeus e índios e, mais tarde, entre europeus e africanos, modificou em muito as capacidades de sobrevivência e de reprodução dos três grupos, alterando ritmos de crescimento e relações numéricas. Os europeus encontraram condições geralmente favoráveis: clima adequado, em particular nas zonas de povoamento temperadas; abundância de terra; menor incidência de patologias epidémicas devido também à baixa densidade humana; grande disponibilidade de comida. Para os índios, as condições de sobrevivência e de reprodução pioraram significativamente, em particular nos dois primeiros séculos: tomaram contacto com novas patologias, sofreram uma forte deslocação económica, social e territorial, enfrentaram mudanças ecológicas desfavoráveis, foram parcialmente atraídos pelo *pool* de reprodução dos europeus. Para os negros, levados à força de África e transportados como escravos para a América, a perda de liberdade influiu negativamente quer na sobrevivência, quer na reprodução; esta última baixou devido ao desequilíbrio entre os sexos, aos vínculos impostos às uniões e, também neste caso, devido à absorção (mais ou menos forçada) de parte das mulheres no âmbito da reprodução europeia.

As diferentes condições com que depararam os três grandes grupos étnicos foram vivamente descritas por autores contemporâneos dos acontecimentos aqui discutidos. Adam Smith debruçou-se sobre o rápido desenvolvimento das colónias inglesas da América, capazes de duplicar a sua população de 20 em 20 anos ou de 25 em 25 anos:

> O trabalho lá é tão bem remunerado que uma numerosa prole, em vez de ser um peso, é uma fonte de prosperidade e opulência para os pais. Calcula-se que o trabalho de cada filho, antes de abandonar a casa dos pais, represente para eles um lucro líquido de cerca de 100 libras. Uma jovem viúva com quatro ou cinco filhos, que nas classes médias ou baixas das populações europeias teria poucas probabilidades de encontrar um segundo marido, é ali [na América] frequentemente cortejada como uma espécie de tesouro[8].

Poucos braços, capital – isto é terra – abundante, condições de vida favoráveis eram os factores do rápido crescimento. Vinte anos depois, Malthus acrescentará às causas do rápido crescimento a «liberdade manifesta de que os colonos americanos desfrutavam»[9]. Um quadro bem diverso traçava, para os nativos, Bartolomé de las Casas, guerreiro dominicano e incansável defensor dos índios, nas milhares de páginas escritas durante a sua longuíssima vida. Releia-se o que escreveu no início da sua *Brevísima relación de la destruición de las Indias*:

> Os que para ali (as Índias) se mudaram, e que se chamam cristãos, adoptaram dois modos gerais e principais para extirpar e erradicar da face da Terra aquelas infelizes nações. O primeiro consistiu em injustas, cruéis, sanguinárias e tirânicas guerras. O outro, depois de se matarem todos os que podiam cobiçar, suspirar ou pensar em liberdade, [...] foi a opressão com a mais dura, horrível e rude escravidão a que jamais haviam sido submetidos homens e animais. A estes dois modos de tirania infernal se reduzem, dissolvem ou derivam os outros vários métodos, que são infinitos, de aniquilação daquelas gentes[10].

Nem Gonzalo Fernández de Oviedo, a outra testemunha directa e historiador oficial da Conquista, bem como acérrimo rival de Las Casas, e que tinha uma péssima opinião dos índios, traçou um quadro substancialmente diferente. O desaparecimento dos índios da ilha de Hispaniola (e das outras Antilhas) deveu-se, segundo Oviedo, ao trabalho insustentável nas minas de ouro: «Como as minas eram muito ricas e a avareza dos homens insaciável, alguns fizeram os índios trabalhar exageradamente, outros não lhes davam de comer como devia ser»[11]. Mas, na óptica de Oviedo, as causas principais foram sobretudo o sistema do *repartimiento-encomienda*, isto é, a escravidão a que foram submetidos e o consequente desenraizamento que sofreram com a destruição das suas comunidades. «As deslocações que governadores e *repartidores* fizeram destes índios, transferindo-os de patrão em patrão, de senhor em senhor, e passando de um ganancioso para outro ainda mais ganancioso, foram motivo e instrumento evidente da destruição total dessa gente»[12]. A opressão do conquistador – além da sua crueldade – é, portanto, o verdadeiro responsável pelo despovoamento, com a destruição das comunidades e a expropriação das terras, da liberdade e dos modos de vida tradicionais dos nativos.

O povo africano – mais de 10 milhões foram levados como escravos para terras da América entre 1500 e 1870 – já chegava desfalcado devido à altíssima mortalidade que o atingia desde o momento da captura até ao desembarque. A capacidade de sobrevivência e de reprodução era comprometida não só pelo regime de trabalho árduo, especialmente nas plantações de cana-de-açúcar nas Caraíbas e no Brasil, mas também pelos obstáculos impostos às uniões. Giovanni Antonio Andreoni, jesuíta de Luca, chamado «Antonil», talvez o observador mais perspicaz e credível do Brasil do início do século XVIII, escrevia:

> Alguns senhores opõem-se ao casamento dos escravos e das escravas e não só não fazem caso algum das suas uniões ilegítimas, como também as consentem abertamente ou até lhes dão início dizendo: «Tu, Caio, a seu tempo te casarás com Tizia» e daí em diante deixam-nos conversar como se fossem marido e mulher [...] outros, depois de os escravos se terem casado, separam-nos de modo que, durante anos, ficam como solteiros, o que é contra a consciência[13].

O problema, portanto, era que os proprietários, embora admitissem uniões livres ou ocasionais, não encorajavam, aliás até impediam, o casamento dos seus escravos, comprometendo a sua estabilidade familiar e a reprodução, fazendo com que o saldo entre nascimentos e mortes assumisse um pendor negativo.

O que acima foi dito pode ser provado com dados, ainda que estes sejam imprecisos.

No que se refere aos indígenas, é indubitável o seu rápido declínio, que atinge o ponto mais baixo ao longo do século XVII e dá lugar a uma lenta recuperação no decurso do século seguinte. Um declínio que resultou na extinção em algumas zonas, queda ruinosa noutras, regressão mais ou menos forte noutras, e sobre cujos aspectos, causas e interpretações se reflectirá bastante nos capítulos que se seguem. Apesar das diversas situações, entre 1600 e 1800 o impacto traumático da Conquista esmorece, as populações adquirem novas imunidades; ajustam-se as relações institucionais; reconstroem-se tecidos sociais dilacerados. O declínio pára, a demografia volta à normalidade e a curva da população esboça uma retoma. Consideremos aqui os outros dois grupos: brancos e negros. Destes, graças aos primeiros recenseamentos nos Estados Unidos e ao renovado interesse pela documentação estatística das administrações coloniais espanhola, portuguesa e inglesa, existem boas avaliações numéricas por volta de 1800. O *stock* de população é consequência da imigração (que para os africanos é tráfico) a partir do contacto e do saldo entre nascimentos e mortes nos dois grupos. Quanto maior é a relação entre o montante do *stock* em 1800 e o fluxo acumulado de imigração nos três séculos anteriores, maior é o sucesso reprodutivo dos grupos considerados. Se a relação era superior a um, o saldo era superavitário, se era inferior a um, era deficitário e as dimensões do grupo deviam ser mantidas através de posteriores movimentos imigratórios. Trata-se, evidentemente, de cálculos muito grosseiros, mas eficientes a sintetizar o acontecido.

Foram muitas as dificuldades encontradas pelos europeus no continente americano e os primeiros conquistadores sofreram uma altíssima mortalidade. Nem um único sobrevivente dos seus 39 homens, que constituíram a primeira povoação permanente na ilha de Hispaniola, conheceu Colombo dez meses mais tarde, no final da segunda travessia atlântica; dos 1200 elementos da segunda expedição de Colombo, partida de Cádis a 25 de Setembro de 1493, só sobreviveu metade quando o Almirante regressou a Espanha dois anos e meio depois; dos 2500 homens e mulheres que desembarcaram com o governador Ovando em Abril de 1502, morreram mais de 1000 no espaço de um ano, segundo o testemunho de Las Casas[14]. A experiência repete-se no México, América Central, no estuário do Río de la Plata, no Brasil, no Peru. Guerras contra os indígenas e entre as facções dos próprios conquistadores, fome, doenças, um ambiente muitas vezes hostil, peripécias de todo o género impuseram custos muitos elevados em toda a parte. Mas este foi o preço dos primeiros tempos da exploração e da Conquista. Em seguida, afirmado o seu predomínio, as condições gerais de vida favoráveis determinaram boas condições de desenvolvimento demográfico para as colectividades europeias. Na realidade, o contributo migratório dado ao continente americano por parte dos europeus foi, nos três séculos entre o primeiro contacto e 1800, relativamente modesto em relação à população daí resultante.

Os números da tabela 2 ilustram o problema em relação à imigração francesa no Quebeque, inglesa na América do Norte, espanhola na América Central e portuguesa no Brasil. Relembre-se que os dados de base, especialmente os relativos à imigração líquida, são bastante imprecisos e as relações exprimem boas ordens de grandeza sobretudo para alimentar a reflexão. Devemos ter ainda em consideração o facto de que entre 1500 e 1800 a população da Europa duplicou; em iguais condições, a população imigrada (que, em média, teve metade, ou menos, do tempo de crescimento, dado que a imigração se repartiu ao longo de dois ou três séculos) deveria ter tido um aumento bastante inferior e, portanto, deveria apresentar uma relação entre a população em 1800 e o total de imigração líquida bastante inferior a 2. Mas o «sucesso» reprodutivo dos europeus da América foi bastante superior: no conjunto, um fluxo migratório de pouco mais de dois milhões deu lugar a um *stock*, em 1800, de oito milhões, quase quatro vezes superior. O sucesso foi total no Quebeque, onde 25 000 imigrantes geraram um número de habitantes sete vezes superior em 1800. Todavia, o sucesso também foi visível em outros lugares, com uma relação *stock*/fluxos perto de 5 para os brancos dos Estados Unidos, superior a 3 para o território hispano-americano, igual a 2 para o Brasil, ainda que se deva ter em consideração que neste país a intensidade da mistura dos Portugueses com nativos e africanos foi seguramente maior do que em outros lugares. Este não é o lugar para interpretar as razões do aparente gradiente Norte-Sul, ou do maior sucesso das populações norte--americanas em relação às ibero-americanas, talvez devido a causas climáticas e epidemiológicas, ou ao facto de as primeiras serem essencialmente formadas por colonos agricultores que necessitavam de trabalho familiar e as segundas por classes urbanas, mercantis, administrativas e proprietários, menos orientados para as famílias numerosas, ou, enfim, ao diferente grau de mistura. O sucesso demográfico dos europeus, quer face às populações de origem, quer face aos nativos – que em 1800, apesar da recuperação, eram uma pequena fracção do seu número em 1500 –, é explicável à luz do que já foi dito. A imigração tinha um efeito indubitavelmente selectivo do ponto de vista físico; as condições materiais de vida eram de modo geral melhores do que na Europa; o acesso à alimentação era fácil e as carências deviam-se mais a causas humanas do que naturais; a disponibilidade de recursos naturais era considerável; baixo custo do trabalho dos escravos e dos índios muitas vezes sujeitos à corveia. Os Franceses, no Canadá objecto de estudos pormenorizados, tinham uma mortalidade mais baixa do que a dos seus concidadãos que ficaram na Normandia ou na Bretanha e as mortes violentas às mãos dos índios eram um acontecimento muito raro; as mulheres casavam-se mais precocemente e eram mais férteis; as dimensões das famílias e o número de filhos sobreviventes em idade adulta eram bastante maiores[15]. Em suma, os factores limitativos, bem descritos por Malthus e que colocavam fortes obstáculos à expansão demográfica europeia não existiam na América. Outro aspecto interessante, ainda que marginal em relação aos temas aqui tratados, diz respeito à importância do investimento humano feito pelos europeus no povoamento da América. Isso pode deduzir-se da relação entre o total de imigrantes em direcção aos destinos americanos e populações dos países de origem em 1800 (veja-se a tabela 2). Esta relação é só de 1‰ para a França, o país mais povoado da Europa (com excepção da Rússia) mas que, por motivos históricos complexos, participou apenas marginalmente nas migrações europeias; é o máximo para Portugal (172‰), pequeno país que contribuiu para a povoação do Brasil, quase cem vezes maior. Espanha e Grã-Bretanha deram contributos semelhantes e intermédios. Pelo que, se, por um lado, as populações europeias fixadas na América representavam, em 1800, uma fracção mínima da população da pátria-mãe francesa, constituíam, por outro, quatro décimas da inglesa, um terço da portuguesa e um quarto da espanhola (veja-se a coluna 6 da tabela 2).

Ao povo africano coube o destino mais trágico (veja-se a tabela 3) Estima-se que entre 1500 e 1800 tenham sido traficados em barcos negreiros mais de 7 milhões de escravos para a América provenientes das costas africanas, sobreviventes de um ainda maior número de escravos saqueados nas suas aldeias, que morreram nas deslocações, nos entrepostos costeiros à espera de transporte, nos barcos durante as longas travessias[16]. Face a esta imigração forçada, o *stock* da população negra (e mulata) é de apenas 5,6 milhões em 1800, isto é, inferior à imigração total. As ilhas das Caraíbas receberam um número maior, igual a 3,9 milhões de escravos, mas tinham apenas 1,7 milhões de habitantes de origem africana em 1800. O Brasil recebeu 2,3 milhões de escravos, mas os negros e mulatos não chegavam a 2 milhões em 1800. O restante milhão foi transferido para a América hispânica e para a América do Norte, onde encontrou melhores condições de sobrevivência e de reprodução. No Brasil, e ainda mais nas Caraíbas, que em conjunto absorveram a grande maioria do fluxo de escravos, o sistema demográfico da escravidão só se mantinha graças a uma elevada e contínua importação de novas levas, que preenchiam os enormes vazios deixados por uma mortalidade muito elevada e compensada de maneira muito modesta pela baixa reprodução. A relação *stock*/fluxos é inferior a 1 – com um mínimo de 0,3 para as Caraíbas inglesas – salvo na América hispânica (que atraiu apenas um décimo do fluxo total) e, sobretudo, nos Estados Unidos. Aqui a reprodução de escravos era muito alta (cerca de oito filhos por mulher), a idade média da primeira concepção inferior a 20 anos, a duração do aleitamento e os intervalos entre os nascimentos são mais curtos do que em África[17]. O sistema não interferiu excessivamente na formação das uniões e na sua estabilidade, apesar de colocar bastantes obstáculos objectivos. Por outro lado, a mortalidade, ainda que mais elevada do que a dos brancos, revelava-se bastante menos desfavorável do que aquela que predominava nas Caraíbas ou no Brasil[18]. No conjunto, os muitos indícios esboçam um sistema demográfico compatível com um alto crescimento natural.

As razões da tragédia africana nas Caraíbas e no Brasil – destinos da carga de seis em cada sete barcos negreiros – residem nas condições de vida impostas pela perda de liberdade, pelas formas de captura e de transporte, pelo trabalho massacrante nas plantações de açúcar, pelas condições adversas à adaptação climática e alimentar. Em algumas ilhas das Caraíbas, é evidente que a reprodução era bastante inferior à dos Estados Unidos, dado que as uniões eram menos frequentes, os intervalos entre os partos eram maiores e a duração do período reprodutivo era menor[19]; há também provas de uma mortalidade exagerada, particularmente forte no período de aclimatação, tanto é que se sustentava que entre um quinto a um terço dos escravos que chegavam morreria no espaço de três anos[20]. Todavia, a grande fragmentação da população, dispersa numa miríade de ilhas, grandes e pequenas, proporciona um quadro tão complexo quanto desfocado.

Examinemos o caso brasileiro. É consensual que os escravos sofriam uma alta mortalidade: pensava-se, por exemplo, que a vida activa útil de um jovem escravo numa plantação estava compreendida entre os sete e os quinze anos e estes números ganharam força pela sua repetição contínua[21]. Todavia, é quase impossível verificar a sua credibilidade, visto que na equação entram muitas variáveis tais como: a idade à chegada ao Brasil; o fim da vida activa por invalidez, doença, ou por morte; a «manumissão» ou alforria (não rara) do patrão; a fuga (bastante frequente); a eventual perda de obrigações (por venda ou fuga, etc.). Tais números assumem diferente relevância conforme um destes elementos, ou mais, for menosprezado ou valorizado. Os dados censitários de 1872 – estamos no fim da escravidão, mas a situação que retratam também é seguramente indicativa de épocas mais remotas – permitiram estimar a esperança de vida dos escravos de sexo masculino em 18 anos, contra 27 da população total do Brasil (valores que se podem comparar com os 35 anos dos escravos dos Estados Unidos em meados do século XIX [22]). Na região da Baía, no fim do século XVIII, previsões análogas da esperança de vida dão 23 anos para os homens e 25 anos para as mulheres [23]. Entre 1838 e 1852 – período em que o tráfico, embora fosse formalmente ilegal, era amplamente praticado – é conhecida a idade de 440 escravos a bordo de barcos capturados e a sua idade quando morreram: a sobrevivência média foi de 14 anos para os homens e 10 anos para as mulheres (valores particularmente compreendidos entre os sete e os quinze anos usualmente citados, com uma mortalidade alta nos primeiros anos por causa de supostos problemas de aclimatação inicial [24]).

Não há dúvidas acerca da alta mortalidade dos escravos (sensivelmente superior à da população livre, já de si elevada), mas o debate sobre as suas causas específicas está ainda em aberto. São conhecidos os massacrantes ciclos de trabalho nas plantações de cana – que foi a cultura predominante até ao fim do século XVIII –, sob um rígido e muitas vezes impiedoso controlo, da plantação à sachadura, ao corte da cana, ao transporte de lenha em grandes distâncias para alimentar as caldeiras. Operações que ocupavam o ano inteiro, com nove meses de produção que implicavam o funcionamento contínuo de moinhos e caldeiras, que envolviam homens e mulheres, de sol a sol e, nos períodos de mais trabalho, até durante a noite [25]. Embora seja credível que os patrões não tivessem interesse em desperdiçar o seu precioso investimento, observou-se que o trabalho de dois anos compensava o capital investido na aquisição de um novo escravo e que ao fim de cinco anos o investimento inicial duplicava seguramente [26]. Havia interesse em lucrar o máximo no mínimo número de anos. O regime alimentar baseava-se em alguns elementos fundamentais: milho, mandioca, feijões, carne seca, açúcar e derivados, fruta, e a alimentação podia ser variada e adequada; além disso, permitia-se que os escravos cultivassem uma parcela de terra para uso pessoal como integração da alimentação. Todavia, a higiene nos alojamentos (senzala, ou grandes dormitórios rectangulares onde os homens eram separados das mulheres) era péssima; o respeito – se não mesmo o cuidado – pelos doentes e inaptos por parte dos patrões era pouco. Ao longo de todo o período em questão, a incidência dos escravos enfermos devido a doenças agudas ou crónicas, cegueira, deformações, sequelas de traumas e acidentes – presumivelmente bastante frequentes num ambiente de trabalho duro – era muito alta. É claro que as condições de vida podiam variar muito consoante o *animus* do proprietário – paternalmente benévolo, cínico ou cruel –, mas era basicamente o mecanismo produtivo que ditava as duras condições de vida[27]. A mortalidade infantil e juvenil, numa sociedade que não encorajava a procriação, nem a família e que obrigava a mulher a fazer trabalhos pesados, era consensualmente muito elevada, mas faltam dados credíveis e comparações convincentes. Além dos elementos materiais que constituem a causa directa da alta mortalidade, há outros que são mais difíceis de avaliar. O regime de privação da liberdade, que restringe e obriga os comportamentos e que, no caso brasileiro, desencorajava a solidariedade familiar e comunitária, assim como impedia os contactos entre escravos de plantações diferentes, é um regime institucional que priva o indivíduo e a comunidade da capacidade de elaborar e experimentar mecanismos de defesa eficientes face às obrigações externas, aumentando a sua vulnerabilidade. É difícil, obviamente, incorporar este acréscimo de vulnerabilidade num modelo quantitativo de sobrevivência, mas tal não significa que deva ser ignorado.

As elevadas perdas da mortalidade não eram compensadas pela baixa natalidade, comprometida – mas só para os escravos nascidos em África – por uma relação entre homens e mulheres igual a 2:1. Os testemunhos são unânimes: patrões de plantações, viajantes, religiosos, todos lamentam os poucos nascimentos. Mencionámos já a opinião de Andreoni sobre a oposição dos grandes proprietários à estabilidade familiar dos seus escravos. No século seguinte, Saint Hillaire comentava:

> Quando a campanha de abolição da escravidão [abolição do tráfico] teve início no Brasil, o governo ordenou aos proprietários de campos que mandassem casar os seus escravos; alguns obedeceram à ordem, mas outros responderam que era inútil casar as mulheres negras que não poderiam criar os seus filhos. Estas mulheres eram obrigadas logo muito cedo, após o parto, a trabalhar nas plantações de cana sob um sol ardente; e quando, depois de terem sido separadas das suas criaturas parte do dia, tinham a permissão de voltar para os seus filhos, o seu leite era insuficiente. Como podiam as pobres criaturas resistir às cruéis misérias com as quais a avareza dos brancos rodeava os seus berços? [28]

Enquanto houve ampla disponibilidade de escravos no mercado, e o seu preço era baixo, era mais conveniente comprá-los do que favorecer a sua reprodução e criação. Além do mais, leis e costumes impediam que se vendesse um escravo separado da família; a reprodução afastava a mulher do trabalho; os negros *boçais* (isto é, provenientes de África) eram trabalhadores mais maleáveis do que os negros *crioulos* (nascidos no Brasil) e assim por diante. Outros factores complicavam o quadro: a intrusão dos patrões na vida sexual das escravas (e o nascimento de um grande número de mulatos, que, aliás, permaneciam escravos) e a sua «subtracção» ao *pool* matrimonial; o facto de se tender a impedir os contactos entre escravos de patrões diferentes, limitando deste modo a escolha; e, em geral, a organização do trabalho. As tradições africanas, não favoráveis à monogamia, também terão encorajado as uniões temporárias em detrimento das mais estáveis.

As vicissitudes demográficas dos índios, brancos e negros foram traçadas de forma bastante imperfeita, não só pela fragilidade da informação quantitativa de base, mas também porque as divisões entre grupos, embora nítidas do ponto de vista jurídico, foram diluídas desde o início pela mistura dos brancos com mulheres indígenas e, mais tarde, com mulheres negras escravas, assim como pela união de indígenas com africanos. A imigração dos brancos na América hispano-portuguesa foi, como bem sabemos, predominantemente masculina e bastante disponível para uniões com mulheres indígenas ou africanas. Portanto, a análise demográfica dos grupos – atrás grosseiramente delineada e sintetizada na figura 1 – é contaminada pelas misturas, que começam assim que os europeus pisam em solo americano. A morte violenta dos 39 companheiros de Colombo deveu se ao rapto de mulheres indígenas, como disseram os informadores locais, «pois, mal o Almirante partiu começaram a discutir, a disputar e a apunhalar-se entre si e cada um tomava as mulheres que queria e o ouro que havia, separando-se uns dos outros»[29]. «Filhos mestiços tiveram Hernán Cortés, Francisco, Gonzalo e Juan Pizarro, Pedro e Alonso de Alvarado, Diego de Almagro, Sebastián de Benalcázar e quase todos os conquistadores, dos capitães aos soldados.»[30] Assim, do rapto violento às relações ocasionais, ao concubinato mais ou menos tolerado, ao matrimónio, as misturas tiveram origem em situações que iam do estupro à união consagrada na Igreja.

Houve, portanto, hierarquias de mestiços distintas: os que se integraram plenamente na sociedade espanhola e que conseguiram entrar na milícia e no clero, misturando-se, mais tarde, com os brancos e chegando a diluir ou a apagar o sangue indígena; os que permaneceram mestiços mas que trouxeram consigo o conflito das duas descendências, que se manifestou muitas vezes sob a forma de anticonformismo social e que alcançou a sua realização na historiografia e na arte; os que continuaram vinculados à mãe e à comunidade indígena, numa posição social inferior, muitos deles novamente indianizados, diluindo, até apagar ao longo das gerações, o seu sangue branco[31].

Os casamentos mistos foram encorajados para eliminar ou reduzir o concubinato e para selar preciosas alianças com *caciques* e chefes indígenas. Em 1514, em Hispaniola, o destacamento de Alburquerque revela que entre os 186 Espanhóis que indicaram a origem das suas mulheres, 121 notificaram que nasceram em Castela e 65 que eram nativas da ilha[32]. Em 1534, em Los Angeles (Bogotá), dos 81 chefes de família residentes, 20 eram casados com indígenas; proporções análogas encontram-se em Jaén, na *audiencia* de Quito, em 1606 e no Panamá em 1607[33].

Os filhos de um branco com uma índia, legítimos ou ilegítimos, na primeira fase da Conquista incluem-se na categoria dos brancos; posteriormente apenas os filhos legítimos são equiparados aos brancos. «Mas há que ter em conta que o próprio conceito de branco não implicou absoluta pureza de sangue em nenhum momento da história da América. Os mestiços cruzados com Espanhóis chamavam-se *castizos* e os *castizos* cruzados com Espanhóis chamavam-se espanhóis, ou seja, era branco quem tinha 1/8 de sangue indígena.»[34] Por outro lado, os mulatos com 1/16 de sangue negro também eram considerados brancos. Em geral, havia uma pressão para entrar na categoria dos brancos e os funcionários muitas vezes satisfaziam-na. No registo da cidade mexicana de Texcoco foram registados «Manuel Hilario Gómez, espanhol, segundo o que afirma, mas de cor suspeita» e «Juan Antonio Mendonza, mestiço de cor muito escura, de sessenta anos, casado com Josefa Flores Miranda, espanhola muito escura»[35]. Ou ainda, um funcionário, aborrecido com os permanentes pedidos de um mestiço de inequívocas feições africanas, escrevia no seu registo: «De pele escura. Considere-se branco». Enfim, o grupo de brancos crescia, sem dúvida pela sua expansão natural, mas também pelo contributo dos indígenas e, em menor medida, dos africanos. Por sua vez, o grupo índio exercia uma atracção sobre o grupo negro, dado que o filho de uma índia e de um escravo seguia a condição «livre» da mãe e portanto subia um degrau importante. O grupo escravo e subalterno negro,

1. *Organização política da América, 1500-1650.*

ao invés, não exercia nenhuma atracção social e devia basear a sua continuidade na sua capacidade reprodutiva.

No início do século XIX, ainda antes de se iniciar a Grande Emigração, o futuro demográfico da América já estava traçado. Ao longo de três séculos, uma corrente bastante exígua de conquistadores, colonos e imigrantes alimentara as comunidades dominantes e consentira aos Ingleses, Espanhóis e Portugueses – com um grupo menor de Holandeses e Franceses – controlar política e economicamente todo o continente. Essas comunidades haviam crescido rapidamente e os oito milhões de europeus representavam, em 1800, cerca de um terço do total da população americana, e constituíam o pólo de atracção para os 60 milhões de europeus que, nos cem anos após 1840, se mudaram para o outro lado do oceano. O povo indígena conservara-se nas zonas menos acessíveis ou naquelas onde a espessura das sociedades pré--colombianas aguentara o choque dilacerante da Conquista. O povo africano mantinha-se e crescia artificiosamente graças ao tráfico e não à força da natureza. O contacto alterara profundamente as capacidades de desenvolvimento demográfico das três etnias, melhorando as condições de crescimento dos europeus, levando os índios à catástrofe, paralisando os africanos.

As vicissitudes demográficas destes três grupos – incluindo a formação e o desenvolvimento de raças mistas – podem ser lidas e compreendidas de duas maneiras especulares, ambas válidas. A primeira é a clássica: a alteração das condições de vida e ambientais influencia a sobrevivência e modifica os comportamentos demográficos. As novas patologias minam a saúde e aumentam a mortalidade dos índios; a abundância da terra e o sucesso de plantas e animais importados da Europa permitem a boa alimentação dos europeus, sujeitos no continente de origem à precariedade das colheitas; o regime de trabalho árduo das plantações compromete a sobrevivência dos africanos. Assim, o contacto gera condições vantajosas para os europeus e desvantajosas para os índios e africanos.

A segunda leitura das vicissitudes americanas é diferente. O contacto gera uma profunda mudança das prerrogativas, individuais e colectivas, dos grupos. O aspecto mais evidente diz respeito à titularidade do poder e, consequentemente, à liberdade dos indivíduos, clãs, grupos. Isto é manifestamente evidente na população africana, privada das prerrogativas demográficas elementares: deslocar-se, criar laços familiares, reproduzir-se. Mas, para os índios, o estado de servidão a que foram votados, atenuado pelas *Leyes Nuevas* de 1542, teve uma profunda repercussão nos modos de vida e nas capacidades de decisão. A deslocação económica e o arresto do trabalho (e, portanto, de potenciais recursos) tiveram efeitos graves, sobretudo onde a economia era quase de pura sobrevivência, com reduzida capacidade de acumulação. A deslocação social desmembrou as comunidades, enfraqueceu as redes  de solidariedade e as capacidades de defesa face a calamidades, penúrias, ataques externos. A redução forçada em aldeias alterou os habitantes naturais e limitou a mobilidade de sobrevivência e defesa, instrumento essencial em todas as sociedades. Nas aldeias, desapossadas das terras comunais, alterou-se o regime de produção e subsistência. Trata-se de aspectos bem conhecidos de historiadores e antropólogos, cuja relação com as vicissitudes demográficas, ainda que evidente, será aprofundada nos próximos capítulos.

II. Um humilde franciscano, dois dominicanos aguerridos, um humanista italiano na Corte de Espanha, um vice-rei com remorsos, um alcalde *naturalista*, um inca europeizado e um inca decadente, um conquistador observador... diversos testemunhos, diagnósticos comuns da catástrofe

Não há dúvidas de que o encontro americano causou um declínio catastrófico da população índia; as incertezas dizem respeito sobretudo à importância do desastre, à duração do declínio e, naturalmente, às causas que o determinaram. A primeira incerteza está destinada a permanecer como tal, pois o aumento da população inicial, na altura do primeiro contacto (que ocorre em diferentes datas nas várias regiões do continente), só pode ser conjectural. Conjecturas mais ou menos sensatas e circunstanciadas; mas permanecem conjecturas. A importância do declínio, portanto, escapa-nos e temos de nos contentar com conhecer algumas das suas fases que correspondem a segmentos temporais dos quais existem elementos suficientemente sólidos. Quanto à duração do declínio, há outro problema: o seu início coincide, em geral, com a altura do primeiro contacto estável com os europeus, mas não é bem claro quando é que a fase descendente se detém e quando volta a iniciar. Com efeito, na América hispânica, que possui a mais rica documentação quantitativa, os documentos são abundantes na fase de organização da Conquista, quando terminam as operações militares, a administração se consolida e a organização do levantamento dos tributos se racionaliza, isto é, principalmente na segunda metade do século XVI e no fim do século XVII. Mas no desenrolar do século e por boa parte do século XVIII, a documentação torna-se exígua, pelo que não é fácil determinar a fase inicial do declínio. Por fim, as causas da catástrofe demográfica. Na realidade, é este o objecto do livro e dos vários capítulos que o compõem, e as fileiras do discurso só serão cerradas no fim. Mas é igualmente objecto específico deste capítulo, em que se reviram opiniões e teorias de algumas testemunhas da época – funcionários, religiosos, homens de armas, colonos e viajantes – que agiram, viram, ouviram. Que pela função exercida, o cargo desempenhado, a curiosidade inata, a motivação ideal ou conveniência prática, recolheram e elaboraram testemunhos. Cada um, bem entendido, com as suas limitações e estrabismo próprios. Que operaram no século a seguir ao contacto e que – quando não foram testemunhas directas – puderam recolher testemunhos de quem observou e viveu os acontecimentos em primeira pessoa. Veremos que estes testemunhos confirmam que a catástrofe foi um fenómeno complexo multicausal, não simplificável em um ou dois factores de fácil identificação, e que o historiador se deve esforçar por ordenar as várias causas e estabelecer prioridades.

De que houve catástrofe, não há dúvidas. Em Hispaniola, Cuba, Porto Rico e na Jamaica, a população taina extinguiu-se praticamente no espaço de duas gerações. Na ilha de Hispaniola, escrevia Alonso de Castro em 1542, «os índios extinguiram-se»; para Oviedo, em 1548, «restavam apenas algumas centenas; para López de Velasco, por volta de 1570, havia ainda duas aldeias com não mais de 50 almas cada uma[1]. No México, negligenciando as estimativas bastante arriscadas sobre o período inicial, estimou-se que a população perdeu metade dos seus elementos nos últimos 30 anos do século XVI, sem contar com o seguro declínio durante o primeiro meio século da Conquista[2]. Entre 1570 e 1620, a população do actual Peru terá sido reduzida a metade, mas o declínio mais forte terá ocorrido nos 20 anos a seguir à chegada de Pizarro[3]. Poderíamos continuar ainda por muito tempo, mas a história permanece a mesma: em Iucatão, nas costas de terra firme da região das Caraíbas, na Guatemala, no Chile. A vasta documentação existente – que será em parte aprofundada nos capítulos seguintes – é incontestada e incontestável.

A Conquista, como já se disse, foi um processo muito rápido, se considerarmos a extensão do continente e a exiguidade numérica dos europeus. Todavia, o contacto estável entre europeus e índios ocorre no espaço de cerca de um século: na última década do século XV em Hispaniola; na primeira década do século XVI nas outras ilhas das Caraíbas; na segunda e na terceira décadas no México e na América Central (a queda de Tenochtitlan-Messico às mãos de Cortés e dos seus aliados dá-se a 13 de Agosto de 1521); na quarta, no Peru (o confronto de Cajamarca e a detenção de Atahualpa por Pizarro remontam a 15 de Novembro de 1532). Para a penetração e o controlo estável no Norte do México, além das cidades de minério, em Iucatão, noutras zonas da América Central, no Chile, nas terras do estuário do Paraná – Rio de la Plata, no vasto interior, serão necessárias muitas mais décadas. Os efeitos demográficos negativos do contacto – ainda que outros defendam que as doenças europeias, em alguns casos, possam ter antecedido os primeiros conquistadores – estendem-se geograficamente em diferentes períodos de início e duração. Pensa-se, por exemplo, que a população indígena do México esboce uma recuperação cerca de meados do século XVII, ao passo que é necessário esperar pelo século seguinte para que tal ocorra no Peru. O cosmógrafo e geógrafo real López de Velasco, que, com base nos relatórios das colónias, compilou um inventário da colonização espanhola na América, chegou a um cálculo de 23 famílias residentes (*vecinos*) por volta de 1570, fixadas em 225 cidades ou aldeias de Espanhóis, a maioria nos vice-reinos da Nueva España (México) e do Peru (actuais Peru, Equador, Bolívia, Chile)[4]. Se nos contentarmos com uma ordem de grandeza, podemos dizer que havia, à época, cerca de uma família de Espanhóis por cada cem famílias de indígenas. Meio século mais tarde um funcionário-viajante, Vásquez de Espinosa, catalogava 77 600 famílias de Espanhóis em 331 aldeias e cidades, e a proporção talvez tivesse triplicado devido à duplicação dos residentes espanhóis e à diminuição dos indígenas[5]. Visto que o impacto demográfico da Conquista se relaciona directamente com o número dos europeus, há que ter presentes estas proporções.

Frei Toribio de Benavente foi um dos «doze» franciscanos, entre os primeiros evangelizadores do México, na sequência da bula do Papa Adriano VI, que concedia amplos poderes às ordens mendicantes. Os «doze» chegaram em 1524, apenas três anos antes da queda da capital; muito activos e motivados, viajaram, aprenderam a língua e pregaram em *nahuatl*, fundaram igrejas e mosteiros, baptizaram e converteram os índios. Toribio assumiu o nome de Motolinia («humilde», em nahuatl), testemunho do seu método e do seu programa de evangelizador; morreu em 1569. A sua *Historia de los Indios de Nueva España* foi escrita, provavelmente, por volta de 1540-50 e o texto que chegou até nós faz parte de uma obra mais complexa que se perdeu[6]. Motolinia interessa-nos particularmente, porque a sua obra começa com a descrição das «dez pragas» que castigaram o país e os seus habitantes «quer nativos, quer estrangeiros». É, em suma, um catálogo dos factores da destruição dos índios, que sintetiza as razões do desastre utilizando categorias que, a séculos de distância, nos são bastante úteis. Expomo-las em seguida de forma sintética, mas voltaremos a elas recorrentemente.

1) A varíola. Chegada ao México em 1520 com a expedição de Pánfilo Narváez (proveniente de Cuba), teve consequências mortíferas indeterminadas mas seguramente devastadoras: «E quando a varíola começou a atacar os índios, deflagrou uma grande epidemia em todo o país, na maioria das províncias morreu mais de metade das pessoas e em outras pouco menos». Muitos pensam ter sido um importante factor na derrota dos Aztecas. Dado que se dedicará um capítulo inteiro ao tema, limitamo-nos a dizer que a descrição de Motolinia é precisa e convincente. Onze anos depois da varíola, o sarampo: «Chegou um espanhol doente com sarampo, que o pegou aos índios».

2) A guerra e «muitos que morreram na conquista desta Nueva España e, especialmente, da Cidade do México».

3) A fome que se seguiu à guerra, durante a qual «não puderam semear, uns porque ajudavam os Mexicanos, outros porque estavam a favor dos Espanhóis, o que uns semeavam os outros estragavam, e não tinham o que comer».

4) Os *calpixques*, ou feitores (guardas), e os escravos negros, «que, após a terra ter sido repartida [entre os Espanhóis], os conquistadores puseram nas suas secções e aldeias que lhe haviam sido confiadas (*encomendados*) [...] para receber tributos e superintender os trabalhos agrícolas». Eles oprimiram gravemente a população e foram causa de privações, violências e fugas.

5) Os tributos impostos de forma excessiva, porque eram proporcionais «ao ouro extraído durante muitos anos» que abundava nos templos, nas sepulturas e nos adornos dos indígenas. Houve, nos primeiros tempos, uma exigência permanente de tributos em ouro e os índios, «para os poderem pagar, vendiam os filhos e as terras aos mercadores, e quando não o podiam fazer, muitos morriam por causa disso, alguns torturados, outros em cativeiro, porque os tratavam de forma brutal e consideravam-nos abaixo de animais».

6) As minas de ouro. «Os escravos índios que até hoje morreram [nas minas] não se podem contar; e o ouro desta terra foi outro bezerro adorado como Deus». A ambição pelo ouro – isto é, pelo enriquecimento rápido – é um motivo da catástrofe continuamente evocado pelos da época.

7) A edificação da grande Cidade do México. «Eram tantas as pessoas que mal se passava nas estradas e nas ruas; e nas construções, alguns eram atingidos pelas traves, outros caíam lá de cima, outros ficavam debaixo dos edifícios que demoliam num lugar para os construírem noutro.» E ainda: «É costume desta terra, e não é o melhor do

mundo, serem os índios a erigir as construções e à sua custa arranjam os materiais, pagam canteiros e carpinteiros, e, se eles próprios não levarem comida, jejuam». Palácios, igrejas, mosteiros foram construídos com ímpeto e grandiosidade em toda a parte, especialmente nas cidades mais importantes – Santo Domingo, México, Lima, Cuzco –, nas primeiras décadas da conquista, com o trabalho dos índios.

8) A redução dos índios à escravidão para os mandar para as minas, marcados a ferro. «Foi tanta a pressa com que em alguns anos se requisitaram escravos que chegavam ao México de todas as partes, quais grandes rebanhos de ovelhas, para serem marcados a ferro.» E não só se reduziam a escravos os que pela «sua lei bárbara» eram considerados tal, mas também «dada a pressão que exerciam sobre os índios para que lhes trouxessem em tributo uns tantos escravos a cada 80 dias, acabados aqueles levavam os filhos ou os *macehuales*, que são gente de baixa condição social como os servos da gleba [...] e traziam-nos, tendo-os atemorizado para que dissessem que eram escravos».

9) O serviço para aprovisionar mineiros e minas, situadas muitas vezes em zonas pouco povoadas ou quase desertas. «Iam, por sessenta e mais léguas de distância, os índios carregados de víveres; e a comida que levavam para si próprios, alguns terminavam-na antes de chegar, outros no caminho de regresso a casa; outros eram retidos pelos mineiros para que os ajudassem a escavar; ou retinham-nos para construir casas ou para seu serviço e, quando acabavam a comida, morriam nas minas ou no regresso a casa.»

10) As divisões e as facções que dividiam a população espanhola no México. Foi a praga «que colocou a terra no maior perigo de se perder». Mas, mais do que no México, as guerras civis devastaram, durante vinte anos, o Peru.

A lista de Motolinia é exaustiva, e a este se podem fazer remontar todas as classificações modernas das causas do desastre dos índios no México, bem como em outros lugares. As dez pragas têm, pelo menos parcialmente, uma ordem cronológica e relevante: as primeiras três – pestes, guerra e fome – situam-se (quase) simultaneamente, no primeiro triénio da conquista do México e tiveram um impacto fortíssimo. De uma forma geral, poderemos inserir as dez pragas em quatro grupos de factores. As novas patologias; a violência por causa das guerras de conquista, para reprimir as rebeliões, para os conflitos civis com as respectivas consequências directas, como carestia e fome; a obrigação do trabalho nas obras públicas, nas minas, para o transporte, para o serviço pessoal em geral; a perda das tradicionais autonomias e a deslocação social daí decorrente.

As pragas de Motolinia bastam – e sobram – para escrever com a mais sombria das tintas a *Leyenda Negra* da Conquista, que não foi uma invenção polémica de Las Casas, habilmente aproveitada pelos protestantes e por outros inimigos para difamar Espanha, como se sustentou durante séculos, mas a opinião comum entre os Espanhóis «pensantes», envolvidos nos acontecimentos da América. Motolinia, de resto, foi duramente hostil com Las Casas. Contra a sua obra escreveu uma apaixonada e duríssima carta a Carlos V em 1555: «Espanto-me como Vossa Majestade e os funcionários dos Vossos Conselhos tenham podido suportar por tanto tempo um homem tão molesto, inquieto e inoportuno; agitado e litigioso, num hábito de religioso, tão intolerante, tão ofensivo e nocivo, tão insistente»[7]. No entanto, o próprio Las Casas não teria hesitado em subscrever o diagnóstico das dez pragas.

Quando Toribia, ainda não Motolinia, chegou ao México, Las Casas, filho de um colega de Colombo, conhecia o Novo Mundo há mais de vinte anos. Chegara a Santo Domingo em 1502, com a grande expedição do novo governador Ovando; esteve às ordens de Diego Velásquez na repressão dos índios de Xaraguá, fora ele mesmo *encomendero*, mas converteu-se mais tarde à causa dos indígenas, obedecendo à ordem de São Domingos[8]. Em 1510 haviam chegado à ilha quinze religiosos da ordem, entre os quais Antonio de Montesinos e Pedro de Córdoba. É deste grupo que parte a denúncia da condição desumana dos índios, denúncia que chega à Corte e induz Fernando e os seus conselheiros à promulgação das *Leyes de Burgos* em 1512. Durante a sua longa vida, Las Casas escreveu e viajou incessantemente entre Espanha e a América, teve uma grande influência sobre o regente cardeal Cisneros, sobre Carlos V, sobre a Corte e sobre o Conselho das Índias e inspirou a promulgação das *Leyes Nuevas* de 1542 para maior protecção dos índios. Defendeu e afirmou a racionalidade dos nativos, a sua capacidade de viver autonomamente numa sociedade organizada, de compreender e abraçar com plena consciência a verdadeira religião. A iluminação manifestou-se a 21 de Dezembro 1511, quarto domingo do Advento, na Catedral de Santo Domingo acabada há pouco de construir (com o trabalho compulsivo dos índios) na presença de Diego Colombo, «segundo Almirante que então governava a ilha, dos oficiais do rei e de todos os funcionários juristas» da ilha. Subiu ao púlpito, para a homilia, Antonio de Montesinos, com um discurso previamente acordado com os outros confrades, sobre o tema do sermão de Baptista *«ego vox clamans in deserto»*:

> Esta voz diz que estais todos em pecado mortal e nele viveis e morreis, pela tirania e crueldade que usais para com esta gente inocente. Dizei, com que direito e com que justiça tendes estes índios numa servidão tão cruel e terrível? Com que autoridade conduzistes uma guerra tão detestável contra estas gentes que viviam, dóceis e pacíficas, nas suas terras e destruístes um número incalculável com assassínios e massacres inauditos? Porque os mantendes tão oprimidos e extenuados, sem os alimentar e sem lhes curar as enfermidades que os fustigam por causa do trabalho excessivo que lhes dais e, por isso, morrem ou, melhor dizendo, matai-los para extrair e obter ouro dia após dia? E que providências tomais para que haja quem os endoutrine por forma a que conheçam o seu Deus e criador, sejam baptizados, oiçam missa, santifiquem as festas e os domingos? Não são homens? Não têm porventura almas racionais? Não sois obrigados a amá-los como a vós mesmos? [9]

Esta invectiva medieval teve um peso extraordinário na determinação do curso da política índia da Corte e, mais tarde, do Conselho das Índias: mas esta política perdia progressivamente a sua força ao atravessar o oceano, na recepção feita pelos funcionários na América, na aplicação num território infindável, na falta de escrúpulos de conquistadores e colonos. Uma prova consonante: quase meio século depois (1556), a milhares e milhares de quilómetros de distância, assim escreveu o inconsolável marquês de Cañete, terceiro vice-rei do Peru, a Filipe II:

> Não se pode dar remédio a tudo, especialmente ao tratamento que os *encomenderos* dão aos índios, o pior de sempre, pelo que tenha Vossa Majestade consciência que não bastará um vice-rei para evitar que cada *vecino* os derrube, derreie e maltrate, e isso sobrevem de tal modo que por muito que eu tenha um coração duro, este despedaça-se ao ver o que sucede [...] E os índios estão a consumir-se; se Deus não remediar a situação, sucederá como aos da ilha de Santo Domingo, que passaram por idênticos maus tratos [10].

Regressemos a Las Casas. O seu testemunho, expresso em meio século de escritos, é seguramente influenciado pela paixão de activista e de apóstolo. Ele foi sem dúvida «parcial» porque a sua missão era a defesa dos índios e conseguiu conferir dignidade política à sua causa, contrapondo a autoridade régia ao poder feudal dos *encomenderos*.

Mas a análise de Las Casas dos mecanismos da «destruição» das Índias, como se disse, é corroborada por outros testemunhos menos parciais, ou de posições contrárias, e baseia-se na experiência pessoal, em testemunhos directos, num grande acervo de documentos, aos quais, pela sua grande autoridade, teve acesso. A *Brevísima relación de la destruicion de las Indias*, escrita talvez em 1542, conhecida dos círculos da Corte e publicada em Sevilha em 1552, foi muito popular fora de Espanha, com dezenas e dezenas de traduções em flamengo, inglês, francês, alemão e italiano[11]. A tese central é colocada no início do livro e é citada por extenso no capítulo anterior: as razões da catástrofe reduzem-se a duas grandes causas – à violência directa da guerra e à opressão da escravidão. Na exposição da tese, diz em primeiro lugar: «Consideramos uma contagem certa e verdadeira que tenham morrido nos 40 anos considerados, por causa destas tiranias infernais dos cristãos, injusta e despoticamente, mais de 12 milhões de almas, homens, mulheres e crianças», e acrescenta, quase a corrigir-se: «E em verdade creio, se não me engano, que foram mais de 15 milhões»[12]. Frase que desperta incredulidade, naturalmente, apoiada pela falta de credibilidade de Las Casas (frequente quando fala de números), mas que paradoxalmente combina bem com os teóricos modernos «altistas» da população indígena. Cook e Borah atribuem à população da Nueva España, em 1519, 25,2 milhões de habitantes, e 6,3 milhões em 1548; supondo, na ausência da Conquista, uma população estática com igual número de nascimentos e mortes, a perda líquida devida ao encontro com os europeus terá sido de 19 milhões em 29 anos, bastante maior do que os 15 milhões propostos por Las Casas para toda a América hispânica.

O que provocou então a catástrofe? Em primeiro lugar, as guerras de conquista em toda a parte – Santo Domingo, México, Guatemala, Peru – e os massacres dos guerreiros indígenas «com as suas armas de brincar»; as incursões saqueadoras, de Pedrarías Dávila em Dárien e na Nicarágua, de Pedro de Alvarado na Guatemala, de Nuño de Guzmán em Panuco, de Juan Ponce de León em Porto Rico; os índios postos a combater contra outros índios, quase por todo o lado. Mas além das violências directas, as guerras causaram carestia e fome, porque os campos eram destruídos, as colheitas confiscadas, os índios impossibilitados de semear e forçados a fugir.

A escravidão provocou desastres ainda maiores, devido ao desenraizamento, à opressão e à exploração. Em primeiro lugar por causa da procura do ouro. No início, os índios estão alojados entre os Espanhóis na condição de lhes ensinarem os seus princípios da fé católica; e sendo todos eles [os Espanhóis] geralmente idiotas e homens cruéis, avarentos e corruptos, foi-lhes confiada a cura das almas. A preocupação e a atenção que tiveram com os índios consistiu em enviá-los para as minas para extrair ouro, trabalho insuportável, e, as mulheres, punham-nas nas *estancias*, fazendas, a alqueivar e a trabalhar a terra, que é trabalho para homens fortes e resistentes. A uns e outros só lhes davam de comer erva e comida de pouco sustento. Às mulheres que tinham dado à luz, secavam-lhe os mamilos e assim morreram em pouco tempo todas as suas crianças. E como os maridos viviam separados, e nunca viam as suas mulheres, cessou entre si a geração. Os maridos morreram nas minas por causa do trabalho e da fome, bem como as mulheres nas fazendas e no campo [13].

As formas de exploração dos índios eram as mais variadas, do transporte de objectos, «porque sempre se serviram deles como animais de carga», ao de pessoas (transportadas em redes ou padiolas) e artefactos (de madeira e utensílios para a construção dos navios, de artilharia). A forma de domínio mais extrema consistia em reduzir à escravidão os desditosos índios – desprezando as *Leyes de Burgos* – quer com autênticos raides, quer obrigando os caciques a pagarem tributos em escravos. Em Las Casas aparece uma consideração de grande relevância demográfica: a deslocação social, juntamente com a revolução do trabalho (mulheres nos campos, homens nas minas) e a separação dos casais, leva à crise da reprodução.

Violências e opressões podem ser declinadas numa variedade de formas e consequências percorrendo os milhares de páginas escritas por Las Casas, nas histórias, nos memoriais, nos panfletos, nas cartas, nos «remédios» aconselhados (entre estes, sobretudo a abolição da *encomienda*). Mas não era Las Casas talvez um homem faccioso, um missionário, um activista, um combatente? Como poderemos não suspeitar de que utilizava os factos, distorcendo-os, para fins parciais?

Contudo, vimos que o testemunho de Motolinia é mais lascasiano do que Las Casas. Tal como o seu inimigo Oviedo, não muito diferente, continuamente maltratado por Las Casas nos seus artigos. Literato, na comitiva do Grão-Capitão nas guerras de Itália, passou pelas Índias em 1514, com experiência em Darién, no Panamá e na Nicarágua, em 1532 chega a Santo Domingo, onde, finalmente estabelecido, obtém o cargo de *alcalde* da fortaleza da cidade, bem como a função de escrever uma história das Indias. Foi, essencialmente, um homem de ordem e um bom observador: a ele se deve um extenso, sistemático e escrupuloso tratado da flora e da fauna do Novo Mundo. Tal como a maioria dos conquistadores da primeira ou da segunda vagas, a sua opinião sobre os índios era bastante depreciativa, como se deduz do excerto que se segue. Um milhão de índios

> encontrou o Almirante [Colombo] quando descobriu estas ilhas [...] pensa-se que presentemente, neste ano de 1548, não haja mais do que quinhentos, entre pequenos e grandes, que sejam nativos ou de estirpe e linhagem originárias. E, com efeito, como as minas eram muito ricas e a avidez dos homens insaciável, alguns obrigaram os seus índios a trabalhar excessivamente, outros não lhes deram de comer como deveriam; acrescente-se que estas gentes são, por natureza, ociosas e viciadas, pouco dadas ao trabalho, tristes e cobardes, vis e de má índole, mentirosas e de pouca memória, inconstantes. Muitos deles mataram-se com veneno para não trabalharem, outros enforcaram-se com as próprias mãos e outros apanharam doenças tais, especialmente uma varíola contagiosa que atingiu toda a ilha, que em pouco tempo os índios desapareceram. Ao mesmo tempo, foram grandes responsáveis pelas mortes destas gentes os contínuos trespasses que governadores e distribuidores fizeram destes índios; pois passando de patrão em patrão e de senhor em senhor, e de um patrão ávido para um ainda mais ávido, tudo isto foi causa e instrumento evidente da perda total destas gentes e por causa das razões que indiquei, ou por todas, morreram os índios[14].

Gente vil e ociosa, seguramente, mas as causas da sua perda foram também, para Oviedo, exploração e escravidão.

Na Corte de Espanha, vivia um douto humanista italiano, Pietro Martire d'Anghiera, com amplos contactos e muitos conhecimentos, que, apesar de nunca ter atravessado o Atlântico, recolheu meticulosamente, ao longo de décadas, testemunhos e notícias sobre o Novo Mundo para reportá-los aos seus protectores. Reflecte e elabora de forma equilibrada a opinião dos indivíduos bem informados sobre os factos da Conquista. Na quarta década de *De orbe novo* diz o seguinte sobre Hispaniola:

> Embora seja rica em ouro, quase se renunciou a procurá-lo por falta de mineiros. Com efeito, os indígenas, a cujo trabalho se recorre para a extracção deste metal, foram reduzidos a um pequeno número. A princípio, guerras impiedosas fizeram com que perecessem em grande quantidade; depois a fome suprimiu muitos mais, especialmente no ano em que eles arrancaram as raízes da iúca com que se confeccionava o pão dos caci-

ques e se abstiveram de semear milho, comida da gente comum. Os sobreviventes foram minados por germes de doenças desconhecidas que, no passado ano de 1518, com exalação pestífera os contaminaram, como se fossem ovelhas ranhosas; e, para sermos sinceros, foram também dizimados pela nossa avidez pelo ouro porque, habituados como estavam a semear os seus campos, a brincar, a dançar, a pescar, a caçar coelhos pequenos, foram, sem piedade, obrigados a cavar a terra, a peneirá-la, e a apanhar o ouro [...] E baste isso, sobre a mortífera fome do ouro[15].

Estas sínteses dramáticas trazem à luz outros elementos: o suicídio, recorrente em muitos outros testemunhos (é difícil pensar que pudesse ser um fenómeno de massa, mas, ao que parece, acontecia frequentemente, atestando o grau de desorientação dos povos subjugados), e a inadaptação ao trabalho pesado. Populações habituadas a uma agricultura geralmente de subsistência, que exigia pouco empenho, são oprimidas por um trabalho, talvez usual para o camponês europeu, habituado ao duro cultivo dos campos nas centenas de gerações passadas desde a adopção da agricultura, mas insustentável para os Tainos (no caso das Caraíbas). População vil, ociosa e pouco propensa ao trabalho, resumia o insensível Oviedo.

Das palavras de um grande conhecedor da América – o jesuíta José de Acosta, provincial da ordem no Peru, onde chegara em 1571, e que percorrera o país de lés a lés – depreende-se outro aspecto importante da crise demográfica dos índios. Vejamos qual, pelas suas próprias palavras:

> As terras baixas são as que costeiam o mar, como geralmente acontece em todas as Índias; estas são habitualmente muito húmidas e quentes, e, por isso, menos saudáveis e menos povoadas actualmente; embora aí tivesse existido um grande número de populações de índios, como consta da história da Nova Espanha e do Peru, que sendo nativas daquelas regiões se reproduziam e conservavam bem[16].

No Peru, as populações costeiras viviam da pesca e cultivavam campos que, dada a aridez da terra, deviam ser regados com canais cavados propositadamente.

> Nos tempos de hoje, a população destas costas e planícies diminuiu e reduziu-se de tal forma que de 30 parcelas devem ter-se perdido 29, e dos índios que restam muitos crêem que irão desaparecer dentro de pouco

tempo. Este facto é atribuído a diversas causas: por alguns, ao trabalho excessivo; por outros, às comidas e bebidas que agora consomem desde que adoptaram os costumes dos Espanhóis; por outros ainda, ao vício excessivo da bebida e a outros abusos [17].

O maior declínio da população das costas ainda tem de ser explicado; talvez se tenha verificado pelo maior impacto da presença espanhola, talvez pela ruína de um sistema produtivo frágil, baseado na irrigação, talvez pela maior fomentação das patologias importadas. Seguramente as populações das terras altas receavam a descida à costa pelas consequências nefastas da mudança climática, associada a patologias tropicais.

O inca Garcilaso de la Vega, educado pela mãe aristocrata em Cuzco, filho de um conquistador da primeira vaga, regressado a Espanha, em 1560, com 20 anos e fino letrado, dá-nos uma descrição pormenorizada do sistema de canalização dos Incas. O canal

que percorre o Contisuyu e termina na província chamada Quechua, que se encontra no limite extremo da mesma, examinei-o com muita atenção e devo dizer que, a par de outras obras do género, é decerto de tal imponência e tão digno de espanto, que transcende qualquer imagem e elogio que se lhe queira fazer. Os Espanhóis, estrangeiros naquela terra, não tiveram em conta preclaras estruturas do género: não souberam mantê-las íntegras, nem estimá-las, e os seus historiadores nem sequer as mencionaram; dir-se-ia antes que cientemente ou por demasiada incúria – e pareceria esta a hipótese mais convincente – consentiram que tudo se arruinasse. A mesma sorte tocou aos canais cavados pelos índios para irrigar as terras cerealícolas; dois terços perderam-se e hoje, aliás desde há muitos anos a esta parte, estão em funcionamento apenas aqueles de que não se podia absolutamente prescindir, que eram efectivamente indispensáveis. Dos outros, os grandes e pequenos que se perderam, restam ainda hoje vestígios e ruínas [18].

A destruição de delicados sistemas de irrigação – como do grande sistema rodoviário: «De toda aquela grande construção não restou senão o que o tempo e as guerras não conseguiram arruinar» [19] – é com certeza simultaneamente causa e consequência do declínio das populações, em particular das costeiras.

Outro aspecto do impacto negativo da Conquista foi a deslocação mais ou menos forçada das populações de uma região para outra, com mudanças climáticas e ambientais traumáticas. É sabido que os Incas organizaram muitas migrações forçadas com vista, muitas vezes, ao povoamento de áreas que tinham acabado de ser conquistadas; mas isso não acontecia sem que «se estabelecesse uma comparação entre as regiões, assegurando-se de que o clima era o mesmo, para que as diferenças de condições não fossem danosas a ponto de ao transferir os colonos de uma região quente para uma fria, e vice-versa, os fizessem morrer. Por essa razão era proibido mandar os índios da serra para as planícies, porque com toda a certeza pereceriam no espaço de poucos dias»[20]. Os Espanhóis não tiveram a mesma prudência.

Em 1535, três anos depois do assassínio de Atahualpa, um rapaz de 15 anos, Pedro Cieza de Léon, da Estremadura, desembarcava em Cartagena das Índias. Durante 13 anos, Cieza desempenhou várias funções, militares e administrativas, inerentes à conquista e à submissão dos vastos territórios, actualmente da Colômbia e do Equador, na fundação de cidades, nas disputas, mesmo militares, entre Espanhóis. Em 1548, com as forças do poderoso Benalcázar, passa para o Peru para apoiar a acção do plenipotenciário do rei, Pedro de La Gasca, que tinha a tarefa de pôr cobro às guerras civis e reprimir a rebelião de Gonzalo Pizarro. Cieza conquista a confiança de La Gasca, tanto que é nomeado *Cronista Mayor de Indias*. Nesta qualidade percorre o Peru de lés a lés, consultando documentos oficiais e recolhendo testemunhos, antes de regressar a Espanha em 1550[21]. É o Cieza viajante e conhecedor em primeira mão das coisas da América Andina que aqui nos interessa pelas suas observações sobre o povoamento e as suas vicissitudes. As considerações sobre o forte declínio da população dizem respeito a um grande número de localidades que cobrem o vastíssimo território que vai do Panamá – «nativos são poucos porque se dizimaram com os maus tratos que lhes infligiram os Espanhóis e com as doenças que contraíram» – ao lago Titicaca («é manifesto entre os índios que, antigamente, houve, aqui em Pucara, uma população numerosa, da qual hoje não resta quase nenhum índio»[22]). No mapa 2, na página 48, estão assinaladas as etapas descritivas da desertificação, segundo Cieza. De algumas localidades há apenas a indicação do grande declínio demográfico: Ilha das Pérolas, vale de Tumbez, vales adjacentes a Antioquia, região entre Popayán e Pasto, vale do Guarco, vale do Jauja, Pucara. Mas, na maior parte dos casos, o declínio é imputado directamente às consequências das guerras (contra os índios e as guerras civis entre Espanhóis, apoiados por índios) como acontece no vale do Rio Magdalena, nos vales entre San Miguel (Piura) e Trujillo, e entre Tru-

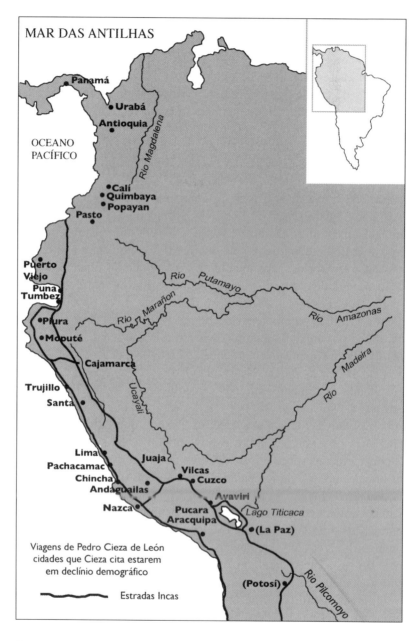

2. *Viagem de Cieza de León e declínio demográfico.*

TRAVAXA
ZARAPAPAHALLMAIMI
TA

deenero capacyaymiquilla, mes

Labrador
hallmallamcoyoc

enero - capac raymi   enero

TRAVAXO
ZARAPTVTACAVAIMI TAN

febrero pauquar uaray quilla

apan tapucui llas
amocolpe to bananque

oxeador de noche
tuta zara uacaycha...

febrero - pauperunvay   febrero

TRAVAXA
ZARAPAPAAPAICVIAIMO

pulio - chacra coracuy

TRAVAXO
ZARATARPVMITAN

TRAVAXA
CHACRAMÃTAPISCO

carcoy pacha tiempo de oxear de la sementera en el te Raymo utubre oma raymi quilla

parian arariuco pachaca ojeador

otubre – omo caymi   otubre

TRAVAXA
ZARACARPAIIACOMVC

noviembre — ayamarcay noviembre

jillo e Los Reyes (Lima), no vale e província de Chincha, entre Nazca e Tarapacá, na província de Arequipa, na região de Cajamarca e na de Andaguaylas. Em algumas situações, faz-se uma referência específica às guerras dos Incas, como no caso do despovoamento do vale de Vilcas; noutras, faz-se menção a guerras e pestes, como na província de Puerto Viejo, em que se diz explicitamente que a população «diminuiu mais devido à guerra do que a doenças»[23], ou à guerra e fome, consequência do abandono dos semeadoiros (entre Cali e Popayán), ou à peste que se propagou por todo o Peru em 1546. São frequentes as referências ao despovoamento devido à fuga das populações face aos conquistadores espanhóis (Culata de Urabá, onde os índios, fugidos de Darién, substituíram os nativos, por sua vez em fuga), na província de Popayan, nos arredores de Ancerma, entre Antioquia e Arma – «quando os Espanhóis chegaram à região e os nativos se retiraram para lá da cordilheira»[24] – no vale de Lima, que era muito populoso, mas onde «presentemente há poucos índios nativos pois como se fundou a cidade nas suas terras, nos seus campos e as suas terras de regadio foram ocupadas, alguns transmigraram para um vale, outros para outro»[25]. Cieza, testemunha directa de grande parte das duas décadas tumultuosas e sangrentas que se seguiram à chegada de Pizarro, não parece ter dúvidas em colocar a guerra, e as suas consequências indirectas, em primeiro lugar nas causas do desastre demográfico.

Um inca, com 80 anos, alquebrado e esquisito, volta às suas terras depois de ter servido o rei durante 30 anos. Partiu rico, voltou pobre à sua pátria desolada e destruída: Andamarcas, Soras, Lucanas. Conta, à sua maneira, os acontecimentos da Conquista, a história dos Incas, os hábitos de vida, os trabalhos dos campos, descreve a sua viagem e imagina um encontro com o rei que o interroga sobre os remédios necessários para o Peru. Anárquico, fantasioso, pitoresco, a identidade de Guamán Poma de Ayala, autor da *Nueva corónica y buen gobierno*, ainda hoje é controversa, mas o texto, incisivo e igualmente pejado de erros gramaticais, e os desenhos, vivazes e ingénuos, que o acompanham são um testemunho vivo e uma reclamação dos abusos da Conquista vistos pelos olhos indígenas[26]. Eis o seu diálogo imaginário com o rei:

> «Diga-me, autor, por que é que hoje os índios não se multiplicam e empobrecem?»
> «Direi a Vossa Majestade: em primeiro lugar não se multiplicam porque as melhores donzelas e mulheres levam-nas os padres das doutrinas,

os *encomenderos*, os *corregidores*, os Espanhóis, os mordomos, os tenentes, os oficiais seus empregados. E, por isso, há tantas crianças mestiças neste reino.» [27]

E ainda:

Sacra Católica Real Majestade: digo que neste reino se consomem os índios e têm de se consumir [...] Daqui a 20 anos não haverá um índio neste reino do qual se possa servir a Coroa Real e que possa defender a nossa santa fé católica. Porque, sem os índios, Vossa Majestade não vale nada, pois recorde-se que Castela é Castela por mérito dos índios [28]

Os índios fugiam e despovoavam a suas terras com medo das corveias e do trabalho nas minas.

Sacra Real Católica Majestade, no que diz respeito ao regresso dos índios ausentes, direi que eles pertencem a três categorias diferentes. A primeira é a dos fugitivos vagabundos, a segunda a dos forasteiros, a terceira a dos órfãos [...] Chamam-se vagabundos porque deixaram as suas aldeias para serem ladrões, bandidos e jogadores, bêbedos, madraços, consumidores de coca. Os ausentes, a segunda categoria, são perseguidos com cargas de trabalho e corveias, as suas pessoas, os seus bens, as suas mulheres e os seus filhos são oprimidos pelos *corregidores*, pelos padres, pelos *encomenderos*, pelos caciques [...] A terceira categoria, a dos órfãos, homens e mulheres, levam-nos das suas aldeias o *corregidor*, o pai, o *encomendero*, o escrivão, o tenente, o mordomo, para fazerem deles servos, serventes. Oferecem-nos aos seus familiares, levam-nos para a cidade à força e maltratam-nos como os seus escravos negros [...] E por isso eles fogem de novo ao seu cativeiro [29].

Guamán insiste, portanto, nos danos da intrusão espanhola nas comunidades indígenas; na necessidade de os índios serem governados por índios; que os Espanhóis fiquem nas suas cidades; que cessem as misturas que prejudicam «a multiplicação» dos mestiços. O autor sublinha fortemente o impacto revolucionário da Conquista nos modelos de povoamento e a na deslocação residencial, e não tanto social, dos índios; na atracção das mulheres na esfera social e reprodutiva para os Espanhóis; no crescimento da mestiçagem, bem como no consequente e automático declínio dos índios.

Os dez testemunhos referidos nas páginas anteriores são uma amostra mínima daqueles que chegaram até nós [30]. Não nos explicam por que é que ocorre a catástrofe demográfica, isto é, não fornecem um modelo interpretativo coerente dos mecanismos do desaparecimento dos nativos da América. No entanto, sugerem que o impacto da Conquista foi global e que envolveu as várias componentes biológicas e sociais que concorrem para manter o equilíbrio demográfico de uma colectividade. Sugerem que a perda desse equilíbrio e o longo e catastrófico declínio implicaram uma pluralidade de causas, pouco significativas (entre elas, naturalmente, as novas patologias) e muito subalternas, com sucessões e articulações várias consoante as condições e acontecimentos locais. De forma que um processo que se afirmou nesta linha de investigação original é invertido: em vez de propor um paradigma e procurar a sua aplicabilidade às situações locais, é necessário voltar à boa prática histórica, estudando as situações locais para construir o paradigma correspondente.

As novas patologias importadas da Europa tiveram, quase em toda a parte, um impacto de destruição enorme. Mas tal verificou-se na primeira fase, quando os vírus se propagavam em populações sem imunidade e, portanto, totalmente vulneráveis. Os sobreviventes, adquirida a imunidade, não eram susceptíveis de contágio nas epidemias sucessivas, pelo que o efeito destruidor se moderou gradualmente e assumiu níveis de gravidade análogos aos das populações europeias; pode ser também que com a sucessão das gerações, os fenómenos de selecção tenham minimizado a virulência e a gravidade do contágio. As novas patologias não tiveram, provavelmente, efeitos significativos na fecundidade, de tal forma que as faculdades reprodutivas das colectividades não diminuíram por causa disso.

As consequências das guerras de conquista e das guerras civis foram proporcionais à sua duração, extensão e ao grau de envolvimento das populações indígenas ao lado dos beligerantes. O seu impacto foi nulo em algumas zonas, devastador noutras. O efeito destruidor das guerras não se limitou às perdas por violência directa, mas gerou consequências indirectas – a ausência de cultivo dos campos e a fome; a destruição dos recursos e das infra-estruturas; migrações e deslocações – bastante mais graves do que as primeiras e distendidas no tempo. Nos casos em que a violência atingiu, ainda que forma diferente, homens e mulheres, a formação das uniões saiu prejudicada.

A «fome mortífera do ouro» é um arquétipo da Conquista. Esta não se teria realizado tão celeremente sem essa fome. Na primeira fase, a avidez rapinante foi causa de mortes directas, de escravidão (com o despovoamento das ilhas Lucayas, ou Baamas), de miséria, de separação das famílias, enfim, de aniquilação. O ouro: a verdadeira causa da perda dos Tainos – «se devem procurar ouro, é necessário que pereçam» disse Frei Pedro de Córdoba[31] – abrangeu todas as componentes do sistema demográfico, na medida em que aumentou a mortalidade, destabilizou as uniões, diminuiu a fecundidade e desertificou vastas áreas. Mais tarde, o ouro, a prata, o mercúrio estão no centro de um sistema de exploração de mão-de-obra muito complexo com consequências demográficas menos directas – as mortes provocadas pelo trabalho nas minas não foram supostamente maiores do que as que ocorreram na Europa da revolução industrial –, se excluirmos a emigração-fuga das áreas sujeitas à angariação de mão-de-obra forçada.

O domínio europeu e a subordinação pessoal dos índios teve pois um outro efeito demográfico de grande relevo: a subtracção, mais ou menos forçada, das mulheres do *pool* reprodutivo dos índios e o despontar da mestiçagem. Numa visão ampla das vicissitudes demográficas americanas, a mestiçagem compensou o declínio indígena. Mas o desequilíbrio que gerou nas comunidades indígenas determinou uma queda na reprodução e enfraqueceu a sua recuperação após as crises demográficas.

Nas primeiras fases, a Conquista configura-se também como um «arresto» das capacidades de subsistência e do trabalho dos indígenas por parte dos conquistadores. Eles devem abastecer, alimentar, servir os recém-chegados. Nas populações com economia de subsistência simples, a Conquista determinou uma clara subtracção de recursos e reduziu a capacidade de sobrevivência da população. Onde a relação numérica entre os recém-chegados e os indígenas era muito baixa, o impacto negativo foi leve, mas foi bastante mais pesado quando essa relação aumentou. Nas sociedades mais estruturadas, como a mesoamericana ou a andina, capazes de acumular e onde já existiam sistemas de tributo em géneros ou trabalho, o impacto negativo foi absorvido, pelo menos parcialmente, pela capacidade de produzir excedentes. Embora o número de conquistadores e dos primeiros colonos seja mais ou menos conhecido (e é, portanto, um dado), o valor da população na altura do contacto é uma incógnita, e quanto mais alta for a dimensão atribuída menor é a capacidade explicativa da depressão demográfica fornecida pela indubitável captura de energias indígenas por parte dos recém-chegados.

As considerações precedentes podem formalizar-se num modelo simples, que permite calcular a quota do produto subtraído à comunidade indígena pela presença dos conquistadores[32]. Podemos aplicá-lo ao caso da ilha de Hispaniola da seguinte forma: em 1502, o governador Ovando chega a Hispaniola com uma comitiva de 2500 colonos que se juntam às poucas centenas então presentes na ilha; suponhamos que a população europeia era de 3000 pessoas e que, aproximadamente na mesma data, a população nativa se havia reduzido a metade em relação ao momento do contacto e contasse com 150 000 indivíduos. Podemos ainda admitir que a economia taina não criava excedentes, sendo de pura subsistência, e que, portanto, o que era produzido era igualmente consumido. Por fim, suponhamos que cada europeu consumia, em média, o triplo de um indígena: recordamos que Las Casas – seguramente inspirado, como sempre, por um arrebatamento polémico – escrevia:

> E como os índios, geralmente, não trabalhavam nem queriam arranjar mais comida do que a que necessitavam para si próprios e para as suas famílias [...] e qualquer espanhol comia mais num dia do que a família inteira de um nativo comia num mês, pois não só não se contentavam, nem se contentam, com o necessário, como também sobra muita comida e muita desperdiçam sem motivo ou razão[33].

É plausível que o conquistador se servisse à vontade de tudo o que estava disponível, sem impor limites ao desperdício, assim como é por certo muito provavél um consumo *per capita* três vezes superior ao dos nativos. A quota de produção retirada para sustentar os 3000 europeus é igual a 12%. Com efeito, para os sustentar são necessárias 3 unidades de consumo *per capita*, num total de 9000 unidades: mas como estas unidades devem ser produzidas pelos indígenas (porque os conquistadores não trabalham), que devem, por sua vez, sobreviver, os conquistadores confiscam (para si próprios e para a sobrevivência dos que trabalham directamente para eles) 18 000 unidades do produto por cada 150 000 da produção total (18 000/150 000 = 0,12). Mas no caso específico de Hispaniola há que ter em conta uma agravante: um terço dos homens adultos (cerca de 8% da população total, isto é, 12 000 pessoas) era mandado para as minas e devia, por isso, ser sustentado pela produção dos outros 12 000 agricultores. A subtracção de recursos ao consumo indígena sobe, neste caso, para 36%. Se uma redução do consumo *per capita* de 12% foi grave, a subtracção de 36% foi decerto insustentável. Compreende-se também que a interpretação da catástrofe dependa, em larga medida, da avaliação da população inicial: no caso de Hispaniola, se a população fosse 10 vezes maior – como alguns defendem – o impacto do arresto seria de uma ordem de grandeza inferior e, portanto, praticamente sem influência. No México e no Peru, por volta de 1570, a incidência dos indivíduos europeus no total da população deve ter sido da ordem de 1%; além disso, essas sociedades, com uma agricultura desenvolvida, poupavam, acumulavam e investiam, pelo que o impacto directo do arresto pouco influiu, embora tenha podido provocar consequências extremamente negativas a nível local.

O modelo traçado é puramente abstracto e estático. Serve, sobretudo, de orientação à interpretação das consequências da Conquista. Juntamente com o modelo abstracto, quatro versos de uma poesia ajudam a resumir o sentido deste capítulo. São versos pungentes, retirados de *Chilam Balam di Chumayel*, texto de profecias dos sacerdotes maias, escritos presumivelmente algumas décadas depois da Conquista([34]):

> *Eles [os estrangeiros] ensinaram o medo,*
> *vieram fazer abrir as flores.*
> *Para que a sua flor vivesse*
> *estragaram e chuparam a nossa flor...*

*III. Um viajante incansável, mas atrasado um quarto
de século, devasta um continente. Das Caraíbas ao Peru:
breve história de uma longa viagem e do suspeito assassino
de Huayna Capac, pai de Atahualpa. As verdadeiras
e as supostas culpas da varíola e das outras doenças
de rebanho.*

A 10 de Janeiro de 1519, os frades jerosolimitas, enviados a Hispaniola com um amplo mandato de governo para a ilha em crise, escreviam uma carta angustiada ao rei Carlos: «Quando [os índios] estavam para regressar das minas às suas aldeias, no mês de Dezembro do ano passado, quis Nosso Senhor atingi-los com uma peste de varíola que ainda não terminou, por causa da qual morreram, e ainda hoje morrem, quase uma terça parte dos índios». E depois de se terem lamentado de que «se esta pestilência ainda durar dois ou mais meses no decorrer deste ano, não se poderá extrair ouro algum da ilha de Hispaniola» (um assunto penoso para as finanças do rei), acrescentam: «Disseram-nos também que na ilha de San Juan [Porto Rico] alguns índios começaram a morrer por causa da dita varíola». E ainda: «Por esta peste de varíola foram atingidos alguns poucos Espanhóis, mas não morreram»([1]). É a primeira vez que aparece documentada a notícia da chegada ao Novo Mundo de um dos grandes protagonistas da catástrofe dos índios. A varíola foi acompanhada por uma série de outras doenças, também elas novidade para a população americana: o sarampo, a escarlatina, a difteria, a papeira, o tifo (do qual se conhece a existência de uma variante americana pré-colombiana). Neste capítulo, o discurso incidirá sobretudo na varíola por duas razões complementares: é considerada a patologia mais violenta e mais letal pelos seus efeitos, de longe mais desastrosos do que os das outras novas doenças na América; além do mais, as considerações epidemiológicas podem estender-se a outras patologias, que partilham muitas das suas características.

Tratava-se, disse-se, de novas patologias no contexto americano e as populações índias eram, por isso, «terreno virgem», isto é, não haviam adquirido as defesas imunitárias que se desenvolvem ao longo do tempo com a interacção entre agentes patogénicos e humanos[2]. Os índios, portanto, eram todos eles «susceptíveis» de contrair a infecção e sofreram, a princípio, uma alta ou mesmo altíssima mortalidade antes de os efeitos se atenuarem gradualmente através dos mecanismos que mencionaremos. Para compreender o impacto da varíola é necessário desenvolver um discurso coerente que deve, antes de mais, explicar por que é que se tratava de uma doença nova, esboçando em seguida a epidemiologia, sintetizando o seu percurso e as suas reincidências no Novo Mundo. Mas não sem antes darmos a nossa opinião sobre os motivos pelos quais é plausível que só tenha chegado em 1518, 26 anos depois do primeiro contacto. São temas – excepto o último – que suscitaram grande interesse e, em geral, bem conhecidos dada a vasta documentação e a multiplicidade de estudos avalizados. A nossa função é sintetizá-los de uma forma ordenada. Abordar-se-á também um tema controverso: terá sido a varíola a verdadeira culpada da catástrofe? Quais foram as circunstâncias que agravaram ou atenuaram (segundo os casos) os efeitos letais das epidemias? Quais foram os efeitos a curto e a longo prazo?

Assim se cantam, ainda no *Chilam Balam di Chumayel*, os tempos que antecederam a Conquista[3]:

> *Não havia então o pecado*
> *não havia então a doença,*
> *não havia a dor dos ossos*
> *não havia a febre pelo ouro*
> *não havia a varíola…*

Será que o Novo Mundo, antes do contacto, sem varíola e sem as outras patologias de que falaremos, não conhecia as doenças infecciosas e, portanto, os constrangimentos que por toda a parte geravam uma alta mortalidade e travavam o desenvolvimento demográfico? O argumento é bastante complexo dado que, na falta de documentação escrita ou pictórica, devemos confiar sobretudo na paleontologia, uma disciplina altamente especializada que, no entanto, tem inúmeras limitações, a principal das quais é não poder dar conta da existência de patologias que não deixam vestígios nos ossos (a varíola é justamente uma delas). Não nos aventuraremos, portanto, num campo tão difícil e limitar-nos-emos a mencionar algumas conclusões de estudos da especialidade. No que respeita ao Sudoeste dos actuais Estados Unidos, por exemplo, afirmou-se que na época do anterior contacto as populações eram com certeza afectadas por uma multiplicidade de vírus, estafilococos, estreptococos, algumas formas de herpes e de hepatite, poliomielite, tosse convulsa e rinovírus. Provavelmente também por febres provocadas pelas carraças, tularemia(*), disenteria amébica, tuberculoses e doenças treponémicas. Perus e cães domésticos puderam transmitir infecções parasitárias como a salmonela e a schigella[4].

> Há provas seguras da forte carga patológica de que sofriam os indígenas americanos antes de 1492. Parte desta carga era imputável a infecções bacterianas de tipo crónico, outra parte a patologias congénitas, degenerativas ou traumáticas. A sua predominância, gravidade e cronologia deve ter variado muito; ficavam estáticas apenas por curtos períodos nas várias comunidades, respondendo à variação das condições ambientais e biológicas[5].

Na tabela 4 do Apêndice estão discriminadas, no que se refere às populações indígenas da Amazónia, as patologias infecciosas, consoante sejam originárias ou endémicas, desenvolvidas através do contacto com animais (zoonóticas) ou importadas do exterior. Noutras condições sociais e ambientais o quadro pode ser significativamente diferente.

A América pré-colombiana não era, por conseguinte, o paraíso terrestre chorado pelos sacerdotes maias – sem doenças, sem dor de ossos, sem febre – apesar de não ter varíola e não conhecer o sarampo. Era, supostamente, um mundo de mortalidade elevada e com fortes oscilações, não muito diverso do mundo euro-asiático com que entrou em contacto. De resto, se se considerarem as populações indígenas pós-contacto, das quais existem dados suficientes, pode ver-se que nos anos não atingidos por epidemias, a esperança de vida à nascença era muito baixa. Entre os Guaranis das missões jesuítas do Paraguai, de que falaremos no capítulo 8, a esperança de vida nos anos «bons» oscilava à volta dos 25 anos, menos do que na Europa[6]. Por outro lado, na tradição pré-colombiana, por outro lado, não faltam referências a crises de

---

(*) Também conhecida por febre do coelho ou febre do moscardo, é uma infecção bacteriana causada por um microorganismo. A contaminação dá-se pelo toque ou ingestão de carne de animais infectados. (*N. R.*)

mortalidade de tipo epidémico. Frei Bernardino de Sahagún transcreveu e traduziu (adaptando-as) as invocações aos deuses dos anciãos e dos sacerdotes *Huehuehtlahtolli* («a palavra antiga») e entre estas:

> Grandes devastações e grandes massacres provoca já a peste em todo o povo; e o que mais me angustia é que as crianças inocentes e sem culpa, que de nenhuma outra coisa se ocupam senão jogar com as pedrinhas e fazer montinhos de terra, agora morrem umas atrás das outras, aos tombos pelo chão, contra as paredes [...] O fogo do incêndio da peste já está no teu povo, como o fogo da pradaria, ardente e fumegante[7].

E, entre os Maias, a tradição recolhida por Diego de Landa situava por volta de 1500 «uma febre pestilenta que durava vinte e quatro horas e que, uma vez terminada, os doentes inchavam e rebentavam, cheios de vermes; muita gente morreu com esta peste e as colheitas não eram feitas em grande parte das searas». Nas fontes indígenas da Mesoamérica podem encontrar-se episódios análogos, como, por exemplo, os anos de grande fome e aguda mortalidade epidémica de 1450-54[8].

A varíola, como o sarampo, a escarlatina ou a papeira, é definida «patologia de rebanho». Por esta definição bucólica entende-se que determinadas patologias (não só as que estão aqui em causa, mas também outras, das mais graves, como a peste, às menos graves como a gripe) se desenvolveram, numa primeira fase, entre os animais, sobretudo os que vivem em rebanhos, manadas, bandos, varas, ou, em todo o caso, densamente agrupados. A passagem do homem à agricultura, sedentarização e domesticação produziu uma convivência homem-animal que constituiu a ponte de passagem para os vírus e micróbios entre espécies diferentes. Interacção, evolução e adaptação fizeram com que estes agentes patogénicos, desenvolvidos em contexto animal, se transferissem gradualmente, ao longo dos milénios, para os humanos[9]. A biologia molecular dá-nos as provas desta transferência, pela semelhança do vírus do sarampo e da varíola com a peste e a varíola bovina, respectivamente. De igual modo, a gripe proviria de semelhantes doenças próprias dos porcos e dos cães; o paludismo dos pássaros e aves de capoeira; e ainda a tuberculose, dos bovinos; para não falar da sida e da sua suposta origem nos macacos. No território americano, o conjunto de patologias de rebanho era menos rico do que no continente euro-asiático, quer porque a presença do homem era bastante mais recente e a sua densidade menor, quer porque o continente estava desprovido – com excepção dos perus e dos bisontes na parte norte, os lamas e as alpacas na parte sul, e os cães por toda a parte – de animais de grande porte agrupados em rebanhos, manadas, bandos, varas. A interacção entre humanos e animais terá sido, por isso, bastante reduzida, e a tal se deve a ausência, no Novo Mundo, de algumas patologias de origem animal, como a varíola[10].

A varíola é um vírus que se transmite por via aérea, quando a pessoa saudável entra em contacto com o doente e com o seu ambiente circunjacente[11]. Há um período de latência que dura doze-catorze dias, durante o qual a pessoa infectada não tem nenhum sintoma e não é infecciosa. No fim da latência, tem início um forte estado febril que corresponde a um aumento da carga viral no organismo, com arrepios, náuseas, vómitos e dores nas costas fortes, às vezes mesmo insuportáveis; mais tarde, no decorrer da doença, grandes dificuldades em deglutir, até chegar à eventual morte por septicemia. É neste período, que dura no máximo 12 dias, que o doente é infeccioso, mas a infecciosidade atinge o seu nível máximo nos primeiros dias, após o período de latência. Cerca do quarto dia de doença principia a erupção – na testa, no rosto, no pescoço, no tronco e nas extremidades – que após alguns dias se transforma num conjunto (varíola confluente) de pústulas típicas da doença, que supuram, secam e depois caem, deixando marcas profundas na epiderme. A infecciosidade da varíola é muito alta e aumentou devido às condições de alta densidade habitacional. Para que o vírus seja transmitido é necessária a proximidade com a pessoa doente – que no período infeccioso emite o vírus respirando – ou com objectos, como lençóis e roupa, em contacto recente com o doente. Outras formas de transmissão, ainda que teoricamente possíveis, não estão provadas e são, por isso, altamente improváveis. Entre os não imunes, a mortalidade dos doentes varia com a idade: alta (na ordem dos 40-60%) entre as crianças, mais baixa (20-40%) entre os cinco e os vinte e cinco anos; em crescendo até aos 50% e maior a partir dos 50 anos em diante. Todavia, a letalidade parece depender também de factores sociais. Os indivíduos infectados pela varíola mas que se curam adquirem imunidade permanente. Para o sarampo, que embora tenha causado muitas perdas, a letalidade era bastante menor, na ordem dos 10% dos doentes.

Os epidemiólogos construíram modelos muito sofisticados para descrever o aparecimento, a propagação, a extinção de uma epidemia, o seu desenvolvimento e os níveis de contágio, de mortalidade e de cura. Alguns elementos primários, muito simplificados, servirão para compreender os mecanismos fundamentais. Quando a varíola se introduz numa população «virgem», que nunca experimentou a doença, todos os elementos da população são susceptíveis de contrair a infecção. A percentagem daqueles que a contraem depende de muitos factores, como a densidade da população, os modos de vida e a frequência do contacto entre pessoas, o acaso. Quem é contagiado corre um alto risco de morte (dos 20% aos 50%, segundo a idade, como se disse anteriormente), mas os que se curam adquirem uma imunidade permanente. Nas pequenas comunidades, uma epidemia tende a extinguir--se por falta, por assim dizer, de combustível, porque os indivíduos morreram ou curaram-se, adquirindo imunidade. Para se reacender, a infecção deve ser novamente importada do exterior, mas isso pode acontecer quando se reconstitui uma quantidade suficiente de indivíduos susceptíveis de serem infectados (os indivíduos nascidos a seguir à epidemia precedente ou imigrantes não imunes). Eis a razão da periodicidade da eclosão de epidemias. Mas quando se formam grandes aglomerados, a infecção permanece activa e nunca se extingue porque há sempre algum doente que desencadeia o contágio; todos os anos a varíola provoca um certo número de mortes. Era este o caso das grandes cidades europeias no século XVII e no século XVIII. Não sabemos quando é que na América, nos grandes centros como a Cidade do México e Lima, a varíola se tornou endémica[12].

Um exemplo numérico: considere-se uma aldeia indígena, de 1000 habitantes e todos não imunes; suponhamos que a varíola contagia toda a população (hipótese extrema: há sempre alguém ausente; há os que fogem por acaso; há até indivíduos «resistentes» que não contraem a doença). Se a mortalidade média entre os contagiados for de 40%, teremos 400 mortos e 600 sobreviventes; estes, tendo contraído a varíola e tendo sobrevivido, são agora imunes. Para que haja uma segunda epidemia na nossa aldeia hipotética, é necessário que passe um certo número de anos por forma a que se reconstitua, através dos nascimentos, uma população não imune e seja contagiada de novo através de um contacto externo. Alexander von Humboldt referia a opinião corrente de que a varíola, na América, reaparecia de 15 em 15 ou de 18 em 18 anos[13]. Escolhamos, por exemplo, 15 anos como intervalo. Na hipótese de que neste período a população tivesse ficado estacionária e que 40% dessa, isto é 240 pessoas, não fossem imunes (porque menores de quinze anos, isto é nascidas depois da primeira epidemia), teríamos 96 mortos ($240 \times 0{,}4$), e uma mortalidade geral que, dos 40% da primeira epidemia, desceria para os 16% ($96/600 \times 100$). Uma terceira epidemia, após mais 15 anos e com os mesmos parâmetros, daria 81 mortes (mortalidade geral sempre de 16%) e 423 sobreviventes. Trinta anos depois da primeira chegada da varíola, a população estaria reduzida a pouco mais de quatro décimas da quantidade inicial e isto pode, sem dúvida, definir-se como uma autêntica catástrofe.

Todavia, o exemplo acima exposto é extremo, principalmente por três razões. A primeira é que, à chegada da epidemia, nem todos os indivíduos susceptíveis de contágio são efectivamente contagiados; o acaso, a natureza (há indivíduos resistentes à infecção), ou a separação e a distância das fontes de contágio fazem com que haja sempre uma proporção significativa de não contagiados. Além disso, é provável que esta proporção aumente com o tempo, porque se aprende a reconhecer os sintomas e a evitar o contacto. A segunda razão é que a mortalidade dos contagiados, para a qual conjecturamos o nível máximo de 40%, pode ser mais baixa, e, seja como for, tende a diminuir após a primeira epidemia. Para isso contribuem dois grupos de factores, biológicos e sociais: há um processo de selecção que faz com que, entre os que se curam, haja indivíduos naturalmente mais resistentes ao vírus que transmitem estas características aos seus filhos[14]. Mas há também uma aprendizagem social, segundo a qual, após as primeiras epidemias, os doentes não são abandonados a si próprios, sem comida, sem água, sem sustento, pelo que aumenta a taxa de cura. «Muitos morreram à fome, pois como todos adoeceram ao mesmo tempo, não podiam cuidar uns dos outros, nem havia ninguém que lhes desse [aos doentes] pão ou outra coisa», assim comentava Motolinia, relatando a grande epidemia de 1520[15]. A terceira razão invoca uma lei quase universal, verificada em inúmeras situações históricas: depois de uma epidemia há um «ressalto» demográfico, isto é, um significativo acréscimo dos nascimentos em relação às mortes. Os primeiros aumentam porque aumentam as uniões entre sobreviventes dos casais desfeitos por uma morte; as outras diminuem porque a epidemia dizimou sobretudo os mais vulneráveis, as crianças, os idosos, pelo que restam principalmente pessoas com riscos de morte menores do que a média. Em suma, a população não fica estacionária após a epidemia (como no exemplo supracitado)[16].

Mudemos agora o modelo estilizado supondo que: a) a cada epidemia, 70%, e não 100%, dos imunes são contagiados; b) a mortalidade média dos contagiados desce dos 40% na primeira para os 30% na segunda e terceira epidemias; c) no intervalo interepidémico a população recupera 15% do seu efectivo inicial (menos de 1% por ano). Com estes parâmetros, 30 anos depois, a população seria de 901 indivíduos (em vez de 423). A retoma demográfica nos dois intervalos interepidémicos seria mais do que suficiente para contrariar o efeito destrutivo da epidemia. Ora, este modelo poderia tornar-se mais sofisticado, modificando os intervalos interepidémicos, introduzindo a estrutura etária, funções de mortalidade próprias dos períodos normais como de fases epidémicas (também para outras patologias de rebanho), funções de fecundidade, interacções e retroacções entre fenómenos, mas os resultados, com números diferentes, narrariam uma história análoga[17], que pode resumir-se em dois pontos essenciais. A varíola provocou seguramente um desastre na sua primeira manifestação, porque o potencial combustível da sua força destruidora era toda a população. Mas o seu regresso, mais ou menos regular, gerava danos que dependiam não só do número de indivíduos susceptíveis que encontrava, mas também do grau de contágio, da taxa de cura dos doentes, da capacidade de reacção do sistema demográfico; além disso, factores selectivos devem ter moderado a vulnerabilidade dos não imunes com o suceder das gerações. A sorte dos índios dependeu essencialmente de factores biológicos, bem como de factores demográficos, sociais e, até, do acaso. Se, em algumas sociedades (as Grandes Antilhas), os índios desapareceram não foi necessariamente culpa da varíola; se, noutras, houve uma recuperação mais ou menos rápida, essa verificou-se não obstante a varíola. Regressaremos a estes argumentos no decorrer do capítulo.

As descrições das testemunhas da época que observaram os efeitos da varíola correspondem bem à epidemiologia ensinada pelos tratados. Eis a versão em nahuatl que é disso testemunho, recolhida por Frei Bernardino de Sahagún:

> Quando os Espanhóis abandonaram o México [...] alastrou entre nós uma grande peste, uma enfermidade geral. Começou no mês de Setembro [1520]. Alastrou entre nós, grande devoradora de pessoas. Alguns foram por ela cobertos e estendeu-se ao corpo todo. No rosto, na cabeça, no peito. Era uma doença muito devastadora. Foram muitos os que dela morreram. Ninguém se podia mexer, só podiam estar deitados de costas, estendidos sobre o leito; não podiam mexer o pescoço, nem fazer movimentos com o corpo; não podiam pôr-se de bruços nem de costas, nem virar-se para um lado nem para o outro. E se se mexiam, gritavam. A muitos ditou a morte, aquela enfermidade de pústulas, contagiosa, compacta, dura. Muitos morreram por causa dela, mas muitos mor-

reram à fome: foram mortos pela fome, ninguém cuidava de ninguém, ninguém se preocupava com os outros. Em alguns, as pústulas eram distanciadas: não sofreram demasiado, nem morreram muitos por causa disso. Porém, muitos ficaram com o rosto desfigurado [...] Outros perderam a visão, ficaram cegos. Grassou durante sessenta dias, sessenta dias funestos. Começou em Cuatlán: quando se tornou manifesta já estava em pleno desenvolvimento. A peste deslocou-se para Chalco. Nesta altura enfraqueceu, mas não cessou de modo algum[18].

Eis, portanto, os sintomas: os corpos cobertos de pústulas, a incapacidade de se mover, os diversos tipos de erupções e a diversa mortalidade, a rapidez da propagação e o consumar-se da epidemia. Segundo Bernal Díaz del Castillo e López de Gómara, foi um negro varioloso que desembarcou com a expedição de Narváez – enviado para dominar a insubordinação de Cortés – que desencadeou a epidemia:

Quando a gente de Narváez desceu para terra, desceu também um negro varioloso, que espalhou o contágio na casa onde estava hospedado em Cempoala, de um índio para outro; e como eram muitos, dormiam e comiam juntos, propagou-se num espaço de tempo tão curto que foi matando por toda a região. Na maior parte das casas morreram todos, em muitas aldeias matou metade[19].

Também se pode seguir a trajectória da epidemia (veja-se o mapa 3): tendo eclodido em Santo Domingo, em Dezembro de 1518, passa quase inevitavelmente para Porto Rico e, em seguida, para Jamaica e Cuba; chega ao México com Nárvaez em Abril-Maio de 1520 e procede gradualmente em direcção ao interior, Tepeaca, Tlaxcala e, por fim, México em Setembro-Outubro; no vale do México alastra durante dois meses, deslocando-se para Chalco[20]. Na grande capital, o sucessor de Montezuma, Cuitlahuac, senhor de Ixtapalapa, morreu de varíola, apenas 80 dias depois de ter perdido o comando. Atribui-se não pouca responsabilidade à varíola na capitulação de Tenochtitlan-México; nas palavras de Bernardino Vázquez de Tapia, um dos companheiros de Cortés, escritas 20 anos depois:

Naquela altura surgiu uma peste de sarampo e de varíola tão dura e cruel que julgo que morreu um quarto dos índios que havia em toda a aldeia, que nos ajudou muito a fazer a guerra e foi a causa de terminar tão rápido, porque, como disse, desta peste morreu uma grande quantidade de pessoas e de homens de armas, e muitos senhores, capitães e guerrei-

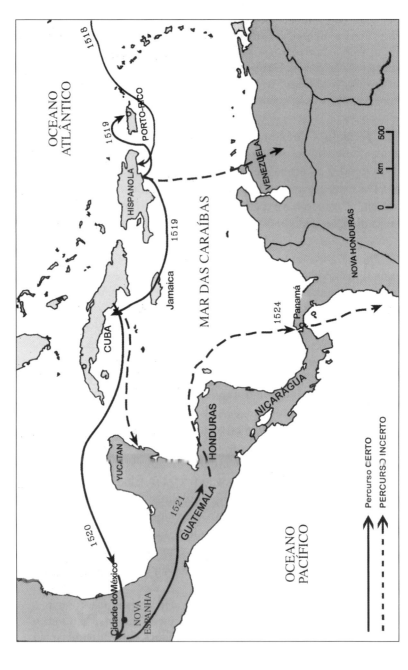

3. *A varíola 1519-24.*

ros valentes, com os quais devíamos confrontar-nos e considerá-los inimigos; e milagrosamente o Nosso Senhor matou-os e livrou-nos deles[21].

O itinerário sucessivo da epidemia, ou pandemia, de varíola é incerto. No entanto, há uma referência feita por Frei Diego de Landa, o maior conhecedor do país dos Maias, que escreveu em data incerta nos anos 60 do século XVI, segundo a qual «mais de 50 anos antes» os índios foram assolados por uma «peste de grandes pústulas, que lhes putrefazia o corpo com grande fedor e lhes fazia cair membros aos pedaços em quatro ou cinco dias»[22]. A data não é clara (poderia ter ocorrido antes da chegada de Narváez); as pústulas evocam a varíola, assim como o «fedor» típico da doença. Mas não há provas. E supondo que de varíola se tratava, passou para lá de Iucatão, na América Central, na terra firme das Caraíbas? As notícias são incertas, também porque à medida que nos afastamos dos centros de irradiação da Conquista – Santo Domingo e México – a documentação é escassa, as notícias menos certas. Há notícias de grande mortalidade na Guatemala em 1519-21, mas a sua causa não é conhecida[23]. Ainda mais a sul, a única referência provém de um documento de 1527 que declara que fora necessário levar escravos para o Panamá, Nata e para o porto das Honduras porque a varíola havia morto os índios[24]. Digamos que no istmo de Panamá – se não mesmo em Iucatão – cessam as notícias sobre uma extensão da epidemia iniciada em Santo Domingo. Mas não cessam, muito pelo contrário, reavivam-se as conjecturas dos historiadores que supõem – e alguns dão-no por certo – que a epidemia continuou a sua viagem para sul, através do istmo e, mais tarde, ao longo da costa do Pacífico para atracar no Equador, voltar a subir a Quito e aí matar Huayna Capac, o último grande inca, pai de Atahualpa, vários anos antes deste ter sido feito prisioneiro por Pizarro (1532)[25]. As epidemias europeias terão antecedido os conquistadores. A hipótese baseia--se em indícios muito frágeis, principalmente nos relatos de Juan de Betanzos e Cieza de Léon acerca da morte por varíola de Huayna Capac. Os dois conquistadores escrevem 20 anos depois da chegada dos Espanhóis e baseiam-se em fontes incertas[26]. Há que referir também que o termo *vaiolo*, que Betanzos de resto não menciona, podia ser igualmente empregue em sentido genérico, com o significado de epidemia, de grande mortalidade. Em segundo lugar, a teoria postula a possibilidade de que os ténues contactos mercantis através do istmo permitiam a propagação da varíola (e de outras patalogias)[27] por contacto directo (cara a cara). Ora, numa vasta área, escassamente povoada, com trocas exíguas e incertas, é bastante difícil que a varíola se pudesse transmitir directamente. Povoações e contactos descontínuos, dificuldade de propagação nas zonas húmidas ou durante as chuvas, terão interrompido facilmente a difusão e a infecção deverá ter sido novamente introduzida do exterior[28]. A varíola, que se manifesta no antigo Peru nos anos 60, que devasta as costas do Brasil em 1562-65 e compromete a sobrevivência das novas povoações, é a manifestação de uma nova pandemia[29]. É, portanto, bastante provável que a varíola não tenha tido responsabilidade alguma no inegável desastre demográfico do Império Inca. Na região do México Central, densamente povoada e com contactos intensos, a varíola difundiu-se rapidamente, no entanto, a primeira epidemia não deve ter transposto as fronteiras do Império Tarasco; testemunhas jesuítas afirmam que chegou pela primeira vez em 1593 a Sinaloa e Sonora[30]. Mais a norte, no Sudoeste dos actuais Estados Unidos, a introdução seria ainda mais tardia, talvez com a conclusão, em 1607, do Caminho Real que ia do México para Santa Fé. No Nordeste dos actuais Estados Unidos e Canadá, a varíola foi introduzida pelos Holandeses, Ingleses e Franceses: eclodiria em 1633 entre os Mohawks, difundindo-se no Quebeque e entre os Hurões[31].

Nas últimas décadas, os apologistas da teoria epidemiológica estiveram ansiosos por provar que o desaparecimento dos Tainos das Grandes Antilhas era consequência das novas patologias, principalmente da varíola. Dos frades jerosolimitas – dissemo-lo no início – chegou-nos a primeira e fiável notícia de varíola no Novo Mundo. Naquela época (1518), a velocidade da extinção dos índios era visível aos olhos de todos: a mão-de-obra escasseava e depois de terem importado milhares de escravos desgraçados das ilhas vizinhas, que rapidamente morreram, valiam-se dos escravos transportados de África. A produção de ouro entrou em rápido declínio. Os colonos trocavam a ilha por terra firme, bastante mais promissora. Muitos estudiosos sustentam, com alguns fundamentos, que a ilha já havia sofrido o duro impacto das patologias europeias. «Cada barco e cada frota trazia do Sul de Espanha novos colonos, animais, sementes, plantas e, obviamente, patogenias. Defender que as doenças não eram transportadas significa supor algo que é altamente improvável.»[32] Mas talvez tenha sido mesmo assim, pelo menos com a varíola. Alfred J. Crosby argumentou que a varíola chegou a Hispaniola assim tão tarde porque a doença, desde a primeira infecção à sua erradicação, dura um mês ou menos, enquanto que «a viagem durava muitas semanas, assim sendo, mesmo que um imigrante ou um marinheiro fosse infectado pelo vírus no primeiro dia de embarque, estaria morto ou livrar-se-ia da infecção antes da chegada a Santo Domingo»[33]. A afirmação de Crosby é fundamental e merece uma discussão ponderada. Para que a possamos fazer há que ter em conta alguns fundamentos da epidemiologia, a história da navegação e algumas simples operações aritméticas.

No caso da varíola, a epidemiologia ensina-nos que o período de latência da infecção – durante o qual o indivíduo não é contagioso – é de 12/14 dias, após os quais, a infecção, agora manifesta, é contagiosa e o vírus pode ser transmitido a um outro indivíduo durante 10 dias. Passados 10 dias, os sobreviventes ficam imunes para toda a vida. Assim, desde o momento em que a infecção entra no organismo até que dê o passo para a imunidade, decorrem 22 ou 24 dias. Para o sarampo – uma outra patologia letal para os índios –, o período de latência é de 9/12 dias e a infecção manifesta dura 5/7 dias, pelo que 14/19 dias após o início da infecção o indivíduo adquire imunidade[34].

Consideremos agora os dados recolhidos por Pierre Chaunu no Arquivo das Índias, em Sevilha, sobre o tráfico marítimo entre Espanha e Hispaniola. No período de 1506-18, o número de barcos que levantou ferro de Sevilha e de outros portos limítrofes foi de 204 (em média cerca de 16 por ano) com um mínimo de 6 em 1518 e um máximo de 31 em 1508[35]. Tratava-se, em média, de barcos com cerca de 100 toneladas, que podiam embarcar 15 passageiros e o dobro dos homens na tripulação, num total de 45 homens[36]. Aceitando que todos iam a terra, pode dizer-se que cerca de 9000 pessoas desembarcaram na ilha por um período mais ou menos longo. Entre 1492 e 1505, talvez outros tantos tenham posto os pés na ilha (1200 com Bobadilla em 1500, 2500 com Ovando em 1502). Com um número total de pessoas arredondado para 20 000 que viajaram para Hispaniola entre 1492 e 1518, pode dizer-se que a probabilidade de um indivíduo desembarcar infectado com varíola era bem diferente de zero. Mas quão diferente era? Este é o problema.

Para que uma epidemia de varíola eclodisse no Novo Mundo era necessário que se verificassem três condições. A primeira é que uma pessoa infectada embarcasse num barco. Se sobrevivesse, poderia contagiar outra a bordo durante 12/14 dias. Considerando o limite superior dos 14 dias, o contágio poderia ocorrer entre o décimo primeiro e o vigésimo quinto dia de navegação (se o embarque tivesse lugar no primeiro dia de latência). Na medida em que a duração média da viagem entre San Lucar de Barrameda e Santo Domingo era (em média) de 48 dias (com um mínimo de 40 e um máximo de 68 dias), este hipotético doente morreria, ou curar-se-ia, antes da chegada. Portanto, um outro passageiro ou marinheiro deveria ser contagiado antes da chegada, desencadeando uma sequência de infecções, para permitir que uma ou mais pessoas infectadas desembarcassem no porto de destino. O contágio a bordo, em espaços restritos, era provável (se não mesmo certo) se houvesse outras pessoas não imunes. A segunda condição era, portanto, que uma pessoa (ou mais) infectada chegasse à ilha. Por fim, a terceira condição era que a pessoa (ou as pessoas) infectada, uma vez desembarcada, contagiasse outras, desencadeando a epidemia.

Recapitulemos o discurso, que está a ficar complexo. Para que a epidemia eclodisse na ilha era necessário que se verificassem sucessivamente três condições: 1) um infectado sobe a bordo; 2) a infecção propaga-se, e um infectado (ou mais) consegue desembarcar; 3) o infectado (ou infectados) que chegou à ilha provoca a epidemia. Para o teorema das probabilidades compostas, a probabilidade total de que a epidemia eclodisse é dada pelo produto das três probabilidades parciais: *P (total) = P(1) × P(2) × P(3)*. Qual seria o valor de P(1) (o infectado sobe a bordo)? Não podemos obviamente responder a esta pergunta, mas podemos fazer conjecturas e dar ordens de grandeza, com as quais teremos de nos contentar nesta fase. A varíola era seguramente endémica em Sevilha e na região em redor e pode supor-se que causasse 10% das mortes, como sucedia em Londres e em outros grandes centros urbanos na Europa no século XVII e no século XVIII[37]. Segundo o recenseamento de 1591, Sevilha contava com 18 000 famílias (*vecinos*) e o resto da província (Cádiz, Puerto Santa Maria, San Lucar de Barrameda, Jeréz de la Frontera e respectivo condado) 96 618 *vecinos*[38]. Suponhamos, para continuar o nosso raciocínio – que não necessita de precisão matemática –, que a área de Sevilha tinha meio milhão de pessoas no início do século XVI. Suponhamos que a mortalidade era de 30% por ano: segue-se que o número de mortes anuais, por varíola, seria

$$500\,000 \times 0,03 \times 0,1 = 1500$$

igual a 125 por mês. Deste número, e supondo que a letalidade, mesmo em Sevilha, era de 25%, isto é, igual a uma morte em cada quatro doentes, pode deduzir-se que a cada mês $125 \times 4 = 500$ pessoas adoeciam de varíola. Visto que cada doente podia transmitir a infecção durante dez dias (os três quartos de sobreviventes), mas não mais do que três/quatro dias em caso de morte (o quarto residual), podemos concluir que todos os doentes (independentemente do que lhe viria a acontecer) eram contagiosos durante cerca de oito dias. Por isso, podemos imaginar que na região de Sevilha, em cada dia do ano, havia $(500 \times 8)/30 = 133{,}133$ pessoas capazes de transmitir a infecção: era deste grupo que podia provir o marinheiro ou o passageiro das Índias que procuramos identificar. No entanto, há ainda que esclarecer o seguinte: nas zonas em que a varíola era endémica, a maioria dos doentes era constituída por crianças (geralmente, pelo que nos é dado ver nas estatísticas dos séculos XVII e XVIII, mais de 90%[39]). Os grupos de passageiros e as tripulações eram formados por pessoas adultas ou geralmente adolescentes, pelo que os infectados que corriam o risco de embarcar (não crianças, portanto) eram reduzidos na ordem de grandeza: de 133,33 para 13,3. Portanto, em 500 000 habitantes, todos os dias havia 13,33 adultos que podiam transmitir a infecção, igual a 2,66 pessoas em cada 100 000 ($13{,}33/500\,000 = 0{,}0000266$). Regressemos agora aos cais de embarque: destes partiam, todos os anos, 16 barcos com 45 pessoas a bordo; o risco que entre esses houvesse um doente era igual a

$$0{,}0000266 \times 16 \times 45 = 0{,}019152$$

que, arredondado, equivale a 2%. Há algumas boas razões para considerar este dado sobrestimado: por exemplo, é bastante improvável que uma pessoa com infecção manifesta (isto é, com as pústulas no rosto) fosse admitida a bordo ou que, em todo o caso, tivesse força para subir a bordo; além disso, se na grande cidade a varíola era endémica, é provável que não o fosse no condado sevilhano, o que diminuiria ainda mais o risco.

A probabilidade de 2% diz respeito, portanto, ao cenário de um infectado entrar a bordo; todavia, tem de se reunir mais duas condições, isto é, que ele contagie outros companheiros de navegação (mas grande parte dos embarcadiços era presumivelmente imune, proveniente de zonas onde a varíola era endémica) e que estes, uma vez pondo os pés na ilha, desencadeiem a epidemia (o que era bem mais fácil, pois todos os nativos eram susceptíveis de ser infectados). Como as probabilidades de as outras duas condições se verificarem – embora bastante mais altas – são inferiores a 1, o valor de 2% seria posteriormente reduzido. Mas mantenhamos nos 2% a probabilidade de que se verificassem as três condições: no mais simples dos modelos, o «tempo médio de espera» para que a epidemia eclodisse na ilha de Hispaniola era igual a $1/0,02 = 50$, isto é, meio século.

Quem tiver inclinação para a matemática poderá aperfeiçoar este exercício elementar de aritmética, mas como trabalhamos com conjecturas e hipóteses, não penso que valha a pena. Porém, vale a pena tirar duas conclusões. A primeira é que o «atraso» do surgimento da varíola nas Caraíbas – «só» em 1518 eclode a epidemia – segue a lógica. A segunda é que os Taínos tiveram azar porque receberam a varíola 26 anos depois de Colombo, e não cinquenta anos depois, embora devamos acrescentar que se a epidemia tivesse chegado em 1542, teria encontrado muito poucos Tainos – há décadas em vias de extinção.

As doenças epidémicas – varíola, sarampo, difteria, tifo e outras – produziram efeitos que não dependeram apenas da existência, ou da ausência, da imunidade adquirida nas populações atingidas. Na determinação da sua gravidade não entram em linha de conta só factores biológicos, mas também factores que podemos genericamente designar de natureza social, porque são determinados por acções e comportamentos que abrandaram ou aceleraram o curso da infecção. Já fizemos uma breve referência a esses factores, mas há que dizer algo mais sobre eles. Poderemos agrupá-los em três categorias: a) os que determinam a introdução ou a reintrodução da infecção em cada comunidade; b) os que influenciam a intensidade do contágio, isto é, a proporção dos não imunes que são contagiados; c) os que influenciam a cura dos doentes.

A introdução da infecção depende da frequência das relações com as zonas onde esta era endémica, ou com outras zonas atingidas por uma epidemia. Na segunda metade do século XV, o continente está bastante unificado, embora continue a haver zonas isoladas (algumas ficaram assim quase até aos nossos dias na bacia do Amazónia e do Orenoco). As relações com a Europa são regulares e contínuas, as intracontinentais definem-se e consolidam-se. Mas, por outro lado, a densidade da povoação do continente diminui fortemente, o que presumivelmente abrandou a frequência dos contactos. A distribuição das povoações tem provavelmente grande relevância; Daniel E. Shea sublinhou as diferenças entre o México Central e os Andes. No México, com uma população muito densa e fixada «em círculo» em torno da capital, a varíola ter-se-á difundido concêntrica e rapidamente, graças também à densa rede de comunicações e de contactos. Na região dos Andes, ao invés, com uma configuração de povoamentos «em pente», isto é, distribuído ao longo da cordilheira dos Andes, paralelos ao mar, e ao longo dos

CONQUISTA

vales (paralelos entre si) perpendiculares ao mar (como os dentes de um pente), a difusão terá sido mais lenta, com possibilidades concretas de se interromper, por exemplo, entre um vale e outro [40].

Uma vez introduzida a infecção numa comunidade, a propagação do contágio é consequência de outros factores e comportamentos. A densidade habitacional, a frequência dos contactos, as formas de trabalho nos campos, as excursões para a caça ou pesca, a possibilidade de se afastarem, são muitos elementos que, caso a caso, influenciaram a frequência do contágio. Decerto, um dos factores que contribuíram para aumentar o risco do contágio foi a política das «reduções» – isto é, a concentração dos índios, que viviam dispersos, em aldeias planificadas geralmente em zonas mais centrais – para fins de controlo, endoutrinação e administração. As reduções foram criadas às centenas, de norte a sul, pelas ordens missionárias e teremos oportunidade de voltar a falar nelas. Mas também foram criadas pelas autoridades administrativas, sobretudo no Peru depois de 1570, onde o vice-rei Francisco de Toledo fez delas o pilar da sua administração. Não há dúvida de que a velocidade e o grau de contágio aumentaram muito. Naturalmente outras acções podiam contrariar o efeito negativo da concentração [41]. O padre José Cardiel, um jesuíta que dirigia uma das 30 missões do Paraguai (encontrá-lo-emos de novo a seguir), tentava minimizar o contágio durante uma epidemia de varíola do modo como se segue:

> [A varíola] era de tal natureza que se uma pessoa adoecia, contagiava todos os outros habitantes da casa. Ordenei a construção de um bom número de cabanas fora da aldeia, nas suas redondezas, e de outro grupo delas bem construídas e mais afastadas. Se a doença não fosse varíola – e nos dávamos conta disso em poucos dias – mandávamo-lo de novo para a sua casa. Mas se fosse varíola, então levávamo-lo para as cabanas mais afastadas, queimava-se aquela para onde o tínhamos levado inicialmente e no seu lugar construía-se uma nova [42].

Uma estratégia sensata que bem poderia ter sido aconselhada por um epidemiólogo moderno.

Sobre o terceiro e último factor, a cura do doente, não influíram seguramente os medicamentos e os tratamentos ministrados ou aplicados segundo os conhecimentos da época. Todavia, o trauma das primeiras epidemias foi gradualmente superado. Quase em toda a parte, onde ainda há testemunhos, os massacres iniciais provocaram fugas, abandono dos doentes e desagregação social. É claro que o que relata – com muito agrado – o padre Antonio Sepp, outro jesuíta do Paraguai, sobre a cura dos doentes com varíola levada a cabo na sua missão, é provavelmente uma excepção:

> Ao meio-dia, todos [os doentes] recebiam um caldo e meia libra de carne bem cozida, em vez do pão que começava a escassear [...] Às duas da tarde mandava dar a todos um gole de água fria, misturada com sumo de limão e açúcar, que reanimava os seus fígados queimados pela febre [...] Quando o sol se punha, dava-lhes novamente de comer, desta feita carne picada e bolo de mandioca. Com esta dieta frugal, contrária à sua voracidade inata, conseguia conservar vivos muitos que, de outro modo, teriam sido na certa vítimas de morte[43].

É duvidoso que esta dieta tenha curado alguém, mas o abandono e a privação de comida e água, bem como de consolo moral, terão seguramente morto aqueles que o vírus talvez tivesse poupado.

Como dissemos no início, a varíola foi apenas a mais importante, nova e temida patologia do Novo Mundo. Pode surpreender-nos o facto de à epidemia de varíola de 1520-21 não se terem seguido outras epidemias generalizadas de varíola no México – que talvez tenha sofrido mais com as novas patologias do que outras regiões americanas – durante o resto do século. Se as houve, não foram de carácter geral ou não provocaram desastres destacados pelos contemporâneos da época.

A outra patologia de fortíssimo impacto letal foi o tifo, quase seguramente responsável pelas outras duas maiores epidemias mesoamericanas do século XVI, a de 1545-46 e a que principiou em 1576. O tifo era uma doença «nova» nos seus aspectos devastadores, mesmo para a Europa. Supõe-se que estivesse bem radicada no Mediterrâneo Oriental e que tivesse encontrado material combustível na guerra contra os mouros de Granada em 1489, ou em 1490 no contágio de soldados provenientes de Chipre, onde a doença era endémica. Da Espanha ter-se-á alastrado a Itália, França, Europa Central, com acelerações devido aos conflitos bélicos e às transmigrações dos exércitos[44]. Em suma, os massacres infligidos pelo tifo no Novo Mundo não seriam diferentes dos perpetrados no Velho: em ambos os continentes era uma nova patologia, com características talvez mais virulentas do que nos séculos sucessivos, quando se pôde determinar algumas formas de imunidade ou de adaptação. Por fim, há que dizer que o tifo é uma doença fortemente agravada por condições de fadiga, desnutrição, aglomeração e miséria em geral.

*IV. Um brinco de ouro e o trágico destino dos Tainos.
Um índio segue um veado e descobre uma montanha de prata.
Um povo em contínuo movimento ao longo de mil milhas,
a quatro mil metros de altitude, e as riquezas de Potosí.
Feitos e delitos do ouro e da prata*

A 12 de Dezembro de 1492, seis dias depois do primeiro aportamento na ilha de Hispaniola e três dias depois de a terem baptizado e dela terem tomado posse formalmente, dá-se o primeiro encontro com o ouro. O Almirante mandou três marinheiros a terra, os quais depararam com alguns indígenas nus «que se puseram em fuga, mas conseguiram apanhar uma mulher», logo por coincidência «muito jovem e bonita», que levaram para o *Santa Maria* à presença de Colombo. «Tinha um adorno de ouro no nariz, pelo que [o Almirante] pensou que havia ouro na ilha e não se enganou.» Assim disse Las Casas na sua transcrição do diário de Colombo. Nos dias seguintes e até 16 de Janeiro, dia em que navegaram para Espanha, Colombo e os seus homens tiveram oportunidade de ver muitos indígenas com ornamentos de ouro e de os receber como prenda ou em troca de algo. O suficiente para se convencerem de que havia ouro e de que bastava procurá-lo. O suficiente para convencer a Corte de que tinha de se providenciar uma segunda grande expedição. Três anos depois Colombo tentou – e falhou – um autêntico saque organizado de ouro, impondo a cada núcleo familiar a entrega de um *cascabel* cheio de ouro (pequena esfera oca de metal, o guizo, usada como prenda para os nativos)([1]) de três em três meses.

Da «mortífera fome de ouro», expressão de Pietro Martire, já falámos. Foi o arquétipo da Conquista, uma fome que atormentava chefes e subalternos, a Corte e o Rei. Pietro Martire tinha razão quando afirmava que foi «mortífera», pelo menos na fase inicial da Conquista: foi assim porque o alto risco das primeiras expedições impôs um rápido e alto retorno económico, justificou violências e abusos e envolveu uma mão-de-obra numerosa. Com o amadurecimento e o estabelecimento do domínio ibérico sobre a América e com a rápida redução da produção de ouro – cerca de meados do século XVI –, arrancou a procura e a produção da prata que rapidamente superou (em valor) o precioso metal. A produção de prata, não teve contornos de roubo como a do ouro, necessitada como estava de fortes investimentos e de uma sólida indústria. Não foi, por isso, destruidora como a procura do ouro, mas herdou a sua fama negra, cinzelada na invectiva: «Não é a prata que mandamos para Espanha, mas o suor e o sangue dos índios»[2].

Antes de prosseguir, convém fornecer um quadro geral da produção de metal precioso na América. As fontes são essencialmente três: o pagamento de um *quinto* à Coroa sobre o minério extraído e refinado; a actividade da Casa da Moeda; as expedições de metal precioso para Espanha registadas na Casa de Contratación de Sevilha (veja-se a figura 2)[3]. Relativamente às importações, desde o início do registo, em 1503, até 1650 foram importadas 181 toneladas de ouro e 16886 toneladas de prata: como em termos de valor unitário a relação entre os dois metais estava compreendida entre 1:10 e 1:15, podemos dizer que o valor da prata importada foi aproximadamente igual a cerca de oito vezes o do ouro[4]. Até meados do século XVI, porém, a Espanha chegou quase exclusivamente ouro, porque a descoberta e o arranque da produção das minas de prata no México e no Peru, que foram quase simultâneos, ocorreram entre 1545 e 1555. Até cerca de 1525, as importações de ouro provêm exclusivamente das Grandes Antilhas; em primeiro lugar de Hispaniola, desde 1494; de Porto Rico a partir de 1505; de Cuba a partir de 1511, da Jamaica (já quase deserta) em valores mínimos desde 1518. Nas três ilhas maiores, a exportação diminuiu rapidamente depois de 1515, com a pilhagem das reservas que os índios possuíam, o esgotamento dos jazigos aluviais, a vertiginosa redução de mão-de-obra indígena. Esgotadas e desertificadas as ilhas, a procura estendeu-se à terra firme das Caraíbas (cognominada ao princípio Castilla de Oro) – Darién, Veragua, Panamá – também ela rapidamente desertificada. Posteriormente as importações provieram do Peru, sobretudo por roubo da reserva acumulada ao longo dos séculos para fins cerimoniais e religiosos: o resgate infame de Atahualpa – uma ampla sala, repleta de objectos preciosos até à altura de um homem – valeu quase dez toneladas de ouro[5]. Depois de meados do século, o ouro de minas proveniente da Nueva Granada e da Nueva España substitui o aluvial (extraído do leito dos rios) e a produção alcança o seu ponto máximo (43 toneladas exportadas para Espanha em 1551-60)[6]. A produção de prata superava agora visivelmente a aurífera.

Por que é que a procura do ouro foi responsável pela destruição dos índios? Quantos foram os índios envolvidos? E por que é que uma actividade não particularmente perigosa teve efeitos perversos?

Nos primeiros 50 anos do século XV, a Espanha importou, em média, cerca de uma tonelada de ouro por ano. O valor do ouro produzido foi sem dúvida muito mais elevado, como confirmam quase todos os testemunhos da época, porque era grande a conveniência de iludir o pagamento do quinto. Supondo que a produção tivesse sido o dobro, podemo-nos perguntar quanta mão-de-obra estaria ocupada com a actividade de procura. Não é possível dar uma resposta directa, mas é possível dar uma resposta indirecta largamente conjectural. Nas condições de extracção então predominantes, a produtividade média de um garimpeiro, num ano, tinha limites. Só em casos absolutamente excepcionais poderia atingir 1000 gramas; na maioria dos casos documentados era de poucas centenas, com um limite inferior a 100 [7]. Assumindo-os como limites mínimo e máximo, corresponderiam a uma força de trabalho, directamente empenhada na procura, compreendida entre um mínimo de 2000 e um máximo de 20 000 unidades/ano. Mas a quantidade da população indirectamente envolvida – a começar pelos familiares dos garimpeiros, pelos índios empregues na produção dos alimentos e no reabastecimento das áreas mineiras – deve ter sido um múltiplo igual a 10 (e mais) vezes o dos garimpeiros. Pelo que milhares, ou dezenas de milhares, de garimpeiros directamente ocupados com a extracção do ouro envolviam um quadro demográfico bastante maior, concentrado nas regiões ricas em jazigos e muitas vezes pobres em homens. Hispaniola, Cuba, Porto Rico e Jamaica eram ilhas com populações relativamente reduzidas, onde as ordens do rei permitiam mobilizar para a procura do ouro um adulto em cada três. Nestas ilhas e talvez na Castilla de Oro, a mobilização humana foi relevante em relação à população. No governo de Popayán (Reino de Nueva Granada, actual Colômbia), entre 1546 e 1599 produziam-se (oficialmente), em média, cerca de 400 quilos de ouro por ano. Era a região de maior produção aurífera da América a sul do Panamá, que se desertificou rapidamente (71 000 tributários em 1559, 33 600 em 1582) [8]. Calculou-se que um terço dos tributários estivesse envolvido, directa ou indirectamente, na procura do ouro, em grande detrimento da produção agrícola. Deste modo, trabalho duro e compulsivo, abandono da agricultura, climas insalubres e alimentação insuficiente explicam «por que é que a esperança de vida dos índios das minas era muito curta, por que morriam em grande quantidade, por que é que a natalidade

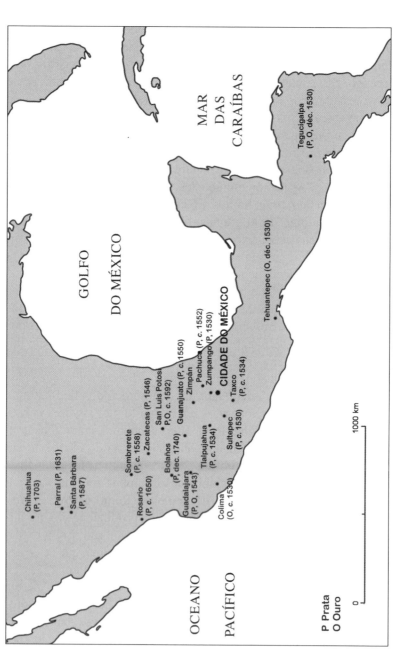

4. *As minas na Mesoamérica.*

5. *As minas na América do Sul.*

não conseguia sequer igualar a mortalidade»([9]). Em alguns lugares os efeitos foram localizados ou nulos.

A técnica de pesquisa do ouro nos depósitos aluviais e nas areias dos cursos de água nas Antilhas é descrita com precisão por Las Casas e por Oviedo([10]). Primeiro escavava-se, num lugar prometedor, uma trincheira quadrada com oito ou dez pés de largura e com um ou dois palmos de profundidade; em seguida, a terra era transportada para um rio ou torrentes próximos, onde era lavada e passada em *bateas*, espécie de grandes malgas de madeira, no fundo das quais se depositavam as areias de ouro ou as pequenas pepitas. O trabalho de escavação, transporte e lavagem era realizado por vários grupos de índios; para a lavagem também se empregavam as mulheres. «Quando se pergunta quantas bandejas de lavagem tem um pesquisador em actividade e este responde que tem dez, entende-se geralmente que emprega trabalhadores com semelhante escala de actividade, dado que há cinco para cada *batea*.»([11]) Se o resultado da primeira escavação fosse positivo, a trincheira era aprofundada e ampliada, senão repetia-se outro ensaio noutro lugar. Os índios eram mandados para as minas em *cuadrillas* (equipas), muitas vezes a dezenas e dezenas de milhas de distância das suas aldeias, por *demoras* (períodos de trabalho) até um total de dez meses, trabalhando sob o comando de um capataz espanhol. Tinham de ser reabastecidos com alimentos produzidos em aldeias longínquas ou em campos próximos das minas. O que implicava um forte aumento de trabalho para os que não se destinavam às minas, na produção, preparação e transporte de alimentos([12]). Quando, na primeira década do século XVI, se generalizou o sistema da *encomienda*, os titulares das mesmas eram convidados a mandar um terço dos homens válidos para as minas, e ao interesse do lucro privado juntava-se o apetite insaciável da pátria-mãe. Como foi descrito por Oviedo, o trabalho em si não parece particularmente duro, mas Las Casas, numa obra mais meditada e menos impregnada de paixão, indica os mecanismos destrutivos da procura de ouro nos tempos de Ovando (1502-09), dos quais foi testemunha directa:

> Nesses tempos, havia uma furiosa ansiedade de procurar ouro [...] e, por consequência, a diminuição e morte dos índios era um acontecimento inevitável, uma vez que estes estavam habituados a pouco trabalho devido à fertilidade da terra, que, quase sem nenhum esforço, cultivavam e obtinham os seus frutos em abundância para se sustentarem [...] além de serem, por natureza, pessoas delicadas, ainda foram forçadas a um trabalho tão áspero e duro de um momento para o outro, e não a pouco e

pouco, que era inevitável que não sobrevivessem por muito tempo; e assim foi, pois em cada *demora*, que era entre seis a oito meses, das *cuadrillas* de índios que extraíam ouro nas minas e depois levavam tudo para fundir, morria uma quarta ou terça parte [...] Aos que adoeciam [...] não lhes era dado crédito, dizendo que se comportavam como mandriões e impostores para não trabalharem; quando a doença e a febre falavam por si, provando que estavam verdadeiramente doentes, então davam-lhes um pouco de pão de *cassava* e algumas raízes de *ajes* e mandavam-nos de volta para as suas terras que estavam a 10, 15, 20 ou 50 léguas de distância, não com a intenção de que se curassem, mas sim de que fossem para onde quisessem para não tratarem deles, o que decerto não fariam com uma das suas burras se adoecesse[13].

As palavras de Las Casas poderiam ser consideradas facciosas se não fossem corroboradas por muitos outros testemunhos. Os dominicanos da ilha, na carta a monsenhor de Xévres, escreviam «que em 100 índios [mandados para as minas] não voltavam 60 e, naquelas onde recebiam o pior tratamento, em 300 não voltavam 30»[14]. Da calamidade dos índios nas minas, da necessidade de reduzir e moderar o seu trabalho não falavam só os religiosos, mas também os funcionários como Gil Gonzales Dávila (contabilista do rei) ou o *licenciado* Zuazo em Santo Domingo, ou os administradores de San Juan (Porto Rico)[15]. E disso tinham conhecimento o rei, a Corte e a Casa de Contratación de Sevilha, que se por um lado advertiam para tratar bem os índios, por outro convidavam a mobilizá-los para a procura do ouro. Vale a pena acrescentar que muitos observadores consideravam a mudança de clima e de ambiente particularmente nociva para os índios: «Mandavam-nos para onde havia águas finas, rios frios e lugares inclementes, e como iam nus morreu um número infinito deles, não falando dos que morreram por causa do enorme aumento de trabalho e de cansaço»[16].

A economia do ouro, nas primeiras décadas da Conquista, exalta os aspectos destrutivos desta e é caracterizada por um modelo insustentável. Insustentável porque quer o ouro guardado dos índios roubado nas primeiras fases, quer o dos jazigos aluviais, acabaram rapidamente. Mas era insustentável também porque a procura do ouro provocou um impacto traumático na sociedade e na população, agravando a mortalidade e diminuindo a reprodução. O mecanismo do modelo destrutivo pode decompor-se nas seguintes componentes:

1) a procura do ouro implica o trabalho forçado do maior número possível de garimpeiros indígenas;

2) os índios são uma força de trabalho frágil: habituados a um trabalho leve e intermitente, não estão acostumados – como qualquer agricultor em luta contínua com uma terra avara – a um trabalho físico duro e continuado;

3) os índios, tal como outras populações adaptadas a climas tropicais com amplitudes térmicas reduzidas, sofrem até com ligeiras mudanças; as condições pouco propícias de trabalho – como as daqueles encarregues da lavagem com as bandejas continuamente imersos na água – aumentam a vulnerabilidade;

4) a distância dos depósitos de ouro das aldeias e dos campos torna o reabastecimento precário e a alimentação ressente-se disso;

5) como consequência das variações climáticas, do trabalho excessivo, da alimentação precária, as doenças endémicas aumentaram a mortalidade; é provável que muitas delas fossem de carácter respiratório; naturalmente, o impacto de doenças novas deve ter piorado a situação, mas mesmo na ausência destas o quadro era extremamente negativo;

6) o facto de estarem longe das aldeias durante grande parte do ano, a maior mortalidade dos homens em relação às mulheres, a intensificação do trabalho feminino, na produção e confecção da comida, foram factores que provocaram uma menor fecundidade entre os indígenas;

7) a redução de mão-de-obra determinou novo recrutamento de índios, agravando a crise do sistema;

8) a avidez – assim definida pelos contemporâneos da época – dos conquistadores, acompanhada de brutalidade, violência e cinismo agravaram a crise; esta avidez explica-se, na primeira geração dos conquistadores, pelos enormes riscos superados e pelos futuros riscos detectados, prevendo, além disso, que o privilégio de repartição do trabalho dos índios pudesse ser eliminado;

9) a sociedade dos índios envolvidos na procura do ouro funcionou como um vórtice, engolindo recursos humanos em círculos concêntricos, atraindo populações de ilhas ou territórios vizinhos, mas também distantes, como das costas de África;

10) a interacção negativa entre ouro e índios exerceu os seus efeitos destruidores em pouco tempo no máximo no espaço de uma geração, no mínimo numa dezena de anos.

Las Casas relata que no fim de 1507, Juan Ponce de Léon atravessou o braço de mar que separava a costa oriental de Santo Domingo de Porto Rico, tendo recebido a notícia de que os indígenas tinham ouro. Foi bem recebido pelo *cacique* Agueibana, que o conduziu aos rios em cujos leitos se encontrava o ouro, «ignorando, o inocente, que lhe revelava a faca com a qual seriam mortos ele próprio e o seu reino»[17].

Primeira apostila. No hemisfério austral, no interior do continente brasileiro, descobriu-se ouro dois séculos mais tarde. Foi cerca do final do século XVII que as *bandeiras* (expedições), provenientes da região paulista, encontraram ouro nos contrafortes da Serra do Espinhaço. Uma região desertificada, habitada por poucos milhares de indígenas – baptizada Minas Gerais –, atrai milhares de *faisqueiros* de todas as raças e misturas[18]. Segundo Giovanni Antonio Andreoni, em 1709 havia 30 000 pessoas em Minas. Em 1699, chegaram a Lisboa 725 quilos de ouro, em 1703 mais 4 toneladas, em 1712 mais de 14 (num só ano, tantas quantas chegaram a Espanha nas primeiras duas décadas do século XVI). A produção alcança o apogeu antes de meados do século XVIII, para em seguida entrar lentamente em declínio. A população, entretanto, aumentara em mais de 300 000 pessoas; a agricultura, no início baseada no «abate e queima», com alimentos que incluíam porcos e galinhas, desenvolvera-se. O ouro não foi um vórtice destruidor, mas sim um íman que desencadeou um longo desenvolvimento da região.

Um índio, de nome Gualpa, originário de Cuzco e servo de um espanhol, seguia um manada de veados que

> fugira pela encosta do monte acima, e sendo íngreme, e estando coberto de arbustos que se chamam *quiñua* e de densos silvados, tiveram de se agarrar a um arbusto enraizado num filão para se empoleirarem numa orla bastante irregular [...] Na ponta da raiz reconheceu o mineral que era muito rico [em prata], pela experiência que tinha [das minas] de Porco; encontrou no chão, perto do filão, pedaços de minério que se tinham desprendido, não facilmente reconhecíveis porque estavam descoloridos pelo sol e pela água, e levou-os para Porco para experimentá-los, fundindo-os.

Assim escrevia Luis Capoche, empresário mineiro, na sua *Relación general de la Villa Imperial de Potosí*[19]. Do Cerro de Potosí, que se ergue, sobranceiro, a 600 metros dos 4000 do planalto circunvizinho, e a cidade de Potosí construída no seu sopé, foi extraída mais de metade da prata que a Espanha importou da América antes de 1650. Tornou-se, no culminar da expansão, a cidade mais populosa da América e na qual circulava mais riqueza, em quantidades iguais à velocidade.

Porque nos interessa Potosí? Frei Domingo de São Tomás chamou--lhe «a boca do inferno», que engolia todos os anos milhares de índios inocentes[20]. O frade agostinho Antonio de Calancha escrevia: «Os moinhos moeram mais índios do que metais, pois cada peso que se cunha custa a morte de dez índios»[21]. E, com efeito, as minas de Potosí tiveram triste fama, elemento não secundário da *Leyenda Negra*, e envolveram e transtornaram a sociedade e a demografia de uma vasta área com mais de 1000 quilómetros de comprimento e algumas centenas de largura. «A montanha e a cidade imperial de Potosí», informa ainda Luis Capoche, «estão situadas em terra fria, onde neva muito, estéril e sem frutos, quase inabitável devido ao seu clima rigoroso e inclemente [lá não cresce nenhuma planta comestível, com excepção de uma variedade de batata [...] e um cereal sem grãos [...] porque está sempre frio [...] o terreno é ondulado e liso»[22]. «Pelo menos ao longo de seis léguas em redor de Potosí não há frutos nem árvores.»[23] Árida durante nove meses por ano e inundada por chuvas torrenciais durante os outros três, a sobrevivência da cidade e da actividade mineira era assegurada por um sistema de transporte de víveres, utensílios, bens de consumo provenientes de longe. A algumas dezenas de quilómetros de Potosí, nos socalcos do vale, produzia-se carne, trigo e milho: «A mais de seis léguas há vales com um clima maravilhoso, com vinhas, fruta, quer de Espanha, quer local, cana-de-açúcar, melões, pepinos, diversos legumes de Espanha»[24]. Peixe seco, açúcar e fruta vinham de Arica, na Costa do Pacífico, a 50 quilómetros de distância; peixe fresco e sal do Lago Titicaca; ovinos e bovinos chegavam de Tucumán, de Buenos Aires, do Paraguai[25]. A actividade mineira consumia quantidades incríveis de combustível, lenha e materiais de vários tipos, todos extraídos de regiões mais ou menos remotas. O crescimento da cidade, a intensa actividade mineira, o abastecimento e o transporte necessitavam de mão-de-obra abundante, disponível, barata.

Para melhor compreender por que motivo Potosí e as suas minas mereceram um lugar na *Leyenda Negra*, há que fazer algumas breves referências ao desenvolvimento da actividade no período que nos interessa. A riqueza de Cerro torna-se de imediato manifesta e, nas duas décadas posteriores a 1545, milhares de mineiros atraídos pelas perspectivas de lucro exploram os quatro filões mais ricos. Em 1546, no sopé de Cerro havia 300 Espanhóis e 3000 índios; em 1547, ano de fundação da cidade, os residentes eram já 14 000[26]. Mas os filões ricos esgotam-se rapidamente, o rendimento diminui, os índios regressam às aldeias de origem. Num lugar tão inóspito e sem fontes alternativas de riqueza, e, portanto, não vocacionado para o povoamento, a mão-de-obra tinha de vir de longe. Os escravos africanos não resistiam ao clima e ao cansaço. As técnicas de extracção eram primitivas, trincheiras e galerias seguiam os filões que desciam em profundidade, sem regra nem ordem; o material extraído e rejeitado enchia os contrafortes da montanha; a fundição da prata (cuja produção rapidamente entrou em declínio) era feita em milhares de pequenos fornos ao ar livre, alimentados pela erva seca do planalto. O grande relançamento da actividade mineira, que se deu com o vice-rei Francisco de Toledo, chegado ao Peru com o vasto mandato de restabelecer a ordem civil e económica, assentou em dois pilares: o melhoramento das técnicas de extracção e a reposição de mão-de-obra. A longa *visita* de Toledo a Potosí, em 1572-73, concluiu-se com um importante pacto com os ricos empresários locais. Estes investiriam em instalações caras para separar e lavar o minério, tornando possível a aplicação da amálgama, através do mercúrio, para separar a prata do mineral. Uma técnica bastante mais produtiva do que a tradicional, já experimentada com sucesso há mais de uma década no México, onde o mercúrio era importado de Espanha. No Peru, ao invés, o mercúrio podia ser extraído em quantidades adequadas das minas de Huancavelica e fornecido, em regime de monopólio e a preços satisfatórios, aos empresários de Potosí. O processo de amálgama terá permitido também reutilizar os detritos do mineral deitados fora que eram pobres e tinham sido acumulados em quantidade pela actividade mineira do último quarto de século. A mão-de-obra seria fornecida pela população do planalto – de Cuzco, a norte, até Tarija, a sul, uma faixa de 1200 quilómetros de comprimento e até 400 de largura – obrigada a trabalhar em regime de rotação (uma vez de sete em sete anos) com salários pré--estabelecidos. Este sistema ganhou o nome de *mita* e os trabalhadores forçados foram chamados *mitayos*. A introdução da técnica da amálgama, com o mercúrio, e a criação da *mita* (1573) deram óptimos resultados: a produção de prata recuperou rapidamente e dez anos depois multiplicara-se por oito[27]. Nas últimas duas décadas do século, afluíram ao porto de Sevilha os maiores carregamentos de metal precioso da sua história.

A *mita* é portanto a chave do sistema projectado por Toledo, que permanecerá em vigor durante dois séculos e meio, até Simón Bolívar o abolir definitivamente em 1825. As suas bases históricas encontram--se nas obrigações de trabalho com fins públicos ou religiosos que recaíam sobre os indivíduos do Estado inca. Porém, a obrigação de prestar serviços não era de carácter pessoal, recaía sobre a aldeia, sobre a comunidade: deixando de residir na aldeia, cessava também a obrigação da *mita*[28]. Não obstante as leis dos índios proibirem o trabalho compulsivo, previam excepções no caso das actividades de utilidade pública; Toledo, apoiando-se neste princípio – a produção de prata era sem dúvida uma prioridade de Estado – e no parecer de uma comissão consultiva que convocara em Lima, arranjara um fundamento jurídico forte, na base do qual emitiu uma lei articulada. O rei foi avesso a conceder a sua aprovação formal, que só chegou em 1589. A repartição das obrigações, feita em 1573, entre as várias províncias do planalto – excluiram-se as que estavam situadas em altitudes mais baixas para evitar choques climáticos nocivos à saúde – foi repetida em 1545, em 1578 com algumas variantes e confirmada pelos vice--reis sucessivos[29].

No período que nos interessa de forma particular, até ao início do século XVII, o recrutamento dizia respeito, todos os anos, a cerca de 14000 índios adultos (entre os 15 e os 50 anos) correspondentes a 14% dos tributários da população de referência, implicando (em teoria) a sujeição à *mita* individual de sete em sete anos. Trabalhavam na actividade mineira durante um ano em turnos de uma semana em cada três, pelo que a força de trabalho activa da *mita* era, em média, de cerca de 4500 pessoas. Toledo, que havia conduzido um rigoroso recenseamento (*visita*) da população tributária no início dos anos 70, estabeleceu que do distrito de Charcas (que pertencia a Potosí) partissem 17% dos tributários, 16% de La Paz, 15% do distrito de Cuzco e 13% das províncias de Canchis e Canas (Cuzco) e Condes (Arequipa). No relatório de Capoche (que escreve em 1585) os 13335 índios submetidos provinham de 125 comunidades, cada contigente comunitário era acompanhado por um capitão (geralmente um *curaca*, ou chefe local)[30]. As distâncias a percorrer eram enormes: de um mínimo de algumas dezenas a um máximo de 180 léguas (quase 1000 quilómetros) para os que vinham do distrito de Cuzco. «O número de pessoas que se reuniu nesta cidade [Potosí] e que se acrescenta aos que ali residiam, foi de 13340 índios, mas para alcançar este número mais de 40000 homens, com as suas mulheres e filhos, tiverem de deixar as suas aldeias. E as estradas estavam a abarrotar de tal forma que parecia que o reino partira em viagem.»[31] Os índios viajavam com as suas famílias e as mobílias, acompanhados por alpacas para o transporte e eventual venda, e congregavam-se às ordens dos seus *curacas* em lugares de recolha para depois prosseguirem juntos. Em 1602, o padre Durán, da missão jesuíta de Juli, foi enviado juntamente com um outro padre para assistir à partida dos índios submetidos da província de Chucuito, na margem sul do Lago Titicaca:

> Esta província tem a obrigação de enviar 1900 índios para Cerro e partem segundo as listas, na quantidade e as proporções [estabelecidas]. Faz-se uma lista de todos e mandam-se partir de uma ponte, feita com juncos verdes, sobre o escoadouro da grande lagoa de Chucuito [Titicaca], porque é obrigatório desfilarem, um a um, e não há maneira de poderem fugir [...] Reuniram-se na ponte mais de 30 000 almas, os 5000 índios que iam para Potosí e os restantes que os acompanhavam até aquele ponto. Digo 5000 porque embora os trabalhadores que vão para as minas sejam 1900, eles levam consigo as suas mulheres e os seus filhos, os chefes e os caciques, com os quais perfazem 5000. O gado dessas terras, com o qual transportam os seus haveres e bagagens, ascende a mais de 20 000 cabeças [32].

A esta multidão bíblica de homens, mulheres, crianças e animais, tocava-lhe pelo menos um mês de viagem, numa razão de cinco ou seis léguas por dia (recebiam uma pequena recompensa por cada dia de viagem). A viagem repetia-se, em sentido inverso, um ano mais tarde. Em Potosí, observava o frade Salinas y Córdoba, chegavam todos os anos 50 000 cabeças de gado (lamas) trazidos pelos *mitayos*, carregados com os seus haveres, destinados a não regressar «porque tudo se come e consome naquela cidade» [33]. Em 1600, Alfonso Messia informa-nos que os índios submetidos de Chucuito eram 2200, com mulheres e filhos: «vi-os duas vezes e digo que são cerca de 7000. Cada índio leva consigo pelo menos oito ou dez lamas e algumas alpacas para comer. Neles transportam a comida, milho e *chuño*, esteiras para dormir e mantilhas de palha para se protegerem do frio. Todo este gado ascende a 30 000 cabeças» [34].

Referimos já anteriormente que os 14 000 índios da *mita gruesa* (ou bruta) estavam ocupados directamente uma semana em cada três (de segunda a sábado) com o duríssimo trabalho mineiro, pelo que todos os dias de trabalho estavam de serviço cerca de 4500 índios. De entre estes, pelo menos um terço trabalhava nas galerias e nos poços das minas, enquanto os restantes estavam nos moinhos de trituração do minério, no processo de amálgama e a trabalhar em outras actividades. Segundo Capoche, a distribuição era a seguinte:

Nas minas e nas galerias	1369
Nos moinhos movidos a água	2047
Nos moinhos movidos por cavalos	620
Nas operações de amálgama	222
Em outras actividades	195
TOTAL	4453

Os outros dois terços da *mita gruesa* deveriam, em teoria, poder desempenhar outras actividades livres (ou repousar), todavia, as autoridades valiam-se de um considerável número de *mitayos* para outros serviços forçados: os *indios de mese* e os *de plaza* para variados serviços; outros para o transporte de abastecimentos, para as salinas, para os mosteiros, para os funcionários, para o médico cirurgião, para desenvolver novos jazigos... para pelo menos outras 1000 unidades. Considerando ainda que a evasão da *mita* não era de descurar[35], cerca de metade dos *mitayos* estava, todos os dias, a trabalhar directamente, ao passo que a outra metade gozava (teoricamente) do período de repouso que, no entanto, era utilizado pelos índios para trabalhos assalariados.

O desenvolvimento da actividade mineira provocou uma forte imigração que fez de Potosí, no espaço de um século, a maior cidade da América, com o valor máximo de 160000 habitantes em 1611, número provavelmente sobrestimado[36]. Uma imigração alimentada, além do mais, por *mitayos* que se estabeleciam em Potosí em vez de regressarem às aldeias de origem. Cieza de León visitou a cidade em 1549, dois anos depois da fundação oficial, ficando espantado com as actividades do mercado, entre cestos de cocos e tecidos de Espanha e da Flandres: «Somente entre os índios, sem intervenção dos cristãos, vendia-se todos os dias, no tempo da prosperidade das minas, 25 ou 30 mil pesos de ouro, e em alguns dias mais de 40000; algo extraordinário porque creio que em nenhum lugar do mundo se igualam as trocas desta praça»[37]. E nem sequer 40 anos depois, Capoche escrevia que «as roupas e adereços deste povo são tão preciosos e caros quanto em Madrid [...] os jogos e as rifas não se podem enumerar [...] as esmolas muito munificentes, tanto é que em poucos anos os padres da Companhia de Jesus construíram e concluíram as suas casas e a sua igreja»[38].

Em 1602, um documento anónimo estimava que 46000 índios estivessem a trabalhar em Potosí, dos quais cerca de um terço na indústria mineira e os outros dois terços noutras actividades (veja-se a tabela 5). Segundo o recenseamento de 1611, os índios eram 76000[39]. Os índios *mitayos* eram, portanto, uma pequena fracção da mão-de-obra utilizada, mas estando directamente envolvidos nos trabalhos perigosos de extracção eram o motor insubstituível da economia da Cidade Imperial.

A «lenda negra» de Potosí, cruel boca do inferno, significou também catástrofe, elevada mortalidade e desertificação? Representou um roubo trágico como o ouro das Antilhas? A resposta é quase certamente negativa. A *mita* de Potosí – não foi a única no Peru, como veremos posteriormente – representou, em tempos, uma força centrípeta e centrífuga que ampliou e multiplicou o pendularismo anual de 40 000 pessoas nela envolvidas. Foi geradora de migrações e não de mortalidade, de deslocação geográfica, mas não de catástrofe. As rigorosas estimativas de Noble D. Cook, para o período de 1570-1620, revelam um declínio da população na área por ele definida «*Sierra meridional*» – *grosso modo* correspondente à área (no actual Peru) de incidência da *mita* de Potosí – igual a 43%, bastante inferior ao declínio no resto do país, que seria igual a 58% [40]. Mas veremos ainda que em não poucas áreas, onde a comparação é possível, entre 1570 e o início do século XVII houve expansão demográfica. Tal não significa que as dificuldades das viagens e as condições de trabalho não exigissem pesados tributos em vidas, mas no contexto geral o impacto relativo não foi devastador.

As condições de trabalho no interior das minas eram decerto desumanas. A descrição do padre José de Acosta testemunha-o: nas profundezas da mina, até 300 metros,

> trabalham à luz de vela, distribuindo-se por forma a que uns trabalhem de dia e repousem de noite e os outros o inverso. O minério é duro e extraem-no com golpes de malho, quebrando-o, que é como partir granito. Em seguida transportam-no para cima, às costas, pelas escadas feitas de três correntes de pele de vaca retorcida, grossas como cordas e, entre uma corrente e outra, são encaixados pedaços de madeira à laia de escadinhas, de modo que possam subir e descer duas pessoas ao mesmo tempo. Estas escadas têm 10 estádios [20 metros] de altura, no fim de uma há outra, [e entre as duas] há plataformas de madeira para repousarem, como patamares, porque há muitas escadas para subir. Um homem leva de carga duas arrobas [30 quilos] de minério num saco, preso ao tórax e às costas, e sobem em grupos de três. O que vai à frente leva uma vela presa ao polegar, para alumiar, pois, como dissemos, é escuro como breu, e sobem segurando-se com as duas mãos e assim vão durante um longo troço, como já mencionámos, que muitas vezes ultrapassa os 150 estádios [300 metros], o que é terrível e que só de pensar nos dá arrepios [41].

A dureza do trabalho, a forte mudança de temperatura, a perigosidade, o desmoronamento das galerias, a poeira inalada e ingerida eram fontes de doenças respiratórias, silicoses (*choco*), de traumatismos, de mortes por acidente. Embora as ordens fossem severas na limitação das viagens e cargas dos *apiris* (carregadores), as regras não eram respeitadas e as quotas diárias de minério transportado eram geralmente impostas[42]. No relatório de Capoche, os perigos do trabalho na mina – desmoronamentos, aluimentos, quedas – são vivamente relatados. Nas minas «uns deixam-nos sair mortos, outros com a perna ou a cabeça partida e nos moinhos há feridos todos os dias. E só o facto de trabalharem de noite em terras tão gélidas e de ajudar as mós, que é a coisa mais cansativa por causa da poeira que entra nos olhos e na boca, é suficiente para lhes causar grande dano. E, por isso, o hospital está cheio de índios feridos e todos os anos morrem mais de 50, que este animal feroz engole vivos»[43]. Por muito trágico que fosse o balanço, uma mortalidade na ordem dos 3-4 ‰ por ano (eram cerca de 15 000 os afectos às actividades mineiras em 1602) não era muito diferente da que padeciam os mineiros na Europa durante a revolução industrial. Bastante alta para tornar os índios avessos a trabalhar nas minas, mas não o bastante para dizimá-los de forma arrasadora.

É evidente que havia o cansaço, as privações, os acidentes associados às longas viagens que todos os anos tocavam a dezenas de milhares de pessoas, num planalto inclemente. O parecer dos jesuítas, que foi dado ao vice-rei marquês de Montesclaros, adverte «que por causa desta contínua e comum migração os índios não aumentam e as crianças morrem na *puna* [estepe] e nos territórios desolados que são excessivamente frios, as mulheres não concebem e uns e outros são atingidos por muitas doenças, que os matam e desertificam as suas aldeias»[44]. Todavia, os índios sabiam defender-se do clima rigoroso; viajavam pobremente, mas equipados de modo adequado, e havia uma continuidade com as práticas seculares de deslocações, devido às corveias, com a família inteira atrás[45]. Juan de Matienzo, grande conhecedor dos índios, dizia: «Para eles é muito fácil deixarem as terras e as casas e irem para outro lugar, porque tudo o que possuem levam-no consigo, como os caracóis»[46].

Uma prova desconcertante da escassa influência da *mita* na evolução da população de índios submetidos encontramo-la na figura 3. São consideradas 21 comunidades das quais se conhecia o número de tributários recenseados por Toledo, em 1572-73, e dos que resultavam de um recenseamento sucessivo feito em datas variáveis entre 1591 e

1610, mas geralmente mencionado entre 1599-1604 e, portanto, em média, a 30 anos de distância. Para estas comunidades pode calcular--se a incidência percentual dos índios sujeitos à *mita*. Observamos, em primeiro lugar, que o número das comunidades que sofreram uma diminuição de população (11) é quase igual ao das que registaram um aumento (10), ainda que no conjunto o número dos tributários revele uma sensível diminuição (−18,8%). Mas o resultado surpreendente é que existe uma relação positiva entre a incidência dos *mitayos* e a variação no número dos tributários: estes aumentaram mais, ou diminuíram menos, onde a incidência da *mita* era maior, e vice-versa, onde era mais ligeira. O contrário, portanto, das expectativas. Pode ser que a escassez dos casos (21) e a exiguidade da população considerada (pouco mais de 31 000 tributários em 1571-73) tornem este resultado muito pouco significativo, mas pode ser também que não seja fruto do acaso.

Afirmámos que a *mita* de Potosí agiu, em tempos, como uma força centrípeta e centrífuga, accionando um difuso movimento migratório. Falou-se sobre a força centrípeta, embora devêssemos acrescentar que outros centros mineiros – o maior é o de Huancavelica, onde se fazia a extracção de mercúrio com 3000 índios forçados – tiveram funções análogas. Em 1623, os índios da *mita* comum (os índios submetidos eram um múltiplo destes, igual a três, como vimos, para Potosí) eram 4304 em Potosí, 1293 em Castrovirreina, 667 em Porco, mais outra meia dúzia de sítios menores com 100-300 índios cada um[47]. Todavia, há que explicar melhor a força centrífuga. Com o passar do tempo, e particularmente por volta de meados do século XVII, torna-se cada vez mais difícil para as comunidades e para os seus chefes mobilizarem o número suficiente de índios por forma a satisfazer as quotas estabelecidas. Uma primeira razão estava no menor ganho dos *mitayos* em relação aos *indios mingados*, isto é, contratados, digamos assim, no mercado livre, que ganhavam salários bastante mais altos. Esta diferença era ampliada pela pressão contínua dos donos das minas e das instalações para extrair o máximo de trabalho possível dos *mitayos* ou para reduzir as suas regalias, manipulando ou contornando as regras ainda que rigorosamente estipuladas nas leis. Os índios não fugiam das minas, porque eram muitos os que em vez de regressarem – como deveriam – às comunidades de origem, escapavam à vigilância dos seus chefes e ficavam em Potosí ou nas suas redondezas (quem aqui vivia estava isento da *mita*) trabalhando como assalariados. Pelo contrário, os índios fugiam da *mita*, dos riscos associados ao trabalho não recompensado por um salário adequado. Uma segunda razão da crescente incapacidade de mobilizar o número previsto de *mitayos* era constituída pelo declínio demográfico das comunidades de origem, pela redução da «base humana» do tributo de trabalho. Isso devia-se a motivos naturais – houve graves epidemias nos anos 80 e 90 do século XVI – mas também à sólida emigração, causada pela primeira razão acima referida. O índio que deixasse a comunidade de origem por outra, mesmo que submetida ao recrutamento da *mita*, ficaria isento da obrigação na qualidade de *forastero*. Estes mecanismos foram estudados de forma aprofundada e baseiam-se numa documentação dificilmente atacável[48].

Os índios tentavam tudo para evitar a *mita*: fingiam-se *yanaconas* (isto é, servos dos Espanhóis que não estavam sujeitos à obrigação), baptizavam os meninos como se fossem meninas, evitavam o regresso às aldeias de origem depois do trabalho em Potosí, fugiam das aldeias na iminência da partida. Na altura do recenseamento de Toledo, a categoria do forasteiro não existia, porque todos os índios se tinham recenseado numa aldeia, e os *yanaconas* eram poucos, mas em meados do século XVII uma contagem parcial da área sujeita à *mita* dava 64% de *naturales* (residentes), enquanto 14,2% eram *yanaconas* e 21,8% *forasteros*[48]. Mais de um terço da população subtraía-se, deste modo, à *mita*. Privilegiando, como de costume, os testemunhos coevos, escutemos de novo os dos jesuítas, no parecer dado em 1610, já citado:

> Quando partem das minas para regressarem às suas terras, na medida em que nelas não encontrarão o repouso necessário, mas o serviço do *tambo*, o transporte para o corregedor, corveias para o cacique ou para o padre da doutrina, e as suas casas que deixaram em ordem encontram-nas sem tecto ou arruinadas, fogem da aldeia em direcção aos vales onde há quintas que os alojam para que prestem serviço por algum tempo, ou vão para arredores desconhecidos onde possam cultivar alguma coisa[50].

Ou ainda:

> Às aldeias distantes, regressa apenas a décima parte [...] se bem que finjam partir uma vez acabada a *mita* e, com efeito, ao som do tambor na praça e em público, partem em grupos com as suas mulheres, mantimentos e filhos ao colo, mas andam só uma légua, esperando que anoiteça, e depois regressam e dividem-se, há quem fique nos campos, quem fique nas povoações das minas, ou quem fique em outros lugares circundantes[51].

As comunidades lamentam-se constantemente de não poderem cumprir a *mita* devido à diminuição da população e das fugas. Com efeito, a província de Chucuito, submetida a uma *mita* bruta de 2200 índios, só pode mandar 600[52]. Jeffrey A. Cole demonstrou que durante a primeira metade do século XVII, os *curacas* se tornaram gradualmente incapazes de garantir o cumprimento da *mita*; eram multados por cada índio obrigado não enviado para Potosí, no valor equivalente ao salário de um índio *mingado* contratado no mercado. Cerca de meados do século XVII, o número efectivo de *mitayos* a trabalhar semanalmente era metade da quota oficial estabelecida por Toledo que, mais tarde, se consolidou[53].

Na mina de Santa Bárbara, na montanha de 4400 metros que dominava a cidade de Huancavelica, a meio caminho entre Lima e Cuzco, extraía-se o mercúrio. O lugar já era conhecido dos Incas, que aí extraíam o cinábrio, usado para fins cerimoniais e religiosos. A exploração do mercúrio ganha força devido à sua utilização no processo de amálgama da prata: o mineral extraído e trabalhado era enviado por terra para o porto de Chincha, em seguida por mar até Arica e novamente por terra voltava aos 4000 metros de Potosí. O mercúrio era essencial ao relançamento da produção de prata; a exploração era feita pelos índios *mitayos* provenientes da zona adjacente num raio de mais de 100 quilómetros. O número dos índios submetidos nas últimas décadas do século XVI era de 3000, reduzido posteriormente a metade[54]. Um risco ulterior tornava as minas de Huancavelica ainda mais abomináveis do que as de Potosí: o envenenamento por mercúrio, fosse pela poeira inalada na mina, ou pelos vapores respirados no tratamento do mineral, era letal. Ramirez de Arella, médico do hospital de San Bartolomé, assim se exprimia, a 3 de Abril de 1649, perante uma comissão de investigação enviada a Huancavelica: «A enfermidade resulta da inalação da poeira que se levanta por causa dos golpes das picaretas e das outras ferramentas [...] é de qualidade acre, penetrante e insinua-se através dos órgãos respiratórios [...] agarra-se por todo o lado à artéria grossa do pulmão causando feridas corrosivas, pelo que ficam tísicos». Ou ainda, transportando também cargas pesadíssimas ao longo de 400 estádios, «trepando e passando do calor excessivo ao frio igualmente excessivo, [...] comprime-se o pulmão (como diz Galeno) e ocorrem expectorações de sangue»[55]. Em 1649, o vice-rei marquês de Mancera fez um acordo com os empresários mineiros: no ponto 33 do acordo criava-se a figura de «protector de índios», garante do seu bom tratamento. Reconhecia-se que a falta de respeito pelas regras e a elevada mortalidade dos índios iam contra os interesses dos proprietários:

> Os índios fogem, não regressam às suas aldeias e estas ficam desertas, e a obrigação da *mita* dos que fogem vai recair sobre os poucos que ficam e vão embora para lugares onde não se reconheça nem [a autoridade] dos párocos, nem dos *corregidores*, nem dos *encomenderos*, e os caciques oportunamente dizem que estão mortos e pedem para diminuir os tributos e a *mita*; e os índios, que ficam nas suas aldeias, ao ver que as cargas e as obrigações dos ausentes recaem sobre eles, querem também eles ausentar-se e, com efeito, vão-se embora para se libertarem, o que enfraquece a *mita* e a produção das minas, dos campos, as criações de gado e os outros serviços necessários para a conservação da república [56].

Eis aqui descrito, de forma clara e num documento oficial, o mecanismo centrípeto-centrífugo da migração, com as suas perversas implicações para a indústria e para o Estado e não tanto para os índios.

Segunda apostila. A expansão mineira no México, como já se disse, teve início em 1545 e 1555, com a entrada em funcionamento das minas de Zacatecas, Pachuca, Guanajuato e, por aí adiante, mais a norte, Sombrerete, Parral e outras mais. A produção de prata foi considerável, mas até ao fim do século XVII permaneceu nitidamente inferior à peruana [57]. As dificuldades e os perigos do trabalho não eram diferentes daqueles que os *mitayos* do Peru enfrentavam, pois aqui o trabalho foi assegurado, numa primeira fase, pelo emprego forçado dos índios (*cuatequil*). O poço da mina «a Valenciana» em Guanajuato descia aos 513 metros, segundo a medição de Humboldt, e a temperatura lá em baixo era de 34 graus. «Os mestiços e os índios empregues a transportar o mineral às costas [...] carregam durante seis horas um peso total de 225 a 350 libras e sobem oito ou dez vezes de seguida, sem descanso, escadas com 1800 degraus.» [58] Mas Humboldt achou também que a indústria mineira não havia gerado desertificação, como no planalto peruano; que nas cidades mineiras de Zacatecas e Guanajuato a mortalidade não era diferente da de outros sítios; que «os médicos em exercício nas povoações mineiras afirmam unanimemente que só raramente encontram perturbações do sistema nervoso que se possam considerar efeito da absorção contínua de mercúrio oxidado» [59]. A grande diferença em relação ao Peru era o facto de o trabalho ser livre (o trabalho compulsivo caíra rapidamente em desuso) e de os mineiros, não contentes com o seu patrão ou com as condições de trabalho, poderem mudá-los sem entraves. Esta análise não foi substancialmente posta em causa pelos estudos modernos. No México, os centros mineiros não se encontravam no meio de um deserto inabitável, como no Peru, e a procura da mão-de-obra não excedeu as 15 000 unidades (valor só para Potosí), nem houve escassa oferta de mão-de--obra[60]. Em suma, a indústria mineira insere-se no sistema social e económico sem causar perturbações demográficas.

Não admira que a fome de ouro criasse a lenda do El Dourado e a organização de expedições caras a terras desconhecidas e hostis em busca das míticas fontes de riqueza. Mas o primeiro ciclo de ouro foi bastante pouco romântico: foi essencialmente um roubo da reserva indígena acumulada ao longo dos séculos e uma furiosa procura de jazigos de superfície em terrenos aluviais. Ambas as reservas – a que estava na posse dos indígenas e a depositada nos rios – esgotaram-se em poucas décadas. A inexperiência, a pressa, a competição, a fraqueza do poder organizado – em suma, o que poderíamos chamar avidez, ausência de escrúpulos e de regras – tornaram aquelas décadas fatais para os Tainos e para outras populações de terra firme. Uma outra riqueza escondida – as pérolas da ilha de Paria, junto da costa da Venezuela – foi igualmente nefasta para a população local, mobilizada para a pesca em condições desumanas. Para as populações indígenas envolvidas, frágeis e em número reduzido, a procura do ouro, até cerca de meados do século XVI, foi um vórtice destruidor e um poderoso factor de despovoamento.

Bastante diferente foi o impacto demográfico da prata. A reserva indígena foi pouco relevante e a prata só foi obtida através de uma sólida organização empresarial e financeira. Não obstante a dureza do trabalho e os graves riscos a ele associados, a mortalidade não foi afectada; de resto, devia ser muito alta em todo o lado. Aliás, poderíamos aventar a hipótese de que onde a actividade mineira gerava rendimentos para os indígenas e para as suas famílias – como aconteceu no México – o efeito terá sido positivo. O verdadeiro efeito demográfico, onde o trabalho era compulsivo, como no Peru, foi centrípeto e simultaneamente centrífugo, devido à atracção exercida por um centro como Potosí, mas também pela emigração provocada pela obrigação da *mita*.

V. *Hispaniola, o paraíso terrestre de Colombo e a imaginação dos estudiosos modernos. Cem mil ou dez milhões de Tainos? A catástrofe das Antilhas vista de perto e uma lenda negra muito credível. Morrem homens, prosperam animais*

À sorte mísera dos Tainos das Grandes Antilhas já fizemos referência mais de uma vez nos capítulos precedentes, mas vale a pena voltar a ela para contar esta história tristemente exemplar. A sua sorte foi dramática até do ponto de vista literário. Colombo descreveu-os como mansos, bons e bonitos habitantes de um paraíso terrestre, uma pérola a acrescentar aos domínios das Seremíssimas Majestades Isabel e Fernando. A 9 de Dezembro de 1492, na baía baptizada Concépcion, Colombo dá à ilha o nome de Española, latinizado para Hispaniola (a área que actualmente corresponde à República Dominicana e Haiti). Os marinheiros enviados a terra regressam com relatos entusiastas: homens e mulheres de tez mais clara dos que haviam sido vistos até então; um vale mais ameno do que o «campo de Córdoba, assim como o dia supera a noite em luminosidade»([1]). «Todas as árvores verdes e cheias de fruta; os prados floridos com erva alta; os caminhos amplos e fáceis; o ar como em Castela, em Abril; e, como em Abril, cantam os pássaros e o rouxinol; à noite, outros pássaros trinam de modo mais suave, que era a coisa mais deliciosa do mundo, e ouvem-se cantos dos grilos e das rãs»([2]), e, além disso, a promessa do ouro. Mas, os felizes habitantes desse paraíso violado extinguir-se-ão bem rapidamente.

O caso de Hispaniola e das Grandes Antilhas tem bastante relevância porque nos primeiros anos ou três décadas após o contacto é que se põe em movimento um sistema de domínio que orientará todo o processo da Conquista: é em Hispaniola que se introduz o sistema da *encomienda*, com a respectiva repartição do trabalho indígena; é daqui que partirão as expedições de exploração e de colonização da terra firme; é aqui que se experimentarão a evangelização e a intervenção das ordens religiosas; é com base nos indígenas das Antilhas que se emitirão as *Leyes de Burgos*, primeira experiência de uma volumosa legislação à procura do impossível: conciliar os direitos dos indígenas e os interesses dos colonos.

Na perspectiva dos temas tratados por este livro, Hispaniola é também o campo de batalha, científico e ideológico, entre «baixistas» e «altistas» acerca das estimativas da população na época do contacto. Estas estimativas não são neutras em relação à interpretação da catástrofe que se seguiu. As duas escolas concordam em aceitar a completa extinção da população por volta de meados do século XVI, mas quanto mais alta a estimativa, e, consequentemente, mais rápido o declínio sucessivo, mais convidativa é uma interpretação monocausal, como a epidemiológica, tal como parece convidativa a hipótese de ter sido a queda de um grande meteorito na Terra que provocou a extinção dos dinossauros. Com efeito, pensa-se que um declínio tão profundo não pode ser explicado pelos factores que Ángel Rosenblat (claramente não apoiante da *Leyenda Negra*) resumia à guerra, maus tratos, violências, migrações, mudanças nos regimes de vida e de trabalho além das epidemias([3]). Pensa-se, com razão, que os milhões ou as dezenas de milhões de vítimas do contacto não podiam ter sido passados a fio de espada pelos conquistadores, nem mortos pelas violências dos *encomenderos*, nem eliminados pela dureza dos novos regimes de vida e de trabalho. Demasiado poucos conquistadores para cometer tantos delitos, demasiado limitados os conflitos, seguramente graduais e lentos os efeitos das mudanças económicas e sociais. A epidemia em terreno virgem resolve tudo: a varíola pode matar, de uma só vez, metade da população; o sarampo até um quinto e assim por diante. As estimativas da população na altura do contacto não são neutras em relação às explicações da depressão que se seguiu, devido a uma razão ulterior e bem mais complexa, já discutida no capítulo 2. A Conquista operou um arresto da capacidade de subsistência e de trabalho dos indígenas. Eles devem nutrir, reabastecer, servir os recém-chegados. Já averiguámos que nas sociedades menos estruturadas, não habituadas à acumulação e, portanto, baseadas numa economia de subsistência, a Conquista operou uma nítida subtracção de recursos que reduziu as capacidades de sobrevivência da população. Quando os conquistadores eram muitos relativamente à sociedade dominada, o impacto negativo era muito relevante. Enquanto que o número dos conquistadores e dos primeiros colonos é mais ou menos conhecido – e é, portanto, um dado –, o valor da população na altura do contacto é uma incógnita, e quanto mais alta é

CONQUISTA

a dimensão que se lhe atribui, menor se revela a capacidade que o indubitável arresto das energias dos indígenas, por parte dos recém-chegados, tem de explicar as causas da depressão demográfica. Faz, portanto, uma grande diferença atribuir 10 milhões de habitantes à ilha na altura do desembarque de Colombo ou apenas 60 000. Sendo estes, como veremos daqui a pouco, os limites máximos e mínimos das estimativas modernas da população na altura do contacto.

O idílio de Colombo com os nativos, se o houve, durou talvez alguns dias, tendo culminado a 22 de Dezembro com o envio amigável de uma embaixada por parte do cacique Guacanagarí, «um dos cincos grandes reis da ilha»[4], e com o encontro com o mesmo a 26 de Dezembro, que veio dar as condolências a Colombo pela perda do *Santa Maria*, naufragado na noite de Natal[5]. Mas o idílio terminou definitivamente em menos de um ano; tendo Colombo regressado triunfante a Espanha e aprestado a segunda viagem com 17 navios e 1200 homens, a 27 de Novembro de 1493, na localidade baptizada Navidad – onde onze meses antes deixara um posto avançado de 39 homens – tomou conhecimento de que haviam morrido todos, provavelmente mortos pelos indígenas a quem haviam roubado ouro e mulheres[6]. A nova povoação de Isabela foi fundada na costa norte da ilha e daqui várias expedições se dirigiram para sudeste, em exploração do fértil vale de Vega Real e da região montanhosa do Cibao, onde foi encontrado ouro. Nos anos 1494-96 tentaram submeter os obstinados Tainos, que se dispersaram nas florestas, abandonando os seus cultivos e provocando carestia e elevada mortalidade[7]. Impôs-se um tributo em ouro e em géneros, que falhou completamente, e as rebeliões foram facilmente esmagadas pelos Espanhóis. Colombo partiu em 1496, deixando algumas centenas de colonos sob o comando do irmão Bartolomé, que fundou a nova capital, Santo Domingo, na costa sul da ilha. A procura ávida do ouro provocou a «repartição» do trabalho indígena entre os colonos. O descontentamento grassava entre os Espanhóis, muitos dos quais mal suportavam o comando da família Colombo e bem cedo se transformou em oposição e rebelião aberta. Por outro lado, a Coroa queria tirar o máximo proveito da ilha (e de eventuais descobertas posteriores) mas as prerrogativas atribuídas a Colombo e ao seu irmão tornaram-se um grande obstáculo. Colombo foi destituído do comando em 1500 por um funcionário real propositadamente enviado à ilha e repatriado acorrentado; reabilitado posteriormente pelos soberanos, não regressará a Hispaniola em vida; regressarão os seus restos mortais. Em 1502, Nicolás de Ovando foi enviado à ilha com plenos poderes, com uma frota de 30 navios e 2500 homens, a primeira e verdadeira transmigração transoceânica. Governou até 1508, submetendo os indígenas das partes periféricas da ilha, «pacificando» as revoltas pelo derramamento de sangue, fundando novas povoações estratégicas, impondo tributos, organizando o sistema administrativo e judicial, efectuando a primeira repartição e distribuindo os indígenas, em regime de escravidão, pelos colonos. A produção de ouro atingiu o seu máximo neste período, mas a população indígena estava em nítido declínio: os Espanhóis, algumas centenas à chegada de Ovando, eram vários milhares quando ele partiu em 1508; terreno de caça e rapina transformou-se em colónia. Diego, filho de Cristóvão, que casara com Maria de Toledo, neta do rei, chegou a Hispaniola em 1509 com o título de vice-rei, mas grande parte do poder passara para funcionários reais fiéis ao soberano e directamente responsáveis perante ele. Uma segunda repartição, ordenada por Diego em 1510, praticamente não foi aplicada e uma terceira, decretada por funcionários fiéis ao rei, foi executada em 1514, contabilizando apenas 26000 indígenas. O rápido declínio da população criava agora sérios problemas económicos: faltava a mão-de-obra, a produção de ouro diminuía rapidamente também por causa do esgotamento dos depósitos aluviais, os colonos partiam para Cuba ou para os destinos promissores da terra firme. Nas ilhas Lucayas (Baamas) milhares de índios foram dizimados e engolidos em pouco tempo na voragem destruidora da procura do ouro. As denúncias dos dominicanos e de Las Casas, que já referimos, influenciaram o cardeal Cisneros, o poderoso regente após a morte do rei Fernando em 1516. Era justa a repartição do trabalho? Qual era a melhor forma de governo para os indígenas? Como preservá-los sem prejudicar demasiado os interesses dos colonos? Três religiosos jerosolimitas foram enviados para a ilha em 1516 com poder de governo; entre as várias providências aprestaram-se a agrupar os nativos sobreviventes em trinta aldeias. Mas os seus planos foram frustrados pela varíola: os indígenas que restaram eram apenas alguns milhares. A partir dos anos 20 do século XVI, a economia mudará graças à cana-de-açúcar, à importação de escravos de África e a ilha conservará a sua relevância enquanto escala do tráfico transatlântico e pelas suas funções administrativas. Numa carta ao rei dois altos funcionários da ilha, Zuazo e Espinosa, expõem o seu estado desolador: as povoações espanholas, excepto Santo Domingo, estão abandonadas ou a morrer devido à emigração para as outras Antilhas, para o México, Honduras, Castilla de Oro; consumidos os índios «que antes eram em grande número, extintos em tão pouco tempo», a única esperança é o envio de escravos africanos para extrair o ouro e, sobretudo, para sustentar a indústria nascente do açúcar. Estávamos a 30 de Março de 1528 e era o *requiem* para a sociedade taina, 30 anos após o primeiro desembarque de Colombo[8].

Esta longa digressão sobre a história da ilha – aliás bem conhecida e várias vezes relatada – permite compreender melhor as suas vicissitudes demográficas que começam, precisamente, na altura do contacto. As estimativas feitas por autores modernos (a partir de 1950) – antropólogos, geógrafos, arqueólogos, historiadores – estão compreendidas entre um mínimo de 60 000 e um máximo de 8 milhões (esta é uma média de maior amplitude; veja-se a tabela 6). A relação entre mínimo e máximo é um incrível 1:133; esta variedade de estimativas é muito mais surpreendente dado que todos os autores consideram correcto o número de 60 000 referido em 1508, ou o de 26 000 da repartição de 1514, assim como as discrepâncias que se concentram nas primeiras décadas da presença espanhola na ilha são, para alguns, um período semiestacionário ou de diminuição moderada, para outros, de depressão calamitosa. Uma população numerosa na época do contacto – de um ou mais milhões – é sustentada pelo facto de o mesmo número ser repetido muitas e muitas vezes por histórias e crónicas coevas da Conquista, cuja autoridade se escora na repetição[9]. Muitos dão pouco crédito a estes números porque os autores da época escreveram vinte anos ou mais depois do contacto, com base no que ouviram dizer, mais precisamente numa suposta contagem que Bartolomé Colombo terá feito em 1495 ou 1496, um período tempestuoso durante o qual, aliás, só uma parte da ilha estava sob domínio de um número exíguo de Espanhóis, seguramente pouco interessados em actividades administrativas[10]. Da suposta contagem não há vestígio algum e o número de um milhão foi citado pela última vez pelos dominicanos, que haviam chegado à ilha em 1510, e recuperado em seguida por uma série de autores e ampliado por Las Casas. O debate, sobretudo filológico, envolve conhecimentos especializados, no entanto, as argumentações críticas avançadas por autores contemporâneos parecem mais do que fundadas[11].

As dimensões da população quando se deu o contacto têm uma grande relevância na interpretação dos eventos posteriores, como afirmámos anteriormente. Poder-se-ia dizer que estimar estas dimensões é empresa impossível, uma vez que até os recenseamentos modernos calculam o número efectivo da população por aproximação. Todavia, o cruzamento de vários elementos permite reduzir significativamente o intervalo das estimativas, exageradamente dilatado. E é para isso que nos preparamos, seguindo diferentes caminhos. O primeiro passo é estimar a possível capacidade de povoamento da ilha, dadas as características ambientais e as técnicas produtivas, e determinar o «tecto» demográfico na altura do contacto. O segundo é estimar a produção da procura do ouro e, a partir desta, remontar à quantidade de mão-de-obra empregue e, portanto, da população total. Uma terceira via parte da organização da sociedade taina e do número, parcialmente conhecido, dos clãs, ou grupos existentes, para inferir os valores totais. Uma quarta, por fim, assenta na organização em aldeias e nas suas supostas dimensões. As informações assim obtidas, associadas a considerações mais técnicas próprias das análises demográficas deduzíveis do primeiro recenseamento de 1514, melhorarão consideravelmente os nossos conhecimentos sobre a população na época do contacto.

Os autores que conheceram Hispaniola nas primeiras décadas, como Las Casas e Oviedo, deixaram descrições interessantes dos principais produtos da ilha, dos modos de cultivo e de confecção da comida[12]. Além disso, estes ficaram praticamente inalterados ao longo dos séculos, de modo que podemos utilizar inclusive observações feitas em épocas posteriores. Naturalmente, muitos aspectos importantes para determinar a capacidade de povoamento da ilha ficam na sombra, como por exemplo: qual era a produção das colheitas individuais ? Quantas partes da ilha eram cultivadas? Quantos alimentos provinham da caça e da pesca?

A agricultura dos Tainos era moderadamente desenvolvida se tivermos em conta os utensílios primitivos (a *coa*, pau pontiagudo para escavar e plantar), a falta de irrigação (com algumas excepções na parte sudoeste, mais árida), a ausência de adubos. A alimentação era dominada pela mandioca (em ambas as variedades, doce e amarga) e pela batata-doce. Outras raízes comestíveis, milho, abóboras, feijões, ananás e frutos vários integravam o regime alimentar. Praticava-se pesca e caça, mas nas ilhas havia apenas pequenos mamíferos. Nas partes ocidentais, os habitantes viviam de caça, pesca e recolecção e não havia agricultura. A cultura da caçava (ou *yuca*, ou mandioca) e da batata-doce fazia-se em campos chamados *conucos*, predispostos em filas regulares de montículos (*montón*), cada um com três pés de altura e com uma circunferência de nove-doze pés, e com a distância de dois-três pés entre si[13]. As vantagens dos montículos não são claras, mas provavelmente produziam húmus suficiente onde este era escasso, melhoravam a drenagem em tempos de chuvas fortes, facilitavam a

CONQUISTA

recolecção. Na planície repleta de montículos eram plantadas, em mergulhões, mandioca, batata-doce, e seis meses mais tarde podia iniciar--se a colheita. Os tubérculos (raízes) da caçava eram ralados e fazia--se uma papa da qual se obtinha um pão duradouro e nutritivo. Qual era a produtividade dos montículos? Sigamos uma vez mais Las Casas, que nos informa que para a alimentação de um indígena eram necessárias 2 arrobas (cerca de 30 quilogramas) de mandioca por mês e que os montículos produziam 200 arrobas (3000 quilogramas, ou 3 quilogramas por montículo) de pão de mandioca por ano; segue--se que 1000 montículos seriam suficientes para alimentar 8,33 pessoas durante um ano (3000 quilogramas no total, considerando um consumo *per capita* de 300 quilogramas por ano) e que para alimentar uma pessoa seriam necessários 120 montículos. As estimativas feitas por Las Casas são confirmadas por outros elementos: por exemplo, as *Leyes de Burgos* de 1512 indicavam que, para cada 50 indígenas, deviam estar disponíveis 5000 montículos de mandioca e batata-doce (integrados com milho, outros produtos vegetais, aves, introduzidas pelos Espanhóis), ou 100 montículos por cabeça[14]. Os padres jerosolimitas escreveram ao rei que, em preito às instruções recebidas (que decretavam que se agrupasse os índios sobreviventes em novas aldeias), mandaram cultivar 800 000 montículos, suficientes para nutrir 7000 nativos durante um ano (114 montículos por cabeça)[15].

Para chegar a uma estimativa da capacidade de povoamento há que dar mais alguns passos. Precisamos, em primeiro lugar, de determinar a área de superfície da ilha (num total de 76 500 quilómetros quadrados, cerca de um quarto de Itália) que era própria para cultivo: tendo em conta que é uma ilha montanhosa (com cumes com mais de 3000 metros), que as zonas de savana e pradaria não eram adequadas ao cultivo porque os campos eram preparados com o abate e queima da floresta[16], eliminando as zonas áridas, as superfícies dos lagos e dos rios, levando em linha de conta situações análogas e que os primeiros viajantes a encontraram coberta de florestas impenetráveis «nas quais não se via a luz do sol»[17], parece impossível que mais de metade da ilha fosse própria para cultivo e improvável que mais de um terço o fosse. Todavia, mesmo esta metade, ou um terço, da superfície era cultivada num regime de rotação, dado que, devido à prática do abate e queima, os campos eram abandonados após o período de produção (supõe-se cinco anos) por esgotamento da sua fertilidade, depois permaneciam em pousio durante um longo período (20-30 anos) para reconstituir a superfície do bosque-floresta, aguardando que um novo

107

ciclo produtivo pudesse começar. Supõe-se que o intervalo (D) entre um abate e queima e outro fosse igual a 25 anos, cinco dos quais de produção (Y) e 20 de pousio (R), e que a superfície própria para cultivo (S) estivesse compreendida entre 25 000 e 37 500 quilómetros quadrados (1/3 e 1/2 do total), podemos dizer que todos os anos eram cultivados (T) entre os 5000 e 7500 quilómetros quadrados. Temos quase todos os elementos para fazer o cálculo que visamos. Quase, porque falta determinar um: qual a área da superfície produtiva necessária para alimentar um indivíduo? Dissemos anteriormente que, segundo os várias testemunhos, eram necessários 100 a 200 montículos plantados com mandioca e batata-doce para alimentar uma pessoa: dadas as medidas dos mesmos fornecidas por Las Casas, estes correspondiam a cerca de 1/10 hectares (ou 0,0005 quilómetros quadrados).

Segundo Las Casas, supondo que um terço da ilha estava apto para a produção teríamos:

(S) Superfície total apta para o cultivo (1/3)	25 000 km²
(T) Superfície anualmente produtiva (1/5 de S)	5 000 km²
(D) Intervalo entre um abate e queima e o próximo	25 anos
– do qual: (Y) Duração da produção	5 anos
– do qual: (R) Repouso entre um cultivo e outro	20 anos
(A) Superfície produtiva (*per capita*) necessária para a sobrevivência	0,0005 km²
(Pc) Capacidade de povoamento (T/A = 5 000/0,0005)	10 milhões

Supondo que metade da superfície estava apta para cultivo, a capacidade de povoamento seria, ao invés, de 15 milhões. Este castelo de hipóteses e cálculos apoia-se nas medidas de Las Casas dos montículos e noutros elementos conjecturais: mudando as hipóteses – como se pode facilmente constatar –, mudam os resultados. Dois estudiosos modernos, historiadores da agricultura e da geografia da zona em redor das Caraíbas, chegam a estimativas bastante diferentes de A, isto é, da superfície média (cultivada com produtos típicos da zona) necessária à sobrevivência de uma pessoa, atribuindo valores compreendidos entre 0,2 e 0,5 hectares *per capita*[18]. Os limites máximos de povoamento com a hipótese de um terço cultivável desceriam para 2,5 e 1 milhão, e com a hipótese de metade da ilha cultivável para 3,750 e 1,5 milhões. Mesmo na hipótese de toda a superfície da ilha ser cultivável, a capacidade de povoamento seria inferior à estimativa mais alta proposta, há cerca de trinta anos, por dois ilustres estudiosos e referida na tabela 6.

Estas construções, entre a arrogância e a conjectura, levam à conclusão de que os números milionários do povoamento na altura do contacto propostos por estudiosos modernos têm pouco fundamento. Em suma, o número superior das estimativas deve diminuir consideravelmente. Baixado o «tecto» das hipóteses possíveis, é necessário passar à discussão das estimativas plausíveis.

Recordámos o primeiro encontro de Colombo com o ouro; pouco depois da segunda viagem, no início de 1494, Hojeda e, posteriormente, o próprio Colombo conduziram expedições da costa norte em direcção a sudeste, no fértil vale de Vega Real e até à cadeia montanhosa de Cibao, chegando às origens do ouro dos indígenas: os depósitos aluviais nos contrafortes das montanhas, os leitos de torrentes e rios. No ano seguinte, identificaram-se os ricos depósitos do Rio Hayna. Em 1496, com a partida de Colombo, a maior região aurífera da ilha foi explorada e dominada. Uma estimativa da população da região de Vega Real e de Cibao – seguramente a mais densamente povoada da ilha, mas que representava cerca de um quarto da superfície daquela – foi feita por Luis Arranz Márquez, com base na tentativa levada a cabo por Colombo, no fim de 1495, de impor um tributo aos Tainos «pacificados». Por cada nativo adulto impunha-se a obrigação de pagar de três em três meses tanto ouro quanto contivesse a esfera de metal de uma campainha de Flandres (usada para a caça ao falcão, mas usada pelos colonos como mercadoria de troca com os nativos). A esfera da campainha continha 3-4 pesos de ouro (12,5-16,7 gramas)[19]. Uma testemunha anónima, regressada a Espanha de Hispaniola, escreveu que o tributo rendera apenas 200 pesos (836 gramas) dos 60 000 pesos (252 quilogramas) que se esperavam após três vencimentos de pagamento: um absoluto falhanço. Mas se um pagamento do tributo valia 20 000 pesos (83,7 quilogramas) e cada esfera continha 3 ou 4 pesos, então quer dizer que os tributários deviam ser, em números redondos, cerca de 6000. Arranz Márquez considera que o titular do tributo não era tanto o homem adulto, mas o *bohío*, isto é, a cabana, que era uma residência multifamiliar, e que o montante esperado do tributo se baseava numa contagem de habitações feita a olho por Colombo, e pelos seus companheiros, durante as campanhas de exploração-domínio de 1494-95. Naqueles anos, a população estava assustada, muitos fugiram para os bosques, outros (indígenas e Espanhóis) morreram de fome e doença. Com estes elementos, Arranz Márquez aventa que a população da região era de 90 000 pessoas em 1494 (15 pessoas por *bohío*) e talvez de 60 000 em 1496, o que corresponde a cerca do triplo da população total da ilha[20].

Uma via alternativa à estimativa da população da ilha, no início da década seguinte, segue o caminho já traçado anteriormente no capítulo 4. Conhecendo a produção de ouro e a produtividade média do pesquisador, pode calcular-se o número de índios que trabalhava; supondo que um terço dos homens adultos válidos estava empregado – como ordenavam os rescritos reais – na procura do ouro, chega-se à população masculina adulta total, e na medida em que esta representa uma parcela pouco variável da população total, podemos calcular esta última. O ouro, que chegou oficialmente a Sevilha na primeira década do século (1503--10) era, em média, 621 quilogramas por ano[21], mas o ouro produzido era com certeza muito mais. O metal precioso que chegava a Espanha pagara o quinto à Coroa, e provinha das duas casas de fundição de Concépcion e Buenaventura, às quais era obrigatório levar o ouro recolhido. Não obstante a imposição dos navios não transportarem ouro que não tivesse pago a obrigação do quinto, a evasão ao pagamento era seguramente muito alta. Juntamente com outras informações, pode afirmar-se que a produção anual, no início do século XVI (quando os Espanhóis da ilha ainda eram poucos, ou nos primeiros tempos de Ovando, quando o impacto «normalizador» do novo governador não havia ainda exercido o seu efeito negativo nos nativos) era da ordem dos 1000 quilogramas[22]. Se atribuirmos à mão-de-obra indígena o mínimo de produtividade resultante de uma variedade de fontes (inclusive estimativas para zonas auríferas da Colômbia, Equador e Brasil, exploradas com técnicas semelhantes às de Hispaniola) – 100 gramas por ano *per capita* – uma tonelada de ouro produzida implicava o trabalho de 10 000 índios. Como a população adulta devia ser cerca de um quarto da população total, e um terço desta (8,3%) estava empregada nas minas, conclui-se que a população total era de 120 000 pessoas. Naturalmente, uma maior produtividade (em Minas Gerais, no auge da corrida ao ouro em meados do século XVIII, 46 000 escravos produziam 7500 quilogramas de ouro, ou 160 gramas cada um)[23] corresponde a uma população proporcionalmente menor. Basta aqui dizer que uma estimativa de 120 000 habitantes no início do século XVI é concordante com aquela – mais ou menos o dobro desta –, feita por Arranz Márquez com referência a 1494--96 e com as condições de implosão demográfica existentes na ilha.

Segunda-feira, 17 de Dezembro de 1492, junto do estuário de Trois Rivières, na costa setentrional do actual Haiti, os marinheiros enviados por Colombo «viram um indígena que Colombo julgou ser o governador daquela província», que trocou uma lâmina de ouro pela mercadoria habitual[24]. No dia seguinte «um dignitário levou um cinto, com a forma de um de Castela, mas de diferente execução, que me ofereceu, e dois adornos de ouro trabalhado muito finos»[25]. Foi nesta ocasião que Colombo «soube e compreendeu que rei se diz cacique na língua da ilha»[26]. E Las Casas, ao transcrever o diário de Colombo, comenta: «Até hoje (23 de Dezembro), o Almirante ainda não compreendera bem se cacique significava rei ou governador e se uma outra palavra, *nitayno*, significava grande, ou fidalgo, ou governador; a verdade era que cacique significava rei e *nitayno* significava escudeiro, ou *señor principal*, como veremos em seguida»[27]. As categorias hierárquicas castelhanas mal se adaptavam à realidade da ilha. O cacique era, geralmente, o chefe da aldeia, mas existia ainda uma posterior articulação hierárquica. Las Casas fala dos cincos caciques principais (*reyes*) da ilha e descreve também uma divisão da mesma em 30 distritos[28]. Hernán Colón, filho de Cristovão Colombo, reduz para quatro o número de caciques principais, mas acrescenta que cada um deles tinha 70 ou 80 caciques às suas ordens[29]. Colombo refere que o cacique Guacanagarí tinha cinco caciques ao seu serviço e que Guarionex, a principal autoridade de Vega Real, em 1496, organizou a rebelião contra os Espanhóis. Foi derrotado e 14 caciques que se lhes juntaram foram feitos prisioneiros[30].

Os caciques governavam a vida quotidiana, as manifestações religiosas, as relações com as outras aldeias. Organizavam o trabalho comunitário, eram responsáveis pela distribuição das colheitas e pelo armazenamento dos excedentes produzidos e desempenhavam funções judiciais. O cacique vivia na maior casa da aldeia, que era também um lugar de encontro com funções cerimoniais, na qual se guardavam as *zemis* (divindades). A casa ficava em frente do terreiro principal onde se faziam os jogos, as festas, as cerimónias religiosas. Os caciques tinham várias mulheres e ostentavam sinais exteriores da sua autoridade. As funções do cacique eram hereditárias, transmitidas pela linha masculina, mas se não havia um filho homem, as funções eram herdadas pelo filho da irmã e, se esta não tinha um filho homem, eram herdadas por ela própria[31]. Cerca de 10% dos caciques contabilizados pela repartição de Alburquerque, em 1514, eram mulheres. Portanto, o cacique era o chefe reconhecido da comunidade, reunida em volta da aldeia, que tinha algum grau de autonomia social, económica e talvez até demográfica[32].

As dimensões demográficas dos grupos identificados são, obviamente, objecto de conjecturas, apesar de alguns testemunhos falarem de alguns milhares de pessoas nas aldeias maiores. Todavia, dada a distribuição bastante assimétrica dos grupos humanos consoante as suas dimensões, é provável que a dos grupos maiores fosse de uma ordem de maior grandeza do que a habitual ou do que a média. Uma dimensão na ordem de algumas centenas de unidades é credível, mesmo à luz da organização social e produtiva das populações em torno das Caraíbas, com uma agricultura destinada à subsistência e campos localizados na proximidade das aldeias, sem processos de acumulação relevantes, com uma divisão do trabalho quando muito rudimentar e sem uma casta guerreira ou sacerdotal[33]. Mas voltaremos mais tarde a este assunto.

Sendo as funções do cacique hereditárias, é provável que no decurso de uma crise demográfica as funções sobrevivessem, a menos que a comunidade inteira fosse eliminada, um acontecimento possível mas seguramente excepcional. A repartição de 1514 indica que a maioria dos caciques tinha apenas algumas dezenas de sujeitos sobreviventes; as suas comunidades reduziram-se, mas eles conservaram o título. É, portanto, provável que os 362 caciques identificados, pelo menos no nome, pela repartição de Alburquerque fossem os mesmos que existiam 20 anos antes, ou os seus herdeiros, representantes de um igual número de comunidades. A estes 362 junta-se um número desconhecido, mas certamente pequeno, de comunidades desaparecidas. Não é arriscado concluir que, na altura do contacto, a população da ilha estava organizada em 400 ou 500 cacicados (*cacicazgos*), com uma dimensão média de algumas centenas de indivíduos. E conduzindo o raciocínio à sua conclusão, as dimensões da população na época do contacto teriam sido de algumas centenas de milhares de unidades (200-250 000) na hipótese de a dimensão média das comunidades ser de 500 pessoas.

Os escassos vestígios arqueológicos, testemunhos coevos e cronistas da época concordam em descrever a aldeia taina como um grupo de casas (*bohíos*) dispostas de forma irregular em torno de um terreiro central, flanqueado pela ampla casa do cacique, onde se jogava à bola (*batey*) e se realizavam outros eventos comunitários. O *bohío* era uma cabana, geralmente circular, que podia acolher 10-15 pessoas. Em redor das aldeias, os *conucos*, com plantações de mandioca e batata-doce, e os campos de milho ou outras culturas, asseguravam o essencial para a sobrevivência, integrados com a apanha de fruta, a pesca no mar ou nos rios e com peças de caça pontuais[34].

Mas quantas eram as aldeias e quais as suas dimensões? Segundo Las Casas, «na ilha de Hispaniola e nas ilhas de Cuba, San Juan [Porto

Rico], Jamaica e nas Lucayas [Baamas], havia infinitas aldeias, com casas agrupadas, com muitas famílias de várias estirpes» [35]. Durante a primeira viagem, os exploradores enviados a terra encontraram, no interior, em direcção a «sudoeste, a quatro léguas e meia de distância, uma aldeia de 1000 casas e mais de 30000 homens; mais tarde, seis homens depararam com uma «aldeia bastante maior» a três léguas do ancoradouro [36]. A 23 de Dezembro, os exploradores regressaram da aldeia de Guacanagarí, que consideraram a «melhor e mais ordenada, no que respeita a estradas e casas, das que haviam visto até então», com uma grande população de 2000 homens «e inúmeras mulheres e crianças» [37]. Mas um observador atento como o doutor Chanca, de Sevilha, que acompanhou Colombo na segunda viagem, descreve a aldeia de Guacanagarí como um modesto aglomerado de 50 casas [38]. Em Cuba, durante a primeira viagem, a expedição enviada à procura de Cipango encontra apenas uma modesta aldeia (perto da actual Holguín) com uma meia centena de casas, 12 léguas para o interior [39]. A caminho depara com várias aldeias «com não mais do que quatro casas». E o doutor Chanca, após a descoberta dos mortos de Navidad, desloca-se a uma aldeia próxima com seis ou sete casas [40].

Se ignorarmos os exageros evidentes de Colombo, as aldeias deviam variar de dimensões, entre as poucas unidades de habitação a 50 ou 100 nas aldeias maiores, com uma população compreendida entre algumas dúzias e várias centenas de pessoas e talvez, em casos excepcionais e em localizações favoráveis, 1000 ou mais. Mas alguns elementos posteriormente úteis extraem-se de documentos mais tardios, quando a população da ilha de Hispaniola estava em rápido declínio e as autoridades tentavam reorganizar os sobreviventes em comunidades mais vitais. Las Casas sugere ao Conselho da Coroa, em 1517, que construa aldeias de 200 famílias; noutra altura, propõe concentrar os indígenas em aldeias de 1000 almas, agrupando quatro, cinco ou seis caciques, e que as aldeias distem cinco-sete-léguas entre si [41]. O rei decretou, em 1516, que os padres jerosolomitas construíssem aldeias com 300 *vecinos* e esses, na carta anteriormente citada de 1517, responderam: «Mandámos construir nesta ilha de Hispaniola 30 aldeias, onde concentrámos poucos índios sobreviventes». E nesta mesma carta afirmam ter mandado fazer os montículos para o sustento de 70000 índios, com a permissão implícita de as aldeias terem cada uma 200-300 habitantes (ou 400, se aceitarmos as indicações de que apenas 17 aldeias foram construídas) [42].

E, afinal, quantas eram as «infinitas aldeias» mencionadas por Las Casas? Se cada cacique era o chefe de uma comunidade/aldeia, então devia haver 400 ou 500 à época do contacto. A arqueologia não contradiz a hipótese, porque os sítios pré-colombianos na ilha são cerca de 500, naturalmente este número inclui os sítios abandonados antes do contacto que, em proporção desconhecida, contrabalançam os sítios não identificados[43]. A muito fértil Vega Real, o coração da ilha, estava densamente povoada em comparação com o resto do país. A expedição de Hojeda, em Março de 1494, depois de ter percorrido por dois dias uma área despovoada (de Isabela a Puerto de los Hidalgos, cerca de 12 milhas), atravessa Vega Real repleta de aldeias «a cada légua»[44]. Mas, noutras zonas, na savana, nas pradarias impróprias para cultivo, nas áreas montanhosas, no estéril Sudoeste e nas florestas impenetráveis, as povoações foram modestas e dispersas. Se considerarmos correctas as estimativas dos «altistas» de oito milhões de habitantes, aceitaríamos também um número de 20 000 a 30 000 aldeias, que bem correspondem ao número «infinito» de Las Casas. Mas se estas povoações estivessem distribuídas uniformemente pela ilha, isso significaria que um viajante que tivesse vagueado ao acaso teria encontrado uma aldeia a cada milha de caminho, incluindo as áreas florestais ou montanhosas. Ao invés, a nossa estimativa, de 400 ou 500 aldeias implicaria que «o viajante errante» encontrasse uma a cada sete ou oito milhas, e a cada duas ou três em Vega Real: mas não seriam, também, estas, «infinitas»?

Desvendámos o mistério da população na altura do contacto? Decerto que não; mas as considerações sobre a capacidade de povoamento da ilha e o cruzamento das estimativas, partindo de elementos diversos e parcialmente independentes, acerca da produção de ouro, do número dos caciques e das dimensões da comunidade, do número e das dimensões das aldeias dizem-nos que a população na época do contacto era de algumas centenas de milhares de unidades e não certamente de alguns milhões. Arriscando um pouco mais, podemos dizer que a «verdadeira» população da ilha tem a probabilidade máxima de se situar entre as 200 000 e as 300 000 unidades e a probabilidade muito baixa, e praticamente nula, de dimensões acima dos 400 000 e abaixo das 100 000 unidades.

Na primeira década do século XVI, com a extensão do sistema de repartição a toda a ilha, administradores e cronistas da época começam a fornecer avaliações da população baseadas em autênticas contagens, ainda que rudimentares e aproximativas. Las Casas dá o número de 60 000 indígenas no ano da chegada do tesoureiro do rei, Pasamonte (1508), e de 40 000 no ano seguinte (1510) à chegada de Diego Colombo. A documentação da repartição pedida por Diego, em

Maio de 1510, perdeu-se, mas o número de 33 528 índios repartidos é mencionado por Muñoz, que provavelmente teve acesso às fontes originais[45]. A repartição de Alburquerque, da qual falaremos depois, dá-nos bases mais seguras, embora a contagem de 26 188 índios seja certamente subestimada, pois vários haviam fugido para as florestas ou estavam dispersos pela ilha (veja-se o mapa 6). A população estava em declínio a olhos vistos; em 1518, os jerosolimitas estavam a preparar as novas aldeias para os 7000 índios sobreviventes, que mais tarde foram dizimados pela varíola no fim do ano; para Zuazo e Espinosa, que escreviam em 1528, os índios sobreviventes eram só *naborías*, isto é, servos em casas de Espanhóis, e já não havia *indios de servicio*, para o trabalho nos campos, para a produção do açúcar ou para o trabalho nas minas. Para o residente Alonso de Castro, em 1542, a economia estava agora entregue a 25-30 000 escravos africanos e a 1200 Espanhóis residentes, porque os «índios da repartição extinguiram-se»; Oviedo estimava um número de 500, em 1548, e para López de Velasco, que escrevia no início dos anos 70 do século XVI, restavam duas aldeias, cada uma delas com 50 índios[46].

Podem assim definir-se quatro períodos da história indígena pós-Conquista. O primeiro período vai de 1492 à submissão completa da ilha e à primeira repartição (1505): a população sofre um forte choque, mas não perde as características originais no que respeita à distribuição e à organização em comunidades. Os Espanhóis – pelo menos até 1502 – são poucos e vastas partes da ilha não estão dominadas. Se os Espanhóis tivessem deixado a ilha no fim deste período, a população, mesmo tendo sofrido um forte declínio, estaria em condições de recuperar. Há que mencionar também a interessante opinião de Las Casas (que, no entanto, defendeu números milionários na época do contacto): «Estas ilhas e terras começaram a perder-se e a ser destruídas a partir do momento em que se deu a morte da nossa *serenisima* Senhora e Rainha Isabel, isto é, no ano de 1504, porque até então, nesta ilha, só algumas províncias haviam sido destruídas, mas não completamente, por guerras injustas»[47]. No segundo período, da repartição de Ovando à partida dos jerosolimitas e à varíola de 1518-19, a população é completamente submetida à escravidão (na prática, embora não por direito) é radicalmente deslocada, as comunidades originais e as formas de povoação são subvertidas. No terceiro período, cerca de 1520 a 1550, a população sobrevivente desaparece: as comunidades reduzem-se e os nativos são integrados nas famílias dos colonos e misturam-se em alto grau com os Espanhóis, com os escravos trazidos de África, com outros índios em

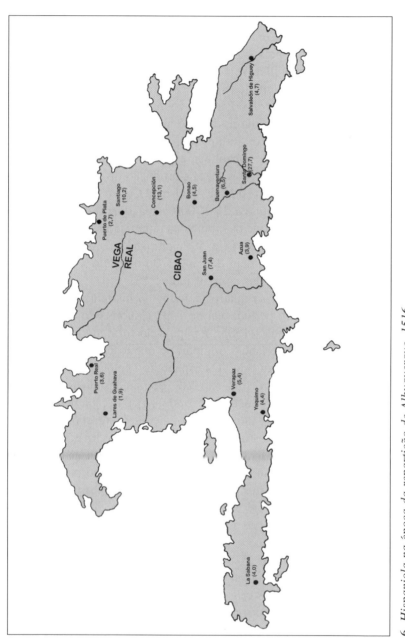

6. *Hispaniola na época da repartição de Albuquerque, 1516.*

escravidão, orginários de outras ilhas[48]. O quarto período é, na verdade, pós-demográfico: a população taina extinguiu-se enquanto tal, mas os genes tainos são transmitidos de geração em geração, na população agora de origem heterogénea. À população aconteceu-lhe o mesmo que a língua, que também se perdeu, com excepção de alguns vocábulos que transitaram para o castelhano e para outras línguas: *amaca, barbecue, cannibale, cacico, patata, tabacco, uragano*[49].

Em Cuba, Porto Rico e Jamaica repete-se a história de Hispaniola. Cuba, costeada por Colombo na primeira viagem, é colonizada por Diego Velásquez apenas em 1511; era bastante menos povoada, com povoações cada vez mais esparsas de leste para oeste. Já em 1522, depois da epidemia da varíola, os índios repartidos eram só alguns milhares; em 1526 proibia-se a utilização de índios nas minas de ouro; em 1531 restariam apenas 4000, em 1542 talvez 2000[50]. Em Porto Rico, a entrada dos Espanhóis deu-se em 1508 com Ponce de Léon; os Tainos da ilha não se deixaram submeter tão facilmente, habituados como estavam a defender-se dos agressivos caribenhos, e muitos nativos refugiaram-se no interior. Em 1515, repartiram-se 6000 nativos, em 1530 pouco mais de 2000, e a pouca documentação posterior confirma a sua extinção gradual. Em 1540, segundo o *cabildo* de Porto Rico, teriam ficado 50. Na Jamaica, pouco povoada, onde se encontrou muito pouco ouro e onde não chegou a varíola, os indígenas haviam praticamente desaparecido por volta de 1540[51].

Em 1514, chegaram à ilha os *licenciados* Alburquerque e Ibarra (morreu pouco depois de ter chegado), com a tarefa de efectuar uma terceira repartição dos índios da ilha, fortemente influenciada pelo tesoureiro real Pasamonte e pela facção hostil a Diego, autor da repartição de 1510. O documento, que chegou até nós, é o primeiro de natureza censitária no continente americano (até, pelo menos, não ser desvelado o mistério dos *quipos* incas) e permite passar de estimativas indutivas a números baseados em contagens efectivas[52]. A elaboração do documento dá-nos a possibilidade de tecer uma série de considerações sobre o estado da sociedade taina pouco mais de 20 anos depois do contacto com os europeus e sobre as causas e formas do seu declínio. Há que dizer algumas palavras a respeito das formas de repartição, iniciada a seguir ao regresso dos índios às suas aldeias depois da estadia nas minas, no fim de 1514. A operação foi precedida de duas contagens separadas: uma através de dois funcionários do distrito, que convocavam os colonos residentes a declarar sob juramento os índios a eles entregues; a segunda, efectuada por dois inspectores, nomeados por Alburquerque, que recolhiam as declarações dos residentes nas quintas e nas minas, verificando-as directamente com os caciques das aldeias de cada distrito. Os resultados da segunda contagem foram mais altos do que os da primeira e foram a base da repartição. Esta foi feita pelo grupo de funcionários, inclusive escribas e notários, liderado por Alburquerque, sucessivamente em cada um dos 14 distritos, iniciada a 23 de Novembro de 1514 em Concepción e terminada a 9 de Janeiro do ano seguinte em Yaquimo. A fórmula adoptada era a seguinte:

> A Juan Fernández de Guadalupe, residente e regente desta cidade [Concépcion], foi-lhe confiado [*encomendado*] o cacique Manicaotex, que antes estava ao serviço de Sua Majestade o rei, com 65 pessoas de serviço: 33 homens e 32 mulheres. Foram também entregues ao supracitado cacique cinco velhos que não são de serviço [...] cinco crianças que não são de serviço [...] nove servos domésticos (*naborías*) [53].

O cacique é sempre citado pelo nome (os nomes espanhóis predominam em relação aos indígenas), ao passo que os índios entregues são classificados índios «de serviço» (índios adultos, subdivididos em homens e mulheres em Concépcion e Puerto de Plata), crianças (abaixo dos 14 anos) e velhos ou incapazes (idade indeterminada); os servos (*naborías*) são uma categoria à parte [54]. Em diversos casos, não são mencionados as crianças ou velhos, ou ambas as categorias: a dúvida que permanece é se se tratava de omissão (não tinham valor económico, evidentemente) ou se, de facto, não existiam.

A repartição dos 26 188 índios por cada estado e categorias, pela ilha no seu todo e por dois agrupamentos de distritos (mineiros, isto é, Santo Domingo, Santiago, San Juan, Concepción e orientais), está representada na tabela 7. Esta, como as outras, baseia-se (com algumas alterações marginais) no trabalho fundamental de Luis Arranz Márquez [55]. Observar-se-á de imediato a baixa proporção de crianças, à qual voltaremos, e a alta proporção de servos domésticos (*naborías*). Estes (predominantemente mulheres, tanto quanto se sabe por outras fontes) não pertenciam a um cacique e eram subtraídos, portanto, à comunidade de origem; juntamente com os *allegados* constituíam cerca de 30% do total. Muitos deles haviam passado já muitos anos com os seus patrões e possuíam algum grau de aculturação. Pelo contrário, os restantes 70% pertenciam a um cacique; a figura 4 reproduz a repartição dos 362 caciques recenseados segundo o número de índios que tinham ao seu serviço; o número médio de índios por cacique era 51; o valor médio 35 e o modal perto de 20. Quase um quinto dos caciques não tinha mais de 15 índios. A muitos deles restou-lhes pouco mais do que a função formal de comando. A figura 4 talvez seja também uma imagem da repartição «perdida» no momento do contacto, que podia ter uma forma análoga, mas numa escala com uma maior ordem de grandeza. Outros elementos de forte interesse que ajudam a explicar alguns aspectos da catástrofe demográfica, como depois se verá, são a visível predominância dos homens em relação às mulheres (entre os índios de serviço em Concépcion e Puerto Plata); a baixa relação entre crianças e adultos; a atribuição frequente dos índios pertencentes a um cacique e, portanto, a uma comunidade própria, a diversos *encomenderos*; a deslocalização, em distâncias também muito consideráveis.

Trinta anos depois do contacto, os indígenas de Hispaniola estavam reduzidos a alguns milhares e já não eram capazes de se sustentar demograficamente. Ainda que durante esse período não nascesse nenhuma criança, se considerarmos a hipótese de uma estrutura etária inicial muito jovem e uma esperança de vida baixa, após 30 anos um terço da população inicial ainda estaria viva e não uma fracção bastante menor. Dizer, por isso, que a mortalidade foi a principal causa do desastre é afirmar o óbvio: bastante menos óbvia é, ao invés, a identificação dos factores da elevada mortalidade e é esse o objecto de discussão. Simplificando, a enorme mortalidade pós-contacto pode resumir-se em três grandes categorias: a) a violência directa dos Espanhóis, mortes indiscriminadas, guerras de pacificação, crueldade gratuita com mortes subsequentes; b) consequências directas da desordem e da deslocação produzidas pelos conquistadores; o abandono das culturas e a fome pertencem a esta categoria; c) o efeito das novas patologias em terreno virgem. A essência da «lenda negra» baseia-se em a) e b); os «revisionistas» e os «altistas» dão proeminência absoluta a c).

A violência directa foi decerto responsável por muitas mortes, da chamada «batalha da Vega Real», em 1494, à pacificação violenta de Higuey (7000-8000 mortos segundo Zuazo) e Xaraguá em 1502-04[56]. Todavia, os conquistadores, apesar do cínico desprezo pela vida humana, não planeavam um genocídio. Prosperavam com o trabalho dos nativos e a violência era apenas funcional para imporem o seu comando e para a exploração da sua mão-de-obra. Crueldades gratuitas eram seguramente infligidas aos Tainos por muitos aventureiros da primeira vaga, com uma frequência tal que justificou plenamente a reprovação moral dos contemporâneos da Conquista, mas não suficiente para reputá-la causa de morte relevante.

O segundo grupo de factores que estiveram na origem da elevada mortalidade (mas também da baixa reprodução, como diremos mais adiante) está sem dúvida ligado à desarticulação do sistema social e de povoação da ilha: a deslocação forçada dos nativos de um lugar para o outro e de um patrão para outro; as mudanças no sistema de subsistência dos índios, obrigados a sustentar os ocupantes com o seu trabalho; o trabalho demasiado pesado nas minas para populações acostumadas a trabalhos leves e irregulares; o suicídio frequente, mencionado por demasiadas fontes independentes para ser considerado uma invenção dos cronistas. Os autores da época viram nas imigrações forçadas a causa de fome, doenças e morte: «A morte deste povo também foi causada, em grande medida, pela deslocação contínua que os governadores e funcionários faziam com estes índios, pela sua passagem de um patrão para outro, de uma pessoa gananciosa para outra»[57]. A mola institucional da desarticulação foi a repartição iniciada por Colombo e institucionalizada por Ovando e por Diego Colombo. Com a repartição, observava Zuazo, «os índios nativos da província de Higuey eram forçados a ir para Xaraguá ou La Cabana, lugares a centenas de léguas de distância de Higuey»[58]. A fortaleza de Santo Domingo foi construída com mão-de-obra proveniente de Higuey após a pacificação da zona. O rei, que pedia continuamente novas remessas, instava os funcionários a construírem aldeias perto das minas e a porem um terço dos índios a extrair ouro e pelo menos 1000 nas minas do rei[59].

A repartição de 1514 fornece os dados relativos ao valor da redistribuição da população. Refere-se explicitamente que 30 caciques, atribuídos a *encomenderos* de um dado distrito, provinham, com as suas gentes, de outro distrito[60]. O número dos caciques era 362, mas as suas gentes foram distribuídos por 498 *encomenderos*, sinal evidente de que em grande parte dos casos foram divididas entre dois ou mais patrões. Os dois grupos mais numerosos eram chefiados por dois caciques: Maria de Higuey, que tinha 443 índios, e Isabel de Iguanama, que tinha 431. As suas gentes foram distribuídas entre 16 a 11 *encomenderos* diferentes, respectivamente. Em 37 casos, a repartição foi interdistrital, na medida em que os índios de um cacique foram distribuídos por dois ou mais *encomenderos* residentes em distritos diferentes. A desarticulação das comunidades operada pela repartição de 1514 deve ser articulada e acrescentada às de apenas quatro e nove anos antes, provocadas pelas repartições de Diego e de Ovando, para não falar de outras, não institucionalizadas, ainda mais anteriores. As redes familiares e de clã eram destroncadas ou enfraquecidas, as condições materiais de vida alteradas e os regimes de trabalho modificados, e, ao mesmo tempo, tinha de se encontrar novas estratégias de adaptação com novos patrões. Não há dúvida de que as consequências para a sobrevivência eram extremamente negativas.

As fugas para as florestas ou, seja como for, para zonas selvagens foram frequentes, no intuito de escaparem à violência e à opressão dos Espanhóis. Aprenderam depressa. No relato de Michele da Cuneo, 1600 índios foram feitos prisioneiros em 1494 e concentrados nas «cidades» de Isabela; destes, 550 foram mandados para Espanha como escravos, outros distribuídos na ilha como escravos, e os restantes, cerca de 400, sobretudo mulheres e crianças incapazes para o trabalho, foram postos em liberdade. Estes «escaparam imediatamente para os bosques, a sete ou oito dias de caminho» [61]. E nas zonas selvagens refugiaram-se Guarionex e o seu povo de Vega Real em 1494-95, fugindo da violência dos conquistadores, após terem abandonado as suas culturas. A dispersão dos índios e a consequente mortalidade eram consideradas uma das causas de desertificação por Gil Gonzales Dávila, visto que procuravam refúgio nas florestas «ao mínimo pretexto» [62]. Quando em 1518 os jerosolimitas tomaram a decisão extrema de reunir os poucos sobreviventes nativos – ainda não dizimados pela varíola – em 30 novas aldeias, procuravam desesperadamente ressuscitar uma vida comunitária numa sociedade dispersa e desenraizada. Paradoxalmente, esta medida extrema destruiu o que restava da sociedade pré-contacto, e, ao mesmo tempo, foi a única oportunidade de reunir os fragmentos esparsos numa comunidade vital. Mas era demasiado tarde.

No que toca ao terceiro grupo de factores que estiveram na origem da elevada mortalidade – as novas patologias em terreno virgem – já sustentámos a hipótese de a epidemia de varíola de 1518-19 ser a primeira, e argumentámos que era absolutamente plausível que o vírus só então tivesse chegado, não obstante o intenso tráfico entre Hispaniola e a pátria-mãe. Naturalmente outras patologias desconhecidas chegaram à ilha, mas nenhuma destas terá tido o poder de destruição da varíola. De todo o modo, o escasso material sobre doenças e mortalidade nas primeiras décadas do domínio espanhol foi detalhadamente analisado por Noble D. Cook e por Francisco Guerra [63]. Mas infelizmente refere-se mais aos Espanhóis do que aos indígenas e pode sintetizar-se da seguinte forma:

1) Os homens, cerca de 1200, que chegaram com a segunda viagem de Colombo em Novembro de 1493, adoeceram imediatamente e a

doença permaneceu com eles durante vários meses. Guerra avançou a hipótese de se tratar de febre suína, originada por oito porcas que embarcaram em La Gomera, juntamente com os cavalos, plantas e víveres, e de esta ser a primeira doença europeia no Novo Mundo[64]. Mas a hipótese de Guerra é puramente conjectural, para não dizer fantasiosa. Ao certo sabe-se apenas que os Espanhóis estavam mal à chegada. Numa obra recente, Cook levanta a hipótese de a doença que atingiu os Espanhóis ser a varíola, introduzida na ilha por um dos quatro Tainos da península de Samaná, que Colombo levara consigo para Espanha no início do ano. Segundo Colombo, ele mandou uma caravela à costa para «deixar em terra um dos quatro índios que dali levara no ano anterior, que não morrera de varíola, como os outros, à partida de Cádis»[65]. Portanto, três dos quatro morreram de varíola, mas quando? Durante a navegação ou durante os preparativos da partida em Cádis? Ou a expressão significa somente que o índio em questão, à partida, não morrera como os outros? Em todo o caso, o índio sobrevivente desembarcara de óptima saúde («*muy alegre*»), tendo evitado a varíola ou tendo-se curado. Há, na verdade, a possibilidade (bastante remota) de que a infecção estivesse latente (tendo-a contraída a bordo). No entanto, a cadeia de probabilidades – que inclui o contágio na península de Samaná, distante e pouco povoada, e a sua transmissão na região do Cibao, a mais de 100 milhas de distância, que se tornou a principal causa da alta mortalidade nesse ano e no seguinte – é realmente fraca. E além disso: nenhum documento fala de varíola; o doutor Chanca, que viajou com Colombo, não a menciona como causa do desastre de 1494; posteriormente nunca ninguém referiu cicatrizes de varíola nos índios sobreviventes.

Voltando aos Espanhóis, está documentado que sofreram com a falta de alimentos, com a péssima higiene, de sífilis (o *mal de bubas*, endémico entre os Tainos mas letal para os Espanhóis, consequência da sua promiscuidade com os primeiros), e que estiveram doentes durante a maior parte do tempo após o desembarque. Na verdade, o seu estado de saúde foi precário durante muitos anos. Mas dos indígenas, naqueles primeiros meses, não sabemos nada ou quase nada, senão que dos 550 índios mandados como escravos para Espanha com Antonio de Torres, em Janeiro de 1494, 200 morreram durante a viagem e outros desembarcaram em más condições de saúde[66]: mal-estar provocado pela viagem, doença, mudança de clima?

2) Segundo Las Casas, a guerra, a fome e a doença que grassaram entre 1494 e 1496 mataram dois terços dos nativos. Pietro Martire fala de 50 000 mortos pela fome («e cada vez mais a cada dia que passa»)[67].

A alta mortaldade do período foi consequência da resistência activa dos indígenas à intrusão espanhola, da costa norte (Isabela) a Vega Real, às montanhas de Cibao. O abandono dos *conucos* e a fuga para o interior deixavam os índios e os Espanhóis à fome.

3) Com a chegada do governador Ovando e de 2500 Espanhóis em 1502 e com a intensificação do tráfico com a pátria-mãe, as probabilidades de as doenças europeias penetrarem na ilha e de se difundirem tornaram-se consideráveis. Aliás, as informações sobre doenças e mortes são explícitas só para os Espanhóis: muitos dos recém-chegados dispersaram-se pela ilha numa desordenada corrida ao ouro, acabaram rapidamente os mantimentos e, inadaptados ao clima, adoeceram; em pouco tempo, 1000 pereceram e 500 curaram-se [68]. Ignora-se se de uma doença específica. Nada se sabe sobre os índios, a não ser que diminuíram significativamente.

4) Além da varíola em 1518, não há informações específicas sobre novas doenças. A única excepção é o testemunho dado por um residente da ilha, Hernando Górjon, num documento datado de Março de 1520 a respeito da desertificação que atribui (entre outras coisas) «à peste da varíola, sarampo (*sarampión*) e *romadizo* (infecção respiratória) e outras doenças» [69]. O sarampo é recordado também por outra testemunha no mesmo documento. Pode ser que o sarampo tenha atingido a ilha antes da varíola, apesar de ser possível que isso tenha ocorrido depois da extinção desta última no início de 1519. Pode ser também que, além do sarampo, a gripe, a difteria, a escarlatina, o tifo ou outras doenças tivessem atingido os indígenas antes da fatal varíola, mas não há vestígios disso na extensa documentação escrita pelos Espanhóis, que estavam familiarizados com pestes de vários tipos e com os seus sintomas. É plausível que uma epidemia, com o seu aparecimento imprevisto, com o seu rápido e devastador desenvolvimento e a sua gradual extinção, passasse inobservada? Enfim, é muito peculiar que Oviedo e Las Casas que, embora descrevam longamente as condições naturais da ilha, façam uma referência específica à sífilis – e Oviedo menciona também o *mal de niguas*, uma espécie de sarna – mas nada digam sobre as doenças específicas dos índios [70].

Em conclusão, antes de 1518, às doenças europeias juntaram-se provavelmente as doenças endémicas na ilha, complicando o sistema das patologias indígenas e aumentando a mortalidade, alimentada pelo choque que sofreu a sociedade taína. Situação suficiente para decretar a sua extinção, sem a intervenção de surtos epidémicos que talvez não tenham existido antes de 1518.

Ter-se-iam extinguido os mecanismos reprodutivos dos Tainos se não tivessem sido reduzidos pela Conquista? Pergunta sem resposta, mas que é útil fazer pois a história demográfica ensina que às epidemias mais destrutivas corresponde uma retoma, na qual a crescente actividade reprodutiva joga um papel fundamental. Já relembrámos o caso da peste na Europa, a mais traumática das patologias: cada vaga epidémica era seguida de uma retoma, sustentada por uma crescente reprodutividade. Quando as vagas se tornaram mais raras, menos regulares e menos sincrónicas, a população iniciou uma grande retoma. Porém, quando os mecanismos reprodutivos são paralisados ou reduzidos, como se verificou nas Antilhas, a retoma é impossível.

A repartição de 1514 lança luz sobre a questão. Em dois dos 14 distritos (Concepción e Puerto Plata), os índios de serviço pertencentes a cada cacique dividem-se em homens e mulheres. Na tabela 8, indica-se o número de homens, de mulheres e de crianças, e a proporção mulheres/homens e crianças/mulheres. As crianças tinham (em teoria) 14 anos ou menos; as mulheres (e os homens) tinham 15 anos ou mais, mas não incluíam os velhos e, portanto, a maioria devia ter menos de 50 anos. Dois aspectos saltam à vista: há menos mulheres do que homens e a proporção entre crianças/mulheres é muito baixa. No que respeita à baixa proporção mulheres/homens não se pode excluir erros de contagem ou que a mortalidade tenha atingido mais mulheres do que homens, ou que mais mulheres do que homens tenham conseguido escapar à repartição. Mas a hipótese mais natural é que mais mulheres do que homens viviam como servas (*naborías*) nas casas dos Espanhóis (facto de resto notório, pois muitas das mulheres mais jovens eram suas concubinas e muitas caciques e filhas de caciques estavam casadas com *encomenderos*). Por outras palavras, os conquistadores atraíram mulheres jovens e saudáveis, que foram subtraídas ao *pool* reprodutivo taino. Na repartição, 196 Espanhóis especificaram a origem das suas mulheres: 131 tinham mulheres de Castela, 65 tinham mulheres indígenas([71]).

O problema da união dos Espanhóis com os indígenas foi um tema profundamente sentido e debatido na ilha e em Espanha. Em 1503, a Coroa exigiu a Ovando que as mulheres tomadas pelos Espanhóis contra a sua vontade fossem restituídas às comunidades de origem; as instruções dadas a Diego Colombo, em 1514, e aos padres jerosolimitas, em 1516, permitiam, e até encorajavam, o casamento dos Espanhóis com as caciques e com as filhas dos caciques. Em 1518, Frei Bernardino de Manzanedo aconselhou o rei a proibir que os filhos de uniões mistas deixassem a ilha[72]. Em todo o caso, a subtracção de mulheres (15-20%, segundo os dados da repartição) ao *pool* reprodutivo taino reduziu significativamente o seu potencial reprodutivo. Todavia, o que dissemos não afecta a relação crianças/mulheres, que parece muito baixa (0,0281). Numa população estável, esta relação seria compatível com uma população que se reduzisse a uma taxa anual de 3,5%. De igual modo, a baixa proporção de crianças na população em toda a ilha (veja-se a tabela 7), inferior a 10%, também é compatível com uma população estável com um declínio de 4,5% por ano[73]. As poucas crianças e a baixa relação mulheres/crianças podem imputar-se teoricamente à subcontagem, à excessiva mortalidade infantil ou à baixíssima fecundidade das mulheres: não há maneira de o saber. No entanto, muitos comentadores coevos sublinhavam a escassez de crianças, a frequência das uniões sem frutos, as consequências negativas da separação dos homens das mulheres, como sucedia nos oito meses de permanência nas minas. A legislação fez tímidas tentativas para proteger mulheres e crianças, proibindo o trabalho nos campos às mulheres grávidas ou com crianças com menos de três anos e proibindo o trabalho das mulheres na pesquisa do ouro[74]. Mas estas leis eram feitas em Espanha, a milhas e milhas de distância, e deviam ser observadas por ambiciosos *encomenderos* sob a fraca vigilância dos funcionários da ilha. Por último, os fenómenos gerais de deslocação operados pela repartição, e a que já nos referimos, constituíram um pano de fundo hostil à normal reprodutividade da população.

O cosmógrafo real López de Velasco confirma a extinção dos índios (com excepção de duas aldeias de nem sequer 50 habitantes cada uma), acrescentando que não havia tão-pouco um *encomendero* porque não havia índios de serviço, que os Espanhóis estavam reduzidos a um milhar e que a ilha era povoada por 12 000 a 13 000 escravos africanos[75]. O futuro demográfico da ilha, como o das outras Antilhas, estava portanto entregue às vicissitudes da imigração da Europa e ao tráfico de escravos, que dependerá, por sua vez, da fortuna das plantações de cana e das refinarias para a produção de açúcar. Por volta de 1800, no conjunto das Índias Ocidentais havia cerca de 1,8 milhões de habitantes, dos quais 1,5 de cor, em geral escravos, e os outros de origem europeia[76].

O mundo natural da ilha também havia mudado muito meio século após a chegada de Colombo. Os pequenos mamíferos da ilha desapareceram: mais do que a paixão pela caça dos Espanhóis, fora a fome que atormentara várias vezes a comunidade. As *hutías*, uma espécie de coelhos pequenos, e uma espécie de pequenos cães mudos que os índios domesticavam haviam praticamente desaparecido na época de Oviedo. «Os Espanhóis, que vieram com o primeiro Almirante na segunda viagem que este fez à ilha, comeram todos estes cães, pois estavam a morrer de fome e não tinham nada para comer.»([77]) Em compensação haviam prosperado os animais vindos de Espanha desde a segunda viagem de Colombo: às oito porcas embarcadas nas Canárias não se deve (provavelmente) a difusão de nenhuma epidemia, mas sim uma imensa progénie que se multiplicou, se disseminou e se asselvajou na ilha. Bovinos havia em quantidade, multiplicando-se em liberdade, também em função dos espaços abertos devido ao abandono dos campos. Muitos eram mortos não pela carne, mas pela pele, enviada para Espanha([78]). O *licenciado* Echagoian, ouvinte da *audiencia* de Santo Domingo, numa carta a Felipe II (1561), diz que alguns anos antes havia 400 000 vacas, mas tinham vindo a diminuir devido ao reabastecimento dos barcos que faziam escala na ilha. O nosso curioso ouvinte informa Sua Majestade de um interessante fenómeno ecológico: as vacas eram umas comilonas do fruto *guyabo*, que continha muitas sementes que depois se espalhavam pelos pastos com os seus excrementos. De modo que as plantas se multiplicaram, os pastos diminuíram, grande parte dos campos abertos transformara-se em bosque, refúgio de outros animais selvagens([79]). Cavalos, burros, ovelhas e cabras reproduziram-se abundantemente. Para Echagoian, os cavalos bravos eram «imensos», prendiam-se com o laço e a única dificuldade era domá-los. Com a redução da população dos conquistadores-colonos, após 1510, cães e gatos domésticos também eles se asselvajaram e os cães «são piores do que os lobos e fazem mais danos do que eles»([80]). A compactação do solo devida às pisadelas contínuas do gado bovino, equino e ovino reduziu a infiltração da chuva e provocou fenómenos de erosão([81]). A agricultura dos *conucos* reduzira-se ao mínimo, as plantações da cana alargavam-se. Homens, plantas e animais: dera-se uma profunda revolução no espaço de duas gerações.

*VI. Uma grande e rica cidade, sonhada por Colombo,
destruída por Cortés. A disputa dos modernos pela população
da Mesoamérica. Tributários, tributos e população.
Treze bergantins levados às costas e um túnel na rocha.
Homens e animais*

EL DOZENO LIBRO

Tracta de como los españoles conquistaron ala ciudad de Mexico.

de la arte   adieujnatoria.   fo. 19.

pacoa, nexuchitlamachtlo: vnca tlatlatlanj, tlaneneguj in tlato anj, in catle cujcatl concoaz, in anoço cuextecaiotl, tlaoanca cuextecaiotl, vexotzincaiotl, anaoacaiotl, oztomecaiotl, nonooalcaiotl, coztatecaiotl, tenjcaiotl, tepetlacaiotl, chichimecaiotl, metztitlancalcaiotl, otoncujcatl, quatacujcatl, tochcujcatl, teponazcujcatl.

&tf. cioacujcatl, atzotzocolcujcatl, auh in anoço çancujcujcatl, ixcuecuechcujcatl, cococujcatl, quappitzcujcatl, quatecececujcatl, cujcatl. &tf. ye mjtoaia ca nel onjcac in suchitl. Joan vnca qujcenqujxtiaia, in acalpixque mjxqujch imacecatlatquj tlatoanj, qujtlanenechia, qujtlatlatiha, in catle coneleujz, ipan onmjtotiz, ipan ontetlattitiz: joan vncan qujtlauizmacaia, in tiacaoan, inte tlaujcecaoa, in otomj, in quaquachicti, in tlatlacatecca, in tlatla

cochcalca, in teuitequjnj, in temalacachoanj, in teuiltequjnj, in tetzacujianj, in tetlallanujanj: joan vel oncan mochaviaia, mopixqujaia, tlatemachiaia, netlautiltiaia,

262

de los offiçiales de pluma

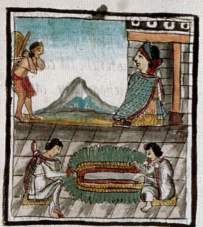

mochi tlaçoihuitl vel ipan tlapiuis:
ic nonqua quintecac, quincalten cen
tetl calli quinmacac iniscoian itama
tecahoan catca imitech pouia: nepanu
toca, in tenochtitlan amanteca, ioan
in tlatilulco amanteca. Auh in iehoan
tinjn, çanquiscahuiaia in quichioaia
itlatqui Vitzilobuchtli, inquitoca
iotiaia teuquemitl, quetzalquemitl
vitzitzilquemitl, xiuhtotoquemitl,
ic tlatlacuilolli, ic tlatlatlamachilli
in ie mochi iniz quican icac tlaçoihuitl. Ioan quichioaia iniscoian
itlatqui motecuçoma: in quinmaca
ia, in quintlauhtiaia icoahoan in
altepetl ipan tlatoque, ic monotzaia
motenehoaia tecpan amanteca
itultecahoan in tlacatl. Auh in ce-
quintin, motenehoaia calpiscan
amanteca, itech pouia inizquitetl
icaca icalpiscacal motecuçoma:
iehoatl quichioaia, intlein imaceh
uallatqui motecuçoma inipan ma
cehoaia, mitotiaia: inicoac ilhuitl
quiçaia, quitlatlattitia, quitlane
nectiaia, inaço catlehoatl queleuiz
inipan mitotiz, caçe centlamantli
iecauia, ce centlamantli quichioaia

de las arañas

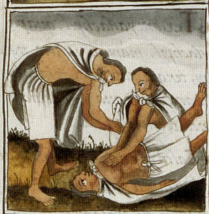

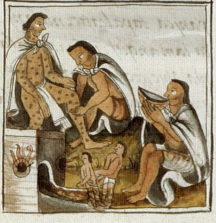

tote ceijnjque: mochi que coa,
mochipan vetzi: vel motlatla
motla, momamajavi, intoca
qualo, vel mochi chiaoa inj
nacaio, injcpan vetzi intoca
tenqualactli: vel tlatla injiol
lo, vel toneoa. Injc mopale
via: qujpapachoa, ipan mo
tlatlalia: yoan iciuhca quj
chichinjlia, yoan qujtepia.
yoan mjec inquj octli. inča
caihiio cilhujtl, navilhujtl
inqujcaoaz, machi ceviz. In
in tocatl: vel teihiioti injtē
qualac, iece innanaoati: ca
vnca contlatlalia, incanjn
ca manaoauh, icpati, ic
ce canpanj: njman ie ichoatl
in cooaciviztli, axio, tlillo,
ic momatiloa: caqujcevia.
In in tocatl: vmpa nemj in
tlatutonia, iuhqujn njtoa
tlaloiomjtl: in aqujn qujmj
naz, auh can chiavaca tla
mjz, can ixicatvz in vnca
qujmjna: auh cenca tlatlaz
injiollo, injnacaio: vel tzi

¶ Capitulo. 15. de los ata
uios, de las señoras.

Vsauan las señoras vestirse los ui
piles labrados, y texidos, de muy mu
chas maneras de labores, como va
aquj declarado, en la lengua.

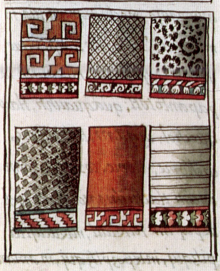

dela conquista mexicana

fo. 18.

teca, cempoalteca, injc qujmō
ichteca tlatlanjque: conjtoque
caamoie. iehoatl tvtecujoane.
In jntzioac popocatzin, qujnj
xiptlatica in Motecuçomatzin:
qujtlujque. Cujx ieto intli Mo
tecuçoma? conjtv. Canehoatl
jn namotechiuhcauh in nj Mo
tecuçoma. Auh njmā qujtluj,
que. nopa xiauh, tleica in ti
techiztlacavia, actitechmati,
amo vel titechiztlacaviz, amo
vel tvca timocaiaoaz, amo vel
titech quamanaz, amo vel ti
techix mamatiloz, amo vel ti
techich chioaz, amo vel titechix
cuepaz, amo vel titechixpa
tiliz, amo vel titech tlacuepi
liz, amo vel titechixpopoloz,
amo vel titechix mjmjctoz, a
mo vel titechix coqujviz, amo
vel titechix coqujmatvcaz, a
mo tehoatl canvca in Mote
cucoma, amo vel technetta
tiliz, amo vel mjnaiaz, cam
paiaz, cujx totvtl, cujxpa
tlanjz, cujnoço tlallan quj
queçaz, yiovi, cujx canaca
tepetl coonquj yjtic calaqujz

Ni Motecucoma se nos podra asconder
por mucho que haga, aunque sea ave
yaunque semeta debaxo detierra
nose nos podra asconder de verle
avemos y de oyr avemos loque
nos dira. Y luego con afrenta em
biaron aquel principal y atodos

Libro duodecimo

Vinjeron los Españoles que yaesta
uan entezcuco, y boxaron lalaguna
y vinjeron por quauhtitlan hasta Tla
cuba yalli se repartieron encapita
njas yse posieron endiuersas esta
cias Adon Pedro de albarado leca
po elcaminjo que va de Tlacuba de
redio al Tlatiluleo: el capitan dõ
hernando cortes se puso encõ yoacã
y guardaua el caminjo que va de
coyo vacan amexico. Dehazia la
parte del Tlatiluleo se començo pri
mero laguerra en vn lugar quese
nextlatilco y llegaron peleando has
ta el lugar que se llama nonoalco
donde esta agora vna yglesia que
sellama Sanct Miguel; ylos Es
pañoles se retruxeron no ganaxõ
nada enesta escaramuca: Tam
bien el capitan Don her nando cor
tes acometio porsu parte alos me
xicanos, porel caminjo que sella
ma acachinanco: ylos mexica
nos resistian los grandemente

li, yoã mjequjntin can apiz
mjeque, apiz mjcoac, aoac
motecajtlaviaia, aoac tica
mochivaia. Auhincequjn
tin can veveca m intechmo
tlali m cavall, amocenca
qujmjpioti, amozomjequjn
tin icinjeque: yoã mjeltla
catl ic itlacauh mjxaiac,
ichachaquachiuhque, iaca
chachaquach iuhque, cequj
tin yixcueyonque, ixpopo
iotque; iquac m manca m
in totomonjliztli, vel epoal
ilhujtl, epoal tonal inqujz
in cuetlan, innecemachoc, in
iolioac; techalcopa vatzia
m tutomonjliztli, yoã mjec
mjc cocotvtzauh: amo talic
cen cocotvtzauh. In moma
naco Teutleco: auh in cuetla
njti ipan m Panquetzali
tli, vncan vel caxavaque
m Mexica, in tlacaoan. Auh
in ieiuh qujz: njmã ic vitze, va
lo linjm Españoles m vm
pa Tetzcoco: quauhtitlam

Terça-feira, 8 de Novembro de 1519, seis meses e dezasseis dias após terem chegado a terra nas redondezas da actual Veracruz, Cortés e os seus companheiros entram pela primeira vez em Tenochtitlan acompanhados por um séquito interminável de dignitários. Depois do encontro com o grande «Montezuma» e a sua faustosa comitiva, Cortés e a sua comitiva ficaram durante quatro dias aquartelados, num espaçoso edifício que lhes foi atribuído, a estudar criteriosamente a situação extraordinária em que se encontravam. Trinta e cinco homens numa enorme cidade, rodeada por uma vasta lagoa, ligada a terra firme por três estradas sobre o terrapleno, facilmente obstruídas. Mas qual a extensão da cidade? E qual a população do império dominado pela capital? Muito populoso: os Espanhóis já o sabiam. A partir da costa do golfo do México, com relativamente poucas povoações, subiram as encostas do planalto, encontrando bastantes aldeias e cidades; depois marcharam durante dias por zonas inóspitas e desertas; aproximando-se das grande montanhas que delimitavam a parte oriental do vale, na qual se situava Tenochtitlan, atravessaram regiões densamente cultivadas e povoadas e permaneceram em duas grande cidades, Tlaxcala e Cholula. No quarto ou no quinto dia, Cortés, com mais alguns companheiros – entre os quais Bernal Díaz del Castillo – aventura-se numa exploração da cidade. «A cidade é tão grande como Sevilha e Córdoba» afirma na sua segunda *Carta de relación* ao imperador Carlos V e acrescenta ainda: «Há uma outra praça do tamanho de duas de Salamanca, toda rodeada de pórticos, onde todos os dias há 60 000 pessoas que compram e vendem, onde há todo o tipo de mercadorias»([1]). Os números de Colombo, Cortés e dos outros conquistadores, com o intuito de impressionar os soberanos com a importância das suas empresas, têm muito pouco valor documental. Mas a descrição de Cortés é bastante mais reveladora quando fala com grande pormenor das mercadorias trocadas: não só de todos os géneros alimentares – milho, feijões, ervas e verduras, fruta e mel, aves voadoras vivas e mortas, coelhos e peixes – mas também minerais, adereços e jóias, lenha e carvão, materiais de construção, vasos de vários tipos e medidas, peles e couros com e sem pêlo, fios e tecidos de algodão de várias qualidades, padrões, tintas. Além disso, a venda das várias mercadorias é feita por sectores e ruas especializadas para cada género e exercem-se também actividades artesanais em oficinas «como ervanários, que vendem raízes e ervas medicinais, quer para beber quer para emplastros e pomadas. Há estabelecimentos como os barbeiros, onde lavam e rapam a cabeça. Há estabelecimentos onde se come e bebe por um preço único»[2]. E ainda: «Vende-se tudo por unidade e medida, mas até hoje ainda não vi vender nada a peso»[3]. Testemunho análogo dessa *visita* indelével deu Bernal Díaz del Castillo, 40 anos mais tarde, que, após uma detalhada descrição do mercado, diz: «Gostaria de ter acabado de enumerar todas as coisas que aí se vendiam, pois eram de tantas qualidades que para vermos e nos apercebermos de tudo dois dias não bastariam, de tal forma estava cheia de gente a grande praça rodeada de pórticos»[4].

Tenochtitlan, ou Cidade do México, como lhe chamaram mais tarde os Espanhóis, era portanto uma grande cidade, com uma população entre 100 000 e 200 000 habitantes segundo os estudiosos modernos, com uma vincada divisão de trabalho e uma alta especialização mercantil, próprias de uma sociedade numerosa e evoluída. Em volta de Tenochtitlan, nas margens das lagoas sulcadas por inúmeras canoas, na planície e nas encostas das montanhas e dos vulcões que delimitam o vale, a cidade, vilas e aldeias estavam densamente disseminadas, sustentadas por uma agricultura intensiva. Um estudioso moderno, não cegado pela necessidade de exaltar a civilização mexicana multiplicando os seus habitantes, atribui ao vale central (7300 quilómetros quadrados de superfície, pouco menos do que a Úmbria) 1,1 a 1,2 milhões de habitantes (onde hoje se concentra mais de um quarto da população do México, que ultrapassou os 100 milhões)[5].

Sobre as estimativas da população do México na altura da chegada dos Espanhóis, as avaliações, como para outras zonas do continente, são bastante díspares; há, ao invés, um claro consenso relativamente às do fim de século, entre um e dois milhões. A Espanha tinha uma necessidade desesperada de recursos e não poupava esforços para conhecer o número dos potenciais tributários, pelo que as muitas fontes são bastante credíveis. Não há, portanto, dúvidas de que durante o século XVI o declínio da população foi muito rápido. No entanto, vale a pena determo-nos um pouco nas estimativas, na altura do contacto, relativas ao México, com definições variáveis acerca da extensão do território. Entre os estudiosos modernos encontramos as seguintes estimativas em milhões[6]:

Sapper	1936	12,0-12,5
Kroeber	1939	3,2
Cook e Simpson	1948	11,0
Steward	1949	4,5
Rosenblat	1954	4,5
Cook e Borah	1960	25,2
Dobyns	1966	30,0-37,5
Sanders	1976	11,2
Denevan	1976	18,3
Slicher van Bath	1978	21,4
Zambardino	1981	8,0-10,0
Withmore	1991	13,5
Denevan	1992	13,8

Estimativas que, portanto, apresentam um valor médio em torno dos 13 milhões; para a Mesoamérica o grau de incerteza é igual ao da região dos Andes, como veremos no próximo capítulo, e, além dos critérios metodológicos seguidos por cada autor, ressente-se de algumas convicções pré-concebidas.

O conhecimento da população da Nova Espanha, da sua distribuição e composição, depende dos testemunhos da época mas sobretudo da documentação de natureza tributária que sobreviveu e da total compreensão do que esta documentação significa, no que se refere aos critérios de tributação e de isenção, à natureza e ao montante do tributo, à incidência da evasão, à identidade do tributário e ao número provável dos seus familiares, servos ou escravos. Uma matéria complicadíssima também devido às muitas modificações ocorridas ao longo do século, visto que os Espanhóis herdaram, no início, o sistema tributário azteca, mas mais tarde modificaram-no e transformaram-no, estandardizando-o segundo critérios completamente novos.

Sob o domínio azteca (ou melhor, sob a tríplice aliança de Tenochtitlan, Texcoco e Tacuba) estavam sujeitos a tributos os camponeses, artesãos e mercadores, que podiam utilizar as terras da comunidade (*calpulli*), mas havia inúmeras isenções que diziam respeito aos senhores locais, aos funcionários, aos chefes militares, aos que desempenhavam serviços para a comunidade (por exemplo, nos templos), os *mayeques* (uma categoria análoga aos servos da gleba, que trabalhava a terra do senhor ou o servia, mas não tinha acesso à terra da comunidade), os escravos, os idosos e os doentes. Os tributos eram pagos em géneros e em serviços, com o trabalho nos campos, o transporte terrestre ou aquático [7].

Numa primeira fase, os Espanhóis adoptaram o sistema azteca com algumas adaptações impostas pelas necessidades dos novos patrões (menos adornos e plumas, mais ouro). O tributo era pago ao *encomendero* – Cortés distribuíra o território e os índios aos seus fiéis companheiros de armas – ou à Coroa. A avidez dos *encomenderos*, homens que haviam arriscado a vida, muitas vezes dispostos a tudo, transformou-se em abusos terríveis ao ponto de exigir aos caciques locais, em troca de tributos exorbitantes ou de ouro, a entrega de escravos que eram marcados, acorrentados e mandados para as minas [8]. A administração corrupta da Primeira *Audiencia* (1528-30) – o órgão de governo que substituiu Cortés – piorou posteriormente a situação, agravando o imposto em géneros e serviços para as comunidades. O governo da Segunda *Audiencia* (1531-34) procurou repor a ordem e eliminar os abusos, mas em teoria, o imposto agravava-se sempre para as comunidades individuais, tendo em conta o que era pago sob o domínio azteca, as características da comunidade e da terra, o número de habitantes. Os tributos eram registados na *Matrícula de Tributos*, um documento que chegou até nós mas que diz respeito apenas a um décimo das localidades do centro do México.

O sistema anterior durou cerca de um quarto de século, durante o qual a população indígena diminuiu, com uma queda acentuada em consequência da epidemia de 1545-47. Como o tributo permanecia fixo e a população estava a diminuir, o encargo aumentava e, com ele, a evasão e os protestos. Com as *Leyes Nuevas* de 1542, parcialmente esvaziadas do seu conteúdo mas mais tarde reafirmadas em 1549 no que respeitava à proibição imposta aos *encomenderos* de transformar o tributo devido num serviço pessoal, o nível de defesa dos índios aumentara em detrimento do poder dos *encomenderos*. Para remediar as manifestas iniquidades, a Coroa ordenou uma inspecção geral (*visita*) que foi levada a cabo entre 1547 e 1550; a cada comunidade eram atribuídas algumas indicações numéricas, mas heterogéneas, relativas às habitações ou aos tributários, às famílias ou aos homens adultos, às vezes com mais alguns pormenores. No entanto, não indicam os indivíduos isentos do tributo, que representavam uma considerável – e variável – parte da população. Os resultados das inspecções estão escritos num documento recapitulativo, a *Suma de Visitas*, que se refere a metade das quase 2000 localidades do México Central. O tributo, porém, continuava a abranger a comunidade individual, com fortes desigualdades territoriais[9].

O sistema que descrevemos, com raízes aztecas, mas progressivamente remodelado pelos Espanhóis, transforma-se radicalmente a partir de 1557. Torna-se um sistema *per capita* uniforme: cada tributário paga uma quota fixa correspondente a um peso e a meia *fânega* (cerca de 23 quilogramas) de milho por ano, mais 1,5-2 reais de prata para a comunidade. O tributo era recebido, conforme as zonas, pelo *encomendero* ou pela Coroa. O tributo inteiro abrangia os homens casados e o seu núcleo; viúvas e viúvos com terra pagavam meio tributo, assim como as solteiras e os solteiros que viviam sozinhos. Excluíam-se essencialmente *niños* e *muchachos* (com menos de 15 anos) e os idosos (com mais de 50 anos)[10]. Com esta reforma, as isenções foram bastante reduzidas: só os caciques e as altas autoridades locais ficavam isentos do tributo. Veremos que a tributação no Peru assentava em critérios análogos. Durante um período que vai desde o fim dos anos 50 a 1570, em que o novo sistema entra em vigor, as fontes documentais (*Relaciones de Tributos, Relaciones de las Tasaciones*) dão informações (referentes a anos variáveis no âmbito do período indicado) que cobrem cerca de 90% das localidades do México Central. Este uniforme sistema *per capita*, se, por um lado, simplificava o tributo, a sua gestão e eliminava alguns abusos, por outro, era fonte de novas desigualdades não levando em conta as diferentes capacidades contributivas individuais. Todavia, mantém-se substancialmente invariável até ao fim da colónia. No último terço do século, outros documentos fornecem estimativas ulteriores dos tributários: as *Relaciones Geográficas* (ampliadas entre 1579 e 1584) de que falaremos mais adiante, dão informações sobre metade das localidades; alguns documentos relativos aos processo de concentração da população dispersa (*congregaciones, reduciónes*) informam-nos sobre 4% da população das comunidades num período até ao fim do século[11].

Em 1574, López de Velasco, cosmógrafo do rei, na sua obra *Geografía y descripción universal de las Indias* reúne as informações disponíveis sobre a geografia humana da América hispânica([12]). Estas provavelmente referem-se a 1570, apesar de muitas informações remontarem a anos anteriores. A recapitulação para a Nueva España (vide tabela 9) mostra que, segundo Velasco, se contabilizavam cerca de 1400 aldeias (*pueblos de indios*) com 770 000 tributários, distribuídos por 850 secções, 543 de *encomenderos* e 307 da Coroa. A população total implícita devia ser da ordem dos 3 milhões, com mais de dois terços concentrados nas grandes dioceses centrais do México e de Tlaxcala-Puebla. As aldeias (*cabeceras*) com a respectiva população dispersa perfaziam, em média, 500 ou 600 tributários, com dimensões de mais do dobro nas dioceses do México, bastante mais urbanizadas do que o resto do país. Por esta ainda numerosa população «velavam» 6414 famílias de Espanhóis, num total de 30 000-35 000 pessoas.

A partir do final dos anos 40 do século passado, um grupo de estudiosos da Universidade da Califórnia examinou minuciosamente a documentação dos arquivos espanhóis e mexicanos, aprofundando o significado demográfico das informações disponíveis. Os resultados de trinta anos de trabalho – relativamente à população do México (no caso do México Central, entre a «fronteira Chichimeca» [cf. nota 6] e o istmo de Tehuantepec) – estão representados na tabela 10, relativamente ao período de 1519-1605. Os autores, Sherburne Cook e Woodrow Borah, produziram uma série impressionante de monografias com a utilização inovadora do material documental([13]). A série, aparentemente homogénea, tem duas vertentes: uma bem radicada nos dados, que diz respeito ao período de 1568-1605, onde a data inicial coincide, aproximadamente, com as das estimativas de Velasco; a outra, absolutamente conjectural, com estimativas ousadas, se não mesmo arriscadas, relativas ao período precedente. Pela autoridade dos estudiosos e pelos seus indiscutíveis méritos científicos, os dados por eles elaborados adquiriram quase um carácter oficial e são continuamente repetidos, em virtude de uma espécie de inércia (bem conhecida dos historiadores). Por estas razões é importante despender algumas páginas com a natureza das estimativas; o leitor alérgico a números e cálculos poderá omitir a sua leitura, contentando-se com as avaliações conclusivas.

Convém partir dos anos 60 do século XVI, quando a reforma do sistema tributário entrou em vigor: o tributo era *per capita*, as isenções eram fortemente reduzidas e, além do mais, o sistema administrativo reforçara-se consideravelmente. Já referimos que, no período de 1565--70, quase todas as localidades haviam sido inspeccionadas, com estimativas do número de tributários, do número de *casados*, ou do número de pessoas; estas últimas coincidiram geralmente com a população total, menos as crianças até aos três anos. Para remontar à população total de cada localidade, Cook e Borah utilizaram coeficientes deduzidos da análise dos casos que estavam tratados com mais pormenor (por exemplo, os homens casados multiplicam-se por 3,3 para obter a população total; os tributários – que abrangiam também viúvos e viúvas – são divididos por 1,17 para obter os cônjuges; as pessoas são multiplicadas por 1,11 para incluírem crianças até aos três anos). Faltavam dados de cerca de 10% das localidades e, por isso, foram completados com informações posterior ou anteriormente recolhidas à época com as devidas correcções. Esta operação foi levada a cabo em 11 regiões e mais tarde consolidada num valor total que, para 1568 (ano central do período das inspecções), deu 2,650 milhões (um número compatível com o de Velasco). É esta a trave mestra da reconstrução de Cook e Borah e a única estimativa verdadeiramente credível da população mexicana no século após a Conquista. Em seguida, os dois autores fizeram estimativas referentes a 1580, a 1595 e a 1605 utilizando, para cada ano, a informação de populações relativa a um número limitado de localidades (141 casos em 1580, 294 em 1595 e apenas 40 em 1605 num total de quase 2000) das quais se conhecia também a estabilidade demográfica por volta de 1568. Estenderam, portanto, as taxas de despovoamento (entre 1568 e 1580, entre 1568 e 1595 e entre 1568 e 1605) às regiões de referência e ao país no seu todo, obtendo valores de populações iguais a 1,891 milhões (1580), 1,372 (1595) e 1,069 (1605). Esta operação é aceitável para 1580 e 1595, quando a amostra dos casos é bastante consistente; mas já o é muito menos para 1605 (os casos são apenas 40, 2,5 % do total). O método seguido (além do problema da representatividade das comunidades disponíveis em 1580, 1595 e 1605) pressupõe que os coeficientes usados para passar, por exemplo, dos tributários ou dos homens casados para a população se mantêm inalterados no tempo[14]. A experiência ensina que esta hipótese simplifica muito a realidade; a relação entre populações e famílias, por exemplo, pode mudar significativamente conforme as vicissitudes demográficas, como uma alta mortalidade epidémica, alterações na idade do matrimónio, migrações internas e assim por adiante.

Em menos de 30 anos – entre 1568 e 1595 – a população do México Central reduziu-se para metade, ou quase, com uma velocidade anual igual a –2,35%. É provável que a grave epidemia que eclodiu em 1576 tenha tido uma grande responsabilidade na quebra. Independentemente da estimativa, ainda em diminuição, da população em 1605 (a que atribuímos pouca credibilidade), o declínio continuou ainda por algumas décadas. Obtêm-se resultados análogos utilizando os dados originais e comparativos dos tributários de 121 localidades em *encomienda*, referentes a 1569-71 e a 1595-99, reportados na tabela 11. A velocidade de diminuição é de 2,25%; em 67 das 121 localidades, a diminuição foi superior a 40%. Lesley Simpson, considerando os dados de 17 localidades entregues conjuntamente a *encomenderos* e à Coroa, observou que, mais ou menos no mesmo espaço de tempo, os respectivos tributários haviam diminuído apenas 8%, talvez por causa do menor grau de exploração dos índios neste regime jurídico em particular, ou talvez devido às imigrações compensatórias. Resta ainda o argumento, até agora inexplorado, da natureza e da qualidade das várias contagens, do grau de evasão e da cobertura geográfica. Os interesses em jogo de índios, *encomenderos*, funcionários eram diferentes e muitas vezes antagónicos, por isso há que presumir que o grau de exactidão dos levantamentos variava significativamente ao longo do tempo. Isso convida a ter muita cautela, mesmo no última parte do século, a manusear os números.

Para o período anterior a 1568, a tabela 10 propõe uma quebra catastrófica, mas pouco credível; em 1548, a população seria apenas um quarto em relação a 1519 e em 1568 menos de metade em relação a 1548. De forma geral, em menos de meio século, uma redução de pouco mais de um décimo do valor inicial. Em seguida falaremos dos factores que determinaram a quebra da população mexicana. Os critérios para o cálculo da população em 1519 (pré-Conquista) e em 1532 (ponto médio do período de governo da Segunda *Audiencia*, que instituiu nova determinação do tributos das várias comunidades) são interessantes e relevantes para fornecer ordens de grandeza em situações de grande incerteza, mas não para construir uma série temporal. Ordens de grandeza que permitem atribuir limites à população mexicana «não inferiores a x e não superiores a y», mas não o primeiro valor de uma série histórica. O método seguido baseia-se, essencialmente, na conversão dos tributos em géneros pagos por cada província (que vão do ouro às plumas, das pelagens ao milho, dos feijões ao cacau) em unidade padrão; na determinação de um imposto médio por tributário; na divisão da unidade padrão pelo imposto médio para obter o número de tributários; na estimativa dos membros dependentes dos tributários; na integração dos isentos; na estimativa relativa aos territórios não cobertos pelo tributo[15]. Cada passo apoia-se em conjecturas, todas elas muito inteligentes mas não menos baseadas em elementos fracos e inconsistentes. As estimativas para 1519 baseiam-se em listas de tributos para as províncias sujeitas à tríplice aliança, compreendidas num código (*Matrícula de Tributos*) de 16 folhas de papel nativo, com pictogramas que indicam o nome da província, o tipo e a quantidade de tributos devidos[16]. Por exemplo, as 12 aldeias da província de Toluca deviam fornecer, de 80 em 80 dias, 400 mantos brancos bordados a vermelho e preto; 400 mantos em fibra de *maguey* às listras vermelhas; 1200 mantos brancos de fibra de *maguey*; mas devia-se pagar uma vez por ano o tributo de 22 fatos de guerreiros; 22 escudos cobertos de plumas; o equivalente a 3 silos (cerca de 200 toneladas) de milho; 3 silos de feijões; 3 silos de *chía* (planta de sementes oleosas); 3 silos de *huautli* (uma variedade de beterraba)[17]. Mas há outros bens que também são objecto de tributo, provavelmente em função das características das várias províncias: Oaxtepec devia fornecer papel, Axacopan mel de *maguey*, Jilotepec águias vivas, Cahuacán madeira, Ocuilan sal, Taxco copal, Tepecacuilco machados, Tlapa ouro...

A conversão destes bens heterogéneos em factor comum (não conhecendo o sistema de preços), e, por sua vez, a sua conversão, supondo um tributo médio, em número de tributários e, portanto, em população, implica sucessivos saltos acrobáticos que se aproximam do número de mais de 25 milhões para o centro do México em 1519.

Para 1532, as estimativas baseiam-se em critérios análogos: para um determinado número de localidades, o tributo (em géneros e composto de uma variedade de bens) imposto pela *audiencia* é traduzido em valores (neste caso em moeda, o real). Determina-se assim o montante de um tributo médio razoável (o imposto agravava-se para a comunidade e não para a pessoa física do tributário, pelo que não havia quota *per capita*, que entrou em vigor após 1577) com base numa série de complexas conjecturas; por último, dividindo o valor do tributo pelo tributo médio, obtém-se a estimativa dos tributários[18]. As limitações deste cálculo – análogas àqueles para a estimativa da população de 1519 – são evidentes e foram realçadas por William Sanders[19]. Todavia, visto que ao longo do período considerado (centrado no ano de 1532) o número das localidades cujas tributações se conheciam era limitado (219, igual a 13% do total), a população geral é estimada com critérios de proporcionalidade baseados em contagens posteriores mais completas[20]. A avaliação final – 16,9 milhões, menos um terço do que em 1519 – está provavelmente muito acima da realidade por motivos aos quais regressaremos em seguida: minimiza o declínio em relação a 1519 (apesar de uma guerra cruenta e da primeira e assustadora epidemia de varíola) e maximiza o declínio sucessivo (redução para um terço entre 1532 e 1548).

Já vimos que o futuro Filipe II, então regente, ordenara em 1546, uma revisão geral dos tributos a que estavam sujeitas as comunidades desde a época da *audiencia*, para obviar as disparidades de tratamento, agravadas pela perda de população também como consequência da grave epidemia iniciada em 1545. Os resultados das inspecções (89 ao todo, que dizem respeito a mais de 900 localidades) foram consubstanciadas num documento (*Suma de Visitas*)[21]. Na inspecção contabilizaram-se (ou, seja como for, fixou-se o número facultado pelas autoridades locais, o que não é a mesma coisa) as casas, os tributários, os casados, as pessoas (sem as crianças até aos três-quatro anos), os viúvos e as viúvas. Destas categorias, muitas vezes cita-se uma ou duas, pelo que, estabelecendo relações entre as categorias, nos casos em que isso é possível (como dissemos ao comentar as avaliações de 1568), pode estimar-se o montante total dos tributários. Pois esta estimativa deve ultrapassar inúmeras dificuldades intrínsecas aos critérios variáveis seguidos pelos inspectores: por exemplo, o número dos casados às vezes refere-se ao «casal» de cônjuges, outras vezes aos «cônjuges», sem que isso seja especificado. Mas o verdadeiro problema é constituído pelo facto de os sujeitos contabilizados serem apenas os *calpulli* tributários, isto é, núcleos não isentos, e de não se mencionarem os isentos: caciques e personalidades; membros dos *calpulli* com funções administrativas ou religiosas (serviço nos conventos, por exemplo); *mayeques*; escravos, aliás abolidos pelas *Leyes Nuevas*. Contudo, não se sabe quantos eram os isentos; há apenas alguma documentação dispersa relativa a poucas localidades (e a diferentes datas) que dá algumas indicações quantitativas; além do mais, sabia-se que os *mayeques* estavam geralmente no planalto e não nas zonas costeiras. Com base nestas escassas indicações, Borah e Cook deduzem que os *calpulli* tributários eram 40% (60% dos isentos dividiam-se em 10% de aristocratas, 20% de *capulli* não tributários, 30% de *mayeques*), com excepção das zonas costeiras (que pesam cerca de um quarto da população total), quando deveriam ser 60% (10% nobres e 30% *calpulli* não tributários). Dado que a *Suma de Visitas* dizia respeito apenas a metade das localidades, as estimativas dos tributários foram completadas com as localidades que faltavam[22]. Na prática, se considerarmos exacta a reconstrução da população tributária (tributários e os seus familiares) elaborada por Borah e Cook, esta deve ser multiplicada por um factor igual a 5 (em parte baseado em conjecturas) para se obter a população final. Se, por exemplo, os isentos fossem um terço inferiores ao que estabeleceram os autores (facto absolutamente possível), a avaliação de 1548 seria também ela inferior a um terço e igual a 4,2 em vez de 6,3 milhões. Por este motivo (e por outros mais) as críticas que foram apontadas à engenhosa e heterogénea metodologia de estimativa têm sérios fundamentos[23]. O valor de 6,3 milhões, atribuído por Borah e Cook à população do México Central em 1548, pode comparar-se com os 2,650 milhões obtidos em 1568 e baseados numa documentação bastante mais completa. Aceitando os números, não se explica facilmente uma quebra tão forte (-58%, -4,3% por ano) em duas décadas epidemiologicamente calmas, que ocorre entre as grandes e generalizadas epidemias de 1545-47 e de 1575-77.

Se nos contentarmos com a constatação evidente do seu forte declínio, as tendências da população mexicana, desde o contacto até 1568, permanecem na sombra. Mas o que quer dizer «forte»? Alguns documentos do início dos anos 60 do século XVI, os últimos anos de governo do vice-rei Luis de Velasco, dão-nos uma pista ténue. Decorria então uma forte polémica por causa da tributação dos índios que, como se recordarão, se baseava nas avaliações contributivas feitas pela Segunda *Audiencia* relativamente às comunidades individuais. A diminuição de índios tornara urgente a reforma. Algumas personalidades e funcionários pensavam que era necessário limitar as amplas isenções de que gozavam várias categorias de pessoas. A populosa província de Tlaxcala, por exemplo, gozava de amplas isenções justificadas pelo facto de os seus habitantes terem sido os principais aliados de Cortés contra Tenochtitlan, fornecendo homens, comida, materiais e protecção. Os índios da Cidade do México também estavam isentos do tributo, por tradição histórica e porque estavam empenhados em outro tipo de serviços públicos[24]. O vice-rei Velasco era de opinião diferente; se os índios da capital fossem obrigados a contribuir, observava, «deixariam de trabalhar nas obras públicas da cidade, na manutenção das pontes, fontes, estradas e terraplenos, que são muitos e é necessário repará-los quase todos os anos, serviços esses que se tivessem de ser pagos custariam muito dinheiro, o qual a cidade não tem»[25]. Porém, chegara até Espanha um documento, seguramente da autoria de um alto funcionário, no qual estavam descritos os maiores benefícios que a Coroa poderia receber dos índios do vale do México e da província adjacente de

Tlaxcala. Aliás, nesse documento estavam indicados o montante do tributo devido pelas várias comunidades e o número de tributários, ambos da época (provavelmente) das avaliações da Segunda *Audiencia*, 30 anos antes. Nesse documento, que chegou às mãos do vice-rei, o próprio Velasco escreveu à margem os seus comentários – entre os quais se encontrava a avaliação do número de tributários em sua posse –, retomados mais tarde num relatório enviado ao rei. Eis, portanto, as duas séries relativas ao número de tributários [26]:

Distrito	1531-35	1558	Var.%
Chalco	45 000	22 500	– 50
Cholula	25 000	13 000	– 48
Texcoco	25 000	12 500	– 50
Xochimilco	20 000	12 500	– 37,5
Huejotzingo	25 000	11 325	– 54,7
Tlaxcala	50 000	50 000	0
México	20 000	20 000	0
TOTAL	210 000	141 825	– 32,5

Admitindo que os números redondos e repetidos suscitam uma profunda suspeita, a quebra será de cerca de um terço (1-1,5 por ano); eliminando a Cidade do México e Tlaxcala – a primeira porque, enquanto capital, recebia fluxos de emigração, a segunda devido à situação privilegiada – cujas avaliações são idênticas, a diminuição dos tributários das outras cinco *cabeceras* estaria próxima da metade com uma diminuição (–2,7%) mais ou menos igual à dos últimos 30 anos do século em questão. Sanders, utilizando sempre o documento agora descrito, com algumas considerações de tipo ecológico (um despovoamento diferenciado conforme a altitude) e algumas outras informações esparsas, tomou em consideração o que define como «região simbiótica do México», na prática, o vale do México, as zonas populosas e limítrofes do planalto de Puebla e Cholula a sudeste, e alguns sectores dos actuais estados de Hidalgo e Morelos a noroeste [27]. Nesta região, em 1568, vivia quase um milhão de habitantes, em relação aos 2-2,5 milhões estimados para o período de 1530-35, com uma queda demográfica anual entre os 2 e os 2,7%.

Concluindo, os elementos credíveis da demografia mexicana não são muitos e podem sintetizar-se do seguinte modo:

1) uma população total perto dos 3 milhões por volta de 1568, com pouco peso (menos de um sexto) nas regiões costeiras;

7. *O vale do México.*

2) uma grave diminuição, na ordem dos 2% ou mais por ano, nos 30 anos sucessivos;

3) um declínio certamente relevante, mas de valor indeterminável dada a exiguidade das provas documentais antes de 1568;

4) um valor desconhecido na época do contacto. Mas o declínio entre 1519 e 1532 terá sido mais rápido do que no período sucessivo, devido à associação dos efeitos desastrosos da guerra de exploração dos índios nos anos sucessivos à queda de Tecnochtitlan;

5) um declínio provavelmente maior das zonas costeiras relativamente às do planalto.

O material documental anterior aos anos 60 – a *Suma de Visitas*, as inspecções, as listas tributárias anteriores e posteriores à Conquista –, embora não nos dê um conjunto de informações demográficas credíveis, constitui uma fonte rica no que se refere à geografia, economia e à sociedade mexicana, já há muito incorporada nos conhecimentos históricos. No entanto, para o tema desenvolvido neste volume, é interessante apreender alguns aspectos que nos ajudem a compreender quais foram os mecanismos que reduziram a grande sociedade mesoamericana, inicialmente com 5, 10 ou mais milhões de habitantes, a pouco mais de um milhão em menos de um século após a Conquista. Nas Caraíbas, o modelo foi sem dúvida complexo e todas as componentes demográficas – sobrevivência e reprodução, uniões e migração étnica no sector hispânico – foram abaladas pela feroz desestruturação. O caso mexicano é bastante diferente; a população diminui, mas não desaparece; a economia é transformada, mas não é subvertida; as instituições nativas continuam fortes e os Espanhóis utilizam-nas para diminuir as suas reformas; a estratificação social permanece durante muito tempo imutável. A conquista subjuga uma sociedade estruturada e complexa, mas não a apaga e não a subverte. Isto em linhas muito gerais. O conhecimento um pouco mais preciso dos mecanismos demográficos poderia fazer-nos compreender melhor as razões da resistência notável da sociedade face a uma queda numérica.

Da *Suma de Visitas* de 1548 emergem alguns elementos probatórios. Apesar das inúmeras dúvidas acerca do significado das várias categorias recenseadas (casas, casados, *vecinos, mozos, muchachos*, etc.), é possível coligir alguns elementos de reflexão. Um bom indicador – ainda que primitivo – é constituído pela relação que se pode estabelecer entre a faixa etária de crianças e jovens e a dos casados. Ocorrem-nos as elaborações de Cook e Borah que calcularam a relação jovens/ /casados para 252 distritos (dos pouco mais de 900 incluídos na *Suma de Visitas*), considerando três casos: consoante houvesse no distrito visado uma referência explícita às categorias que compreendessem a categoria dos jovens (por exemplo, *muchachos e niños*, caso A); ou que se desse o número de indivíduos para cada uma das categorias (caso B), ou que, por último, só fosse referida uma indicação genérica (caso C). Os resultados são os seguintes:

Caso A, para 103 distritos, 1,26
Caso B, para 83 distritos, 0,96
Caso C, para 66 distritos, 1,00

Cook e Borah observam que na categoria dos jovens (ou dos *niños*) não se incluíam, em todo o caso, a dos *niños de teta* (crianças de peito) constituída pelas crianças até aos três anos. Corrigida esta omissão, essas relações são iguais a 1,60, 1,29 e 1,33. Conclusão: na época da *Suma das Visitas*, havia 1,3-1,6 «jovens»[28] por cada casal. Uma relação deste tipo, se se mantiver durante muito tempo, é típica de uma população com tendência para o declínio; cerca do final do século XVIII a mesma relação era igual a 2[29]. A indeterminação da relação (entre os casados, está a categoria dos idosos; não é clara a idade dos «jovens») não permite forçar conclusões, a não ser que, em meados do século, os processos de renovação da população pareciam estar sob forte tensão. É impossível dizer se esta era a consequência da forte crise epidémica iniciada em meados dos anos 40.

Quinze anos mais tarde, em 1562, em pleno período de tréguas epidemiológicas, um documento de grande interesse resume os resultados do recenseamento dos índios da Cidade do México (a «parte de San Juan») e do bairro anexo a Santiago Tlatelolco[30]. Trata-se de uma população pouco inferior a 70 000 habitantes, à qual acresciam pelo menos 2000 a 3000 famílias de Espanhóis, menor do que a população da cidade azteca, mas decididamente grande capital e força motriz da *Nueva España*. As famílias dos índios tinham, em média, 4,7 elementos; o número médio de jovens por casal era de 2,2 e a proporção dos jovens para a população total era de 47% (veja-se a tabela 12). Estes parâmetros são absolutamente compatíveis com os de uma população com mecanismos reprodutivos intactos e total capacidade de conservação, se não mesmo de crescimento[31].

Desde a sua criação que o Conselho das Índias, órgão máximo de governo das terras americanas, procurou, através de relatórios, inspecções e balanços, conhecer as várias dimensões das sociedades indígenas. Juan de Ovando foi nomeado *visitador* do Conselho das Índias em 1569 e juntamente com Lopéz de Velasco, seu secretário e posteriormente cosmógrafo real, proveu-se de um instrumento de investigação. Trata-se das chamadas *Relaciones Geográficas*, ou seja, de relatórios articulados sobre várias zonas administrativas do império americano. Tais relatórios deviam ser constituídos por uma série de perguntas estandardizadas sobre os mais variados aspectos da geografia, da sociedade, da economia, dos recursos naturais, da religião, da cultura e dos costumes. Após várias tentativas – o primeiro esboço de questionário continha 37 perguntas, o segundo 200, o terceiro 135 – chega-se a uma versão final de 50 perguntas que é publicada, e chega às Américas em 1577.

As *Relaciones* de resposta, que chegaram até nós, datam de 1579 e 1582[32]. Interessa-nos, em particular, a pergunta 5: se a província «tem poucos ou muitos índios, se teve mais ou menos em outros tempos e quais as causas de que tem conhecimento; se os que há vivem ou não em aldeias formadas e permanentes; o grau e as características das suas capacidades, inclinações e modos de vida; se há diferentes línguas em toda a província ou se há uma comum falada por todos». A questão 17 pergunta «se é terra ou localidade sã ou enferma e, se é enferma, por que motivo (se se conhecer), as doenças que surgem geralmente e os remédios que se costuma adoptar para elas»[33].

Uma análise sistemática, ainda que apenas com fins demográficos, do conteúdo das *Relaciones* constituiria por si só um trabalho de grande envergadura. De resto, do ponto de vista quantitativo, ela dá indicações bastante vagas sobre a população em tempos passados. Os autores, todos funcionários, administradores ou notáveis conhecedores da situação actual, usaram perspicácia e zelo bastante variáveis na redacção das respostas. Sessenta anos após a Conquista, já não havia quase nenhum sobrevivente que tivesse uma recordação directa daquela época; em muitos casos, tem-se a impressão de que são reproduzidos lugares comuns, bons para todas as circunstâncias. Das 59 províncias das dioceses analisadas de Antequera (Oaxaca), Tlaxcala, México, e Michoacán, quase todas tiveram, na opinião dos relatores, diminuições fortes ou muito fortes da população. Para quase todas, as causas são as «enfermidades» e as «epidemias» com as mais variadas denominações, quer específicas – varíola e sarampo –, quer genéricas, como peste ou *cocoliztle* (termo nahuatl genérico) ou outras denominações que indicam, sobretudo, doenças respiratórias ou de tipo exantemático. Não faltam, porém, como responsáveis, o trabalho nas minas e o trabalho compulsivo; a insalubridade dos lugares, as migrações de climas temperados para climas quentes; a concentração dos índios dispersos; a carestia e a fome. Para o estudo das epidemias, no entanto, existe um aspecto bastante interessante, visto ser indicado por uma pluralidade de observadores independentes, os quais confirmam que as epidemias de 1520-21, de 1545-47 e de 1576-80 foram as mais graves, quer devido ao nível de mortalidade, quer devido à sua difusão generalizada, conferindo um papel menor e localizado aos outros episódios. Assim se exprimia Juan Bautista de Pomar (em 1582) em relação a Texcoco, atribuindo o despovoamento a «três pestes gerais»:

É sabido que a peste geral que houve entre 1576 e 1580 matou duas pessoas em cada três [...] e que uma outra que ocorreu quase 40 anos antes causou uma devastação semelhante, sem contar com a primeira de varíola, quando os Espanhóis estavam empenhados na conquista da Cidade do México, que, como se sabe, provocou danos maiores do que as que se seguiram, sem contar com muitas outras pestes menos violentas[34].

De forma análoga se exprimiram Francisco de Molina e Jorge Ceron Carvajal sobre Tepeaca: «A primeira [epidemia] foi de varíola, há cerca de 60 anos, quando os Espanhóis entraram nesta terra, e a outra há 38 anos, e a última há três anos [...] de modo que, presentemente, das pessoas que havia quando os Espanhóis entraram, desapareceram nove em cada dez»[35]. E relativamente a Tlaxcala, Diego Muñoz Camargo fala também das três epidemias, «que não saberei dizer qual das três foi a maior»[36].

Em outros casos, como o de Veracruz, não se fala tanto de epidemias mas de um despovoamento geral, à imagem de grande parte das zonas costeiras. Vale a pena transcrever integralmente este trecho do relatório:

> Segundo o que consta da tradição dos antigos habitantes desta terra, quando os Espanhóis aqui entraram, num raio de seis léguas desta cidade muitos lugares e aldeias indígenas populosas entraram de tal modo em declínio que ficaram quase completamente desertas sem que restasse qualquer vestígio ou memória, com excepção dos nomes, e outras ainda hoje têm tão poucos residentes que, em comparação com o que foram antes, dá pena ver a extrema escassez a que foram reduzidas. Porque Cempoala, um lugar famoso [...] que está a duas léguas do norte de Veracruz, foi, segundo a opinião corrente, uma cidade de vinte mil famílias e agora tem apenas trinta casas; e a aldeia que hoje chamam Rinconada, que os índios chamam Itzacalpan, cinco léguas a poente desta cidade, foi aldeia principal com mais de dez mil índios e agora não tem mais de cinquenta casas [...] De modo que foi bastante visível a quebra e o desaparecimento que se verificou entre os índios desta *comarca* desde que os Espanhóis se apoderaram desta terra e todos os dias se vão despovoando as aldeias e reagrupando os índios de duas, ou três, localidades em apenas uma, para formar de novo uma comunidade e protegerem-se melhor de modo que não se pode pensar senão na ruína total e no fim dos que restam. E os índios foram desaparecendo da maneira que eu disse sem uma causa específica, além do clima doentio da terra e da miserável peste dos mosquitos que se abate sobre ela.

Estava, portanto, a fechar-se um ciclo como havia profetizado meio século antes Alonso de Zuazo, alto funcionário de grande experiência, na sua carta ao rei sobre o despovoamento de Santo Domingo e da costa das Honduras:

> Relativamente à Nueva España, eu, o *licenciado* Zuazo, por testemunho directo, posso dizer que grande parte da terra fronteiriça com os portos marítimos [da costa atlântica] está quase sem índios, os quais morreram, ou que se acredita que podem extinguir-se nessa terra como aconteceu com todos os desta [Santo Domingo] em muito pouco tempo [37].

É possível que a carga patogénica das zonas húmidas, baixas e quentes se tenha intensificado fortemente com a chegada, provavelmente de África, do plasmódio da malária, transmitido posteriormente por espécies de mosquitos indígenas. A origem não americana do plasmódio terá sido confirmada por uma série de considerações, entre as quais se destaca o facto de, na América, o plasmódio se encontrar apenas nos humanos e em algumas espécies de macacos, ao passo que em África e na Ásia está largamente difundido de um modo geral entre os primatas e os mamíferos. Isso provaria a origem recente da patologia na América. Além do mais, crónicas e relatos das explorações iniciais nas terras baixas do golfo do México, ou no Darién, não mencionam perdas consistentes por doenças e febres. Observou-se que, se as terras atravessadas por Cortés e pela sua expedição, em 1524-25, estivessem infestadas de malária – como estavam algumas décadas mais tarde –, a sua expedição nunca teria chegado às Honduras. Algumas décadas após o povoamento inicial europeu [38], a própria região de Veracruz tornou-se insalubre e perigosa para Espanhóis e índios.

Sobre os efeitos desastrosos das epidemias no México falámos diversas vezes em outros capítulos, bem como nas páginas precedentes. No entanto, há que dar especial atenção ao actor principal do despovoamento mesoamericano, tarefa essa facilitada pela quantidade de estudos existentes sobre a matéria [39]. Compete-nos aqui fazer um relato equilibrado do sucedido, mas não sem antes sublinhar que as fontes coevas não oferecem pontos de apoio seguros, quer pelo atraso dos conhecimentos médicos, quer pela descrição vaga que se fazia dos sintomas, quando esta se fazia. Além disso, os cronistas e testemunhos raramente reportam indicações credíveis sobre os efeitos das epidemias, fazendo antes descrições sensacionalistas ou apreciações do género «morreram dois em cada três», ou números redondos quase sempre exagerados. Os religiosos, as testemunhas mais atentas e informadas, não tinham registos das sepulturas, e não eram capazes de fornecer avaliações mais convincentes do que as dos outros. Há consenso geral no que respeita às datas das epidemias e à sua propagação, ao passo que há muitas vezes dúvidas sobre a sua natureza e ignorância relativamente à sua incidência.

O autor de uma óptima síntese de epidemiologia mexicana, Hanns Prem, sintetiza as sintomatologias dos vários surtos de epidemias tal como aparecem nos textos dos cronistas coevos[40]:

• em caso de febre: *calenturas, calenturas tercianas, calenturas cuartanas*;

• em caso de febre com erupções: *viruela* (varíola), *tabardillo* (tifo), *sarampión* (sarampo), *sarna* (lepra);

• em caso de doenças respiratórias: *romadizo, tos, dolor de costado* (dores de peito);

• em caso de inchaço de glândulas: *hinchanzón de la garganta* (inchaço da garganta), *paperas* (papeira), *landres* (inchaço das glândulas linfáticas);

• em caso de sangramentos: *flujo de sangre, cámaras de sangre* (diarreia), *pujamento de sangre*.

No caso de febres exantemáticas, por exemplo, podia empregar-se indistintamente qualquer um dos termos, assim como diferentes cronistas podiam utilizar termos diversos, remetendo para nós, contemporâneos, os problemas de interpretação que eles próprios tiveram no seu tempo. Além disso, podiam coexistir várias sintomatologias, criando ainda mais dificuldades de interpretação.

Curiosamente, a epidemia de varíola de 1520-21 é aquela cuja natureza suscita menos dúvidas[41]. É, como se disse no capítulo 3, a continuação daquela que se iniciara em Dezembro de 1518 em Hispaniola, passando depois por Cuba e que veio a desembarcar na costa de Veracruz com a expedição de Pánfilo Narváez, em Maio de 1520. Prossegue em direcção ao interior do país e eclode em Setembro ou Outubro no vale do México, alastrando por dois meses. Todavia, pouco se sabe sobre as posteriores vicissitudes da epidemia: «A peste foi na direcção de Chalco. E com isso diminuiu bastante, mas não cessou completamente», disseram os índios mais informados quando consultados por Sahagún[42]. Pressupõe-se que, em virtude da centralidade da Cidade do México e da sucessiva e rápida irradiação da Conquista, não tenha deparado com obstáculos à sua propagação no centro do México. De forma singular, mas talvez não muito, o primeiro cronista e testemunha directo da epidemia, bem como o primeiro beneficiário, Hernán

Cortés, foi precisamente o mais conciso de todos eles. Referindo-se a uma visita a Cholula (que teve lugar no Outono de 1520, cerca de um ano depois do massacre por ele perpetrado na cidade): «Os naturais de lá desejavam a minha visita, porque por causa das epidemias de varíola, que atingiram os habitantes desta terra bem como os das ilhas, morreram muitos senhores, e queriam que eu, com o seu parecer e o meu, pusesse outros no lugar deles»[43]. Uma nota verdadeiramente tímida, se de facto a varíola, como muitos defendem, foi a aliada mais eficiente dos Espanhóis na conquista de Tecnochtitlan.

A varíola, na sua primeira aparição no Novo Mundo, teve um efeito devastador: se os frades jerosolimitas disseram que vitimou um terço dos Taínos, Motolinia fala de metade, em alguns sítios mais, outros menos. Mas as fantasias sobre os possíveis números não nos levam longe. No entanto, é certo que às vítimas da guerra, que foram muitas, e às da varíola, que foram muitíssimas, se acrescentaram depois as da carestia e da fome. O próprio Motolinia refere-se explicitamente a estas como «terceira praga», da qual falámos no terceiro capítulo. Na preparação do cerco de Tecnochtitlan, Cortés dedicou-se à destruição sistemática e depredação das zonas costeiras, às quais poderiam afluir reforços e reabastecimentos para os inimigos azetecas[44]. A destruição da cidade, após a sua queda, significou a evacuação dos sobreviventes no limite das suas forças, enquanto se presume que nas outras zonas do vale e das regiões adjacentes atingidas pela varíola se tivessem abandonado sementeiras e culturas. Anotará o nem sempre compassivo Bernal Díaz del Castillo: «Durante três dias e três noites, as três avenidas sobre o terrapleno encheram-se de homens e mulheres, criaturas que não paravam de sair [da cidade] e tão magros, amarelados, sujos e mal cheirosos, que metia dó olhar para eles»; e, depois da cidade ser evacuada,

> Cortés enviou-nos para a inspeccionar, vímos as casas cheias de mortos e ainda alguns pobres mexicanos que não se podiam mexer [...] encontrámos a cidade como se tivesse sido arada, as raízes arrancadas das ervas comestíveis que eles haviam comido cozidas juntamente com as cascas de algumas árvores; e de água doce não encontrámos vestígio, apenas salgada[45].

Em 1531 terá ocorrido, segundo Motolinia, que residia nas Índias há vários anos, uma epidemia de sarampo. «Veio um espanhol doente com sarampo e pegou a doença aos índios, e não fora o grande cuidado que tiveram para que não se banhassem e o uso de outros remédios, teria sido uma grande praga e peste como a anterior, mas apesar de tudo ainda morreram muitos. Chamaram-lhe o ano da pequena lepra»[46].

Foi decerto um episódio menor, mas restam dúvidas sobre o motivo por que não existe descrição dos sintomas.

A segunda grande e generalizada epidemia foi, como já se disse, a que eclodiu em 1545 e se arrastou ao longo de dois ou três anos. Foi sobretudo por causa desta epidemia que se aprovou uma série de inspecções para calcular de novo a carga tributária que se tornara seguramente exagerada. A epidemia manifestou-se com violentas hemorragias de sangue e muitos intérpretes nossos contemporâneos, a partir de Zinsser, tendem a pensar que se tratava de tifo. Os efeitos foram desastrosos: Motolinia falou de perdas entre os 60% e os 90%, mas trata-se decerto de um exagero. Falou-se ainda de 150000 mortos na província de Tlaxcala e de 100000 na de Cholula que, apesar de populosas, tinham outros tantos habitantes ou menos. Sahágun refere: «No ano de 1545 verificou-se uma enorme e universal peste em toda a Nova Espanha, onde pereceu a maior parte das pessoas que aí se encontrava. Estava na Cidade do México na altura desta peste, sepultei mais de 10000 corpos e, no fim da epidemia, fui eu próprio atingido, estando perto da morte»[47]. Nas *Relaciones Geográficas*, escritas 35 anos depois, a marca desta catástrofe era nítida.

Outros episódios de menor importância situam-se em 1550, com uma epidemia de *paperas* (papeira) que não teve efeitos catastróficos; fontes indígenas mencionam carestias e fome em 1559-60 e outra crise em 1563-64 que, segundo o respeitável inspector real Valderrama, se deveu ao sarampo. A terceira epidemia desastrosa foi a que principiou em Agosto de 1576 e que se prolongou, após um interregno em 1578, até 1580, tendo-se alastrado a todo o país. Sobre a epidemia temos informações de várias fontes, quer indígenas, quer espanholas, apesar das informações sobre a sintomatologia serem bastante confusas: febres, hemorragias nasais, disenteria. Frei Jerónimo de Mendieta, que foi testemunha ocular dessa epidemia, disse tratar-se de *tabardillo*, ou tifo[48]. Mas a identificação permanece duvidosa e pode ser que se tratasse também de diferentes patologias, dadas as descrições contraditórias dos sintomas[49]. A 30 de Novembro de 1576, um espanhol escrevia, em Espanha, à sua protectora, a condessa de Ribadavia, que a epidemia em Tlaxcala alastrava há seis meses, dizia-se que havia morto 80000 índios, tendo ele perdido mais de 200 dos seus empregados, incluindo alguns negros[50].

Em três cartas ao rei, Pedro Moya de Contreras, arcebispo do México, faz-nos reviver a crónica do desastre: a 6 de Novembro avisa que a epidemia fustigava a diocese do México e de Tlaxcala e dois meses depois já havia morto 100 000 índios; a 10 de Dezembro informa que a sua propagação aumenta e que atingiu também mestiços, negros e inclusive alguns Espanhóis; a 15 de Março de 1577 escreve que, finalmente, cerca do fim de Dezembro se notara uma diminuição dos mortos entre os índios da cidade, mas que a epidemia continuava noutras aldeias da região e se espalhara pelas zonas mais remotas de Michoacán e Nueva Galicia, fazendo-se sentir entre os mineiros de Zacatecas e de Guanajuato, como já acontecera nos de Pachuca, com prejuízo para a produção de prata[51]. Notícia essa que, mais do que as anteriores, afligiu seguramente o rei. Pouco antes, a 27 de Fevereiro, os jesuítas da Cidade do México haviam escrito ao rei que a epidemia matara 600 000 índios nos últimos 8-9 meses[52]. Seis anos mais tarde, a título de balanço tardio, o arcebispo terá dito que pereceu metade da população[53]. As *Relaciones Geográficas*, escritas quando a vaga epidémica acabara de se extinguir, dão uma sensação genérica de devastação, de desertificação e de crise geral.

As duas últimas décadas do século não terão sido tão traumáticas, embora em 1588 se tenha verificado uma alta mortalidade devido à carestia de milho, com fome generalizada, em particular nas regiões de Tlaxcala, de Tepeaca e no vale de Toluca. Finalmente, em 1595-96, registou-se outra epidemia geral de sarampo, assim como de outras doenças exantemáticas, e de papeira «que deixou apenas um homem de pé, ainda que por clemência e misericórdia do nosso benigníssimo Deus não morreram tantos como é costume com outras doenças»[54]. Segundo o vice-rei Montesclaros, o sarampo de 1595 propagara-se por todas as províncias até à Guatemala e, o que era pior, influenciara negativamente as prestações de serviço pessoal dos índios[55].

Na incidência das patologias epidémicas, as novas e as velhas reverdecidas pelo enxerto da biologia europeia, pesaram também outros factores que se deveriam inserir num modelo explicativo ideal. Naturalmente, tal não é possível, dada a inadequação da documentação; todavia, é possível fazer algumas considerações. A configuração geográfica do país, as vias de comunicação, a densidade do povoamento, a forma das povoações: trata-se de variáveis importantes que seguramente tiveram o seu papel na determinação da violência e da difusão da epidemia.

Por exemplo, a forte concentração demográfica no vale do México e nas áreas limítrofes, no centro do país, foi certamente um factor de aceleração dos processos de difusão e de contágio das patologias, dada a simples proximidade de indivíduos, famílias e povoações. Mas não só: a extensão das vias de comunicação da metrópole às periferias facilitou provavelmente a propagação da epidemia. No caso de patologias importadas da Europa, e que entraram por Veracruz, ou por outros portos da costa atlântica, o caminho para o centro era assegurado pelo tráfego intenso que ligava o porto à capital e a partir desta era possível a propagação por todo o país. Do caso contraditório do Peru falou-se no capítulo 3 e falar-se-á de novo no capítulo 7. É impossível sustentar estas hipóteses sem se conhecer uma geografia epidemiológica pormenorizada, para a construção da qual faltam as premissas, pelo menos no que se refere ao período colonial.

Desde o início da Conquista que, quer os novos senhores espanhóis, quer a Coroa (assim como a Igreja), partilhavam a aversão por formas de povoação espalhadas e generalizadas no território. Tais formas eram comuns, não só nas zonas onde predominava uma agricultura elementar complementada com formas de caça e de pesca, mas também em zonas com modos de produção mais desenvolvidos, onde a configuração do território não convidava a concentrações habitacionais. Em Hispaniola, o governador Ovando, desde a sua chegada, fez diligências no sentido de criar uma estrutura «urbana» o mais generalizada possível no território da ilha, às vezes povoações de poucas famílias espanholas na proximidade das quais se concentrava a população indígena. Numa outra tentativa extrema de reunir em grupos significativos os poucos índios sobreviventes, em 1518, os padres jerosolimitas tentaram concentrá-los em 39 aldeias, mas só uma parte tinha efectivamente começado a ser construída antes de chegar a varíola. As razões que levavam à concentração dos índios eram simultaneamente mundanas e religiosas. Mundanas, porque a sua organização em aldeias estáveis, com a redução da dispersão ao mínimo possível, permitia um controlo mais eficiente, uma mais fácil recolha dos tributos, uma mais cómoda identificação e mobilização dos índios para actividades de transporte, produção e serviço. Mas havia também razões religiosas, pois as responsabilidades de evangelização – que recaíam sobre os *encomenderos*, ou sobre a Coroa, em relação aos índios que lhe estavam directamente confiados, além de recaírem sobre os próprios religiosos – podiam ser mais bem exercidas com os índios concentrados em aldeias do que com eles dispersos em quintas e casas isoladas. Acrescente-se ainda a ideia, que acaba por prevalecer com as *Leyes Nuevas*, de que os índios são naturalmente capazes de comportamentos «políticos», nomeadamente viver em colectividades numerosas e organizadas.

O auge do sucesso da política das reduções é alcançado entre os Guaranis nos vales do Paraná e do Uruguai no século XVII (capítulo 8). Na Nueva España, na altura da chegada dos Espanhóis, há uma organização urbana bastante difusa. É uma estrutura constituída por pequenos estados independentes ou semi-independentes, cada um dos quais organizado em torno da povoação principal, com um mercado e um centro cerimonial e a residência do chefe, dos senhores mais ilustres, dos sacerdotes, rodeados por gente comum; o resto da população estava dispersa ou vivia em pequeníssimos grupos nas proximidades das terras cultivadas[56]. Além de Tenochtitlan, que era uma metrópole, os Espanhóis encontraram outras cidades de alguma importância como Cholula, Tlaxcala ou Chalco. Todavia, não obstante a estrutura urbana desenvolvida, o impulso para a reestruturação das povoações – que será muito forte e que revolucionará o Peru – atinge também o México. Decretos reais de 1551 e de 1558 renovam o convite para proceder à concentração da população dispersa. As *cabeceras* são muitas vezes relocalizadas em localidades mais convenientes e acessíveis e, ao mesmo tempo, «nos anos 50 e 60, muitos índios que viviam espalhados em campos foram convencidos, através da persuasão ou à força, a abandonar as suas residências ancestrais para irem para a *cabecera* ou fracções dela dependentes»[57]. É incerto o alcance desta primeira redistribuição da população que, segundo alguns, terá tido uma repercussão relativamente modesta, limitada a grupos fixados em zonas inacessíveis ou pouco acessíveis, por motivos de defesa recolocados na planície, ou limitada ao reordenamento urbano de povoações desordenadas[58]. Um segundo programa, muito mais incisivo, foi levado a cabo no período de 1593-1605. Esse foi determinado também pela forte diminuição da população após a crise de 1576-80 e pela necessidade de reorganizar a população sobrevivente dispersa numa unidade maior e socialmente mais estável. As reduções ou congregações iniciavam-se depois de os inspectores verificarem a sua utilidade, de escolherem os sítios para colocarem os sobreviventes e de as autoridades centrais terem aprovado o plano[59]. Os próprios índios reconstruíam as aldeias na zona escolhida, com o habitual plano em xadrez, a *plaza* central com os edifícios públicos e eclesiásticos. Em muitos casos, o lugar de concentração para os índios dispersos foi a aldeia *cabecera*. As habitações abandonadas eram queimadas, mas estão documentados os protestos e os movimentos de regresso às zonas de origem que foram autorizados por uma ordenança posterior. Seja como for, estes processos reforçaram seguramente o grau de urbanização do país, reduziram a dispersão das povoações, disponibilizaram novas terras para as grandes *estancias* dos Espanhóis. Há que sublinhar o forte protesto das ordens religiosas em relação ao acto de se juntar os índios – iniciado com entusiasmo pelo vice-rei, conde de Monterrey –, que consideram responsável pelo sofrimento destes e fonte de abusos por parte dos administradores responsáveis. O eco destes protestos chegara ao rei que, com um decreto (datado de 3 de Dezembro de 1604), especificava os critérios e os limites das novas congregações, que não deviam ser feitas se os índios já vivessem em comunidade e deviam circunscrever-se àqueles que viviam em lugares impérvios e isolados; os índios deviam conservar a propriedade das terras de origem; além disso era-lhes permitido regressar aos lugares de origem. O sucessor de Monterrey, o marquês de Montesclaros, procurou por todos os meios travar esta mudança de direcção, pois temia que pudesse criar desordens; limitou-se a tornar pública a parte do decreto respeitante à propriedade dos terrenos abandonados; tentou, sem sucesso, aplacar a oposição das ordens religiosas, que mais tarde acusou, numa carta ao rei, de ocultação deliberada do verdadeiro número de índios, verdadeira razão do seu aparente declínio e da diminuição da renda tributária[60].

Independentemente do alcance das aglomerações, a densidade considerável da população, no centro e no vale do México, a grande metrópole da capital e uma rede urbana muito desenvolvida, um ulterior processo de concentração da população dispersa, uma boa rede de comunicações que se estendia do centro à periferia, foram todos eles factores favoráveis à propagação de novas patologias. Porém, é impossível calcular quanto estes se tenham efectivamente reflectido no balanço demográfico.

O volume colossal de trabalho que os índios tiveram de realizar para os novos patrões está bem patente nas primeiras fases da Conquista. Em 1520, tendo escapado por uma unha negra à violenta reacção dos habitantes de Tenochtitlan, Cortés reorganiza as forças e planifica com precisão o cerco e o ataque à cidade. Para levar a melhor sobre a defesa da cidade, assente no meio da laguna, precisava de se deslocar por água por forma a apoiar os ataques terrestres. Mas a mais de 300 quilómetros da costa, o empreendimento de se munir com uma «frota» não era simples. Os aliados tlaxcaltecas trabalhavam muito para apoiar as operações militares e os Espanhóis valeram-se disso. Em Tlaxcala, sob a liderança do carpinteiro naval Martin López, preparou-se a madeira para a construção dos treze bergantins, transportados em seguida durante mais de 70 quilómetros por milhares de índios, sob escolta segura, nas imediações da lagoa[61]. Aqui foram montados e armados (com armas trazidas de Veracruz, dos barcos que Cortés havia mandado desarmar, e não queimar, como mais tarde se disse) e depois lançados no lago. Mas sendo as margens lodosas e pouco seguras, os bergantins foram agrupados numa doca seca, a quase três quilómetros da margem; foi, portanto, necessário construir um canal com 12 pés (3,60 metros) de largura e outros tantos de profundidade, com as paredes sustentadas por tábuas e paus para que não desabassem. Neste canal foram lançados os bergantins, grandes botes com 12 metros de comprimento e dois metros e meio de largura, de baixo calado, um ou dois mastros, que podiam levar até 25 homens, incluindo os remadores. Na construção do canal de lançamento estiveram envolvidos 8000 índios durante 50 dias. Às populações lacustres, que vinham sendo dominadas pelos Espanhóis, foi-lhes dada a tarefa de construir casas não tão precárias como as cabanas de palha para hospedar as tropas de Cortés durante o cerco e para as proteger das chuvas torrenciais: 2000 índios construíram-nas em pouco tempo[62]. Estes episódios são suficientes para se compreender que a Conquista se escorou na mobilização de massas auxiliares imponentes e que, em seguida, a mobilização da energia física dos índios constituiu a base do desenvolvimento da colónia.

O quadro jurídico, normativo e o das condições reais – muitas vezes bastante diferente do primeiro –, que regularam os casos do trabalho e do serviço pessoal dos índios, são extremamente complexos e objecto de estudos aprofundados. Todavia, é importante mencioná-los porque, na opinião de muitos contemporâneos da Conquista, uma das causas mais frequentemente citadas do declínio da população autóctone foi precisamente a exploração excessiva – ou recrutamento forçado – do trabalho e da energia da população. Mais difícil é compreender as ligações específicas entre o grau de exploração e o declínio demográfico: se esse favoreceu a mortalidade através dos clássicos mecanismos biológicos (menor resistência às doenças, maior risco de morte violenta, maior exposição a mudanças de clima e ambiente), ou mediante outros mecanismos que influenciaram as capacidades reprodutivas, a coesão familiar ou social, ou mais genericamente, por diminuição do nível de vida. Tudo o que se disser a este propósito só pode ser fruto de conjecturas.

Terminada a Conquista, Cortés teve de compensar centenas de companheiros de armas que haviam corrido muitos riscos e recebido poucos ou nenhum benefício. O modo mais eficiente de o fazer foi conceder em *encomienda* os caciques e as suas gentes aos companheiros mais iminentes: àqueles podiam exigir-lhes tributos e serviços, em troca de uma mais genérica obra de protecção e endoutrinação na nova religião. Cortés contornou a oposição de Carlos V a isto com um misto de acções dilatórias em relação aos decretos do rei e de habilidade diplomática, sustentando que a *encomienda* era necessária para legar as novas possessões aos Espanhóis, que de outro modo não teriam tido nenhuma outra fonte de sustento, bem como para conservar na posse da Coroa os novos territórios; que era ilusório impor tributos aos índios: a Coroa não teria podido usufruir dos tributos em géneros nem existia moeda para pagamentos fruíveis; que os índios já haviam sido libertados da servidão, quando não da escravidão, exactamente no período anterior à Conquista, que fora muito mais oneroso; que a experiência de vinte anos nas ilhas lhe havia ensinado que precauções e providências tomar para evitar os abusos[63]. A *encomienda* permanece; a Primeira *audiencia* comete, a esse respeito, os piores abusos, em parte corrigidos pela Segunda *audiencia*; é essencialmente apoiada pelo primeiro vice-rei Antonio de Mendoza; as *Leyes Nuevas*, que a limitavam de forma significativa (com a morte do *encomendero*, a *encomienda* deveria passar para a Coroa), são nitidamente moderadas. Naturalmente não interessa tanto a *encomienda* em si, mas o regime de trabalho a que esta obriga os índios – reafirmada energicamente em 1549. As novas leis dispunham, entre outras coisas, que os índios eram pessoas livres e vassalos da Coroa (art. 10); que nenhum índio podia ser escravizado na sequência de actos de guerra, nem muito menos por ser rebelde (art. 26); que os índios escravos deviam ser libertados imediatamente (art. 27); que os índios só podiam transportar cargas em troca de salário (art. 28); que não podiam ser mandados à pesca de pérolas contra a sua vontade (art. 30)[64]. O decreto real de 1549 reafirmava ainda que os índios não podiam ser submetidos ao serviço pessoal em troca ou em substituição do tributo devido. Estas disposições, sucessivamente reiteradas, foram aplicadas pelo sucessor de Mendonza, o vice-rei Luis de Velasco, com vários ajustamentos. Adoptou-se, em particular, uma forma intermédia: um funcionário «repartia» os índios por várias actividades laborais, com limites de tempo e um salário estipulado. Um género de aluguer forçado limitado; uma forma que o declínio demográfico se encarregou, progressivamente, de esvaziar. A justificação teórica deste compromisso assentava na teoria, sobejamente partilhada, da «ociosidade natural» dos índios, e da necessidade de os forçar a trabalhos essenciais para a sobrevivência da colónia[65].

Neste quadro, alguns elementos ajudam de facto a compreender o grau de exploração da mão-de-obra índia, ao qual, de resto, se podem atribuir muitas das «pragas» de Motolinia. A acelerada reconstrução da Cidade do México sobre as ruínas de Tenochtitlan é feita com o trabalho dos índios da cidade e das zonas adjacentes. Dada a natureza pantanosa das redondezas, as pedras (além daquelas provenientes da destruição dos templos) deviam ser transportadas de longe com enorme dispêndio de energia. As obras públicas (para as águas do lago, para as estradas, para o aqueduto de Chapultepec), os edifícios da administração (cabido, cadeia, matadouro, etc), as igrejas e os mosteiros, assim como os edifícios civis, surgiram graças à mão-de-obra, maioritariamente gratuita, dos índios[66]. Segundo López de Velasco, por volta de 1570 havia 90 mosteiros na diocese da Cidade do México e 30 na de Tlaxcala, grande parte dos quais ainda hoje de pé e visíveis pelas suas dimensões, muitas vezes imponentes. Kubler compilou uma interessante estatística das construções (igrejas e mosteiros) realizadas pelas três grandes ordens mendicantes (franciscanos, dominicanos e agostinhos) no primeiro século da Conquista: de uma dezena na década de 1520-30 a cerca de 40 na década sucessiva, chegando a uma média de cerca de 60 nas décadas entre 1540 e 1570[67]. A febre da construção decresce progressivamente e concluíram-se menos de 30 obras na última década do século XVI. Nos primeiros tempos, os índios deviam contribuir gratuitamente para a construção dos edifícios, provendo à sua própria alimentação e, às vezes, até alguns materiais[68]. Aos índios cabia a construção gratuita da igreja da aldeia. As dimensões e o luxo do mosteiro de Santo Domingo da Cidade do México, considerados excessivos, valeram uma informação da Segunda *audiencia* à imperatriz em 1531[69]. Cortés ganhou muitas críticas pelo uso generalizado de mão-de-obra na construção das suas residências no México e em Guernavaca. Uma boa documentação testemunha a intensa actividade de construção na cidade de Tlaxcala entre 1530 e 1550, os fortes investimentos em estradas e na construção de pontes: construíram-se pelo menos 33 em pedra, na província, entre 1555 e 1560[70]. Para a construção da nova cidade de Puebla – iniciada em 1530 –, os índios de Cholula e de Tlaxcala forneceram a mão-de-obra necessária para traçar o plano da cidade, aplanar as estradas e as praças, construir as residências das primeiras dezenas de colonos espanhóis e os primeiros edifícios públicos[71]. O trabalho gratuito dos índios foi essencial para a construção da nova estrada entre a Cidade do México e Veracruz, iniciada pelo próprio Cortés, com a respectiva dotação de pontes e de pontos de paragem e de descanso. De entre as obras públicas destaca-se a gigantesca empresa de *desagüe*, isto é a tentativa de salvar a nova cidade das periódicas inundações da lagoa (muitos edifícios novos desabavam pelo seu próprio peso), através de um canal de drenagem escavado, em parte (ao longo de seis quilómetros) como um túnel, nas paredes rochosas do vale. Esta obra gigantesca, que não resolveu o problema e se arrastou ao longo de quase dois séculos, absorvendo infinitos recursos, teve início em 1607 e empregou 6000 índios durante mais de 15 meses de trabalho contínuo [72].

Os transportes foi outro sector em que o serviço dos índios foi essencial: fizemos referência ao contributo dos Tlaxcaltecas, mas todas as *entradas* nas várias partes da Mesoamérica, incluindo a infeliz expedição de Cortés nas Honduras, foram apoiadas por milhares e milhares de auxiliares e carregadores. Diz-se que na comitiva de Nuño de Guzmán, na expedição a Jalisco, havia 15 000 [73]. Verifica-se uma relativa normalidade após os primeiros anos, mas nem por isso diminui a procura de índios para o transporte. Escreve Zavala:

> Os colonos espanhóis encontraram na Nueva España um território extenso, montanhoso e de comunicações difíceis. Os animais de carga eram desconhecidos; a sua difusão, uma vez iniciada a colonização europeia, não foi suficientemente rápida para satisfazer as necessidades de transporte de pessoas e de coisas. A cultura indígena resolvera o problema utilizando *tamemes,* ou índios carregadores, e os Espanhóis continuaram a usá-los, quando as leis urgiam novas soluções mais adequadas ao tratamento humanitário e ao desenvolvimento económico. A introdução de animais e a abertura de estradas transitáveis por caravanas e carroças contribuíram, na prática, para a modificação dos sistema de transporte, mas não alcançou rápida nem simultaneamente as várias regiões, em particular as mais distantes e impérvias. Enfim, a abertura e a manutenção das novas estradas exigiam uma mão-de-obra numerosa, instrumentos de trabalho e geravam custos que deviam ser necessariamente cobertos [74].

Não têm conta as leis e as disposições que, ao longo do século, tentaram regular e moderar o uso dos índios para o transporte, cuja eficácia foi limitada pela diminuição demográfica, por um lado, e pela expansão das actividades dos Espanhóis, que aumentavam de número, dada a necessidade acrescida do comércio, da actividade mineira, da produção agrícola nas quintas dos colonos, das obras públicas. Todas elas actividades que exigiam recursos energéticos consideráveis só em parte fornecidos pela crescente reserva de animais.

No estado actual de conhecimentos, ninguém é capaz de estimar o peso real do trabalho autóctone confiscado pelos Espanhóis e de determinar o seu efeito na demografia. No entender dos contemporâneos da época, esse não foi um elemento secundário da catástrofe no primeiro século da Conquista.

A escravidão foi seguramente uma fonte de destruição demográfica dos índios. Estava consideravelmente generalizada antes da chegada dos Espanhóis e estes valeram-se desse facto, entre outras coisas, para a pesquisa do ouro nos primeiros tempos da Conquista. Na sua carta--panfleto a Carlos V de 1555, Motolinia contesta a afirmação de Las Casas de que no Novo Mundo havia três ou quatro milhões de escravos, sobretudo na Nueva España, e afirma – tendo consultado velhos experientes – que não seriam mais de 150 000, nem menos de 100 000. O ferro para marcar os escravos, segundo Motolinia, chegou de Espanha em Maio de 1524 e Cortés não gostou muito de o utilizar e convocou uma reunião – em que participou Motolinia – para discutirem o assunto[75]. Mas, para o próprio Motolinia, o abuso dos escravos fora a oitava praga da sua lista de dez (capítulo 2). Muitos abusos foram cometidos durante a expedição de Cortés às Honduras. Rodrigo de Albórnoz, um alto funcionário do rei, escreveu a Carlos V em Dezembro de 1525 uma carta sobre os abusos perpetrados na ausência de Cortés. Em relação à permissão concedida aos Espanhóis de «resgatar» os escravos aos senhores locais (resgatá-los no sentido de os transferir para o seu serviço) sucedia que

> o cristão exige ouro ao seu cacique e se este diz que não tem – mesmo quando lho dá –, diz-lhe que em vez do ouro lhe deve dar cem ou duzentos escravos daqueles que estão em sua posse, e se por acaso o cacique não tem assim tantos, com a finalidade de satisfazer o pedido dá-lhe, no lugar de desses, outros vassalos que não são escravos[76].

Naturalmente, continuava Albórnoz, desta quantidade de escravos decorrem vantagens, porque manda-se-lhes procurar ouro e prata e, portanto, aumentam os rendimentos da Coroa; por outro lado, porém, os senhores que se valiam dos escravos para o trabalho nos campos viam diminuir a sua produção e com esta a sua capacidade de pagar os tributos. Em todo o caso,

> Apesar da terra ser muito populosa, os escravos diminuem dia após dia, pois os que se trazem das províncias frias para mandá-los para as minas

das terras quentes morrem e diminuem por causa quer do trabalho, quer do calor, assim como os que são afastados das terras quentes para as frias, embora não em tão grande número [77].

Em 1527 descobriu-se um jazigo nas proximidades da Cidade do México; houve uma pequena corrida ao ouro e foram enviados grupos de 80 ou 100 índios – provavelmente escravos – com magros resultados em virtude das fugas e dos mortos [78]. Todavia, a categoria dos escravos esgotara-se em virtude do declínio natural, ou devido ao seu recrutamento que, na época pré-espanhola, se efectuava através da guerra, ou porque efectivamente libertados com base nas *Leyes Nuevas* – como assegura Motolinia –, cedo deixou de ser relevante. «Cerca da década de 50» afirma James Lockhart «bastante poucos indígenas do México Central continuavam a ser escravos dos senhores locais ou dos Espanhóis [...] Após este período, os escravos índios foram um factor irrelevante na sociedade indígena. Sem dúvida que, tendo-se assimilado os escravos a outras categorias de empregados e de servos de nível inferior, o seu desaparecimento não implicou nenhum ajustamento social significativo» [79]. Para concluir acrescentamos que Cook e Borah estimam em 50 000 o número dos escravos índios na época da *Suma de Visitas* [80].

Entre as grandes transformações provocadas pela chegada dos Espanhóis, houve uma em particular que teve provavelmente efeitos duradouros de carácter complexo e difícil de calcular. Trata-se da transformação ambiental gradual induzida pela chegada de plantas e animais europeus que se aclimataram bem na Mesoamérica. Seguramente, a longo prazo, esta «invasão» europeia teve efeitos positivos, porque melhorou o regime alimentar – o porco e as aves tornaram-se um complemento universal das famílias indígenas – e permitiu aos índios socorrerem-se da energia animal para tracção e transporte. Por outro lado, os efeitos foram negativos, sobretudo numa primeira fase, porque a multiplicação dos animais e as actividades de criação entraram em conflito com os cultivos dos índios. Muitos estudiosos consideram que antes da Conquista, as populações da Mesoamérica estavam na fase final de um ciclo malthusiano: a densidade da população era alta, os solos estavam esgotados, florestas e bosques haviam sido cortados. Para alguns, a população atingira limites posto o que, uma vez ultrapassados, entraria em acção um ciclo destrutivo, mesmo sem a chegada dos Espanhóis. Estas opiniões comungam com as mais altas, às vezes altíssimas, avaliações da população pré-hispânica feitas no decorrer dos últimos 50 anos. Após a Conquista, a pressão demográfica terá subitamente abrandado, mas a deterioração ambiental terá continuado por diversas razões. Segundo Peter Gerhard:

> Enquanto as comunidades nativas entravam em declínio ou desapareciam, muitas terras comunais foram adquiridas pelas grandes quintas dos Espanhóis. Zonas que durante muito tempo foram cultivadas tornaram-se pastos para rebanhos imensos de animais. Ovelhas e cabras desnudaram e esterilizaram as encostas das colinas, ao passo que antigos campos de milho e terrenos incultos foram cultivados com trigo e cana-de-açúcar. A agricultura usou menos os socalcos e alguns solos aluviais foram trabalhados pela primeira vez com arados de madeira. As florestas próximas da cidade e dos sítios mineiros desapareceram completamente, os *canyons* escavaram mais profundamente as planícies, muitas bacias vulcânicas secaram, algumas porque foram artificialmente drenadas, outras por processos naturais de esgotamento [81].

Relativamente aos sítios das minas, o vice-rei Mendonza avisava o seu sucessor que em poucos anos enormes extensões de bosques haviam sido cortadas, e que se esgotaria primeiro a lenha que o metal [82]. No vale do México, a deterioração ambiental foi muito rápida; a procura da madeira para a reconstrução da cidade e para fornecer energia a uma colectividade espanhola, abastada e em crescimento, despojou os flancos do vale; a erosão aumentou fortemente; o equilíbrio das terras na planície também foi profundamente alterado devido à substituição das culturas tradicionais por outras e à extensão da criação de animais, às novas técnicas de irrigação, à captação de águas para os moinhos e às tentativas de defesa da cidade face às inundações. Segundo Charles Gibson, «nenhuma das novas técnicas era em si desastrosa, porém, o efeito combinado ao longo do tempo conduziu a uma diminuição acelerada do terreno agrícola» [83]. Outros estudos trouxeram à luz o conflito profundo entre criação de gado e agricultura: os grandes rebanhos dos proprietários espanhóis devastavam as plantações dos nativos apesar de as regras obrigarem a manter distâncias e a não ultrapassar as barreiras. Isto provocava conflitos permanentes e favorecia, a longo prazo, o abandono das terras por parte dos índios a favor das grandes *haciendas* e a conversão dos indígenas camponeses em jornaleiros. «Em 1594, uma das aldeias mais populosas da província [de Tlaxcala], Hueyotlipan, foi temporariamente abandonada pelos índios depois de os rebanhos de animais, que andavam à solta, terem destruído as plantações de *nopal* e de fruta.» [84]

numero delos pueblos de tierras calidas y templadas
figurados e intitulados enla coluna sigue.
que heron veynte y dos pueblos &c. las cosas
que tributavan alos ss. de mexico son las que
designen

zapatamente tributavan mill y seyscientas cargas de
mantas ficas, troçadas q trezian los ss. cada que

mas seyscientas cargas de mantillas listadas
de colorado y blanco x de

mas quatrocientas cargas de naguas y guaypiles
todo lo qual tributavan de seys en seys meses.

y con mas tributavan una pieca de armas con un
rodela guarnecidas conplumas ficas con un cemita
de plumas y colores segun q estan figuradas.

mas una rodela de oro

mas una demandaça armas omanera de ala y ser pln
mas amarillas ficas

mas una diadema de oro dela hechura q esta figu
rado.

mas un apretador de oro y ala cabeça de on ojo
una momo y de grosor como dos pernos y uno.

mas dos sartas de cuentas y collar de oro.

mas tres piecas grandes de chalchihuitl piedras ficas

mas tres sartas de cuentas todas redonditas de chal
chihuitl piedras ficas

mas quatro sartas de cuentas de chalchihuitl piedras
ficas.

mas veynte begotes de ambar claro guarnecidos con oro

mas otros veynte begotes de cristales con un esmalte
azul y guarnecidos con oro.

mas sesenta momojos de plumas ficas verdes q
llaman quecali.

mas quatro piecas de plumas ficas azules como mano
jos guarnecidas con plumas amarillas ficas

mas ocho mill manojuelos de plumas tan quesadas ficas.

mas ocho mill manojuelos de plumas coloradas ficas.

mas ocho mill manojuelos de plumas azules ficas

mas cien ollas o cantaros deliquidambar fino.

mas dozientas cargas de cacao.

mas diez y seys mill pellas redondas como pelotas de
oli ques goma de arboles y dando conlas pelotas en
el suelo, saltan mucho en alto, todo lo qual
tributavan una vez enel año.

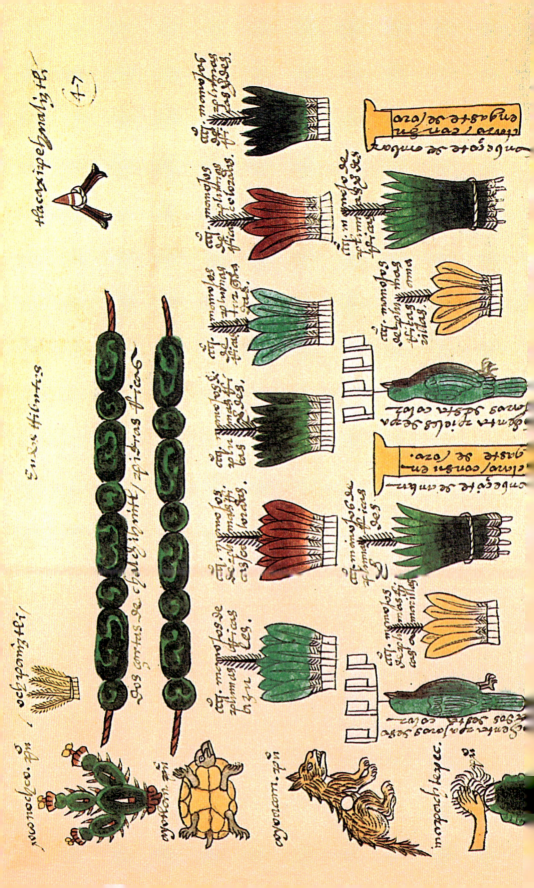

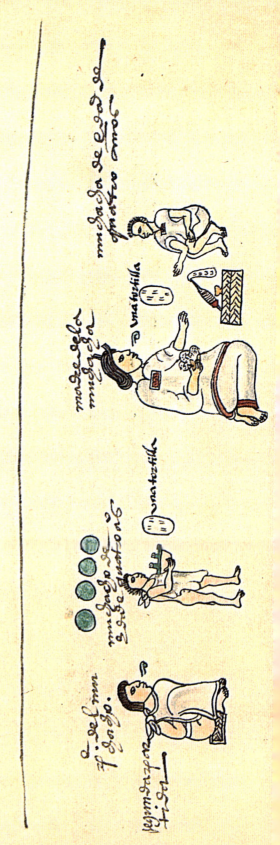

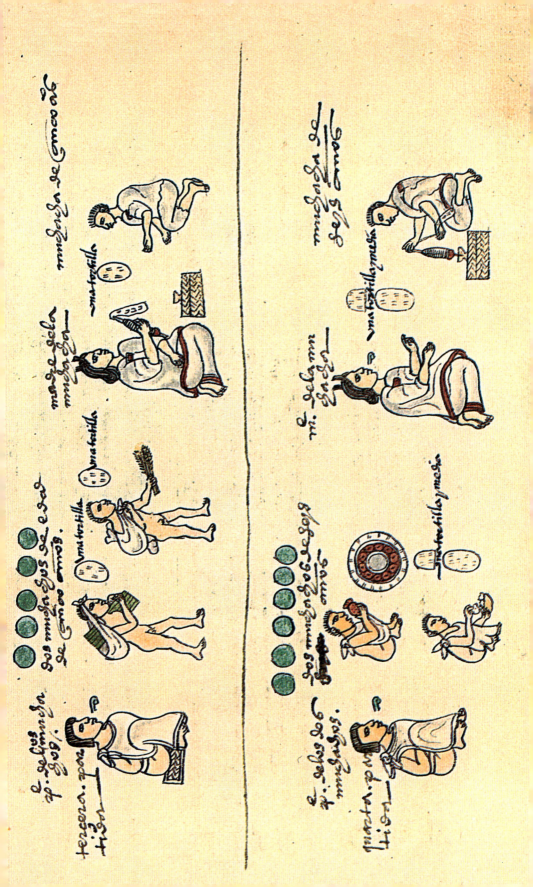

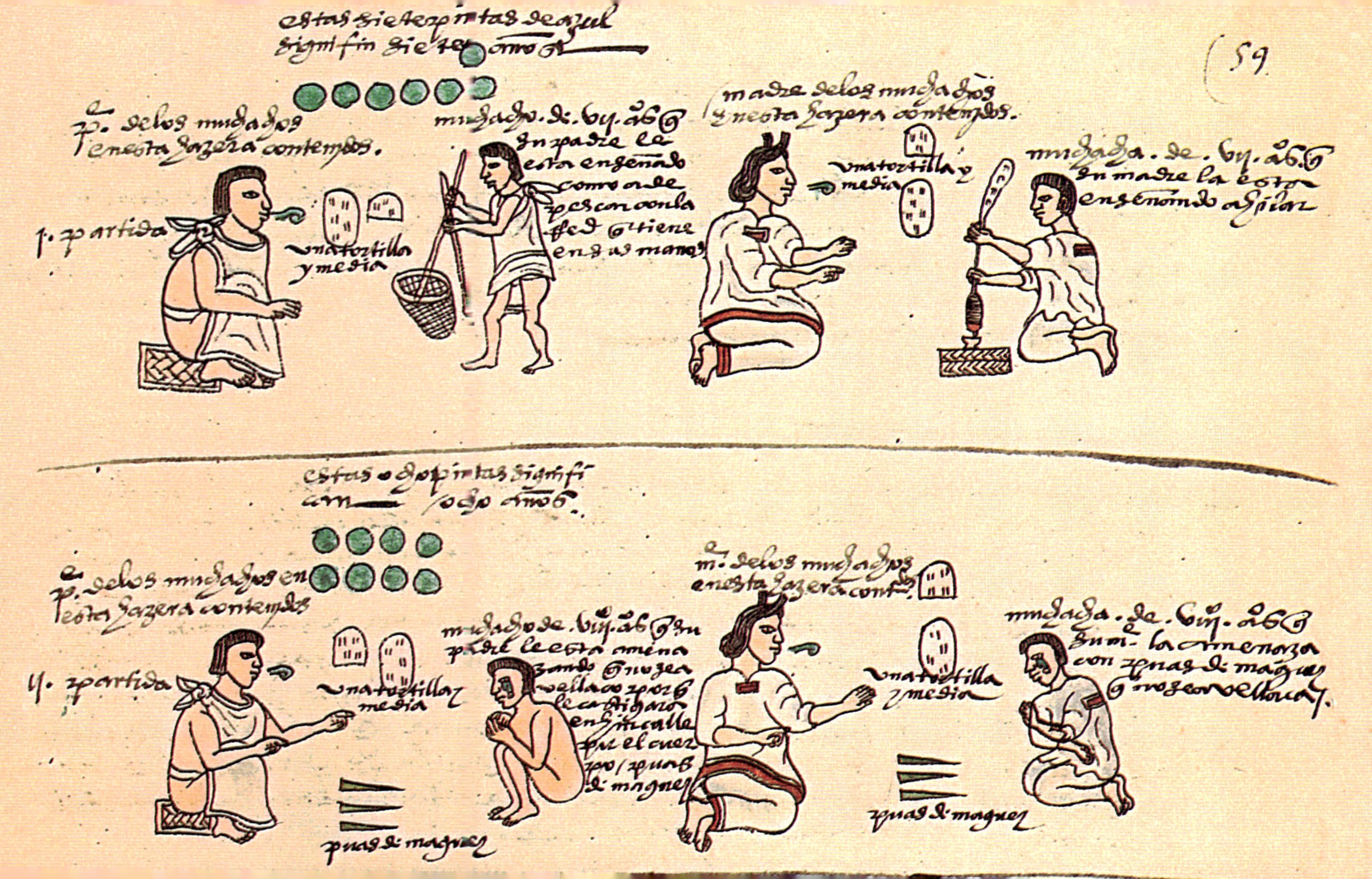

estos sietos pintos de azul
signffican años

1 partido

de los muchados 7 pi
nestra figura contenidos.

vna ortezilla
y media

mudança de buj años
enpaña la madre a
su hija como se tiene
el pescar conla caña
y como se tiene
enesto amano

madre delos muchachos
y maestra de çoger contenidos.

vna ortezilla
y media

mudança de buj años
en madre la que
enseña oficio de spiñr

estos o dos pintos signff
en rojo amos 6

4 partido

mudança de buj años en
su mi la que esta mira
ndo la muger su hija
como pro fecho biaso
enpañilla

de los muchados
5 pi nestra figura contenidos.

vna ortezilla
media

tunas de maguez

mudança de buj años
en mi la que enseña
con tunas de maguey
a su hija que aprovechaz.

tunas de maguez

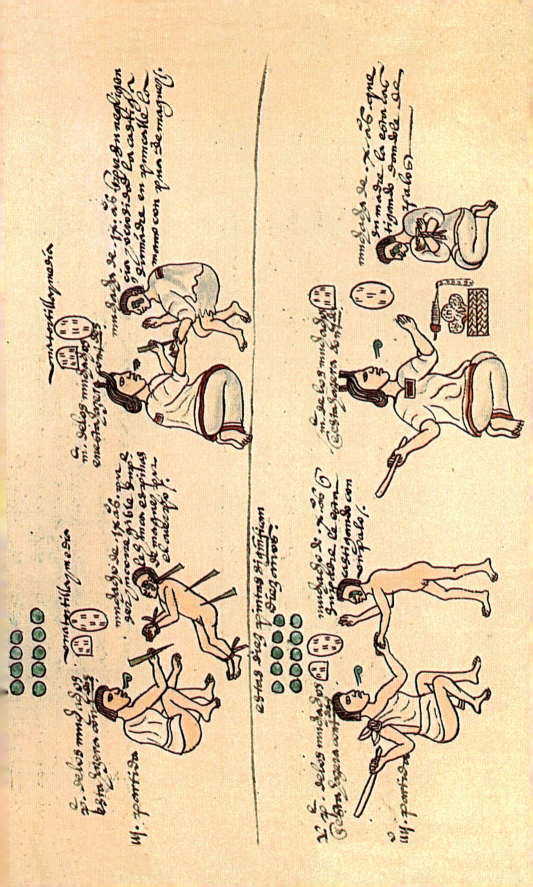

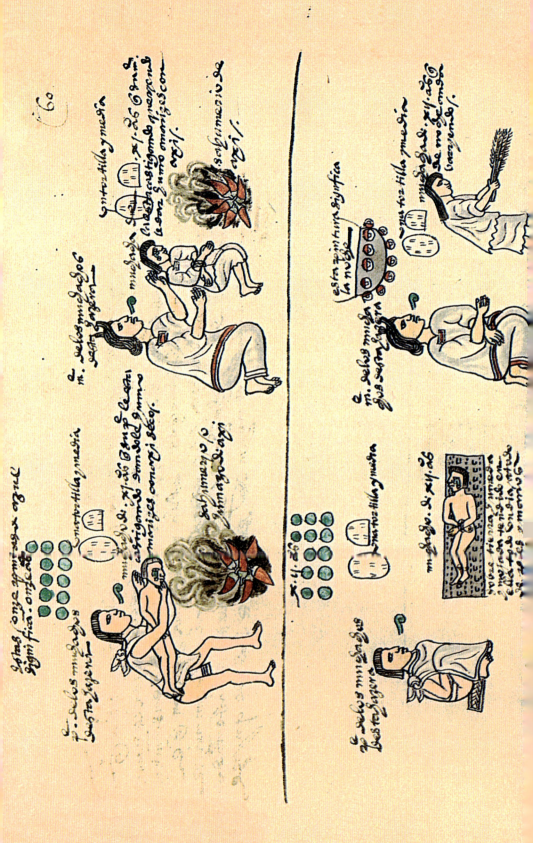

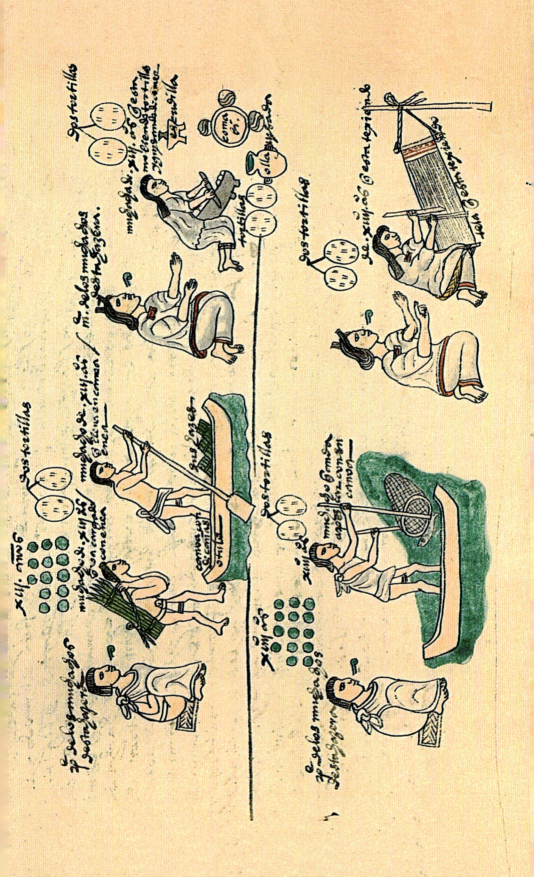

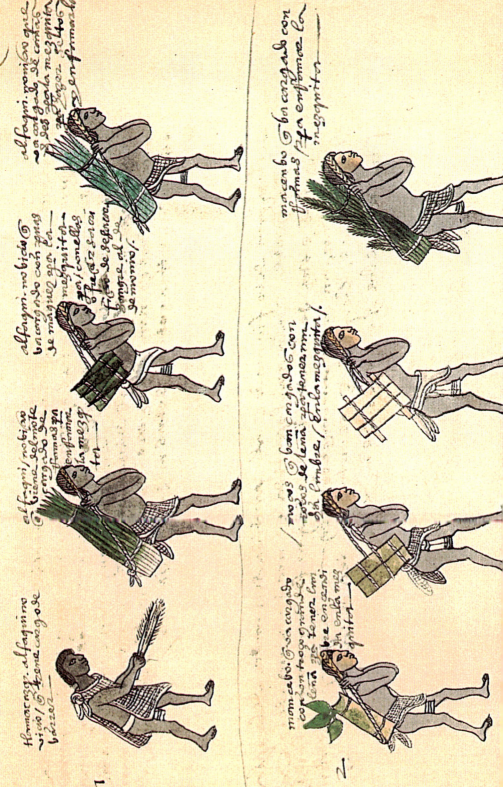

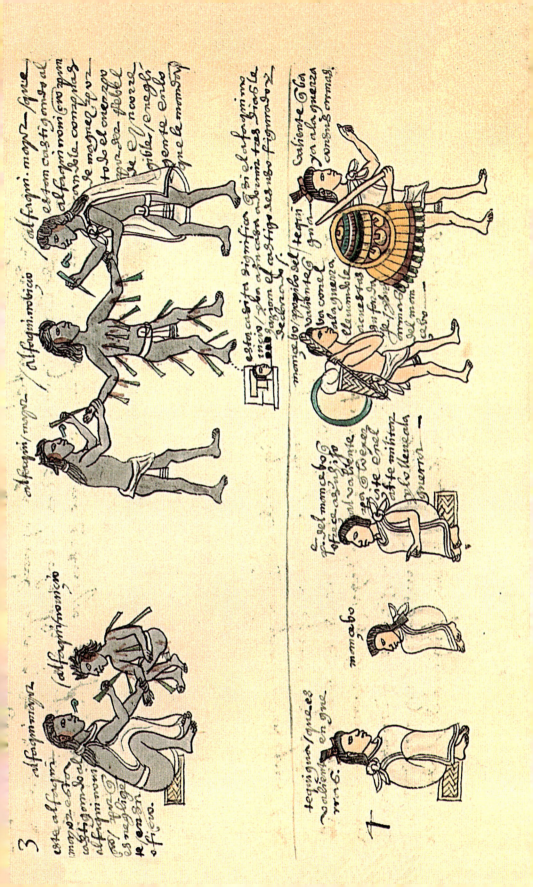

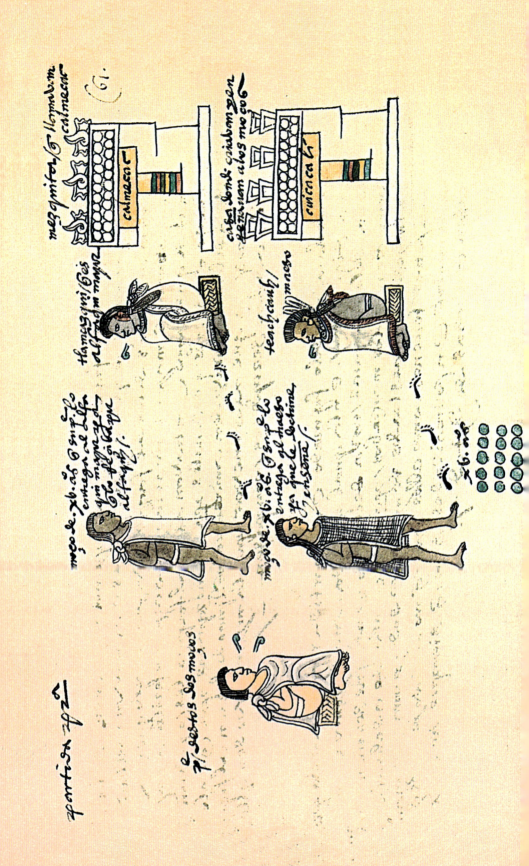

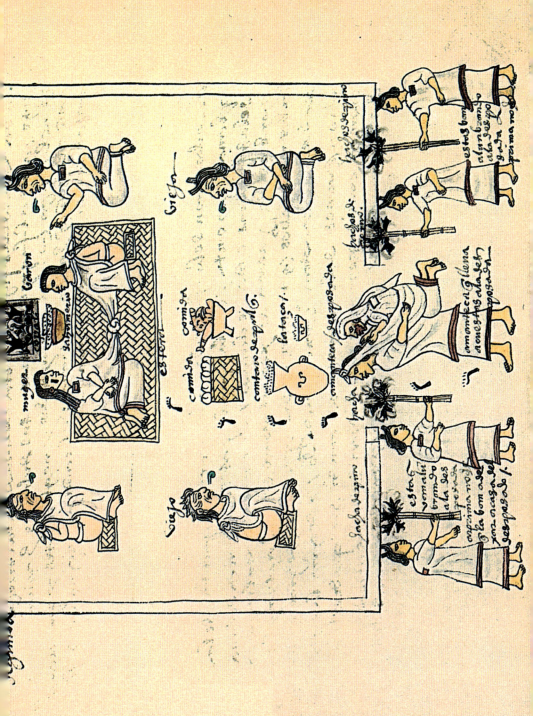

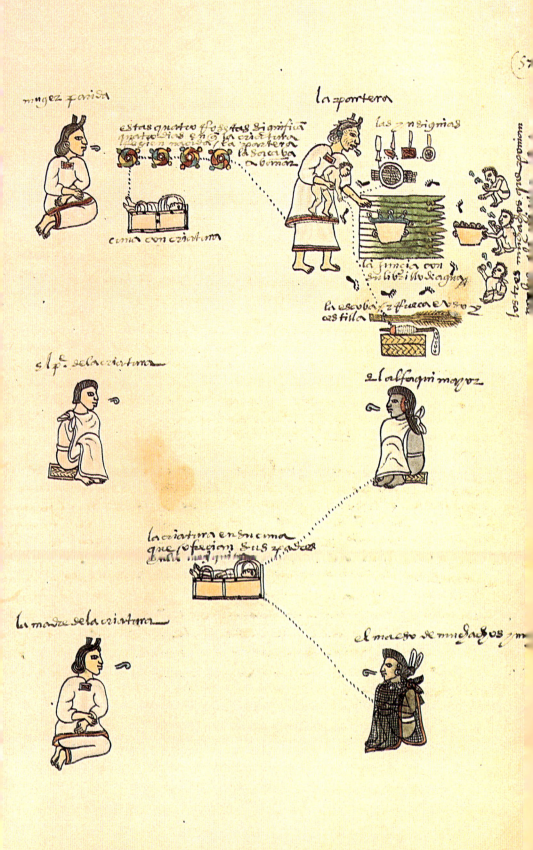

Muito fica por compreender da história demográfica do México no primeiro século da Conquista. Com uma população reduzida a menos de 1,3 milhões no fim do século, não é descabido que no espaço de 80 anos a população antes da Conquista tenha tido tempo de se reduzir a metade, por três vezes, pelo que um número inicial à volta dos 10 milhões parece plausível. É também indubitável que grande parte da catástrofe demográfica se deve às grandes epidemias – em particular as de 1520-21, de 1545-47 e de 1576-80 – ainda que haja indícios, cerca de meados do século, de que a capacidade reprodutiva da população estivesse seriamente comprometida. A particular configuração do México Central, com a grande capital em posição intermédia e com boas ligações ao resto do país, a concentração significativa da população e a sua alta densidade (pelo menos na fase inicial), podem explicar a elevada incidência e a rápida difusão das patologias importadas da Europa. O recrutamento forçado do trabalho e da energia dos índios por parte dos Espanhóis, a sua deslocação territorial, o abandono de modelos tradicionais de produção podem ter sido causas que concorreram para a alta mortalidade registada (e assim também o interpretaram muitos contemporâneos da época). As alterações ambientais introduzidas por homens, animais e plantas de origem europeia contribuíram para a modificação dos modos de vida que, pelo menos transitoriamente, trouxeram novos riscos de sobrevivência. Na segunda metade do século, a uma maior protecção dos índios, imposta pelas *Leyes Nuevas*, corresponderam um aumento da pressão tributária e uma deslocação do trabalho índio para as actividades agrícolas, manufactureiras e mineiras dos Espanhóis. Ao mesmo tempo, a relação entre Espanhóis e índios estava a mudar rapidamente a favor dos primeiros: por volta de 1570 havia cerca de dois espanhóis por cada cem nativos, ao passo que em meados do século XVII não havia mais de dez, e esta tendência não foi de modo algum neutra para a sociedade indígena[85].

Mas de forma geral, as condições dos índios da Nueva España foram melhores do que as do Peru, como reconhecia no final do século Luis de Velasco filho, que fora vice-rei no México e no Peru. O peso da colonização – em termos de tributos, de trabalho, de subordinação aos Espanhóis – foi menos forte no México; todavia torna-se difícil compreender as consequências demográficas deste diferente impacto, excepto que no Peru estimulou um processo muito intenso de migração interna que, ao invés, não ocorreu no México[86].

VII. Os Incas e muitos milhões de súbditos. Um quarto de século de guerras: índios contra índios, Espanhóis contra índios, Espanhóis contra Espanhóis. «Quipos», canetas, tinteiros. Um vice-rei que contabiliza, calcula e age. As epidemias: os modernos falam delas, os antigos ignoram-nas

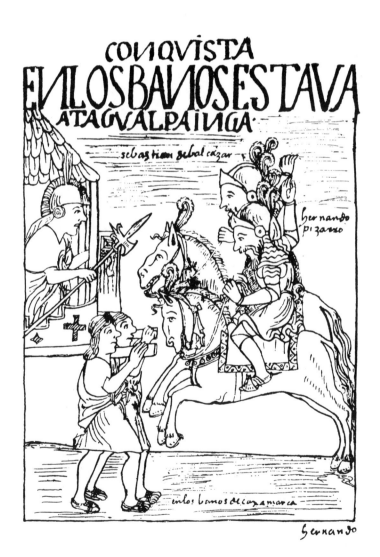

À época da Conquista, o mundo andino governado pelos Incas estendia-se do actual Equador ao deserto do Chile, do Pacífico à parte ocidental da bacia amazónica. Ainda hoje, as fronteiras entre Estados desta vasta parte do mundo são ambíguas e objecto de conflitos e contestação; seja como for, pode dizer-se que a zona de influência dos Incas devia ser próxima dos três milhões de quilómetros quadrados, com uma extensão, de norte a sul, de mais de quatro mil quilómetros, e de várias centenas de este a oeste. Fazer estimativas da população do grande Peru no momento da Conquista é empresa quase impossível, por duas razões concorrentes e sobrepostas. A primeira já foi abordada a propósito do México e é comum a qualquer avaliação que implique um recuo no tempo, para deduzir dos factos conhecidos (as primeiras avaliações feitas com fins fiscais após se ter consumado a Conquista) a situação ignota de algumas décadas antes. A segunda é específica do Peru: na altura da Conquista, violentas guerras de sucessão entre Huascar Capac e Atahualpa, filhos de Huayna Capac, haviam devastado o país e ferido a estrutura demográfica. Muitos dos estudiosos que se aventuraram na empresa referem-se, por isso, à suposta densidade populacional no fim do reinado de Huayna Capac com estimativas que vão de poucos milhões a algumas dezenas, que mais atentas e documentadas investigações estimam hoje, como veremos, próxima dos dez milhões. A ruína demográfica do mundo andino assume, portanto, um perfil diferente daquele característico de outras concentrações demográficas da América: segue, mas também antecede, a Conquista.

O Peru tem uma geografia rica em contrastes, com uma área costeira árida, os altos relevos andinos e o frio planalto no centro, as colinas, as planícies e as florestas tropicais a leste. Três quartos, ou talvez mais, da população do Peru vivia no planalto entre os 3000 e os 4000 metros, ou nos altos vales que sulcam os Andes. A natureza é parca; a criação de lamas e outros camelídeos, o cultivo de alguns cereais menores (*quinoa*) e de batatas foi – e ainda é – o principal recurso local acima dos 3000 metros; em altitudes inferiores começa a ser possível o cultivo de milho. O povo andino estava, portanto, adaptado a grandes altitudes, à escassa disponibilidade de alimentos locais (ainda que integrada no meio de frequentes trocas), à rarefacção do oxigénio e às respectivas consequências bioantropológicas. No que se refere às populações indígenas que viviam em altitudes menores, o desenvolvimento corpóreo é lento, retardado, e o amadurecimento sexual tardio. A escassez de oxigénio determina um forte desenvolvimento torácico em relação ao peso e à altura, e uma elevada capacidade pulmonar e aeróbia. A adaptação fez com que os índios das grandes altitudes tenham, não obstante o ambiente hostil, uma boa capacidade física, além de uma elevada resistência à exposição ao frio. Estudos sobre a população contemporânea do planalto, mas com modos de vida semelhantes aos dos seus antepassados, demonstraram uma boa adaptação à alimentação modesta, rica em hidratos de carbono, característica dos reduzidos recursos agrícolas, e uma boa eficiência do vestuário e do material usado nas habitações contra o stress climático. Estas particularidades são o resultado de adaptações fisiológicas, culturais, e não tanto da selecção genética. Os estudos contemporâneos mostraram outros aspectos, bastante relevantes do ponto de vista demográfico. O primeiro é a alta incidência – associada à rarefacção do oxigénio – das patologias respiratórias: tuberculoses, pneumonias, bronquites e afecções menores. Estas fustigam de forma particular as crianças e representam uma proporção muito elevada das causas de morte. A segunda particularidade é que as infecções gastrointestinais, que são a principal causa de mortalidade infantil nos países tropicais, têm uma baixa incidência nas populações andinas, em que também são menos frequentes as patologias cardiovasculares([1]).

Estas particularidades de adaptação são relevantes para o discurso aqui desenvolvido. A vulnerabilidade às doenças respiratórias – que eram patologias comuns nas populações indígenas, antes do encontro com os europeus – leva-nos a pensar que os níveis «normais» de sobrevivência fossem baixos, tanto antes como depois da Conquista, e que a chegada das novas doenças perturbou durante um breve período, mas não alterou a longo prazo a mortalidade geral. Em segundo lugar, como o delicado equilíbrio de sobrevivência se mantinha através de um complexo processo de adaptação fisiológico e cultural, a sua alteração tinha consequências dramáticas. Tal acontecia quando grupos de indígenas eram deslocados da montanha para a costa, e vice-versa, como ilustram os inúmeros testemunhos dos contemporâneos da Conquista, que, ao invés, elogiam os Incas, que se diz terem grande cuidado na deslocação de populações de um lugar para outro, mantendo-as em condições ecológicas análogas. Alterações mais profundas ocorriam quando guerras e devastações destruíam o delicado equilíbrio entre os magros recursos do planalto e o uso cuidado que deles faziam os habitantes.

O império inca compreendia, além do actual Peru – que a partir de 1563 se identifica *grosso modo* com a *audiencia* de Lima – , o Equador (*audiencia* de Quito) e a Bolívia (*audiencia* de Charcas) e tinha uma população menos densa e bastante mais dispersa do que a do México. Os Incas tinham métodos de registo – sistemas estatísticos, diríamos até algumas décadas atrás, sistemas informativos, dizemos hoje – bastante desenvolvidos. Os instrumentos das suas capacidades de contabilização eram os *quipos*, que o padre Jesus de Acosta descreve como

> memoriais ou registos feitos de cordas que, com nós e cores várias significam coisas diferentes [...] Havia, para tomarem conta destes *quipos* ou memorandos, deputados oficiais [...] que eram obrigados a dar conta de todas as coisas, como os escribas públicos na nossa terra, e como tal devia--se-lhes dar crédito total. Para diferentes assuntos, como factos de guerra, de governo, de tributos, de cerimónias, de terras, havia diferentes *quipos*[2].

Até à época de Acosta – no último terço do século XVI – os índios tinham a sua contabilidade e faziam-na valer em caso de necessidade ou de contestação[3]. Com efeito, «costumavam ter grandes quantidades destes nós e contas, em alguns locais, à laia de registos, como têm os escribas reais nos seus arquivos»[4]. Veremos que em alguns casos esporádicos, a sobrevivência dos *quipos* e a sua utilização em pleno domínio espanhol são bastante úteis para as nossas análises. A capacidade de contabilizar e planificar dos Incas não ficava atrás da dos Espanhóis[5]. Uma vez terminada a fase conturbada da Conquista e da rebelião indígena, cerca dos anos 40, a necessidade de implantar o governo em bases sólidas – eram importantes os critérios para a repartição dos índios pelos *encomenderos* e a avaliação das capacidades tributárias da população – obriga os administradores a uma intensa actividade cognitiva. Já com Pizarro haviam sido feitos diversos inquéritos com o intuito de estabelecer as características geográficas, económicas e demográficas das várias *encomiendas*. São muito poucos os documentos hoje conhecidos, geralmente coligidos com metodologias incertas. Um primeiro esforço de sistematização foi levado a cabo no fim das guerras civis, por volta de 1550, por iniciativa do presidente La Gasca, sob a direcção do arcebispo Loaysa[6]; as *visitas*, ou inspecções, com a bagagem documental, económica e demográfica, continuam nos anos 50; poucas foram recuperadas e estudadas, mas foi feita uma recapitulação em 1561 que chegou até nós. Contudo, foi por iniciativa do vice-rei Francisco de Toledo que se fez uma *visita* (poder-se-ia traduzir por recenseamento) generalizada no vastíssimo território, sobretudo no período de 1572-75; 63 oficiais eclesiásticos e laicos foram encarregados de superintender a delicada operação, que devia identificar os *encomenderos*, o montante e o ajustamento dos tributos, o número dos tributários (homens aptos para o trabalho entre os 18 e os 50 anos), o montante da população sujeita a tributo, com distinção entre casados, solteiros e solteiras, crianças e velhos. Visto que a população estava em declínio e havia uma permanente exigência de revisão da carga tributária imposta, os distritos foram submetidos a novos recenseamentos (*revisitas*) nas décadas sucessivas. Grande parte da documentação chegou até nós e constitui um património cognitivo de grande riqueza que, apesar de ter inúmeros defeitos, nos conduz aos primeiros anos do século XVII. A síntese, por província, das duas contagens (datadas de 1561 e 1591, mas que não têm uma referência temporal precisa) encontra-se na tabela 13. A primeira, a de 1561, redigida ao cuidado do secretário da *audiencia*, refere-se provavelmente às *visitas* efectuadas em finais dos anos 50 (no documento faz-se referência ao «Marqués de Cañete», vice-rei de 1556 a 1561). Trata-se de 397000 tributários, correspondentes a 1,758 milhões de habitantes. Há que ter em conta que algumas categorias eram excluídas (a estirpe inca; a tribo dos *Cañari*), que muitos índios fugiram ou esconderam-se ou, de qualquer das formas, passaram inobservados (sobretudo os *yanaconas*, ou servos das famílias dos colonos espanhóis): um número desconhecido mas seguramente não insignificante. Em 1567, Juan de Matienzo, um alto funcionário que conhecia bem o país, avaliava os tributários (potenciais) em 535000, fazendo referência aos dados de 1561 (que voltou a publicar), integrados – presumimos – com os das províncias não «taxadas» e com os da reaparição dos índios, dado que (na contagem precedente) se «esconderam mais de 200000»[7]. Pode-se, portanto, considerar que a população do grande Peru, entre o fim dos anos 50 e meados da década sucessiva, se situasse entre os 2 e os 2,5 milhões, com um número de tributários compreendido entre as 430 000 e as 530 000 unidades. Mais de metade da população (55%) concentrava-se nas cinco províncias do centro sul de Cuzco, La Plata (ou Charcas, hoje Sucre), La Paz, Arequipa, Guamanca. Elaborando a mais credível documentação da *visita* de Toledo de 1572-75, Cook atribui ao Peru (fronteiras hodiernas, sem o Equador e a Bolívia) em 1570, 260 000 tributários e 1,291 milhões de habitantes: estes números, aplicados ao Peru, deveriam ser redimensionados (em números redondos) para cerca de 400 000 tributários e 1,950 milhões de habitantes; todavia, também a este número se estendem as considerações feitas por Matienzo relativamente a 1561 sobre o carácter incompleto das contagens. O segundo balanço data de 1591, mas este documento também menciona *visitas* efectuadas em anos anteriores e provavelmente, em alguns casos, até mesmo a *visita* original de Toledo no início dos anos 70. Na hipótese de que tivessem passado 30 anos entre as duas contagens e de que ambas padecessem de igual subvalorização da realidade, a população dos tributários diminuiria 22% (com uma diminuição média anual de 0,81%). Mas é possível que a distância média entre as duas contagens fosse menor e que a diminuição fosse mais rápida.

Entre 1560 e 1570, terminadas as guerras civis, estabilizado o país, excepto o último baluarte da independência inca – eliminado em 1572 com a execução de Tupac Amaru –, a população indígena devia andar entre os 2 ou 2,5 milhões. Mas antes? É possível fazer estimativas demográficas da época do contacto, ou mesmo anteriores a essa? Todos os testemunhos e crónicas falam de um desastre demográfico (no capítulo 2 demos conta das observações de Cieza de Léon na sua longa peregrinação das Caraíbas à Bolívia). Mas qual foi o seu alcance, quais as causas e os mecanismos? Uma meia dúzia de autores, como veremos a seguir, baseou-se nas últimas décadas com o intuito de dar ao desconhecido aparências numéricas razoáveis. Mas antes de mencionar os resultados destas tentativas, convém aprofundar alguns casos de que temos informações quantitativas dos Incas e dos quais nos é possível inferir o valor do despovoamento.

Um exemplo bem documentado do despovoamento de uma região reporta-se à tribo Huanca, situada estrategicamente no vale do rio Mantaro, na directriz Lima-Cuzco. A desagregação do império trouxe à luz contrastes tribais e territoriais de que se valeram quer os Espanhóis na Conquista, quer as diversas facções durante as guerras civis. A tribo

Huanca foi tradicionalmente aliada dos Espanhóis desde 1533 e, mais tarde, da facção leal à Coroa no período das guerras civis. Esta aliança traduziu-se num contínuo aprovisionamento de homens, animais, mantimentos e bens de todo o género, de 1533 até à derrota dos rebeldes de Hernández Girón em 1554[8]. Quando o vice-rei Toledo fez a sua *visita* em 1572, recensearam-se os índios tributários da região. As comunidades indicaram o número de tributários na época de Huayna Capac, provavelmente no início dos anos 20, meio século antes. Este número fora meticulosamente arquivado pelos contabilistas nos nós dos *quipos*. O número dos tributários nos três distritos é o seguinte[9]:

	Jatunsausa	Lurinhuanca	Ananhuanca	TOTAL
Época de Huayna Capac	6 000	12 000	9 000	27 000
Visita de La Gasca (1548)	800	2 500	1 700	5 000
Visita de Toledo (1572)	1 200	3 500	2 500	7 200
Var. % (Huayna C./Toledo)	–80,0	– 71,8	–72,2	– 73,3

A quebra terá sido violenta entre 1520 e 1548, com uma boa recuperação posterior. É óbvio que estes números dão apenas uma indicação do máximo que, no entanto, é coerente com a opinião comum de então. Escutemos Cieza de Léon: «Este vale tem um comprimento de catorze léguas e mais ou menos quatro ou cinco léguas de largura. Era muito populoso e quando os Espanhóis ali entraram diz-se, e assegura- -se, que havia mais de 30 000 índios, e hoje duvido que haja 10 000»[10].

Mais a norte, na região de Huánuco habitada pela etnia dos Chupachos, uma *visita* realizada em 1562 permitiu também comparações retrospectivas com visitas anteriores e com a «época dos Incas». O número dos tributários terá descido de 4000 em 1530, para 1 200 em 1549 e para 800 em 1562, com uma redução para um quinto no espaço de pouco mais de 30 anos[11]. Uma história semelhante à que sucede no vale do Yucay – no curso médio do rio Urubamba – vinte quilómetros a nordeste de Cuzco, chamado também «Vale Sagrado», onde havia terras que pertenciam aos Incas e a outros grandes senhores. A documentação refere cerca de 3000 tributários por volta de 1530, que diminuíram para 800 em 1552 e para 780 em 1558. Também neste caso, o grupo tributário se reduziu a um quarto do número original: um desastre comparável ao dos Huancas[12].

O desastre dos Huancas e das outras comunidades supracitadas não se repete em todo lado. Na margem ocidental da *laguna de Chucuito* (o lago Titicaca), a mais de 3800 metros de altura, todo o distrito é sub-

CONQUISTA

metido em 1567 à minuciosa inspecção do enviado real Garci Diez de San Miguel[13]. Durante a longa inspecção, que durou vários meses, apareceu como testemunha, diante de Garci Diez e do seu escrivão, Francisco López

> Don Martin Cari, cacique principal da *parcialidad* Anansaya, levou consigo alguns fios de lã enodados que disse serem o *quipo* com as contagens dos índios tributários que havia na província de Chucuito, e que o dito *quipo* era o último que fora feito no tempo dos Incas, e, portanto, lendo o citado *quipo* e as contagens, que jurou na forma prescrita serem fiáveis e verdadeiras, fez a seguinte declaração[14].

Em duas folhas está transcrito o número dos tributários de etnia aymará e uru (estes eram pescadores considerados de baixa condição social) nas sete aldeias do distrito, cujo número pode ser comparado com o resultante da visita efectuada em 1567[15].

Índios tributários nas sete aldeias do distrito de Chucuito			
	Aymará	Uru	TOTAL
Na época dos Incas	16 156	4 119	20 275
em 1567	11 622	3 782	15 404
Var.% (1567/Incas)	– 28,1	– 8,2	– 24,0

Uma diminuição de menos de um quarto em 40 anos não é, portanto, uma quebra. Naturalmente, também no caso de Chucuito surge o problema da natureza do «tributário», cuja definição na época espanhola (um adulto válido entre os 18 e os 50 anos) não pode ser transposta automaticamente para a época dos Incas[16]; no fundo coloca-se o problema de como se poderia identificar quem eram os que ficavam isentos, reconhecer as eventuais evasões e as dimensões das famílias dos tributários com a finalidade de, a partir delas, fazer avaliações da população total. Discussões filológicas indispensáveis, mas às vezes não essenciais quando se tenta responder à pergunta: após a Conquista houve uma catástrofe, quebra, diminuição ou estabilidade? Categorias para as quais a exactidão dos números não é indispensável, uma vez estabelecido que as fontes não são fantasiosas. Na província de Cajamarca (no antigo «Reino de Guzmango»), um litígio entre *encomenderos* levou a uma visita minuciosa às 43 aldeias da região em 1571-72 (completada, em quatro delas, em 1578), com um total de 5008 tributários. Esse número foi confrontado com os 3493 tributários resultantes de uma das primeiras visitas feitas em 1540 por ordem de Pizarro e que levou à constituição de uma *encomienda* que deu origem a um litígio. Neste caso, ter-se-á verificado um aumento significativo, bastante suspeito, para o período em que terá ocorrido se não fosse justificado pela possível evasão provocada pelas modalidades observadas na contagem (em 1540 recolheram-se informações junto dos caciques, em 1571-78 através das *visitas* casa a casa)[17]. Recordamos este caso não tanto para indicar uma variação da norma, quanto para sublinhar a delicadeza das comparações. Por último, na província dos Yauyos, na zona central do país, segundo o relatório geográfico de 1586 terão existido 10 000 tributários na época da Conquista, mas ter-se-ão reduzido, segundo a *visita* de Toledo, a cerca de 7000[18].

Alguns autores tentaram estender ao Peru os poucos casos de despovoamento aqui recordados, para deduzir a população pré-europeia, partindo da aceitação das estimativas por volta de 1560-70. É verdadeiramente uma empresa árdua, porque os casos são poucos, dizem respeito a poucos milhares de tributários, exprimem dados duvidosos relativamente à época dos Incas, enfim, trata-se de estimativas baseadas em fundamentos muito frágeis. Para Rowe, 6 milhões; para C.T. Smith, 12,1; para Nathan Wachtel, 11,2. Cook, que trabalhou com muito cuidado, levanta um grande número de hipóteses (que se reportam ao actual Peru), chegando a valores compreendidos entre os 4 e os 10 milhões; no fim, acaba por dar como mais plausível o número de 9 milhões, correspondente a 13-14 milhões para o grande Peru. Daniel E. Shea calcula valores mais baixos (2-2,9 milhões), remetendo as taxas de despovoamento observadas na última parte do século para a época do pré-contacto. Por seu turno, Henry Dobyns, com base na hipótese completamente arbitrária de uma taxa de despovoamento (associada ao colapso epidemiológico) entre 20 e 25%, chega a um intervalo de 30-37,5 milhões[19]. Em vez de tomar partido por uma ou por outra estimativa (aquelas aqui apresentadas estão, umas em relação às outras, na proporção de 1 para 19), é mais produtivo analisar alguns dados concretos para aprofundar o conhecimento das possíveis tendências nos 30-40 anos anteriores a 1560.

A população de Chucuito, em 1567, foi contabilizada segundo o sexo, o estado civil e alguns grupos etários; os dados recapitulativos (Aymarás e Uros reunidos) estão representados na tabela 14, juntamente com alguns relatórios especificados no quadro. Os relatórios devem ser

CONQUISTA

interpretados com a maior cautela possível: a idade era certamente calculada a olho; as categorias de casados, viúvos, solteiros ou solteiras forçavam, nas definições próprias da Espanha cristã, situações, categorias diferentes e mais fluidas da comunidade indígena; as omissões são sem dúvida frequentes. Mas alguns elementos saltam à vista e são coerentes com uma população em declínio, se não mesmo em queda. O primeiro é constituído pela baixa relação entre homens e mulheres: um valor inferior a 80 homens para 100 mulheres, que concorda perfeitamente com a maior mortalidade dos homens durante o quarto de século das guerras, mas também concorda com a sua eventual emigração, quer para as cidades dos Espanhóis, quer para outras zonas, com a finalidade de evitar a carga tributária. Um outro elemento é o escasso potencial reprodutivo, que se pode avaliar pela baixa proporção de cônjuges em idade reprodutiva (44% de homens e 33% de mulheres) e pelo elevado grau de celibato (um em cada cinco cônjuges; a nubilidade não se pode calcular, mas era seguramente mais alta dada a escassez de homens). Todavia, os núcleos familiares tinham um número de filhos sobreviventes compatível com a alta mortalidade e uma normal reprodutividade dentro do casamento (há, em média, 2 crianças e adolescentes dos zero aos 16 anos por cada cônjuge em idade reprodutiva e cerca de 1,5 por tributário). Mas a natalidade, dado o escasso peso relativo de cônjuges em idade fecunda, devia ser moderada, como testemunha a baixa proporção de jovens na população (37%). Em nota[20] estão expostas as razões, resultantes de uma análise demográfica elementar, que justificam as considerações enunciadas. Considerações não muito diferentes podem ser feitas acerca da população dos Chupachos (Huánuco), em 1562 (baixa relação entre os sexos, baixa proporção de mulheres casadas, celibato e nubilidade elevados), embora a proporção dos jovens, relativamente elevada, pareça pouco compatível com uma população em declínio.

Regressemos à época da organização definitiva do poder espanhol no Peru; da consolidação administrativa e económica; da derrota definitiva da última resistência inca; da entrada na vida social dos filhos dos primeiros conquistadores e de uma geração indígena que nasceu e cresceu sob o domínio espanhol. Por volta de 1570, o grande Peru devia ter cerca de 400 000 tributários e quase 2 milhões de habitantes. Noble D. Cook estimou a população do Peru, de acordo com as actuais fronteiras, até 1630, e indicamos os seus valores (veja-se a tabela 15) para 1570 e 1600. Seleccionamos estas duas datas, uma porque estava perto do período das *visitas* de Toledo, que cobrem quase todo o território no início dos anos 70, e outra porque *visitas* e *revisitas* eram frequentes e

173

comuns em finais do século XVI e inícios do século XVII. Por isso, as estimativas baseiam-se em dados sólidos. Após 1600, têm uma base menos segura: o aumento de forasteiros (índios que se evadem ao tributo emigrando das comunidades de origem) torna as estimativas menos fiáveis. Em todo o país, entre as duas datas, há uma diminuição de cerca de um terço da população peruana – o declínio é muito mais rápido do que na serra: 50% em vez de 30%. Numa base anual, a diminuição estaria perto de 1,4%. Uma taxa talvez demasiado alta, se se tiver em conta o aumento de forasteiros que escapavam à contagem (além dos que fugiam sistematicamente à contagem, como muitos testemunharam), que deveria ser redimensionada, como argumentaremos mais adiante. Assim, depois de um quarto de século de indubitável catástrofe por guerras e motins, e uma ou duas décadas de relativa calma, o último terço do século XVI determinou um elevado declínio, mas não uma queda.

Respeitando os critérios de comparação e analisando os dados da *visita* de Toledo recolhidos por Cook e os das *revisitas*, recolhidos por Vásquez de Espinosa e referentes a datas variáveis (mas concentrados em torno de 1602, segundo a minuciosa reconstrução do próprio Cook), chegamos à tabela 16. Esta reporta, conjuntamente com alguns relatórios característicos, o número dos tributários, das crianças e dos adolescentes (*muchachos*) com menos de 18 anos, dos velhos (*viejos*) provavelmente acima dos 50 anos (que incluem os doentes) e das mulheres de todas as idades, para uma amostra de 146 dos 550 *repartimientos*, incluídos em 24 distritos (os distritos, ou *corregimientos*, eram 50 ao todo) com mais de metade da população. As *visitas* de Toledo foram efectuadas em três casos em cada quatro em 1602 (com dispersão das outras na década anterior e naquela posterior). Entre os dois levantamentos decorrem (em média) 29 anos, durante este período a população diminuiu a uma taxa média de 1,25% por ano, ao passo que o número dos tributários desceu a uma taxa ligeiramente menor (–1,06), e, portanto, dividiu-se o número médio de pessoas por tributário (de 5,16 a 4,88). O elemento estrutural de maior relevo é o défice da população masculina, sobretudo acima dos 18 anos, em 1572 (apenas 76 homens por cada 100 mulheres; um défice generalizado que abrange 21 dos 24 distritos). A explicação deste défice não é simples: poderia resultar das fortes perdas nos inúmeros conflitos; da maior ocultação de homens do que mulheres nas *visitas*; da sua incorporação nas casas dos Espanhóis como *yanaconas*.

As baixas em conflitos é uma razão forte, mas talvez não suficiente porque dizia respeito essencialmente aos que, em 1573, tinham mais de 45-50 anos, isto é, uma parte da população não superior a 20%. Todavia, o facto de o défice dos homens estar ligado aos acontecimentos dramáticos dos anos 30 e 40 é demonstrado também pelo significativo aumento percentual dos idosos entre 1573 e 1602, e da simultânea diminuição proporcional dos *muchachos* (com menos de 18 anos). Nos 30 anos que estamos a analisar – seguramente fustigados por muitas epidemias – reconstitui-se uma estrutura etária menos afastada da normalidade intrínseca ao regime demográfico predominante. Há ainda que sublinhar a relação entre os jovens com menos de 18 anos e as mulheres com mais de 18 que, em 1573 tal como em 1602, parece «normal» no contexto de um regime de elevada mortalidade, sendo um possível indicador de uma adequada reprodutividade.

Considerando os 24 distritos que, com rigor lógico, são comparáveis às duas datas de 1573 e de 1602, obtêm-se outras informações interessantes deduzíveis da figura 5a. Por exemplo, nos 30 anos considerados, existe uma boa correlação entre a variação da população e a variação dos tributários, uma relação previsível, mas que confirma a substancial credibilidade das contagens. Menor, mas ainda assim positiva, é a relação da proporção população/tributários nas duas datas: a proporção média anda à volta do valor clássico 5 (figura 5b). Existe pois uma estreita relação negativa, quer em 1573 quer em 1602, entre o valor do défice de homens face às mulheres e a proporção população/tributários. Esta relação (quanto maior o défice de homens, mais alta a proporção, e vice-versa) tem uma explicação, pelo menos parcial, de natureza mecânica. Pelo que, por uma razão selectiva (eliminação violenta, fugas), os homens válidos (tributários) escasseiam, mas as outras categorias (jovens, idosos ou mulheres) não sofreram de imediato igual redução e, por essa razão, a proporção população/tributários é necessariamente alta.

As populações peruanas na época pré-hispânica estavam seguramente acostumadas à mobilidade. A imponência da rede rodoviária dos peruanos é um testemunho extraordinário da sua capacidade de deslocação. Os Incas costumavam fixar grupos de colonos (*mitimaes*) nas zonas conquistadas para consolidar o seu domínio nos novos territórios. O sistema de migração, mais ou menos forçado, imposto pelos Incas sobrepunha-se a um regime subjacente muito articulado, que foi definido «sistema de controlo vertical de um máximo de planos ecológicos» por parte das várias etnias. É este o caso, por exemplo, do reino dos Lupacas, um grupo fixado na bacia de Titicaca (distrito de Chucuito) que tinha cerca de 100 000 habitantes na altura da chegada dos Espanhóis. A organização económica e social dos Lupacas, a quase 4000 metros de altura, sustentava-se com algumas culturas básicas (*quinoa*, batata) e implicava um controlo das trocas e do armazenamento de provisões. Incluía o controlo de grupos lupacas, fixados nos vales que desciam em direcção à costa, a centenas de quilómetros de distância, onde se cultivava algodão e milho, que complementavam as produções do planalto. Em outros casos, os grupos originários eram bastante menos numerosos e controlavam pequenas povoações a poucos dias de caminho, quer a alturas superiores – para o pasto – quer a altitudes inferiores, para o cultivo da coca, do algodão, para a produção de sal e de outras coisas. Seja como for, a particular configuração geográfica do país, habitado desde a costa até aos 4000 metros de altitude, tirava proveito do controlo de recursos que não se podiam obter no centro das povoações. Os habitantes das povoações secundárias mantinham os seus direitos e as suas habitações nos núcleos centrais originários. Este sistema integrado implicava seguramente uma mobilidade significativa, sobretudo «vertical», entre as baixas altitudes e a montanha, entre a costa e o planalto.

Na época hispânica, estas prerrogativas não desapareceram, embora tenham sido em parte destruídas ou limitadas pela reorganização do povoamento de Toledo, na medida em que as reduções alteraram a organização interna. Todavia, muitos factores contribuíram para manter a alta mobilidade: a fundação de cidades pelos Espanhóis (Lima, em primeiro lugar) implicou grandes deslocações de índios para o transporte e serviço; a imposição da *mita* em lugares de minas importantes como Potosí, Huancavelica ou Castrovirreina, mantém em constante movimento dezenas de milhares de indivíduos; as guerras operaram contínuas transferências maciças de pessoas para a comitiva dos exércitos e expulsaram outras para longe dos seus percursos, fora do alcance da violência e dos saques. Tanto que no final das guerras civis, Pedro de La Gasca escrevia ao Conselho das Índias que os índios «deixam os montes e os seus esconderijos e regressam às suas aldeias [...] e fazem os seus cultivos na proximidade das estradas e não fogem, como costumavam fazer, do caminho dos Espanhóis, pelo contrário, começam a aproximar-se deles e a vender-lhes o que têm»([21]). A mobilidade, porém, opõe-se a qualquer tentativa de contabilizar a população e, neste caso específico, às contagens feitas ao longo das *visitas*.

As *visitas*, por muito minuciosas que fossem as instruções dadas aos funcionários e por muito conscienciosos que esses fossem, tinham

CONQUISTA

margens desconhecidas de aproximação. Dadas as finalidades fiscais da contabilização dos tributários, havia um interesse generalizado em escapar à contagem. Muitos índios tributários fugiam das suas comunidades e fixavam-se noutras províncias: perdiam, deste modo, o direito à terra, mas, ao mesmo tempo, enquanto forasteiros não estavam sujeitos ao imposto e à *mita*. As fugas foram um problema constante nas zonas sujeitas à *mita* das minas. Além disso, desde a chegada dos Espanhóis, muitos índios permaneceram na sua comitiva, nas suas casas e quintas como *yanaconas*. Embora segundo as disposições de Toledo estivessem sujeitos ao tributo, na verdade escapavam quase sempre. Por outro lado, ocultações, migrações e transições também aumentaram nas últimas décadas do século XVI, porque o montante do tributo estabelecido pelas *visitas* de Toledo, no início dos anos 70, se dividia por um número decrescente de tributários em virtude do declínio da população, agravando-se gradualmente. Por isso, é provável que as contagens do fim do século e do início do século XVII fizessem crer num declínio mais forte do que o real em relação às *visitas* de Toledo, no início dos anos 70.

A ocultação dos índios sujeitos a tributo, e das suas famílias, era um facto bastante comum do qual há vários testemunhos. Na visita de Chucuito, várias vezes citada, os dois caciques principais, don Martin Cari e don Martin Cusi, dão testemunhos coincidentes embora por diferentes motivos. Existiam ocultações desde o tempo dos Incas, se bem que estes o atormentassem (Martin Cari) e os Incas fizessem visitas «muito rigorosas matando e atormentando os índios» (Martin Cusi); haviam ocorrido seguramente ocultações na *visita* corrente e muitos índios foram escondidos aos inspectores em todas as aldeias[22]. Nos decretos de Toledo para a província de Charcas diz-se claramente: «Poderia acontecer que os caciques principais dos departamentos omitissem alguns índios ou índias dos *ayllus* sujeitos a tributo»: quem os descobrisse e denunciasse seria premiado[23].

Mas mais do que as ocultações, foram as migrações das comunidades de origem o fenómeno mais relevante. Sánchez-Albórnoz mostrou, em dez sectores do Alto Peru (Bolívia), a relevância crescente do fenómeno, entre 1573 e 1683 (contagem do vice-rei Palata). A *visita* de Toledo não faz referência à categoria dos forasteiros não sujeitos a tributo, na medida em que todos deviam estar inscritos numa comunidade. Um século depois, 12 138 (45%) dos 26 696 adultos não eram naturais da comunidade, sendo, portanto, forasteiros não sujeitos a tributo. Segundo o autor, nessa mesma data, os forasteiros eram metade da população das 16 províncias sujeitas à *mita* de Potosí (veja-se o mapa 8), mais Arequipa e Cuzco, isto é, metade do país[24]. É duvidoso que esta categoria tenha sido incluída nas contagens após a contagem geral de Toledo. A preocupação dos governantes com a redução da massa tributária por causa da migração era contínua e profunda, da mesma forma que os remédios propostos eram tão numerosos quanto ineficazes[25]. No relatório ao seu sucessor, conde de Monterrey, o vice-rei Luis de Velasco destacava que na província de Chucuito se haviam contabilizado menos 5000 tributários do que na última *visita* e que as imensas fugas eram a causa principal de tal diferença[26]. Muitos índios acabaram nas terras dos *encomenderos* como servos (*yanaconas de chacara*) encarregados dos cultivos e da criação, deixando as suas comunidades de origem, particularmente na *audiencia* de Charcas. Visto que a sua actividade produtiva era essencial para o abastecimento alimentar da populosa Potosí, o próprio Toledo tolerou que não fossem reenviados para as comunidades de origem, como deveria ser[27]. Acrescenta o vice-rei Velasco no relatório anteriormente citado:

> E nestas terras se fixaram desde aqueles tempos até hoje muitos mais índios, por vontade deles ou porque foram atraídos pelos proprietários, denominando-os *yanaconas*, por fugirem da *mita* das minas e [da *mita*] de outras funções, a que estavam submetidos nas suas aldeias, das quais fugiram, na medida em que dizem ter uma vida melhor e menos trabalho nestas terras; o que faz com que as províncias acima [do Alto Peru] fiquem despovoadas, pelo que a obrigação da *mita* recai sobre os poucos índios que ficaram e que, por este motivo, se consomem rapidamente como demonstra a experiência.

O número dos *índios de chacara* na *audiencia* de Charcas situar-se-ia, no período entre 1560 e 1570, entre os 30 000 e 50 000; no início do século XVII, segundo uma investigação do auditor don Francisco Alfaro, o número terá triplicado ou quadriplicado[28].

As considerações anteriores dificilmente se podem traduzir em estimativas numéricas úteis para a análise demográfica. Todavia, justificam a hipótese de a taxa «aparente» de declínio demográfico, nos últimos trinta anos desse século, poder ser reduzida em algumas décimas relativamente às estimativas anteriormente recordadas (1,2-1,4% como acima referimos).

Sintetizando as linhas gerais que conduziram à mudança demográfica durante o século XVI, resultante da análise dos dados existentes, podemos dizer o seguinte:

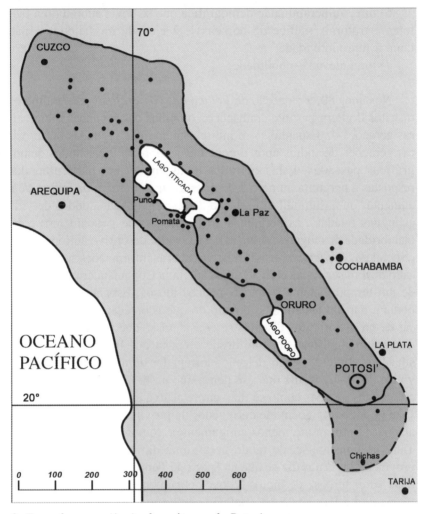

8. *Zona de proveniência dos* mitayos *de Potosí*.

1) 25 anos dramáticos desde a morte de Huayna Capac até ao fim dos anos 40, início dos anos 50;

2) 10 ou 20 anos de intervalo na queda, e talvez de retoma;

3) uma fase de forte declínio, mas não de quebra, no último terço de século;

4) uma maior vulnerabilidade das zonas costeiras em relação à serra;

5) um forte défice de homens, por motivos sociais e de violência;

6) uma vulnerabilidade demográfica que se devia sobretudo a factores estruturais (défice de homens) e à elevada mortalidade e não tanto à reprodutividade;

7) uma elevada mobilidade.

Nos anos 80, a redacção de *Relaciones Geográficas* para inúmeros distritos do Peru permite conhecer as opiniões das segundas ou terceiras gerações de Espanhóis – e indirectamente das segundas ou terceiras gerações de índios após o contacto – sobre as vicissitudes demográficas passadas. Estas opiniões deduzem-se, em particular, das respostas à pergunta número 5 do questionário (número de índios, se a aumentar ou a diminuír em relação a épocas passadas, modos de vida e línguas faladas), às perguntas 16 (tipologias de povoamento) e 17 (salubridade dos lugares, doenças)[29]. O valor descritivo antropológico e social das *Relaciones* é significativo, mas as informações sobre o passado devem ser vistas com alguma cautela: a Conquista era agora coisa de um tempo distante e apenas poucos idosos, Espanhóis ou índios, podiam dar um testemunho directo do que acontecera na altura. Apesar de na maioria dos distritos se considerasse que a população havia diminuído significativamente desde a época dos Incas, não faltavam situações atípicas. Diego Brizeño, corregedor durante 13 anos na província dos Yauyos, diz que «se pensa que nesta não tenham desaparecido tantas pessoas como se diz» em relação à época passada; e assim Juan de Ulloa, também ele corregedor da província de Collaguas, que afirma: «Eram muito menos antigamente e sempre se multiplicaram». Todavia, constata-se, de modo geral, uma diminuição acentuada; na província dos Soras diz-se que na época de Tupac Inca Yupanqui, havia mais «dois terços» de índios do que actualmente; assim como na província de La Paz, onde era «opinião comum que na antiguidade havia mais índios»; ou na de Vilcas Guaman – «houve índios nesta província em muito maior quantidade do que há agora»[30].

Em 20 *Relaciones*, 16 dão o número dos índios em diminuição, três a aumentar, duas não se pronunciam. Um aspecto bastante interessante das *Relaciones* diz respeito à explicação das causas da dinâmica demográfica. Em muitos casos, atribui-se a descida às «enfermidades», à varíola e a outras doenças. Está fresca a memória das epidemias que haviam atingido várias partes do país nos últimos 20 anos. Mas em casos igualmente numerosos – junta ou independentemente das crises epidémicas – atribui-se explicitamente o declínio, ou a quebra, ao longo estado de guerra predominante no país. Relativamente à província dos

Yauyos, Diego Brizeño afirma que foi «atormentada e molestada e daqui se levaram muitas pessoas na altura das guerras civis que houve neste reino entre os Espanhóis, pois os exércitos que a atravessavam recrutavam pessoas para o serviço dos acampamentos e, como eram pessoas com queda para a guerra, iam de bom grado para o serviço dos ditos exércitos e acampamentos»; ou que na província de Guamanca (Ayacucho), os índios «se desgastaram muito com as guerras e iam diminuindo cada vez mais»[31]. Voltaremos ao tema nas próximas páginas.

Nathan Wachtel resumiu e catalogou as respostas de 21 *Relaciones* referentes às variações do número dos índios, às suas condições de saúde e à sua longevidade entre a época dos Incas e a contemporânea dos relatórios[32]:

	Aumento ou melhoramento	Diminuição ou agravamento	Nenhuma variação	Nenhuma indicação	TOTAL
Número de índios	3	16	0	2	21
Condições de saúde	2	6	1	12	21
Tempo de vida	0	6	0	15	21

Das *Relaciones Geográficas* extraem-se também informações interessantes sobre o processo de «redução» da população que, dispersa ou agrupada em modestos núcleos, é agregada em grupos mais amplos, em aldeias planificadas e ordenadas: com estradas em xadrez, praça central, igreja e edifícios públicos. É um processo que abrange toda a América hispânica no decorrer do século XVI e é uma preocupação constante da Coroa, do Conselho das Índias, dos vice-reis, das personalidades eclesiásticas e administrativas[33]. Preocupação que tinha pelo menos três componentes: uma política, melhor controlo de uma população tradicionalmente habituada a viver espalhada em enormes e, muitas vezes, impérvias extensões de terra; uma religiosa, para assegurar a sua conversão e endoutrinação; e uma económica, relativa à identificação dos tributários e à recolha dos tributos. No Peru, este processo foi acelerado por Toledo, que encarregou os funcionários responsáveis das *visitas* de 1572-73 de lançar as suas bases. As complexas instruções dadas por Toledo aos *visitadores*, para os seus reconhecimentos, contêm cláusulas que dizem respeito à redução dos índios. Integram os princípios gerais que deviam informar esta gigantesca operação: a obrigação de identificar os lugares adequados, concentrar a população no menor número possível de aldeias, traçar o plano da aldeia, com estradas e quarteirões em xadrez, regras para a construção das habitações, que deviam ser providas de uma espécie de camas para evitar que os índios dormissem no chão, e para a construção da casa do cacique principal; a proibição de desapossar os índios dos campos nas zonas de proveniência; a regra de construir as aldeias longe dos templos e dos lugares de culto tradicionais; a transferência dos índios para as novas aldeias; a ordem de demolir as suas habitações originárias[34]. No fim do seu mandato, em 1581, Toledo alonga--se sobre o tema na *Memoria* a Filipe II, recordando que era impossível confinar os índios à vida cristã e política «enquanto eles permanecessem fixados nas estepes e nos vales íngremes, em relevos e montes onde estavam dispersos e escondidos, para escapar aos contactos e às relações com os Espanhóis, que odiavam». Para Toledo, as *visitas* em todos os cantos do reino – o próprio Toledo fez grande parte delas nos anos de peregrinação («gastos quase cinco anos nesta *visita* geral e nas extraordinárias») – deviam ter «como objectivo principal o de limitar e agregar os índios em aldeias, em zonas e lugares que [os *visitadores*] pela sua visão directa considerassem convenientes, respeitando o clima a que estavam habituados». E ainda:

> Não era possível endoutrinar estes índios nem fazê-los viver em ordem política sem retirá-los dos seus esconderijos, para que isso fosse possível, como se fez, transferimo-los e conduzimo-los para aldeias e lugares públicos e traçaram-se estradas em xadrez, segundo o plano das aldeias dos Espanhóis, pondo as portas [das casas] viradas para a estrada por forma a serem vistos e visitados pela justiça e pelos sacerdotes, tendo sempre como objectivo que estas reduções fossem feitas nos melhores sítios do distrito onde houvesse um clima idêntico àquele onde moravam antes e que as novas aldeias tivessem um número de tributários suficiente para sustentar um ou dois sacerdotes para a obra de endoutrinação[35].

A transferência da população «foi uma empresa colossal que envolveu um milhão e meio de pessoas. Nunca foi perfeitamente estudada, mas foi obviamente realizada, pelo menos no Sul do Peru, onde o próprio vice-rei estava no local para solicitar a obra»[36]. É a conclusão de Hemming, com a qual podemos concordar, embora seja impossível saber quantas pessoas estiveram envolvidas. As *Relaciones* dão várias indicações: o já citado Brizeño refere 200 aldeias, reduzidas a 39; a população média, por conseguinte, terá passado de 150-200 habitantes por aldeia para 900-1000 após a operação. Segundo informações mais antigas (de 1557), na província de Guamanca, no final dos anos 40, ter-se-á já procedido a uma primeira redução de cerca de 22 000 tributários em 252 aldeias das 676 iniciais. Nos distritos de Moquega e Arica, na costa meridional, Juan Maldonado de Buendía referiu que criou 22 aldeias a partir de 226 povoações; na já mencionada *visita* de Garci Diez de San Miguel a Chucuito afirma-se que, na província e nas zonas costeiras de Sama e Moquega, havia 280 aldeias, reduzidas a 58 por ocasião da *visita* [37]. Na província dos Pacajes, entre o lago Titicaca e La Paz, as informações recolhidas pelo *visitador* Juan de Ulloa – que, como sucedia frequentemente, também era *corregidor* – permitem-nos construir o seguinte quadro [38]:

Distritos	Aldeias		Tributários por aldeia	
	pré-redução	pós-redução	pré-redução	pós-redução
Callapa	9	3	136	409
Caquingora	–	–	–	–
Coaquiauire	23	1	65	1500
Machaca	15	3	133	667
Tiaguanaco	10	1	80	800
Guaqui	6	1	200	1200
Viacha	10	2	80	400
TOTAL	73	11	114	757

A operação nem sempre foi bem sucedida. Em diversos casos, os índios tentaram voltar aos seus lugares de origem, muitas vezes distantes da nova aldeia; lamentaram-se da insuficiência das terras à disposição, ou da distância dos cultivos das antigas residências; sofreram problemas de ambientação, ou, seja como for, acharam que a mudança das condições de vida foi negativa. Importa ainda referir que a Conquista e, mais tarde, as guerras civis perturbaram a organização de povoamento tradicional, provocando fugas em massa do domínio castelhano. O projecto de Toledo foi também uma obra imponente de normalização: as reduções e a criação de uma rede de novas cidades espanholas tiveram consequências relevantes na geografia do povoamento. Do ponto de vista epidemiológico, é possível que o processo de concentração demográfica tivesse algum efeito. Quando uma patologia – suponhamos a varíola, ou o sarampo – era novamente introduzida numa região, pode conjecturar-se que a velocidade de difusão e a proporção da população atingida fosse maior após o processo de redução do que antes. Todavia, há que dizer que as aldeias estavam bastante distantes umas das outras no vasto território e, portanto, a transmissão das infecções ficava sujeita ao risco de raros contactos. As aldeias «reduzidas», além disso, tinham sempre dimensões modestas e uma parcela desconhecida, mas seguramente grande, de população continuava a viver dispersa; mesmo as cidades maiores não tinham população suficiente para alimentar novas patologias sob forma endémica. Por isso, há dúvidas de que o processo de difusão das epidemias, assim como o impacto das mesmas, tenha sido acelerado pelas transformações propostas por Toledo.

Ao contrário do México, onde a campanha vitoriosa de Cortés foi seguida por uma pacificação que não deixou vestígios de confrontos violentos, excepto na instável fronteira do Norte, a conquista do Peru enquadra-se numa violenta guerra civil indígena, desencadeou uma vasta rebelião e instalou uma longa guerra entre facções espanholas. Após a morte de Huayna Capac (que ocorreu, pensa-se, entre 1525 e 1527), a luta de sucessão entre os filhos Huascar, elevado ao trono em Cuzco e reconhecido pela parte do centro sul do império, e Atahualpa, senhor de Quito e apoiado por um poderoso exército, conclui-se com a vitória deste último, a morte de Huascar, o extermínio do seu clã e o regresso do exército invasor ao norte. Estamos em 1532, ano do desembarque decisivo de Francisco Pizarro, que penetra em direcção ao interior acompanhado por 72 cavaleiros e 106 soldados de infantaria, até ao encontro com Atahualpa em Cajamarca e a sua captura e encarceramento. Em Novembro de 1533, a expedição de Pizarro entra em Cuzco, e no início do ano seguinte a resistência organizada é derrotada. O jovem Manco Capac, colocado no trono de Cuzco pelos Espanhóis como inca fantoche, cedo se rebela; a insurreição espalha-se no império e culmina com o cerco de Cuzco pelos Espanhóis e seus aliados. Só em 1539 é que a insurreição é aplacada e Manco é expulso e confinado ao inacessível vale de Vilcabamba. Desde 1538 que rebentara o conflito entre os dois velhos parceiros e aliados, Francisco Pizarro e Diego de Almagro, e entre os seus seguidores, e após a morte dos protagonistas, o irmão de Francisco, Gonzalo Pizarro, rebela-se contra a autoridade real. O enviado de Carlos V, Pedro de La Gasca, levou a melhor sobre o rebelde em 1548. Todavia, as guerras civis só acabaram com a derrota de Hernández Girón, que liderou em 1553-54 uma última rebelião contra a autoridade real. Assim, durante um quarto de século, todo o império foi atravessado e abalado por tremendos conflitos com consequências que podiam ser análogas às que devastaram o centro da Europa durante a Guerra dos Trinta Anos. Esta afirmação parece exagerada, dado o reduzido número de Espanhóis envolvidos nas batalhas, o armamento rudimentar dos indígenas, a vastidão do país. Mas não o é se considerarmos o conjunto dos diversos aspectos da devastação, como destacou de forma conclusiva Carlos Sempat Assadourian [39], e que podem distinguir-se do seguinte modo: a) perdas provocadas directamente pelo conflito ou a ele directamente associadas; b) perdas por acções de represália contra as populações civis que estiveram envolvidas no apoio às facções em luta; c) efeitos causados pelos saques, pelo trabalho forçado, pelo abandono dos campos, pela destruição das colheitas, pela ruína dos sistemas de irrigação; d) deslocação das populações, fugas e migrações.

Alguns exemplos, extraídos de testemunhos credíveis, ajudam a compreender o alcance das consequências de 30 anos de guerra. Naturalmente, não sabemos muito sobre as guerras civis indígenas, mas alguns exemplos são elucidativos. No Norte do país, na região de Tumibamba, vivia a etnia dos Cañaris, mais tarde aliados dos Espanhóis; tendo ajudado a facção de Cuzco, os Cañaris – homens e crianças de sexo masculino – foram cruelmente dizimados por Atahualpa.

> Quando qualquer exército de Espanhóis passava pela província, na medida em que eram obrigados a fornecer índios para carregarem os fardos dos Espanhóis, muitos davam-lhes as suas mulheres e os seus filhos. E isto vi-o eu próprio quando nos íamos reunir com o presidente de La Gasca, pois deram-nos uma grande quantidade de mulheres, que carregavam as nossas bagagens.

É Cieza de León quem fala, 15 anos mais tarde, em consequência daquela represália: «Aqueles que agora estão vivos dizem que há 15 vezes mais mulheres do que homens» [40]. E Pizarro, que na segunda viagem para o Peru desembarcara na bem organizada cidade de Tumbez, quatro anos depois, em 1532, encontra-a em ruínas por causa da guerra civil. Quando as forças da facção de Atahualpa, após abandonarem Cuzco, regressavam para Quito, sob o comando de Quisquis, o exército

> contava entre 12 000 e 20 000 efectivos, acompanhados por um grande número de auxiliares, de carregadores e de animais [...] Os soldados reabasteciam-se de lamas, de porquinhos-da-índia e de outros alimentos nas

aldeias por onde passavam: deixavam atrás de si terra queimada. Destruíam e incendiavam tudo, quer para prevenir perseguições [...] quer para empobrecer o terreno[41].

Na fase inicial, os Espanhóis eram muito poucos. A expedição de Pizarro para Cajamarca tinha pouco mais de 200 homens (um terço da expedição de Cortés), reforçada no ano seguinte com mais 150. Mas o seu número logo cresceu rapidamente em resposta às notícias das mirabolantes riquezas do Peru. Todavia, os exércitos espanhóis permaneceram com um número exíguo, grande parte das batalhas envolviam apenas algumas centenas de homens e mesmo durante as guerras civis dos anos 40 as facções em luta não puderam contar com mais de 2000 homens. Na batalha de Chupas de 1542, em que Vaca de Castro derrotou o rebelde Diego de Almagro, *o Jovem*, o primeiro tinha 750 homens e o segundo 500; na batalha de Guarima, em 1547, o leal Diego Centeno tinha quase 1000 homens em campo, e o rebelde Gonzalo Pizarro 500; na batalha decisiva de Jaquijaguana, no ano seguinte, o presidente de La Gasca dispunha de 1900 homens, Gonzalo Pizarro de 500; na batalha decisiva de Jaquijaguana, no ano seguinte, Gonzalo Pizarro não tinha mais de 1500[42]. Com estes números, não obstante a grande experiência e óptimo armamento, as perdas directas sofridas e infligidas – inclusive nas guerras com os indígenas – deviam ser numericamente exíguas. Mas seria uma contabilidade míope. Cada exército espanhol – como sucedia com as indígenas – contava com um grande número de auxiliares, índios, homens e mulheres, num recrutamento mais ou menos forçado. «Querer insistir nos grandes males, danos, insultos e roubos, vexações e maus tratos que se infligiam aos indígenas [...] quer dizer nunca mais acabar de os contar se se tivesse de os enumerar ordenadamente.»[43] Cristóbal de Molina, chamado «o Almagrista», que esteve muitos anos no Peru, faz descrições realistas. Desde o encontro de Cajamarca, os Espanhóis começam a alistar um grande número de indígenas: «Havia Espanhóis que chegavam a ter 200 índios e índias para o serviço, dado o grande medo que os indígenas tinham por causa das muitas mortes que lhe haviam infligido»[44]. Quando Pedro de Alvarado penetra no interior do país com 500 companheiros e muitos índios trazidos da Guatemala, os indígenas locais contam:

> Todos os seus homens penetraram na nossa terra para nos destruírem, nos fazerem prisioneiros e nos acorrentarem noite e dia, prendendo as nossas mulheres e filhos, matando muitos de nós. [Ele] adentrou-se no

vale de Zarapate até às montanhas, donde até hoje nenhum dos que ele levou embora voltou, pensamos que morreram todos e que os que ficaram vivos nunca regressarão às suas terras[45].

Numa outra passagem, Molina comenta as perdas que os indígenas sofreram «por causa do serviço e das cargas, porque todos [os Espanhóis] se deslocavam com grande aparato de servos, com a destruição das aldeias que atravessavam». E se os indígenas fugiam dos arredores do Caminho Real percorrido pelos Espanhóis «não os querendo servir para não se deixarem levar, junto com as suas mulheres e filhos, aqueles [os Espanhóis] iam buscá-los aqui e ali, declarando-lhes guerra, dizendo que eram rebeldes e que podiam livremente fazer o que quisessem deles, assaltavam-nos, roubavam-nos, levavam-nos acorrentados e mantinham-nos como escravos»[46]. O maior despovoamento das regiões atravessadas pelo Caminho Real, e mais expostas à soldadesca espanhola, é apoiado também por Polo de Ondegardo[47]. A introdução da artilharia pesada, transportada em grandes distâncias por montes e vales, exigia o auxílio de uma enorme quantidade de homens. Gonzalo Pizarro utilizou 6000 na sua expedição de Cuzco a Lima no início da sua rebelião[48].

Após a derrota de Pizarro, o presidente de La Gasca encontra um país devastado pelas guerras civis, que pagou um preço muito alto pela sua pacificação, e dá um testemunho terrificante do tratamento dado aos índios durante os anos anteriores. Reforça a proibição de carregá-los como animais de carga, porque

causou a morte a uma enorme multidão e foi uma grande crueldade, porque além de os carregarem até os fazerem cair, debaixo do sol e por duros caminhos, conduziam-nos acorrentados durante noite e dia, punham-nos a ferros para não fugirem, caminhando com as suas cargas acorrentados aos 15 ou aos 20, com coleiras de ferro na garganta, de modo que aconteceu que um, ao cair de uma ponte, arrastou os outros consigo, afogando-se todos. Isto ouvi-o a pessoas que viram o sucedido. E com estas enormes vexações e crueldades se arruinaram os naturais desta terra, muitos deles fugiram, deixando as suas aldeias e os seus lugares, refugiando-se nos montes, em lugares escarpados, escondidos e distantes das estradas[49].

Não é o testemunho de um frade compassivo, antes de um duro funcionário real que não hesitou em enviar a cabeça de Gonzalo Pizarro, de Cuzco para Lima, para que fosse exposta em praça pública.

Mencionámos anteriormente a forte diminuição da população huanca entre a época de Huayna Capac e a *visita* de Toledo. No espaço de meio século, o número de tributários – claro que permanece a dúvida sobre se a categoria dos tributários entre um regime e outro seria comparável, apesar de os Espanhóis terem construído o seu sistema decalcando o da época dos Incas – reduz-se para um quarto. Quais as causas da queda? Em primeiro lugar, há que referir obviamente o seu papel de estreitos aliados dos Espanhóis. «Em virtude da aliança hispânico--huanca [...] os *curaca* tinham de fornecer centenas e até milhares de homens e mulheres, na qualidade de soldados, de *yanaconas* e também de concubinas. A maioria não regressava aos seus *ayllus*: morria longe ou ficava como servos em outras províncias.» Mas não eram só os Huancas que morriam na comitiva dos Espanhóis; Pedro de Cutimbo, que fora governador de Chucuito, conta que no cerco de Cuzco morreram 3000 índios dos 10000 que nele participaram[50]. Da verdade das afirmações dos Huancas faz fé um processo legal, iniciado por eles em 1554, com vista a obter o reconhecimento da Coroa pelos serviços prestados, primeiro a Francisco Pizarro, mais tarde aos governantes legais do Peru, de 1533 a 1554[51]. Um documento de 1558 mostra em pormenor os serviços e as ajudas prestadas ao longo de 20 anos: uma minuciosa lista de 154 entradas contabilizadas nos *quipos* e reportadas no documento, que compreende o número de homens e de mulheres cedidos para o serviço, assim como o número de lamas, cordeiros, porcos, galinhas, peixes, cereais, batatas, sal, tecidos, vestuário, calçado, louça, madeira, cordame, cobre e chumbo fornecidos aos Espanhóis. Limitemo-nos aos homens, auxiliares para o transporte, para o abastecimento, para os serviços: fornecidos às centenas e, às vezes, aos milhares nas várias expedições; de muitos e muitos deles se lamenta o homicídio, a morte, o desaparecimento por fuga ou o facto de se terem tornado servos dos Espanhóis. Seja como for, não regressavam à comunidade de origem. O distrito dos Lurinhuanca tinha, à época dos Incas, como vimos, 12000 tributários, mas sofrera uma quebra tal que nos tempos de La Gasca se contabilizaram apenas 2500. No espaço de 15 anos (da morte de Atahualpa à de Gonzalo Pizarro), a soma dos índios concedidos aos Espanhóis para as suas expedições bélicas ou para as *entradas* anda à volta dos 27000[52]. Supondo que quatro quintos fossem homens, teriam sido subtraídos à comunidade, em média, cerca de 1400 índios válidos por ano. Trata-se de um número equivalente a quase um oitavo da população de referência (tributários, isto é homens válidos) nos tempos de paz de Huanca Capac, mas a mais de metade na fase final das guerras civis. Cerca de 7000, isto é, mais de um quarto dos capturados, são dados no documento como mortos ou dispersos.

Dissemos que o mesmo documento regista em pormenor a apreensão dos bens durante os 15 anos considerados. Trata-se, no total, de 57 000 *fánegas* de milho, equivalente a 26 000 quintais, com um poder nutritivo equivalente ao consumo anual de calorias de quase 700 adultos[53]. Mas além do milho, apreendia-se a *quinoa*, batatas, ovos, carne e peixe: na contagem, os lamas, as ovelhas e os cordeiros apreendidos chegavam aos 13 172 (878 por ano). Por fim, citam-se as incursões feitas pelos adversários («depois passou por aqui José de Acosta e levou embora muito gado, fez muitos saques, destruiu-nos as casas e roubou as crianças»).

Estes números do memorial dos Huancas, traduzidos em termos comparativos e relativos, fazem-nos compreender que o impacto da aliança feita com os Espanhóis, em termos de recursos humanos extorquidos e perdidos, de bens (alimentares ou não alimentares) apreendidos e de destruição sofrida, foi de tal modo forte que justificou a quebra demográfica da comunidade. Tratava-se, pois, de uma tribo aliada do rival mais forte e vencedor, quer contra os índios, quer nas guerras civis, o que faz pensar que os apoiantes dos derrotados tinham de pagar um preço bastante mais alto.

De um modo geral, as guerras de sucessão e, mais tarde, a Conquista e a repressão da rebelião, provocaram, durante os anos 30, inúmeros episódios de carestia e fome, que, segundo Assadourian, foi «longa e generalizada»[54]. Num depoimento perante de Vaca de Castro, em 1543, afirma-se que, por causa da rebelião indígena,

> ao longo de mais de três anos, não se semeou nenhum tipo de sustento a partir do distrito de Cajamarca em diante, em consequência da guerra, e os alimentos que haviam ficado armazenados em alguns depósitos dos Incas, [...] os índios queimaram-nos nesta rebelião [...] E pelas vicissitudes da dita rebelião, todas as crianças até à idade de seis e sete anos morreram de fome, sem que sobrasse nem uma, e de igual modo morreram os velhos e os inábeis. Depois, durante mais de quatro anos, não se voltou a cultivar a terra dada a grande mortalidade resultante da rebelião[55].

Em geral, as chamadas *entradas* – isto é, explorações com objectivo de conquista – dos Espanhóis foram expedições que exigiam uma logística complexa e o envolvimento de centenas, milhares de índios. Muitas destas acabaram, desastrosamente, com grandes perdas de homens. A que mais chamou a atenção e a pena dos historiadores e dos cronistas foi aquela comandada por Almagro no Chile e a de Gonzalo Pizarro na parte amazónica do reino de Quito («em busca do El Dourado e do país da canela»), ambas terminaram de forma desastrosa[56]. Almagro partiu de Cuzco, em Julho de 1535, com 570 companheiros e muitos milhares de índios chefiados por Inca Paullu; voltou um ano e meio mais tarde, depois de ter chegado até ao centro do Chile e ter ultrapassado enormes obstáculos, perdido grande parte dos auxiliares indígenas, mortos de frio e nos desfiladeiros da montanha (1500 mortos à ida, segundo Oviedo) e nas marchas extenuantes, dispersos ou em fuga. Todavia, Almagro arrepiara caminho na conquista do Chile por Valdivia. Assadourian fala de 12000 índios na comitiva com, pelo menos, 5000 mortos na travessia da cordilheira[57]. A expedição de Gonzalo Pizarro terminou de forma ainda mais desastrosa: tendo partido de Quito, em Fevereiro de 1541, com 210 Espanhóis, 4000 índios, 4000 a 5000 porcos, 1000 cães e um grande número de rebanhos de lamas, a expedição, atravessados os Andes, ficou atolada na selva amazónica, dizimada pela fome e pelas febres; obrigado a regressar, um ano e meio após a partida, Pizarro volta para Quito com um grupo amedrontado de Espanhóis, metade dos que haviam partido, tendo perdido, por morte e fuga, todos os índios da comitiva[58].

As *entradas* foram muitas em toda a América hispânica e, num território impérvio e vasto como a região andina, eram particularmente arriscadas. Mercadillo, Diego de Rosas, Pedro de Candia, Pedro de Valdivia e muitos outros empreenderam expedições muito caras em termos de vidas humanas. Foram decerto um elemento secundário da quebra demográfica, mas as suas vicissitudes são reveladoras dos mecanismos predominantes nas primeiras duas ou três décadas da Conquista, vorazes consumidores de seres humanos.

À imagem do Novo Mundo, também no Peru as patalogias europeias têm uma pesada responsabilidade no declínio da população indígena. As *Relaciones Geográficas* – como vimos – atribuem às doenças a mesma relevância que à guerra. Mas com uma diferença: a guerra já estava longe e o país há 30 anos que vivia em paz; as doenças (as velhas e as novas) e as epidemias eram o fardo de todas as sociedades passadas e estavam activas precisamente quando algumas das *Relaciones* estavam a ser escritas, na segunda metade dos anos 80. Era natural que se lhes atribuísse um grande peso: não era, afinal, de doenças contagiosas que quase todos – índios, mestiços, africanos, Espanhóis – morriam? Dada a escassez (maior do que em outras partes da América hispânica) de documentos, a análise das consequências da epidemiologia europeia só pode ser conjectural. Não só existe o problema do alto grau de incerteza acerca da natureza das epidemias, da descrição sumária e contraditória dos sintomas, das denominações confusas e ambíguas, como também há uma nítida escassez de documentos. Que não nos induzam em erro as listas compiladas, aparentemente densas, por pacientes estudiosos dos episódios epidémicos que ocorreram no extenso império a partir de 1532. Muitas foram localizados, outros tiveram uma incidência limitada, outros ainda são incertos. De resto, para qualquer zona europeia contemporânea dos factos que descrevemos, da qual existam diários, memoriais, documentos administrativos, se pode compilar uma lista impressionante de factos epidémicos, de doenças, de desastres que não deram origem a uma catástrofe demográfica.

Da suposta epidemia de varíola, responsável pela morte de Huayna Capac, nos anos 20, já tratámos no capítulo 3. Os que falam de *viruela* – essencialmente Cieza de León e, se bem que menos explicitamente, Betanzos – escrevem quase 30 anos depois dos acontecimentos[59]. Alguns aventaram que a doença que matou Huayna Capac poderia ser a *verruga peruana*, ou bartonelose, uma doença transmitida pela mosca-da-areia que era endémica no Peru, com sintomas semelhantes aos da varíola. A hipótese de que a epidemia de varíola, começada em 1518 em Hispaniola, transportada depois para o México – que chegou talvez à Guatemala – mas da qual se perderam rastos concretos, tenha chegado ao Peru antes dos Espanhóis é extremamente ténue e explicámos as razões de assim ser (sobretudo as dificuldades de uma transmissão do contágio «cara a cara», ao longo de milhares de quilómetros, em territórios escassamente povoados, com mobilidade limitada, com climas e geografia muito diversas). Não se pode excluir que tal tenha acontecido, mas parece bastante pouco provável. Infelizmente, a historiografia contemporânea dá como certo que se tratava de varíola: mas trata-se, se não de um falso facto histórico, de uma hipótese que à força de ser repetida ganhou estatuto de verdadeira apesar da inconsistência dos indícios. A discussão sobre o tema é um exercício académico interessante mas, na falta de novas provas (por exemplo, análises paleopatológicas), está destinada a permanecer insolúvel[60].

A primeira epidemia generalizada, com testemunhos – neglicenciando as menores ou localizadas (como a da verruga peruana que atingiu os Espanhóis em Coaque em 1531) – parece ser a de 1546, mencionada por Cieza de Léon: «Quando o vice-rei Núñez Vela se encontrava envolvido nas agitações causadas por Gonzalo Pizarro e pelos seus companheiros, houve uma peste generalizada em todo o reino do Peru, que começou um pouco antes de Cuzco e se estendeu ao resto do país, tendo morrido imensa gente». Sobre a natureza da epidemia existem apenas conjecturas, pois a descrição dos sintomas, feita por Cieza, é bastante estranha («a doença provocava dores de cabeça e, em seguida, passava para o ouvido esquerdo e era de tal modo grave que os doentes nunca sobreviviam mais de dois ou três dias»). Estas linhas foram escritas por Cieza ao longo da descrição da província de Quimbaya (Colómbia) feita durante a sua peregrinação em 1547 («direi agora o que sucedeu no ano passado de 1546, nesta província de Quimbaya»)[61].

Uma outra epidemia generalizada eclodiu em 1558: há testemunhos seguros do sucedido na Colômbia (onde terá sido levada por escravos africanos provenientes de Hispaniola), no actual Equador, no Peru. Os contemporâneos falam de varíola (tratar-se-ia, portanto, da primeira epidemia do género no continente após a chegada dos Espanhóis), bem como de sarampo[62]. As informações sobre a difusão, a gravidade e a duração da epidemia são vagas.

Os anos de 1585 a 1591 foram os mais fustigados por eventos epidémicos, que assolaram o continente inteiro. É, indubitavelmente, um período de grave recuo demográfico, como de resto atesta a documentação disponível. Memoriais, relatórios, correspondência oficial mencionam abundantemente a alta mortalidade, os prejuízos generalizados que daí avinham para a economia, a necessidade de rever o tributo das comunidades que, em número reduzido por causa das pestes (mais do que pelas fugas), já não lhe podiam fazer face[63]. Não seria de admirar que grande parte do declínio verificado no último terço do século se devesse aos acontecimentos desses anos. Fala-se de varíola, mas também de sarampo, de «*dolor de costado*», de tifo. É possível que uma pluralidade de causas contribuísse para gerar um resultado desastroso, com uma extensão que terá ido de Cartagena ao Chile, do Brasil ao Paraguai. No relatório geográfico de Abancay, escrito em 1586, fala-se de uma epidemia generalizada de *tabardete* em todo o reino[64]. Várias cartas do vice-rei, conde de Vilar, ao rei, entre Abril de 1589 e Julho do mesmo ano, dão conta de uma epidemia de varíola, sarampo e *romadizo*, que surgiu na província de Quito, difundindo-se posteriormente em Cuenca, Loja e Trujillo e, por fim, em Lima, com muitas perdas não só entre os índios, os negros e os mulatos, mas também entre os Espanhóis nascidos no Peru e inclusive entre aqueles nascidos em Castela. Em 1590, a epidemia estaria em Cuzco[65]. Na carta de Dezembro de 1590 ao rei, o vice-rei Garcia Hurtado de Mendonza informa-o da escassez das colheitas e da carestia dos alimentos porque durante a epidemia se havia semeado pouco. A epidemia de varíola e sarampo percorrera grande parte do reino e na altura da sua chegada a Lima (em Novembro de 1589) estava a perder força nas províncias do Alto Peru. Era necessário, portanto, ajustar os tributos dos índios com base no número de sobreviventes[66]. Se a epidemia geral anterior (de 1558) também tivesse sido de varíola, a que eclodiu 30 anos mais tarde teria encontrado uma alta proporção de indivíduos não susceptíveis (todos aqueles com menos de 30 anos, entre metade e dois terços da população total). Justificar-se-ia a mortalidade de uma alta fracção da população (digamos entre um quinto e um quarto), capaz de explicar boa parte do declínio demográfico dos últimos 30 anos do século em questão. Pode também considerar-se a hipótese de a concentração da população em grandes aldeias ter agravado as consequências da epidemia.

A história demográfica do Peru, no primeiro século do encontro americano, é agitada (tal como agitados foram os acontecimentos políticos e sociais do país), apresenta inúmeros pontos obscuros e emaranha-se em fortes descontinuidades. No actual estado de conhecimento, é bastante difícil fazer estimativas numéricas sobre o número de habitantes do império na sua última fase pacífica, na época de Huayna Capac. O que é certo é que as dez «pragas» que Motolinia considera responsáveis pela catástrofe mexicana podem aplicar-se ao caso peruano e que a população do fim do século XVI (que não chegava a um milhão e meio) era uma fracção da população inicial: para alguns metade, para outros um décimo, para todos efeito de um desastre. Através da análise, geralmente qualitativa, dos acontecimentos do primeiro século do contacto, confirmam-se algumas hipóteses. No que se refere à rapidez do declínio, esse deverá ter sido bastante mais catastrófico no período dos conflitos do que posteriormente. No que respeita aos factores do declínio, parece-nos sensato redimensionar o contributo das grandes epidemias europeias se não aceitarmos a hipótese, aliás fundada em bases muito frágeis, de que a varíola dizimou o império antes da chegada dos Espanhóis. No conjunto, foram três as grandes vagas de epidemias generalizadas, em 1546, 1558 e 1585-91. Qualquer população europeia coeva teve cronologias idênticas. Na segunda metade do século, a população peruana está seguramente em crise, mas não em colapso. Revela-se, ao invés, o papel destruidor das guerras, pelos efeitos directos e indirectos (opressões, carestias e fome, doenças, fugas sem regresso), também prolongados no tempo, quanto mais não fosse pela destruição selectiva de jovens do sexo masculino.

Todas estes factos devem ser interpretados à luz da destruição do sistema dos Incas – baseado horizontalmente na reciprocidade e solidariedade de estirpes, de comunidades e, verticalmente, na redistribuição entre comunidade e estado. Na interpretação que Wachtel dá,

> a ideologia que justificava o sistema inca está destruída: no mundo dominado pelos Espanhóis, as noções de reciprocidade e de redistribuição deixaram de fazer sentido. Ou mais exactamente: o sistema espanhol utiliza fragmentos do antigo sistema, a reciprocidade joga ainda um papel nas relações entre os *ayllus* e o *curacas* que, por sua vez, desempenham uma função de ligação entre os índios e os seus novos patrões; mas enquanto a reciprocidade dava lugar a uma rotação de riquezas (ainda que fictícia e desigual), entre os *ayllus*, os *curacas* e os incas, a dominação espanhola provoca uma transferência unívoca de bens, dos índios para os Espanhóis, sem contrapartida[67].

Um aspecto fundamental do problema assinalado por Wachtel é constituído pelo serviço pessoal que os índios eram obrigados a prestar ao *curaca* local, aos *tambos* (estações de correios), nos transportes, nas minas e nos mosteiros. O vice-rei Luis de Velasquez faz uma síntese amarga, no final do século, das intoleráveis fadigas e vexações nos trabalhos das minas, dos cultivos e dos transportes, que crescem continuamente às costas dos índios em diminuição, «e tudo cai sobre estes miseráveis, porque os Espanhóis não vêm para aqui trabalhar mas sim para se servir deles»; e de Cuzco a Potosí o país despovoa-se. Os Espanhóis trocam os índios por dinheiro «como se fossem animais». Os decretos para o bom tratamento dos índios permanecem letra morta, pelo que seria necessário um «anjo da guarda para a defesa de cada índio» e o vice-rei reputa de felizes os índios do México «porque ainda que não desfrutem, não têm confrontos [...] são mais bem tratados e mais bem pagos e não vão servir para tão longe como os nossos». E, em conclusão, «repugna verdadeiramente ao bom tratamento e conservação destes pobres índios a servidão e as actividades forçadas a que os obrigam, especialmente as das minas»[68]. Velasco, filho do segundo vice-rei do México, era um homem de grande experiência, fora vice-rei no México e conhecia há muito a sociedade das Índias. Desta opressão, os índios não escapavam nem mesmo se estivessem sob a alçada do rei e não dos *encomenderos* ou se fossem protegidos dos jesuítas. Ao rei, os tributários da província de Chucuito deviam 400 000 pesos atrasados, não conseguindo pagar o tributo anual. Os jesuítas conseguiram que a Coroa pagasse a construção de igrejas e paróquias (22 ao todo), mas tal não se veio a verificar, pois as igrejas não passavam de cabanas. Encontrou-se a solução: com o seu trabalho pessoal, e em troca da remissão da dívida, os índios construiriam as igrejas (já haviam sido edificadas duas «sem paralelo em todo o Peru, nem nas aldeias indígenas»), procurando e transportando a madeira a 40 léguas de distância (dado que a 3800 metros de altitude não havia árvores)[69].

O absurdo serviço pessoal a que os índios foram submetidos agravou os efeitos negativos dos factores que, embora ligados entre si, foram analisados individualmente: guerras, doenças, exploração, serviço das minas, migrações e amplitude térmica, povoamentos forçados. A pressão sobre os índios tendia a agravar-se com o crescimento da população espanhola e o respectivo declínio da população indígena. O despovoamento mais ou menos rápido das zonas costeiras, onde a população se concentrava nos vales estreitos, foi, com razão, atribuído principalmente à maior densidade do povoamento europeu, à compe-

tição pela pouca terra cultivável e pela água, à fragilidade do ambiente, e não tanto às maiores exigências de serviço pessoal[70]. No planalto, em particular no centro e no sul, o despovoamento, como vimos, foi bastante menor e, citando novamente Cook, «não foi catastrófico como em outros lados. Uma população numerosa permitiu aos índios do planalto conservar as instituições sociais e económicas durante muito mais tempo do que nas zonas costeiras ou no longínquo norte. Grande parte do planalto peruano mantém, actualmente, uma cultura largamente indígena, apesar do contacto com a cultura espanhola e com o mundo ocidental, mais vasto, ao longo de quatro séculos e meio»[71].

Para compreender as vicissitudes demográficas do Peru, mais do que a invasão de micróbios europeia, há que analisar a trágica normalidade da Conquista.

VIII. *Colonos e «paulistas» à caça dos Guaranis entre o Paraná e o Uruguai. Cem jesuítas para cem mil índios. Machados de aço e segurança em troca de costumes cristãos. Monogamia e reprodução mais fortes do que as doenças de rebanho*

Ao longo de mais de um século e meio (até à expulsão da ordem em 1767), os jesuítas evangelizaram, governaram e organizaram a vida económica e social dos índios Guaranis da imensa região atravessada pelos rios Paraná e Uruguai. Uma experiência extraordinária sob muitos aspectos, incluindo o demográfico e o social. Há mais de uma razão válida para voltar a referir as vicissitudes demográficas dos Guaranis: a sua organização social é abalada pelas missões, mas, ao mesmo tempo, estas salvaguardaram-nos dos saques que tinham como finalidade a escravidão dos «paulistas» e a servidão na *encomienda* dos colonos espanhóis. Se não salvaguardaram as populações do «inimigo invisível» (os micróbios), protegerem-no daquele «visível» (os colonos ibéricos). Daí o interesse de percorrer as vicissitudes dos Guaranis, que viveram uma experiência social bastante diferente da maioria das populações autóctones do continente e que, pelo menos durante um século, protagonizaram uma expansão – em vez de uma catástrofe – demográfica.

A entrada dos Espanhóis na vasta região do Río de la Plata foi, de forma geral, mais tardia e menos expressiva do que em outras partes da América. Em ausência de riquezas locais para explorar – não havia metais preciosos e a mão de obra escasseava, uma vez que a população indígena era reduzida e dispersa –, as prioridades estavam em outros lugares, na Mesoamérica ou no Peru. As explorações da região foram motivadas pelo desejo de encontrar uma passagem directa para o «mar do Sul» (o Pacífico) e depois pela vontade de abrir – e para se protegerem dos Portugueses – uma via de acesso ao Alto Peru (a actual Bolívia) e às suas minas ricas. Assim, após a infeliz exploração de Juan de

Solís em 1516 e a de Sebastião Caboto em 1526, a primeira verdadeira expedição de povoamento de Pedro de Mendoza, em 1535, levou à efémera fundação de Buenos Aires e à de Asunción que, até ao início do século XVII, foi o maior centro de colonização da região[1]. Há que ter em conta que a fixação demográfica autóctone – predominantemente a tribo Tupi e Guarani – era, à época do contacto, bastante ténue. Uma «revisão» relativamente recente atribui cerca de um milhão de habitantes a uma vasta área que compreende a parte sul (não amazónica) do Brasil e os actuais Uruguai e Paraguai e 900 000 à Argentina[2]. A população espanhola, ao invés, contava com alguns milhares de pessoas no início do século XVII. Os jesuítas foram autorizados a iniciar a evangelização dos índios e, em 1587, penetraram no Guayrá. Em 1604, com a criação da Província jesuíta do Paraguai (Paraquariae), a penetração da ordem a sul da Amazónia ganhou expressão. Não nos deixemos induzir em erro pelo vocábulo *Paraguai*, na medida em que a província compreendia os actuais Chile (até 1625), Argentina, Uruguai e Paraguai e cerca de um terço da Bolívia e do Brasil, num total de 7 milhões de quilómetros quadrados[3]. Os machados e os calços de aço levados pelos padres eram credenciais eficazes junto dos caciques. A acção dos jesuítas encontrou uma recepção favorável nas populações locais porque as dispensava do sistema da *encomienda* (eram directamente *encomendados* à Coroa, à qual pagavam um tributo) e isentava-as temporariamente do pagamento do tributo ao rei. Estas prerrogativas foram confirmadas pelas Ordenanças de Alfaro, funcionário real, de 1611. O sistema baseava-se na criação de «reduções», que consistiam na concentração de índios em aldeias planificadas, com uma organização religiosa, social e económica sob o apertado comando dos padres (veja-se o mapa 9 para a localização das reduções sob controlo dos jesuítas na América do Sul). A Coroa esperava do sistema, entre outras coisas, a contenção das intrusões dos Portugueses provenientes, por via fluvial, da região de São Paulo e a protecção das vias de comunicação com o Alto Peru. Das 98 missões – sendo que 30 das por nós abordadas foram o núcleo de maior sucesso – criadas pelos jesuítas na Província de Paraquariae até à sua expulsão, a maior parte estava fixada ao longo das vias de comunicação existentes ou planeadas[4]. As populações guaranis «reduzidas» encontravam-se protegidas da exploração dos colonos e escudadas (dentro de certos limites) dos saques bem organizados dos *bandeirantes* paulistas e de outras tribos nómadas e belicosas.

A construção das reduções, por parte dos jesuítas, começou oficialmente em 1609, partindo de Assunção em três direcções: para

9. *As missões na América do Sul.*

norte, na região Itatín, habitada por índios nómadas; para este, na região de Guayrá (ao longo das margens do rio Paranapané); para sul, na confluência dos rios Paraguai e Paraná e, mais tarde, no Tapé. Mas os saques constantes dos *bandeirantes* – que destruíram dez das doze missões do Guayrá – forçarão os sobreviventes a uma difícil migração para sul em 1631-32; assim como se deslocarão para sul os índios «reduzidos» do Itatín. Nos anos 40 do século XVII, a rede das missões encontra a sua organização territorial estável na bacia do Paraná e na margem ocidental do Paraguai; a princípio trata-se de 22 missões, às quais se juntarão mais oito, criadas entre 1687 e 1707, devido ao desmembramento de algumas que se haviam tornado demasiado numerosas (veja-se a tabela 17 e o mapa 10). Cada uma delas era geralmente administrada por dois padres jesuítas sob autoridade de um Superior Geral. A área das missões, situada entre 26º e 30º de longitude sul e 54º e 57º de latitude oeste, era cerca de 100 000 quilómetros quadrados, mas o controlo dos padres estendia-se a mais do dobro da superfície, incluindo os territórios para criação e extracção da *yerba mate* [5]. A distância, em linha recta, entre a missão mais a norte (Santa Maria de Fé) e aquela mais a sul (Yapeyú) é de cerca de 300 quilómetros: a distância entre a missão mais a oeste (San Ignacio Guazú) e aquela mais a este (Sant'Angel) é de 350. A população «reduzida» constituía a maioria da população autóctone da zona; por volta de 1680 calculou-se que os cerca de 68 000 índios das missões representassem 54% da população total das vastíssimas províncias do Río de la Plata que compreendiam – além de Buenos Aires, Tucúman e Cuyo – os actuais Paraguai e Uruguai [6].

A população «reduzida» atinge o seu máximo em 1732, com 141 000 habitantes, atravessando posteriormente uma grave e longa crise que diminuiu a sua consistência, na altura do decreto de expulsão dos jesuítas em 1767, para menos de 90 (veja-se a figura 6). Com a passagem das 30 missões para o governo civil em 1768, a experiência terminou e a população da região entrou rapidamente em declínio – devido a migrações e crises – descendo para 40 000 habitantes em torno de 1800 [7]. Há que ter em conta que, a partir de meados do século XVII em diante, as missões constituem uma colectividade relativamente estável, pois o proselitismo e a incorporação de outras comunidades terminaram e as variações de número devem-se principalmente à dinâmica natural com uma mobilidade apenas marginal dos seus membros. Esta estabilidade diz respeito aos períodos de paz e de acalmia, uma vez que, como veremos, a emigração tornava-se muito rele-

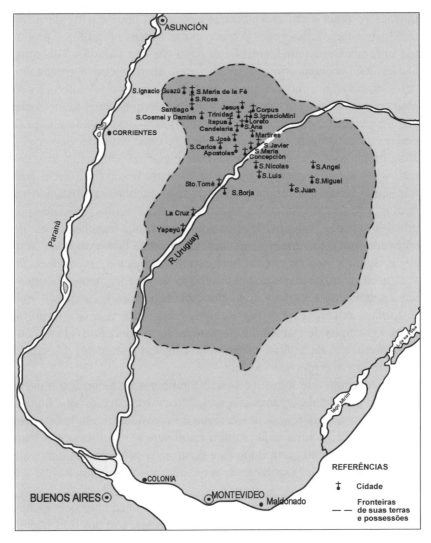

10. *As 30 missões do Paraguai.*

vante em períodos de crise. Os contactos com os Espanhóis eram, além do mais, proibidos e a mestiçagem inexistente. Trata-se, portanto, de uma população bem identificada, que é possível tratar com os instrumentos de análise demográfica tradicionais.

A organização das 30 missões está muito bem documentada por autores da época e foi aprofundada por inúmeros estudos; aqui referimos apenas alguns dos seus principais aspectos[8]. A redução em comunidades estáveis – um processo que ocorre em grande parte da América hispânica, muitas vezes por acção das ordens religiosas – produziu uma mudança considerável nas condições de vida dos Guaranis. Os jesuítas, ao contrário dos franciscanos, distinguem-se geralmente pelo seu activismo no campo económico e temporal. A alteração de maior alcance foi, sem dúvida, o abandono de uma economia em que algumas culturas – milho, mandioca, algodão – integravam a caça, a pesca e a recolecção. Os campos de cultivo não eram permanentes e eram preparados com o sistema de abate e queima para serem abandonados em seguida, com o rápido esgotamento da sua fertilidade. Isso implicava uma vida seminómada, que não encontrava obstáculo na tipologia de fixação em modestas aldeias-acampamentos, formadas por grandes cabanas comunitárias que acolhiam várias famílias, fáceis de construir com o material fornecido pela floresta e fáceis de abandonar. A passagem à vida de missão implicou, naturalmente, o abandono da vida normal, a fixação estável em aldeias geometricamente planificadas e a conversão a uma actividade agrícola – antes secundária – que se torna a principal fonte de sustento, juntamente com a criação de gado. Os ritmos de trabalho e a organização quotidiana tiveram, consequentemente, de mudar: os primeiros intensificaram-se, a segunda adquiriu novas e precisas cadências.

Obviamente que a evangelização também trouxe consigo o esvaziamento gradual da organização social articulada em clãs, que tinham como ponto de referência um cacique e co-residentes em habitações comunitárias com uma vida familiar relativamente promíscua[9]. Paulatina e severamente, será imposta e controlada pelos padres uma vida familiar organizada, estritamente monogâmica e mononuclear, e em habitação autónoma.

A vida de cada missão era estritamente governada por dois padres jesuítas, às vezes auxiliados por dois coadjutores. Um dos dois padres tinha funções de pároco, era o chefe indiscutível da comunidade e cabiam-lhe as decisões importantes, a organização do trabalho e da economia, a manutenção da ordem e da justiça, além da responsabilidade do cuidado espiritual dos índios. Causa admiração que o governo de uma população que ultrapassou as 140 000 almas, num vasto território, estivesse concentrado nas mãos de um número de religiosos que nunca excedeu a centena. Na verdade, em cada missão existia também um *cabildo* (município) formado por uma dúzia de índios ilustres com várias competências, cujos elementos eram formalmente eleitos pela comunidade, mas na realidade escolhidos de acordo com o padre. Nos primeiros tempos das missões procurou-se decalcar a estrutura de poder anterior, dando preferência aos caciques que continuaram, mesmo posteriormente, a ter posições formais de respeito e relevo. Ao contrário do que sucedia nas outras comunidades de índios, o *corregidor* do *cabildo* era um índio em vez de um espanhol. O *Libro de Ordenes*, aprovado pelo padre provincial, constituía uma espécie de código civil e penal das missões que regulava o governo das comunidades[10]. Os padres organizavam o ensino do catecismo, mas a sua actividade educativa era de longo alcance, pois incluía a alfabetização, o ensino da música, das actividades artesanais, das técnicas agrícolas e de criação. As cadências das festividades, do trabalho e da oração, eram calculadas de forma precisa nos seus ritmos anuais, semanais e diários. Visto que as missões tinham de se defender dos ataques dos bandeirantes e de tribos hostis, e dado o seu carácter estratégico para a Coroa na competição com os Portugueses, cada uma delas teve de se dotar de uma força militar, com a criação de companhias treinadas para o uso de armas e coordenadas entre si pelo superior das 30 missões. Como veremos, as autoridades civis de Assunção e de Buenos Aires requisitarão constantemente a intervenção dos Guaranis em missões para aplacar revoltas, guardar as fronteiras, enfim, para autênticas acções militares.

Foi no campo económico que os jesuítas obtiveram resultados significativos, ao contrário do que se verificou nas reduções americanas organizadas por outras ordens regulares, muito mais concentradas nos aspectos religiosos e sociais. A actividade agrícola tinha, em parte, um carácter privado e dirigia-se à satisfação dos consumos individuais de cada família, que era dotada de terra suficiente (em teoria) para garantir as necessidades básicas. Mas uma parte considerável da actividade desenvolvia-se nos campos comunitários, cuja produção integrava os consumos familiares, constituía as reservas necessárias para as sementeiras ou para os períodos de escassez, alimentava com os excedentes um intenso comércio quer interno, quer externo ao sistema missionário. As principais produções de milho, mandioca, batata-doce, legumes, fruta, algodão e lã eram completadas com a criação bovina e ovina, e tornavam as comunidades auto-suficientes. A criação fazia-se em grandes *estancias,* em territórios dependentes da aldeia, mas as missões abasteciam-se também de gado bravo reproduzido em manadas intermináveis que viviam em grandes extensões (*nullius*) bastante remotas (*vaquerias*). A actividade de exportação – dois padres tinham a função de agentes em Santa Fé e Buenos Aires – era constituída sobretudo por *yerba mate*, de cuja bebida as populações da região do Río de la Plata eram (e são) grandes consumidores. Os lucros de exportação forneciam os recursos necessários para o pagamento do tributo ao rei (imposto aos índios entre os 18 e os 50 anos), a aquisição de utensílios, armas, ornamentos e, em geral, dos bens não produzidos pelas missões. A actividade de investimento era suportada essencialmente pelo trabalho comunitário, organizado com o objectivo de construir a igreja, as habitações (inicialmente pouco mais do que cabanas, mais tarde feitas em pedra), edifícios e armazéns, de manter as estradas e os aprestos das *estancias*. No espaço de século e meio, o equipamento em estruturas das missões, bem como a vida material das populações, ainda que com altos e baixos, conhece uma melhoria significativa.

Ambientes e regras de vida não deixaram de influenciar os comportamentos demográficos dos Guaranis das missões. Vale a pena, portanto, resumir alguns dos seus aspectos mais relevantes, do ambiente físico às regras de vida, para melhor compreender as vicissitudes demográficas das colectividades. As 30 missões (veja-se o mapa 10) situadas nos vales do Paraná e do Uruguai tinham um clima «benigno e saudável, e embora se possa identificar uma estação estival e uma invernal, nem uma nem outra são extremas»[11]; as simples roupas de algodão eram absolutamente adequadas e um poncho de lã protegia-os das ocasionais vagas de frio em Junho e Julho. Mas o mesmo se aplicava às regiões subtropicais e, com efeito, uma *Real Cédula* de 1706 proibiu o envio dos índios «*a tierras frias*»: em Buenos Aires – clima mais temperado – os Guaranis enviados em regime de corveia morriam de frio por causa do vestuário inadequado e da falta de lenha[12]. A serra que divide as bacias dos dois rios raramente excede os 500 metros, separando as extensões onduladas das planas, com elevada pluviosidade, com pradarias e densas florestas tropicais, sobretudo ao longo dos rios. A escolha dos lugares onde cada missão foi implantada ponderava uma série de factores físicos e naturais favoráveis, desde a disponibilidade da água à natureza dos solos para as culturas, à acessibilidade das vias fluviais ou terrestres para as comunicações[13]. Estas escolhas nem sempre foram felizes e, em alguns casos, houve que efectuar deslocações muito onerosas. A complexidade das actividades económicas, as necessidades de espaço para a actividade agrícola e de criação bem como a impossibilidade de controlar colectividades demasiado numerosas colocavam limites quantitativos – correspondentes a um milhar de famílias – às dimensões demográficas das missões. Quando se superavam esses limites procedia-se à fundação de uma outra missão.

CONQUISTA

O famoso padre Sepp deixou uma descrição pormenorizada das vicissitudes da fundação, em 1697, da missão de San Juan com parte dos habitantes de San Miguel, que ultrapassara as 6000 almas[14]. Sepp ilustra os critérios seguidos para a escolha do lugar, para a distribuição das terras e dos cultivos, para a planificação da aldeia, para a construção dos edifícios. Depois de 1690, sete novas missões foram constituídas com a cisão de outras tantas aldeias demasiado despovoadas. Em 1732 – ano do auge demográfico – só uma das 30 missões superava os 7000 habitantes.

A população das missões concentrava-se nas aldeias, com excepção das famílias afectas às *estancias*, que moravam longe. Eram planificadas segundo regras bem precisas, com uma grande praça central rectangular, na qual se erguia a grande igreja, a casa dos padres e outros edifícios para uso comunitário, como o edifício que acolhia as viúvas e os órfãos. Os índios viviam em edifícios alinhados, com algumas dezenas de metros de altura e 10 a 12 de largura, entre dois pórticos que os flanqueavam, e dispostos ao longo de ruas amplas traçadas perpendicularmente à praça central. Cada edifício era dividido em espaços unifamiliares (uma divisão para cada família) com cinco, seis metros de lado, que tinha, por norma, saídas nos pórticos – anterior e posterior – que percorriam o edifício e acolhia seis a doze famílias[15]. No período mais tardio das missões, as construções eram em pedra, mas as divisões familiares não tinham chaminé[16]. A implantação dos edifícios decalcava a das tradicionais habitações comunitárias, mas a verdadeira inovação consistia na separação dos núcleos familiares, que antes viviam em promiscuidade. «Tem de se eliminar os inconvenientes das casas grandes [...] a cada galo o seu poleiro» escrevia o padre Diego de Torres na *Carta anua* de 1613[17]. Todavia, em várias ocasiões – quando a população de uma aldeia aumentava em demasia ou quando se dividia uma aldeia para constituir outra – o antigo hábito da vida comunitária e promíscua ganhava de novo espaço e os padres tinham de fazer uso de toda a sua autoridade para o circunscreverem[18]. Um edifício, destinado a hospital para internamento e isolamento dos doentes contagiosos, encontrava-se separado do núcleo habitado. Uma assistência médica rudimentar e uma farmacopeia de produção local – efectuada principalmente por padres italianos e do centro da Europa – tentavam limitar o impacto das patologias[19]. Cada missão estava dotada de uma fonte de água corrente adequada e de esgotos rudimentares. Há que recordar as consequências da política de redução dos índios, antes bastante dispersos, em aglomerações compactas, tema já abordado no capítulo 3. Saiu favorecida, sem dúvida, a velocidade de propagação das doenças epidémicas, sobretudo a varíola, o sarampo e o tifo, que tiveram consequências desastrosas. O isolamento e auxílio prestado aos doentes pela comunidade só podiam travar o contágio e atenuar a sua letalidade, evitando as fugas dos familiares e a morte por abandono. Regressaremos, mais adiante, a este tema central para as vicissitudes demográficas dos Guaranis.

Do ponto de vista dos modos de vida, não entramos na regulamentação minuciosa do tempo de trabalho, de repouso ou de oração, porque são poucos relevantes para o nosso tema. A origem seminómada dos Guaranis fazia deles talentosos trabalhadores, mas pouco propensos à disciplina e à continuidade da ocupação. Se, por um lado, eram excelentes artesãos, decoradores e músicos – como atestam todos os protagonistas e testemunhos coevos –, por outro, eram agricultores indolentes e tinham de ser vigiados e punidos pelas suas faltas. Dava-se-lhes seis meses para a preparação, sementeira e colheitas nos seus campos individuais, mas «com o trabalho efectivo de quatro semanas teriam o bastante para viverem durante um ano [...] pois a terra era muito fértil»[20]. Contudo, passavam os seis meses e o maior problema dos padres era fazer com que, mesmo a custo de vigilâncias e castigos, conseguissem obter o necessário para sobreviver. Mas muitas vezes isso não acontecia, de modo que cabia à comunidade complementar a mísera produção individual. No que respeita ao milho, por exemplo, calculou-se que o rendimento efectivo nos campos individuais era um quinto do que teoricamente se poderia obter com as técnicas coevas[21]. Tendo em conta a actividade nos campos comunitários – limitada à segunda e ao sábado – pode concluir-se que o regime de trabalho era relativamente moderado. Não obstante várias tentativas, foi ainda abandonado o propósito de convencer as famílias a complementarem o consumo doméstico com a criação de outros animais que não frangos.

O regime alimentar – em tempos normais, não devastados por guerras, rebeliões e, obviamente, carestias – devia ser mais do que suficiente em quantidade e qualidade. Milho, mandioca, batata-doce, feijões e outras leguminosas, abóboras, fruta, açúcar, mel e um consumo de carne muito superior ao consumo típico da Europa mediterrânica da época, constituíam uma dieta rica e variada. Os Guaranis eram ávidos e exagerados consumidores de carne bovina, com consequências negativas, dizia-se, para a sua saúde[22]. Em algumas missões, a distribuição da carne bovina abatida de manhã era feita diariamente à razão de

CONQUISTA

4 a 5 libras por família; noutras, a distribuição fazia-se duas, três ou quatro vezes por semana[23]. Uma estimativa prudente avalia o consumo *per capita* anual em 82 quilogramas (compare-se com os 13 quilogramas de Itália na década a seguir à Unificação), só de carne bovina[24]. O mesmo autor estimou uma disponibilidade calórica individual na fase final das missões (que não é a mais próspera, sem considerar outros produtos como arroz, trigo, ovos, etc.) de cerca de 2500 kcal. Deve considerar-se este o limite mínimo da estimativa que, no entanto, resulta mais ou menos igual à do Brasil por volta de 1980, e pouco inferior à do Uruguai e do Paraguai[25].

A existência de uma boa rede rodoviária e fluvial, que ligava as 30 missões entre si e estas aos maiores centros da bacia hidrográfica do Rio de la Plata, permitia uma boa mobilidade e vencer o isolamento num vasto território cuja densidade populacional era muito baixa (um habitante ou pouco mais por quilómetro quadrado). Em 1684, o padre Altamirano escrevia que as missões à direita do Paraná se estendiam por 40 léguas (223 quilómetros), de Sant'Ignacio a Corpus (depois deslocada para a margem esquerda), unidas por estradas difíceis, mas os residentes comunicavam entre si em três-quatro dias de viagem[26]. Por outro lado, um sistema de leis e regras refreava a mobilidade natural dos Guaranis. O sistema rodoviário, fundado na Candelária, o centro mais importante, permitia o uso de carros puxados por bois em estradas que desciam para Corrientes ou subiam para Assunção[27]. Os pontos de paragem (*tambos*) para dormir, recobrar forças, deixar repousar os cavalos ou para trocá-los eram bastante comuns[28]. Os rios eram naturais e frequentadíssimas vias de comunicação: «Um jesuíta, escrevendo por volta de 1715, observava que havia pelo menos 2000 canoas das reduções em uso no Paraná e praticamente outras tantas no Uruguai»[29]. As grandes embarcações mercantis provenientes de Cádis chegavam a Assunção subindo o Paraguai e continuavam ainda, ao longo do Paraná, até ao porto mais longínquo de Candelária, a 2000 quilómetros do estuário[30]. Havia, no entanto, muitos obstáculos à mobilidade. As *Leyes de Indias* proibiam os Espanhóis, os negros e os mestiços de viverem nas missões. Esta proibição foi várias vezes confirmada pelas autoridades civis e religiosas[31]. Os jesuítas observavam estas regras gerais com algumas adaptações convenientes: nos *pueblos de abajo* (Sant'Ignacio Guazú, Santa Maria de Fé, Santa Rosa e Santiago e, posteriormente, San Cosme e Itapúa) a oeste do Paraná – próximos do caminho para Assunção – e na Candelária havia um grande trânsito de viajantes e comerciantes, aos quais eram concedidas paragens nos *tambos*, não excedendo os três dias, para expor e trocar as mercadorias[32]. Nas outras missões, entre o Paraná e o Uruguai, e a este do Uruguai, não era permitido o acesso aos que não fossem Guaranis, salvo casos excepcionais, e a troca de produtos necessários era feita por via fluvial com Buenos Aires[33]. O quadro geral é que a separação das missões em relação ao resto do mundo era mais social e civil do que física. De resto, como veremos, foram muitas as corveias militares e civis dos índios fora da área das missões com os respectivos contactos com Espanhóis, africanos e mestiços.

A mobilidade dos índios no interior das 30 missões era nitidamente restrita: o Regulamento Geral das missões de 1689 codifica a sua casuística[34]. Não podiam ausentar-se da missão, senão para trabalhos e actividades autorizadas pelos padres; por ocasião de algumas festividades concedia-se a um número limitado de cantores ou músicos, assim como a alguns membros do *cabildo,* que acompanhasse o padre em visita a outra missão vizinha. Um índio residente há pelo menos um ano numa missão vizinha devia ali ser reconduzido se se ausentasse; no caso em que marido e mulher estivessem em missões diferentes, a mulher devia ir residir com o marido e o mesmo se aplicava aos filhos. Um índio que chegasse a uma missão devia, se possível, ser reenviado para a missão de residência ou para o *pueblo de españoles* de origem. Durante uma visita, em 1715, em Itapúa, o governador encontrou um índio na prisão «por ter fugido da sua aldeia e não querer viver com a sua mulher»[35]. Em suma, a distribuição territorial dos índios não podia ser alterada por movimentos mais ou menos espontâneos. Mas da documentação existente infere-se que em muitos casos, sobretudo em períodos de carestia, epidemia ou de agitação político-militar, a fuga para as selvas era habitual, na maior parte das vezes sem regresso. Mas verificavam-se também fugas individuais para escaparem a obrigações ou sanções (pela morte de um boi, negligências graves nos trabalhos agrícolas, pecados de luxúria): «Nas aldeias, são muitos os índios que fogem dos Espanhóis. Ainda que não seja mais de um em cada cem, sendo cem mil já são um milhar»[36]. Uma drenagem anual não tão insignificante quanto isso, confirmada, como veremos, pelos dados. Os fugitivos faziam uma vida errante, trabalhando como jornaleiros para os Espanhóis.

Outras regras codificadas diziam respeito à demografia das missões[37]. Assim, o artigo 20.º do Regulamento Geral dizia que: «os casamentos entre índios não se realizarão, por norma, enquanto os homens não completarem 17 anos e as mulheres 15, sempre que não

CONQUISTA

houver razões que obriguem a uma antecipação do casamento, segundo o critério do superior». O casamento era combinado com o consentimento do padre assim que completassem as idades regulamentares, sem excepção alguma ao que parece[38]. José Cardiel confirmava: «Todos se casam. Dado o seu intelecto limitado e imenso materialismo não são capazes de viver em celibato»[39]. Os dados existentes estão em consonância com a universalidade e a precocidade do casamento; o padre Sepp mandou baixar a idade para 16 e 14 anos, respectivamente[40]. Os índios de outras missões não podiam casar-se sem autorização *in scriptis* do padre da missão de origem (art. 17.º). Apesar dos preceitos e dos regulamentos, há que relembrar que a antiga poligamia não estava morta e enterrada: os caciques de nove reduções reclamaram, como contrapartida da sua colaboração militar, o reconhecimento do direito a terem várias mulheres[41]. Os modos de vida antigos voltavam à tona durante os períodos de crise, quando o controlo dos padres, por qualquer razão, afrouxava[42].

Outros artigos (27.º, 29.º, 31.º) diziam respeito à obrigação de os padres visitarem diariamente os doentes em perigo de vida; ao modo de realização dos funerais; à obrigação de possuírem registos paroquiais (infelizmente desaparecidos). Esta codificação precisa e a ordem cerrada com que se explicava o governo dos padres, asseguram a qualidade dos dados demográficos de que falaremos. O baptismo, habitualmente ministrado uma vez por semana em cerimónias colectivas, era ministrado imediatamente a seguir ao parto em caso de perigo de morte.

Para compreendermos as vicissitudes demográficas dos Guaranis, dispomos de uma documentação relativamente credível a partir da época em que as missões se consolidaram nas bacias do Paraná e do Uruguai, por volta de meados do século XVII. Há referências, na segunda metade do século, à obrigação de redigir os registos paroquiais, mas, admitindo que tenham subsistido até hoje, não se conhece a sua localização. Dispomos, ao invés, de dados anuais sobre a estabilidade da população e dos acontecimentos vitais. A recolha destes dados torna-se sistemática a partir do fim do século XVII e é consolidada em *planillas*, ou prospectos, que anualmente reportavam, para cada missão, o número de habitantes e das famílias; estes identificavam-se com os casais existentes e os seus filhos, assim como o número das *familias* coincide (teoricamente) com o dos casais, metade homens e metade mulheres. A população era dividida em *pueri* e *puellae* (até aos sete

anos), adolescentes (até à idade do casamento, 15 anos para as raparigas e 17 para os rapazes), *viudos* e *viudas* (ou *soluti*, isto é, viúvos),
dados que podem traduzir-se em indicadores de estrutura. Além disso,
as *planillas* reportavam também os baptismos e os casamentos – ambos
celebrados, por norma, ao sábado e ao domingo – e os falecimentos
com distinção entre *parvulos* e *adultos*. No conjunto, o cuidado e a
meticulosidade dos padres e o apertado controlo da vida dos índios produziram uma documentação de primeira, dada a época e as condições,
e as análises confirmam a boa qualidade dos dados, que traçam um quadro coerente e credível da demografia guarani. Após a expulsão dos
jesuítas, a recolha dos dados prossegue ao cuidado das novas autoridades religiosas e administrativas, mas a sua qualidade e continuidade
decai, ainda que se possam acompanhar em linhas gerais as vicissitudes demográficas até ao início do século XIX[43].

A evolução secular da população das missões pode seguir-se na
figura 6, de 1643 a 1812, na véspera dos movimentos de independência. Caracteriza-se por uma longa fase de crescimento que leva a população a quadruplicar até a um máximo histórico de 141 000 em 1732;
segue-se uma queda acentuada no decorrer dos anos 30, em consequência dos agitados acontecimentos político-militares e de duas graves crises de mortalidade que reduzem a população quase para metade
em 1740 (74 000 pessoas. Nos 20 anos seguintes, não obstante os con-
tratempos da guerra nas fronteiras entre Espanha e Portugal, a recuperação faz ascender o número de habitantes a 105 000 em 1760; depois
desta data tem lugar um contínuo declínio até ao desaparecimento das
comunidades na segunda década do século XIX. Pode ainda acrescen-
tar-se que o factor preponderante na fase de expansão foi a dinâmica
demográfica natural, embora tenha havido o contributo de uma força
natural de atracção das missões e de algum episódio esporádico de proselitismo. A fase do declínio é, ao invés, exclusivamente causada pelo
processo de diáspora, pois a dinâmica natural, apesar de várias e profundas crises de mortalidade, permaneceu positiva.

Natalidade, mortalidade e crescimento natural permitem analisar a
evolução demográfica secular das missões. Outras medidas, apresentadas mais tarde, permitem reconstruir em pormenor os mecanismos do
desenvolvimento. Numa primeira análise podemos reportar-nos à tabela
18, que contém uma síntese dos dados por período e década. Estes
dados elementares permitem, no entanto, salientar algumas características fundamentais do sistema. A primeira é o nível elevadíssimo de

natalidade e mortalidade, com valores médios que se aproximam dos 60‰. Independentemente do movimento migratório (conversões e fugas), que em algumas fases foi intenso, a «substituição» natural da população era vertiginosa: se a população tivesse ficado estacionária, estas taxas justificariam uma esperança de vida à nascença bem inferior a 20 anos. Esta rápida substituição, aliada a um pequeno intervalo entre gerações, trazia consigo, entre outras coisas, duas consequências muito importantes, uma de natureza social e outra epidemiológica. Do ponto de vista social, facilitou e acelerou o processo de mudança, quer religioso, quer cultural, que os jesuítas promoveram sobretudo através da educação e da disciplina de crianças e jovens. Do ponto de vista epidemiológico, a natalidade muito alta significava, todos os anos, uma «injecção» de doses bastante maciças de indivíduos «não imunizados» por episódios epidémicos anteriores e, portanto, vulneráveis à reintrodução de micróbios e vírus do exterior.

A segunda observação refere-se, ao invés, à capacidade de crescimento natural da população. O valor médio do crescimento natural, ao longo de quase um século observado, era da ordem dos 2% por ano. O que significa que o sistema guarani tinha a capacidade de preencher rapidamente os vazios criados no período de perturbação e de crises de mortalidade. Não diferentemente, portanto, do que acontecia nas populações europeias do antigo regime, capazes de compensar os efeitos destrutivos das crises. Tal não acontece noutras populações americanas, porque a capacidade de recuperação é comprometida pelos vínculos e pelos obstáculos à actividade reprodutiva em consequência da deslocação social gerada pelo contacto. Estes vínculos não se verificaram entre os Guaranis, na medida em que a política dos jesuítas foi orientada para regular e maximizar a capacidade reprodutiva, impondo uma monogamia cerrada, defendendo a universalidade e a precocidade do casamento.

A terceira observação diz respeito à gravidade e à frequência das crises de mortalidade. No período, documentado com continuidade, de 1728-67, os anos 1733-34, 1738-39 e 1764-65 foram particularmente críticos, com taxas de mortalidade situadas entre os 100 e os 200‰ e com significativas, ainda que contidas, baixas de natalidade. Anos com crises menores, com mortalidade compreendida entre os 80 e os 100‰, foram os de 1719 (a crise difundiu-se em 1718, mas falta a documentação relativa a esse ano) e 1749. Na prática, nos sete anos entre 1733 e 1739 houve uma longa crise, durante a qual as epidemias de varíola e sarampo, as agitações internas, as corveias impostas aos índios, as carestias determinaram uma altíssima mortalidade e um significativo défice de nascimentos, além de uma forte diáspora das missões. Em caso de carestia «a maioria dispersa-se nos bosques vivendo segundo o modo bárbaro da sua condição primitiva de gentios», assim escrevia José Cardiel em 1747[44]. 1728-67 é um período de 40 anos em que se assiste a um retrocesso da população das missões na ordem de 41 000 indivíduos, em virtude dos três quartos da diáspora e de um quarto residual do défice natural.

Dada a importância que a imigração e a diáspora tiveram no sistema guarani, há que dar mais algumas indicações em relação à mobilidade durante o regime missionário. Durante o período de amadurecimento e de consolidação, a actividade de proselitismo (e, portanto, de imigração no sistema) foi limitada e esporádica[45]. São permanentes os protestos e as petições dos superiores para o envio de confrades. Em 1712, o jesuíta Bartolomé Jimenez escreve ao rei lamentando que, apesar de ter conseguido convencer muito «infiéis» a sair «*de los montes*», esses não se podiam converter dada a falta de missionários[46]. Os poucos padres estavam seguramente demasiado empenhados no seu trabalho de governo para poder exercer uma acção missionária e as populações «não reduzidas» estavam demasiado dispersas e distantes. Noutros casos, grupos evangelizados voltaram para o «estado selvagem» como aconteceu com os índios de Tarumá (100 léguas a norte das missões) que, incorporados nas Missões de Santa Maria da Fé, regressaram «466 num só dia» durante a carestia de 1734, na região de origem[47]. Todavia, conta o padre provincial Manuel Querini, ao escrever ao rei, dez anos mais tarde foram localizados e convencidos a regressar[48]. Num outro caso não foi a fome, mas sim a impaciência e a insubordinação que levaram a um episódio de afastamento em grupo para fundarem uma povoação autónoma nas margens do Iberá[49]. Outros há ainda em que a obra de proselitismo assume o aspecto de uma autêntica «devastação de infiéis», embora incruenta, pela mão de Guaranis cristãos, como relata o padre Lozano[50]. Estas poucas observações recordam-nos que ocorreram entradas e saídas do sistema missionário sob o impulso de uma variedade de factores e com formas bastante diferentes e que a sociedade guarani das missões não foi tão monolítica quanto se julga.

No período de maturidade das missões, as doenças introduzidas pelos europeus – varíola, sarampo, escarlatina e outras – já se haviam espalhado na América do Sul há mais de um século e os Guaranis já haviam adquirido (a custo de uma mortalidade devastadora) um grau de imunização semelhante ao das populações europeias. É certo que a variola se havia propagado em grande parte da costa brasileira em 1562-65; está documentada a «peste» de 1590, seguramente variola, que devastou as recentes povoações de Assunção, Ciudad Real e Villarica e se difundiu no Guayrá e que, começando em 1588 em Cartagena, se alastrara a muitas partes do continente. As notícias parciais de epidemias na região são frequentes nos primeiros dez anos do século XVII; em 1634-36 quase todas as missões foram atingidas pela variola e por outras patologias (sarampo, talvez escarlatina e tifo), assim como em 1653-55. Uma análise pormenorizada das fontes civis e religiosas (as *Carta anuas* dos provinciais das missões, por exemplo) dá-nos um quadro variado das crises, menores e maiores, localizadas e generalizadas, que atingiram toda a região, às vezes identificada com o nome, noutras genericamente indicada como «peste». Gonzalo de Doblas, bom observador da sociedade guarani, observava, logo após a expulsão dos jesuítas: «as únicas doenças que causam massacres horríveis são a variola e o sarampo, e tal acontece porque, passando muitos anos sem sofrer destas epidemias, quando aparecem, são muito poucos os que a experimentaram, pelo que o contágio se difunde rapidamente, não se encontrando quem auxilie os enfermos, uma vez que todos fugiram para não serem infectados» [61]. Doblas toca nalguns pontos essenciais para a análise epidemiológica: o valor da população susceptível e o da imunizada no momento da eclosão de uma epidemia, o intervalo entre uma epidemia e outra, a letalidade da doença. Um outro observador contemporâneo de Doblas, Diego de Alvear, sublinhou que «um quarto da população morre seguramente de variola» [52].

As doenças epidémicas que atingiram as missões não podiam ser endémicas. As dimensões demográficas das aldeias (que raramente excediam as 5000 pessoas), e da região no seu conjunto, eram sem dúvida inferiores ao número mínimo (o limiar) de indivíduos necessários para que uma patologia (variola, sarampo) pudesse sobreviver a nível endémico. Pensa-se, por exemplo, que, para o sarampo, o limiar mínimo seja da ordem de algumas centenas de milhares de indivíduos [53]. Abaixo do limiar, uma epidemia de uma doença imunizante (variola, sarampo, escarlatina), feito o seu percurso tende a extinguir-se dada a ausência de um número suficiente de pessoas susceptíveis. Para se reavivar é necessário que a doença seja reintroduzida do exterior através da entrada de pessoas infectadas. Como a natalidade era muito alta (60‰) e, por conseguinte, a estrutura etária muito jovem (a percentagem de *muchachas* e *muchachos*, com menos de 15 e 17 anos, respectivamente, era cerca de metade da população total), a reintrodução da infecção encontrava uma alta proporção de não imunes. Entre 1690 e 1767 encontramos quatro ou cinco vagas de varíola (1695, 1718-19; 1733-39; 1749, talvez, e 1764-65) com vasta difusão, de 14 em 14 anos ou de 18 em 18 anos. Quinze anos após a última epidemia, a reintrodução da varíola terá encontrado indivíduos susceptíveis entre todas as crianças e todos os jovens abaixo dessa idade (cerca de 50%) e uma parcela (suponhamos, por simplicidade, 30%) do resto da população acima dessa idade que tenha escapado ao contágio da última epidemia. Hipoteticamente, dois terços da população total. Mas se a natalidade, em vez de 60‰, tivesse sido igual a metade (como era em grande parte dos países europeus), a proporção de indivíduos susceptíveis, na segunda epidemia, teria sido bastante mais baixa e mais próxima dos dois quintos do que dos dois terços da população total. Portanto, mesmo considerado um igual contágio da infecção e uma igual letalidade (mortalidade dos doentes), a mortalidade terá sido bastante mais alta no caso «paraquario» do que no europeu.

A mortalidade por varíola (ou outra patologia) das populações não imunizadas era muito alta. Vimos anteriormente (capítulo 3) que, em «populações virgens», a mortalidade de uma epidemia de varíola podia alcançar os 30-50% ([54]). No entanto, mesmo numa população não virgem, com uma estrutura etária jovem, a mortalidade era muito elevada, mas inferior para uma parcela igual à incidência da população imune. Em geral, pode dizer-se que quanto maior é o intervalo em relação à infecção anterior e maior é a natalidade, menor é o número de imunes e maior é a mortalidade, assim como menor é a diferença em relação a uma população virgem. O que distingue os efeitos de uma epidemia na mortalidade de uma população virgem, em relação a uma «não virgem», é (a) a proporção de imunes; b) a proporção de pessoas contagiadas; c) a taxa de cura, ou seja, a proporção daqueles que, infectados, se curam adquirindo imunidade.

De (a) falou-se no caso das missões: com intervalos interepidémicos médios de 15 anos, a proporção dos imunes devia ser cerca de um terço. Relativamente a (b), a redução dos índios, antes espalhados e móveis, em aldeias densamente povoadas aumentou o número de «contagiados» que na condição anterior, seminómada, tinham à disposição, pelo menos, a hipótese de fuga. Os padres esforçaram-se por minimizar o contágio recorrendo ao isolamento dos infectados nos hospitais separados das habitações, o que talvez tenha podido limitar o efeito negativo da concentração demográfica. Já referimos (capítulo 3) as estratégias engenhosas empregues para isolar os doentes suspeitos.

CONQUISTA

Sobre o factor (c), a taxa de cura, apenas se podem fazer conjecturas. Contudo, é possível que a organização social imposta pelos jesuítas conseguisse elevar a taxa de cura (em relação a uma população mais dispersa e seminómada). Com efeito, reduzia-se um factor que agravava o risco de morte dos contagiados (letalidade): o abandono por parte dos familiares, assustados com o risco de ficarem doentes. O padre Diego de Boroa observava, relativamente às epidemias dos anos 1635-37, que a elevada mortalidade epidémica se devera quer à doença, quer ao facto de os doentes morrerem de frio e de fome, abandonados pelos familiares aterrorizados[55]. Conceito repetido, mais tarde, por muitos comentadores. Nas missões, o abandono era bastante menos frequente do que nas populações dispersas; os índios isolados nos hospitais eram regularmente protegidos e alimentados e é sensato pensar que as suas probabilidades de cura eram maiores do que em caso de abandono dos familiares ou dos outros membros da comunidade[56].

Alguns elementos dispersos sobre a mortalidade entre os doentes de varíola (letalidade por varíola) são coerentes com os factos conhecidos dos estudiosos. Em 1612, em Arauco, no Chile, morrem 153 dos 273 infectados (letalidade de 56%); em 1614, em três reduções do Guayrá, a letalidade parece, ao invés, nitidamente inferior (11%)[57]. Na XIV *Carta anua* relata-se que, em 1635 em Yapeyú, a varíola matava cerca de 30% da população[58]. Em 1661, quase metade da população de Santa Maria ficou doente – de varíola ou de sarampo, não é claro – e um quarto desta metade morreu; em 1667, a varíola terá morto metade dos habitantes de Corpus[59]. Mais de um século depois (1788), dois terços da população de San Borja contraíram a varíola e entre estes a letalidade ainda foi de 25%[60].

Se examinarmos os anos de crise desde 1690 em diante, pode-se, ainda que de forma imprecisa, medir o impacto da varíola, tendo em conta que o nível «normal» da mortalidade (representado pelo valor médio, veja-se a tabela 18) estava entre os 40 e o 45‰. A tabela 19 reporta as taxas de mortalidade das missões nos anos de crise. De 1695 dispomos apenas dos dados relativos às únicas missões do Paraná, mas no conjunto das missões, segundo o padre Burgés, houve 16 000 óbitos correspondentes à extraordinária mortalidade de 200‰[61]. Há que referir que 1719 é seguramente o fim de uma crise que teve início em 1718 e que nesse ano talvez tenha atacado com mais força. São definidos como anos de «crises» aqueles com uma mortalidade superior a 100‰, e anos de «crise catastrófica» aqueles em que essa ultrapassou os 250‰. Para nove das 13 missões do Paraná, a crise deu-se em 1695;

217

para quatro em 28, em 1719; para 21 em 30, em 1733, e ainda para 16, sete e 14 em 30, em 1738-39, 1749 e 1764-65.

Ainda que os padres se esforçassem por manter o isolamento das missões, quer em relação ao exterior das regiões do Paraná e do Uruguai, quer em relação a outras missões, esse isolamento era imperfeito. As regras que limitavam a mobilidade eram infringidas, a viabilidade fluvial e terrestre era cómoda, o grande número de corveias levava os índios a contactos frequentes com o exterior, as actividades comerciais eram regulares. Quando a infecção era introduzida de novo do exterior, propagava--se de aldeia em aldeia, segundo um percurso ditado pela contiguidade. Na *Carta anua* de 1661 relata-se a chegada da varíola: dois índios infiéis não são admitidos em Yapeyú (a missão mais a sul, ao longo do rio Uruguai) com medo de que estivessem infectados; resguardam-se de um temporal num *rancho* e contagiam outros índios que estavam de volta a São Tomé, a sua residência. Regressados a casa «ficaram oito dias, escondidos, até que na Sexta-feira Santa se avisou o padre de que havia alguns índios com as caras pintadas de vermelho que, ao serem examinadas, se reconheceu ser a peste que grassava no estado e no Peru com muitas chacinas»[62]. O padre Sepp descreveu deste modo a varíola de 1695:

> Quando o ano de 1695 estava a chegar ao fim e se iniciava o mês de Outubro, em que aqui começa a Primavera, uma peste cruel devastava Paracuária e, em poucos meses, a população de quase todas as missões – eram então 24 – estava contagiada pela epidemia [...] A peste foi introduzida pelos índios que regressavam de Santa Fé. Este lugar, povoado por comerciantes Espanhóis, foi o primeiro a ser atingido pela peste; seguiram-se Córdoba, Santiago del Estero e outras cidades de Paracuária. Só então se difundiu, com grande violência, nas nossas missões onde causou as maiores chacinas entre os pobres índios, vítimas mais fáceis do que os Espanhóis ricos, porque contentam-se com roupas modestas, mais próprias para cobrir a sua nudez do que para protegê-los do frio[63].

Outras informações levam-nos a pensar que a epidemia, iniciada em Itapúa e Candelária, se propagou a Sant'Ignacio Guazú, Santiago, Nuestra Señora de Fe, Loreto, Santa Ana, Sant'Ignacio Mini, San Carlos, poupando (parece) a bacia do Uruguai[64]. A varíola de 1718-19, segundo o relato de um religioso chegado da Europa, fora introduzida por passageiros de navios ingleses ou espanhóis que desembarcaram em Buenos Aires[65].

No decorrer do século XVIII, a continuidade da informação estatística permite algumas ulteriores considerações. A difusão da crise foi total em 1733, mas em outros casos não e algumas zonas continuaram imunes ao surto. Na crise de 1738-39, 10 missões em 30, quase todas no Paraná, escapam à crise (isto é, têm uma mortalidade normal, igual ou inferior à dos anos anteriores); em 1749, as missões com mortalidade «normal» são sete e apenas duas (no Paraná, assim como as outras missões que sofreram menos) em 1764-65. É, precisamente, o que se espera quando a infecção, não sendo endémica, penetra numa região com povoações ligadas entre si: um acentuado aumento de mortalidade quase simultâneo, com algumas zonas que permanecem intactas em virtude da sua geografia excêntrica, ou protegidas por medidas de precaução, ou por motivos casuais.

Com todas as populações pobres em recursos e conhecimentos, os Guaranis eram fustigados por uma mortalidade muito alta, sujeita a fortes flutuações dependentes da brusca mudança dos factores externos (comida, doenças, violências). O esforço dos jesuítas para moderar e estabilizar estes factores constritivos – organizando a produção e a distribuição dos recursos alimentares; isolando, curando e nutrindo os índios nas fases epidémicas; protegendo as populações de ataques, explorações e de pilhagens – teve supostamente efeitos positivos, embora seja impossível quantificá-los; aliás, foram severamente contrabalançados pelo facto de o modelo da «redução» e da concentração de povoamentos ter reforçado o impacto destrutivo da varíola, sarampo e outras doenças. Quando o sistema social e económico vacilava, os índios eram induzidos a regressar «*a los montes*» e aos seus modos de vida tradicionais, talvez mais adequados à sobrevivência, em consequência de processos de adaptação que duraram dezenas, se não mesmo centenas de gerações.

A aplicação de um simples modelo permitiu estimar a esperança de vida, cujo nível médio no período total é de 23,3 anos (24,5 a mediana), confirmando a vulnerabilidade da população guarani (veja-se a tabela 20). Nos 50 anos observados, a esperança de vida supera os 30 anos apenas em três ocasiões (1691, 1737 e 1753), enquanto em oito anos desce abaixo dos 15, e em quatro ocasiões abaixo dos dez (1733, 1738 e 1739, 1764, anos em que a taxa de mortalidade se aproximou ou ultrapassou os 150‰). Há, portanto, limites de sobrevivência que as populações guarani não podiam exceder senão em anos excepcionais (em 1737 a esperança de vida alta foi provavelmente consequência dos efeitos selectivos dos últimos quatro anos catastróficos). Mas o limite inferior da esperança de vida é, ao invés, muito baixo, em consequência da rápida renovação da população e da alta proporção de jovens não imunes quando a varíola ou o sarampo eram introduzidos do exterior. De resto, por muito que os jesuítas fossem versados na arte da medicina e dispusessem de uma boa farmacopeia[66], é inverosímil que a sua ciência pudesse influenciar a mortalidade, o que não era diferente do que acontecia na Europa contemporânea. Uma esperança de vida próxima dos 25 anos – nos anos não atingidos pela crise – não é surpreendente numa população atrasada como a dos vales do Paraná e do Uruguai, não obstante o esforço dos jesuítas. O potencial de crescimento nos anos de crise aproximava-se dos 2% anuais; mas o mérito deste desempenho não se deve seguramente à sobrevivência, que foi sempre precária.

No sistema das missões, os índios foram subtraídos ao árduo serviço pessoal, associado ao sistema da *encomienda*, que pesava sobre outras populações autóctones. Mas este regime privilegiado tinha de ser defendido e tinha um preço: às missões, foi-lhes exigido continuamente que provessem às exigências da administração colonial de Assunção e de Buenos Aires. Estas traduziam-se em requisição de homens para construir fortes e portos, para patrulhar as fronteiras, para repelir as incursões dos índios hostis, para reprimir sublevações, para autênticas acções militares. A política dos jesuítas consistia em responder na medida do possível às exigências, seleccionando os homens, apetrechando-os, organizando e liderando as expedições. A administração colonial sabia que podia contar com uma resposta responsável, pronta e eficiente, às exigências e às emergências; os jesuítas garantiam a protecção das autoridades civis contra a avidez dos colonos, à qual subtraíam a próspera reserva humana das reduções numa terra escassamente povoada. As corveias, por vezes, tinham um impacto social e demográfico não secundário. As enormes distâncias implicavam longas viagens, a pé ou em canoa, e longas ausências de muitos homens válidos da aldeia; a inexistência do isolamento do mundo externo, potencial corruptor; o abandono do trabalho; perigos para a estabilidade da família. Durante a fase de repressão da sublevação dos *comuneros* de Assunção contra o governo colonial, don Bruno Zabala comanda a expedição espanhola e solicita, com a carta de 9 de Outubro de 1734 enviada ao vice-superior das missões, Félix de Villagarcia, o envio «de 6000 índios para a fronteira do rio Tebicuarí, com o melhor armamento possível [...] deverão estar de atalaia nas imediações para não permitir que alguém entre ou saia da província do Paraguai, fechando-a abso-

CONQUISTA

lutamente ao comércio e às comunicações». Pede ainda que «se disponibilize outros 6000 índios de reserva para que fiquem de vigia nas proximidades das fronteiras»[67]. No fim de Novembro, os índios puseram-se a caminho e chegaram ao lugar de concentração no decorrer de Janeiro de 1735. Conhecem-se os contingentes que partiram de 25 das 30 missões: no total 5459 homens que percorreram, em média, 70 léguas (igual a quase 400 quilómetros) por caminhos difíceis, atravessando rios e pauis. Passados alguns meses, aplacada a rebelião, o contingente tomou o caminho de regresso a casa. Seis mil homens, fora de casa pelo menos durante seis meses, representavam cerca de 25% da população masculina adulta. Mas no período de 1732-35, 5000 a 12000 homens foram mobilizados para a pacificação do Paraguai e, em 1735, no terceiro e penúltimo cerco de Colonia, o enclave português foi repetidamente atacado pelos Espanhóis. Anteriormente, de 1724 a 1729, diversos milhares de índios foram permanentemente recrutados para combater o rebelde Antequera em Assunção (com a morte de centenas de indígenas na batalha perdida nas margens do rio Tebicuari), para obras em Buenos Aires, para fortificar Montevideo, para defender Santa Fé. Para expulsar os Portugueses de Colonia – povoação fortificada erguida na outra margem do Río de la Plata, defronte a Buenos Aires – empregaram-se 3000 homens durante um ano em 1680, e 2000 a 4000 homens no triénio de 1702-04. Há que ter em consideração que as expedições mais importantes, como a de Colonia, 1500 quilómetros a sul, faziam-se por via fluvial e terrestre, com acompanhamento de carruagens, armas, provisões, cavalos, gado, com a assistência (ou melhor com o comando) de um ou mais padres, em deslocações que duravam meses. Conta Baltasar Garcia Ros, chefe do exército espanhol, que os índios que ajudaram à capitulação de Colonia 15 de Março de 1704 eram 4 000, que deixaram as suas aldeias no início de Setembro de 1703, divididos em três corpos. Dois dos corpos navegaram o Uruguai e o Paraná em frotas de 40 *balsas* (cada *balsa* era formada por duas canoas ligadas entre si), o terceiro foi a pé. Os primeiros dois corpos chegaram ao campo espanhol avistando Colonia cerca de um mês depois da partida; a expedição por terra chegou um mês mais tarde, tendo percorrido – os que vinham das expedições mais distantes – quase 2000 quilómetros. Levavam 6000 cavalos, 2000 mulas, carne, legumes, milho, tabaco e outros mantimentos para a viagem de ida e de regresso. Durante o cerco abasteceram o exército levando para o campo 30 000 bovinos capturados nas redondezas. O seu compromisso durou oito meses, durante os quais se comportaram com lealdade e dedicação, nos turnos de vigilância, nos ataques e nas trincheiras, arrastando a artilharia à força de braços. Nestas acções morreram 130 índios e 200 ficaram feridos[68]. Na longa lista das corveias dos indígenas, minuciosamente enumeradas nas cartas dos padres ao rei ou aos governadores, figuram a ajuda prestada às cidades de Corrientes, Santa Fé, Montevideo e, naturalmente, as de Assunção e Buenos Aires; expedições contra tribos hostis, como os Guaycurus e Payaguás e contra os «Mamelucos» do Brasil; a defesa das longínquas *vaquerias* das intrusões e incursões, a construção das fortificações em Buenos Aires e Montevideo; a repressão das revoltas.

Quão pesada foi a obrigação guarani fora do seu âmbito tradicional de vida e de trabalho? Teríamos de poder responder bem ao primeiro quesito para poder supor uma resposta ao segundo. A longa crise dos anos 1732-39 foi seguramente sistémica – epidemias, fome, guerras, fugas – e a ausência de milhares de índios nas suas casas contribuiu fortemente para isso. Noutros casos, a associação foi bastante mais ténue: as corveias foram uma opressão ao desenvolvimento, mas não um obstáculo e, excepto em alguns episódios, não devem ter influído de forma significativa na dinâmica demográfica das missões. Pode estimar-se o número de índios submetidos às corveias por cada 1000 famílias no período compreendido entre 1630 e 1740 (após esta data, as informações são menos sistemáticas). Só em três das onze décadas consideradas (1700-09, 1720-29 e 1730-39) aparecem anualmente empregados mais de 50 índios por cada 1000 famílias; nos outros casos, a frequência permanece inferior a esse limite. Uma obrigação incomparavelmente mais ligeira do que a dos índios do planalto peruano e boliviano, sujeitos à *mita*. Façamos também uma rápida comparação com uma outra sociedade rural: a Itália após a unificação, com o serviço militar obrigatório, subtraía todos os anos, em média, 30 jovens por cada 1000 núcleos familiares. O preço pago pelos Guaranis não foi, portanto, excessivamente exorbitante e foi, decerto, bastante mais leve do que aquele pago pelos índios sujeitos a serviço pessoal em outras partes da América.

A obra de evangelização dos Guaranis passava, em primeiro lugar, por uma profunda reforma das regras relativas às uniões e à reprodução, das quais já falámos. A instabilidade das uniões, a promiscuidade, a vida nas grandes casas comunitárias foram um obstáculo com que os evangelizadores se depararam. Sabiam que a população adulta não poderia ser convertida a modos de vida «não bárbaros», nem o pretendiam na primeira fase de evangelização, apesar de terem discutido o significado canónico do concubinato e da poligamia a ponto de se aconselharem com o Papa Urbano VIII[69]. Havia que começar pelas crianças e pelos muito jovens para converter os Guaranis a modos de vida monogâmicos, com famílias nucleares independentes e autónomas. Na concepção dos jesuítas, a família era a nuclear, formada por pais e filhos; viúvas e órfãos viviam à parte nas casas comuns, sustentados pela comunidade. A família era, essencialmente, o lugar da função reprodutiva e a mão dos padres era solícita a subtrair os filhos, na medida do possível, ao controlo dos pais antes que chegasse a hora precoce do casamento. José Cardiel é muito claro:

> Desde os sete anos de idade que os alcaides os inscrevem nos seus registos e, a partir desta idade, são agrupados aos outros [adolescentes] no que concerne as actividades religiosas e sociais, até ao matrimónio. Pois se se deixarem ao cuidado dos pais, estes são tão pouco capazes que crescem como animaizinhos e permanecem ociosos para toda a vida[70].

As novas gerações foram educadas segundo este modelo para o casamento precoce, com um apertado controlo da separação dos sexos nas actividades comunitárias (instrução, oração, trabalho). Os padres, de acordo, pelo menos formal, com os pais, faziam de modo a que as uniões se realizassem pouco depois de atingirem a puberdade, favorecendo (e presumivelmente, muitas vezes, impondo) a escolha matrimonial. Os limites regulamentares eram os 15 anos para as raparigas e 17 para os rapazes. Mas os padres vigiavam o respeito do vínculo matrimonial também mediante a repressão. As habitações, embora respeitando as preferências tradicionais pela vivência comunitária, distinguiam os espaços de cada núcleo familiar. Precocidade, universalidade e estabilidade do casamento foram os factores que estiveram na origem da elevada fecundidade e natalidade e o motor do alto crescimento potencial. Após a expulsão dos jesuítas, a promiscuidade e a vivência comunitária voltaram a prosperar na sociedade guarani[71].

Os dados disponíveis confirmam que a nupcialidade era muito elevada: cerca de quatro quintos das mulheres adultas eram casadas e a proporção das adultas casadas entre as mulheres em idade fecunda devia ser quase universal. O valor médio (1690-1767) da taxa de nupcialidade foi igual a 13,3‰ (e cerca do dobro se calculado apenas para as mulheres, veja-se a tabela 20). Isto é, todos os anos cerca de 2,7% das mulheres casavam-se: e esta proporção é coerente com um magote de raparigas de 15 anos da população feminina, e corrobora as observações dos testemunhos da época segundo as quais se agia rigorosamente de acordo com o que as regras impunham (isto é, que todas as raparigas se casassem com 15 anos). A alta nupcialidade implicava altos níveis de natalidade e de fecundidade. A taxa de natalidade andava à volta dos 60‰, quase o dobro do valor predominante na Europa Ocidental na mesma época. A estimativa do número médio de filhos por mulher (TFT) atinge (ainda na média do período inteiro) o elevado valor de 7,7, que pode comparar-se com o nível significativamente mais baixo (6,5) estimado para o Paraguai pelas Nações Unidas durante o período de 1950-60, quando o controlo de natalidade ainda era praticamente desconhecido[72]. Nova prova indirecta de que a política familiar dos jesuítas conseguira manter uma reprodutividade bastante mais alta. De resto, mesmo no período mais conturbado das missões – os sete anos terríveis de 1733-39 – a TFT ficou, em média, pouco abaixo dos 6 (mais exactamente, 5,85), não obstante as corveias, a fome, as epidemias, para ultrapassar os 9 na década de 1741-50. Num regime de alta reprodutividade as feridas saram rapidamente.

A expulsão dos jesuítas em 1767 acelerou um processo de declínio que talvez já se tivesse esboçado nos últimos anos da experiência das missões. Em 1768, a população das 30 missões aproximava-se dos 90 000 habitantes, no início do século XIX descera para cerca de 40 000. As crises epidémicas grassavam como no passado (1770-72, 1772-77, 1788 e 1796-97), mas a descontinuidade e as lacunas de dados e a sua menor qualidade, no conjunto, não nos permitem avaliar o seu impacto[73]. Há alguns indícios de que, mesmo nos anos imunes de crises, a mortalidade era mais alta do que no passado. Por exemplo, na média dos quatro anos 1793, 1798, 1799, 1803 (anos sem epidemias e dos quais existem dados), a taxa de mortalidade foi igual a 55‰, contra um valor médio durante o período jesuíta na ordem dos 44‰. No mesmo quadriénio, os nascimentos não conseguiram igualar as mortes, ao passo que tradicionalmente, nos períodos de normalidade, dá-se um forte crescimento natural. Mas foi sobretudo a emigração que determinou o declínio final. «A deslocação, o abandono e a miséria levaram os Guaranis a procurar outros lugares para viverem com melhores perspectivas e livres do sistema comunitário. As províncias localizadas na periferia das missões foram os lugares de destino desta emigração.»[74] A crise consequente à substituição de uma classe dirigente seleccionada e de alto nível intelectual, dedicada à persecução de objectivos específicos, com uma administração pouco motivada (quando não corrupta) foi social, económica e demográfica. Ainda nas palavras de Ernesto J.A. Maeder:

> O esforço essencialmente missionário procurava preservar e orientar os Guaranis das reduções para a formação de uma sociedade indígena cristã, isolada e protegida, na medida do possível, do mundo colonial. Mas agora o propósito era integrá-los nessa mesma sociedade colonial que estava a crescer à sua volta, através de um contacto contínuo, do desenvolvimento da liberdade individual, do comércio e da mestiçagem, e tudo isso num sistema, em vários aspectos contraditório, em que as direcções política e religiosa já não se encontram unidas, como antes, na mesma pessoa[75].

Evolução decerto inevitável, mas cujas consequências foram muito negativas.

Qual foi a relevância da experiência guarani para a compreensão da demografia colonial? Um primeiro aspecto interessante diz respeito às consequências epidemiológicas do contacto. No período de maturidade dos sistema das missões – cerca de um século anterior à expulsão –, os Guaranis já haviam experimentado o impacto devastador das patologias europeias há várias gerações. Mas um século ou dois depois do contacto inicial, as devastações das epidemias continuaram a ser assustadoras, *embora já não ocorressem em terreno virgem*. Taxas de mortalidade por varíola de 150 a 200‰ continuaram a ser a norma em tempo de epidemia. O facto é que: a) a altíssima natalidade (60‰) implicava uma estrutura etária muito jovem (metade da população tinha menos de 15 anos); b) as novas patologias não eram endémicas (devido à escassa densidade da população não podiam «sustentar-se» e tinham de ser introduzidas do exterior) e aparecem, em média, de 15 em 15 anos; c) a população susceptível de ser infectada no reaparecimento, por exemplo, da varíola após 15 anos era, portanto, elevadíssima, sendo constituída por indivíduos nascidos depois do último episódio epidémico (cerca de metade da população) e pelos que não haviam sido infectados; d) a concentração nas reduções devia, por si só, aumentar a proporção dos indivíduos susceptíveis infectados, embora a maior cura dos doentes e a prevenção das fugas tenham, pelo menos em princípio, aumentado a taxa de cura. A conclusão é que o impacto das epidemias nas missões não foi, presumivelmente, menos devastador do que o que ocorreu no século a seguir ao contacto.

O segundo ponto de grande relevância é que a política dos jesuítas, orientada para a monogamia, para assegurar a universalidade, a precocidade do casamento e a estabilidade do núcleo familiar, manteve a natalidade nos níveis máximos sustentáveis para uma população normal. Foi a alta natalidade que gerou o forte excesso demográfico nos anos favoráveis e permitiu compensar – com vantagem para o crescimento – os vazios criados pelos desastres epidémicos. Em comparação com outras experiências posteriores ao contacto, características do continente americano, em que a alta mortalidade em virtude das patologias epidémicas combinou os seus efeitos negativos com os da desestruturação social, incluindo a natalidade e a reprodução, a experiência missionária sai vencedora. A natalidade é estimulada, e não reduzida, os Guaranis multiplicaram-se ao longo de um século e conseguiram circunscrever os efeitos negativos de duas guerras e de quatro episódios epidémicos próximos nas últimas quatro décadas.

Em suma, o sistema político erguido pelos jesuítas – enquanto durou – exime os Guaranis da mistura com os brancos e negros. O isolamento evitou a depauperação própria da transmigração (geralmente forçada) das mulheres para o sistema reprodutivo dos brancos: fenómeno que em muitas áreas americanas enfraqueceu as populações autóctones. Além do mais, as missões tiveram um desenvolvimento notável no campo socioeconómico, o que se traduziu, inevitavelmente, num efeito positivo geral para a demografia guarani.

Em 1563, dois séculos antes da expulsão e nem sequer 30 anos depois do primeiro verdadeiro povoamento espanhol, o procurador geral do Río de la Plata, Antonio de León, escrevia ao rei que a diminuição dos «naturais» era tão forte em todas as Índias que se tornara necessária a importação de escravos da Guiné, um remédio não acessível na Plata dada a distância das fontes de abastecimento[76]. Durante 200 anos, o tema do declínio da população autóctone será fonte de preocupações para a colónia e para a pátria-mãe, para governantes e religiosos, para *encomenderos* e mercadores. A história demográfica dos Guarani das 30 missões deve ser vista e interpretada à luz deste quadro geral de crise.

Epílogo

Tendo começado nas Caraíbas, prosseguido no México e nos Andes, a viagem em busca das causas das vicissitudes catastróficas dos índios concluiu-se na bacia do Río de la Plata. Este itinerário não percorreu vasta áreas do continente: nem o Norte, frio e temperado, nem o fustigado centro, nem a selva amazónica. No conjunto, porém, as regiões em que concentrámos a nossa atenção compreendem a maioria, três quartos ou mais, da população indígena do século XVI, e oferecem um amplo leque de situações e experiências. Delas é possível extrair considerações de carácter geral, até porque a história posterior ao contacto das regiões excluídas não é diferente, em traços gerais, daquela das zonas percorridas nos capítulos precedentes. Em todas elas a população diminui; em todas elas se cumpre a passagem do poder para mãos europeias e ocorrem mudanças profundas na economia e no ambiente, assim como radicais transformações institucionais e sociais. A população da América do Norte, estimada em alguns milhões na altura do contacto, era constituída por poucos milhares de pessoas no fim do século XIX, votada a ocupar poucos e residuais espaços físicos e sociais([1]). Na América Central, a *audiencia* da Guatemala – que compreendia grande parte do mundo maia e se estendia até ao Panamá – era menos densamente povoada do que o centro do México, mas os seus três quartos de milhão de habitantes em 1800 eram uma parcela da população na altura do contacto([2]). O Brasil era escassamente povoado e pensa-se que tivesse menos de três milhões de habitantes quando chegou Pedro Álvares Cabral, mas no início do século XIX não chegava a um milhão([3]). Mencionamos estes dados – não é necessário recordar que, para a época do contacto, se trata de conjecturas muito controversas –

porque atestam, juntamente com muitas outras provas, que um desastre generalizado atingiu o continente americano.

Todavia a comparação, a séculos de distância, é bastante enganadora. Não leva em conta o facto de a catástrofe indígena ter tido ritmos bastante diferentes no continente. Nas Grandes Antilhas, a população extinguiu-se; mas noutros lugares, atingido o nadir, a curva demográfica voltou a subir em períodos e ritmos diferentes. Infelizmente, a fase final do declínio bem como a da recuperação permanecem obscuras; a produção de dados na América hispânica, no século e meio que decorreu entre as primeiras décadas do século XVII e o último terço do século XVIII, é modesta e episódica, assim como os nossos conhecimentos. No México, a recuperação ter-se-á delineado na segunda metade do século XVII. Os índios pagavam, todos os anos, um tributo de meio real para a construção de catedrais; o tributo era recolhido distrito a distrito. O número de tributários, cerca de meados do século XVII e do fim do século, é o seguinte:

	Meados do século XVII	Fim do século XVII	Var.%
Episcopado da Cidade do México	57 751	76 626	+32,7
Episcopado de Puebla	62 475	74 549	+19,3
Episcopado de Michoacán	12 495	19 301	+54,5
TOTAL	132 721	170 476	+28,4

O início da recuperação, segundo José Miranda, a quem se deve os dados acima reportados, situar-se-ia entre 1620 e 1640([4]). Os dados referem-se apenas a três dioceses, que compreendiam pouco mais de metade da população do México Central. Quase um século mais tarde, o recenseamento ordenado pelo vice-rei Revillagigedo (1790), cujos dados foram recolhidos e publicados por Humboldt, atribui à Nueva España uma população de cerca de 4,5 milhões, dois quintos dos quais índios, pelo menos 50% a mais em relação ao mínimo afectado no início do século XVII([5]). Mas estes números indicam apenas uma parte da realidade, pois não consideram a expansão da população miscigenada, com várias «proporções» de sangue índio, para a qual contribuíram seguramente os índios «puros» e que devia andar próxima dos 1,5 milhões([6]).

Nas populações dos Andes, o fim do ciclo descendente e a posterior recuperação devem presumivelmente situar-se num período mais tardio do que no México. Os dados recolhidos por Sánchez-Albórnoz do Alto

Peru (Bolívia) mostram que a população duplicou entre a contagem ordenada pelo vice-rei, duque de Palata, em 1683 e a de 1786: de 164000 passou para 335000 habitantes. Uma contagem que o vice-rei ordenou, preocupado com o grave declínio demográfico que há muito se fazia sentir, agravado por fortes movimentos de emigração. É provável que o declínio tenha continuado até ao virar do século, se não mesmo mais tempo[7]. Nas terras altas da Guatemala só viriam a surgir sinais de uma recuperação consistente em pleno século XVIII[8]. Na América do Norte, a recuperação terá de aguardar até ao fim do século XIX; em muitas zonas da Amazónia, o declínio continuou até aos nossos dias[9].

As causas da recuperação – onde esta ocorreu – têm ainda de ser analisadas cuidadosamente e podem ser reduzidas a quatro paradigmas diferentes: os grupos humanos são dotados de mecanismos de auto-regulação e, aos choques, seguem-se alterações de comportamento que restabelecem uma espécie de equilíbrio demográfico. É possível, mas a experiência histórica diz que nem todos os grupos humanos «respondem» positivamente ao choque, tal como a experiência da extinção dos Tainos confirma; além do mais, não somos capazes de explicar como e porquê funcionam estes mecanismos de compreensão abstractos. O segundo paradigma – partilhado por muitos observadores da época – sugere que a política iluminista ou, seja como for, menos restritiva, dos Bourbons na América hispânica e do marquês de Pombal no Brasil, determinou uma maior abertura da sociedade e um crescimento económico generalizado, trazendo consigo a recuperação demográfica. Esse paradigma poderia adaptar-se ainda à diferente cronologia da recuperação, mais precoce no México, tardia no Peru, menos desenvolvido. Valem, entre tantas, as palavras de Humboldt à margem das observações sobre o aumento da população no fim do século XVIII:

> Não se pode duvidar de que a população [do México] fez progressos verdadeiramente extraordinários. O aumento que as dízimas e a taxa *per capita* dos índios sofreram, o aumento de todos os impostos sobre o consumo, os progressos da agricultura e da civilização, a vista de campos repletos de casas modernamente construídas, anunciam rápidas melhorias em quase todas as partes do reino[10].

E ainda:

> O rei Carlos III, sobretudo pelas suas ordens tão sábias quanto enérgicas, pode definir-se benfeitor dos indígenas: este rei anulou a *encomienda*,

proibiu as repartições, mediante as quais os *corregidores* se constituíam arbitrariamente em credores e, por consequência, patrões do trabalho dos índios, antecipando-lhes, a preços exorbitantes, cavalos, mulas e vestuário [11].

Mas esta explicação tem limitações, porque as condições de vida dos índios foram apenas afloradas, se é que o foram, pelos processos de desenvolvimento. O próprio Humboldt contradizia-se algumas linhas mais à frente: «Os índios mexicanos, considerando-os em massa, exibem o espectáculo da miséria» [12]. Um terceiro paradigma é de natureza biológica, ao qual fizemos referência anteriormente. Após o primeiro impacto dos novos vírus, com a consequente alta mortalidade epidémica, os indivíduos infectados, e curados, adquiriram imunidade protectiva em relação às futuras vagas epidémicas, atenuando a mortalidade. Mas além deste fenómeno sobejamente conhecido, ter-se-á posto em movimento um lento processo selectivo para a eliminação dos indivíduos mais vulneráveis ao vírus que não transmitiram as suas características genéticas particulares às gerações sucessivas, que se tornaram por isso mais resistentes às infecções. Mecanismo possível – embora não provado de modo específico – mas é duvidoso que as consequências possam ser avaliadas antes decorridos muitos anos: milénios, mais do que séculos. Charle-Marie de La Condamine, nas suas viagens amazónicas, em meados do século XVIII: «Esta doença [a varíola], no Pará, é ainda mais funesta para os índios das missões há pouco saídos da selva do que para os índios que nasceram ou que vivem há muito entre os Portugueses» [13].

Por último, um quarto paradigma é ecléctico e não refuta nenhuma das explicações precedentes. Postula que a Conquista infligiu um choque biológico, ambiental, económico, político – às sociedades indígenas, cuja violência (que não foi do mesmo grau em todo o lado) teve diferentes consequências demográficas consoante a organização social, as características de fixação, as suas estruturas produtivas. O mesmo choque biológico de uma nova patologia – e da consequente mortalidade – pôde em seguida ser atenuado por mecanismos sociais de aprendizagem; conhecimento da doença, capacidade de identificá-la e de segregar os doentes ou de fugir deles, controlo do pânico e capacidade de alimentar e curar os indivíduos infectados, experimentação de remédios empíricos. Em suma, tal como uma multiplicidade de factores foi responsável pelo desastre, também uma multiplicidade de mecanismos determinou a recuperação. Mais uma vez voltamos a Motolinia: «Deus feriu e castigou esta terra [...] com dez pragas dolorosas» [14] e, poderíamos continuar, pois só quando os índios encontraram modo de se defender é que a América voltou a erguer-se, pelo menos do ponto de vista demográfico.

As observações feitas no decorrer desta longa viagem merecem ser consolidadas nestas últimas páginas. Não houve uma causa única, nem um modelo único da catástrofe demográfica e social. Comprimir uma realidade complexa num único paradigma força a complexidade histórica dos acontecimentos e aplana um terreno acidentado, ocultando provas preciosas. Por outro lado, não basta abraçar as teses de Motolinia ou de Las Casas, consolidando-as sob a forma de uma *Leyenda Nera* moderna, que mistura os efeitos de uma pluralidade de factores causais dos quais não se pode avaliar a incidência, a ordem ou a hierarquia.

O choque da Conquista, porquanto é dado a ver pelas consequências evidentes, atingiu todo o sistema demográfico indígena: a sobrevivência, as uniões, a reprodutividade, a mobilidade e as migrações. Naturalmente o golpe mais forte foi infligido pelas novas patologias e pela consequente alta mortalidade, às quais se deve reconhecer a «responsabilidade» de longe mais relevante pelas perdas humanas na fase inicial. O fardo das patologias já existentes agravou-se, novos surtos epidémicos juntaram-se aos que certamente fustigavam, há milénios, as populações americanas (que não viviam num éden sem infecções), e talvez também a mortalidade comum, em certos contextos, tenha aumentado. Todavia, como várias vezes sublinhámos, o papel da mortalidade acrescida não foi exclusivo. A Europa, atingida durante duas gerações pela peste (a mais violenta e letal das epidemias, que nunca chegou à América), só perdeu um terço da população; novas patologias – como o tifo, a sífilis, a *sweating sickness* –, ou a recrudescência de outras – a varíola –, surgiram exactamente na época da Conquista, sem comprometerem o crescimento demográfico do século XVI. Além do mais, como recordámos varias vezes, o efeito amplificador do «terreno virgem» – isto é a ausência de imunidade dos índios – é nulo após o primeiro impacto. Em seguida, o puro efeito das novidades «biológicas» atenua-se e mistura-se com outros factores predominantemente sociais, que agravaram o impacto da mortalidade. Procurando comprimir uma variedade de situações numa síntese: onde a Conquista modificou os mecanismos de defesa das populações ou comprometeu os naturais mecanismos de reacção ao choque, o desastre foi acentuado ou mesmo irreversível. Onde estes foram menos danificados, devido à menor violência da Conquista ou a outros factores, o choque teve consequências menos catastróficas. Os mecanismos de defesa ou de reacção – para sairmos do plano abstracto – examinámo-los várias vezes em diversos contextos: uma aceleração na formação das novas uniões, alta fecundidade, deslocações espontâneas, reforço da solidariedade comunitária. Estes foram bloqueados ou destruídos pela deslocação territorial (migrações forçadas, reduções); pela restruturação das actividades produtivas; pelo arresto ou agravamento acrescido do trabalho; pela intrusão na organização familiar e comunitária. Por outras palavras, a Conquista comprometeu de várias formas o que inicialmente definimos como «prerrogativas» demográficas individuais, que estão na base da continuidade e do equilíbrio de uma população.

É possível fixar as situações variáveis que se criaram com a Conquista em modelos, ou tipologias, características? Vale a pena tentar, sem forçar uma realidade que foi muito variada e que, sob vários aspectos, permanece desconhecida.

Um primeiro modelo é o caribenho: o impacto foi mais violento e as populações já haviam percorrido boa parte do seu caminho para a extinção quando chegou a primeira epidemia de varíola com efeitos devastadores. Foi com base na experiência das Caraíbas que nasceu e se consolidou a *Leyenda Negra* da Conquista. Aqui os factores negativos agem com toda a sua força: mortes directas no processo de submissão, escravidão e trabalho compulsivo, destruição das comunidades e deslocações forçadas, elevada proporção numérica entre conquistadores e subjugados, subtracção de mulheres em idade reprodutiva. As capacidades de defesa e de reacção, relativamente frágeis em sociedades poucos estruturadas e com economia de subsistência, foram arrasadas e as populações desapareceram, tanto por excesso de mortalidade quanto por defeito de reprodutividade. O factor agravante foi a procura desenfreada do ouro; o modelo destrutivo caribenho incluiu, além das Grandes Antilhas, as ilhas onde se pescavam as pérolas, as costas da terra firme da *Castilla de Oro* e outras zonas mais circunscritas.

Um outro modelo foi o das terras baixas do golfo do México e da costa do Pacífico. Nestas zonas o declínio da população terá sido bastante mais forte do que no planalto mesoamericano ou na região andina temperada e fria. Há várias explicações possíveis para estas diferenças. A primeira é que nas zonas baixas e quentes, com a sua maior densidade de agentes microbianos, os efeitos das novas patologias se ampliaram, tornando-os ainda mais letais. É uma explicação um pouco vaga, que necessita de provas. Uma outra poderia estar associada à introdução e à difusão do plasmódio da malária num *habitat* favorável, quente e húmido, como o das costas do golfo, e à propagação da malária, que além da alta mortalidade poderia ter provocado desertificação por migração. Outra explicação está na maior vulnerabilidade da economia dos vales costeiros do Pacífico e nos efeitos destrutivos da intrusão europeia, que se apropriou das melhores terras, utilizou em seu favor os antigos sistemas de irrigação, quando não os devastou. Foi precisamente na margem costeira que se fundou Lima e onde o impacto numérico europeu foi mais significativo, com todas as consequências negativas para as populações indígenas que a presença dos colonos implicava.

Uma tipologia diferente das consequências do contacto, da qual não falamos a não ser acidentalmente, é a da expulsão gradual, embora violenta, de populações autóctones das zonas tradicionalmente habitadas, repelidas para outros *habitats* menos favoráveis. Este modelo pode aplicar-se ao caso do Brasil, onde o povoamento europeu disperso (contabilizaram-se cerca de 30 000 europeus perto do fim do século XVI) se estendia ao longo de uma extensíssima costa([15]). A avidez de mão-de-obra dos colonos e os conflitos que se geraram com as populações indígenas provocaram o gradual recuo destas para o interior. A permanente procura de mão-de-obra para alimentar a actividade de produção e de serviços, satisfeita em parte pela contínua importação de escravos de África, levava à organização de expedições para o interior em busca da única fonte de valor existente para os europeus (pelo menos até à descoberta do ouro no fim do século XVII): homens e mulheres para reduzir à escravidão. Foi este o objectivo das *bandeiras* (expedições que partiam do planalto paulista em direcção ao interior) ou dos *resgates* (incursões fluviais para a submissão das populações costeiras). Os efeitos destes saques foram consideráveis, ainda que não mensuráveis, e muitos religiosos, entre os quais o Padre António Vieira – uma espécie de Bartolomé de Las Casas brasileiro –, denunciaram-nos vigorosamente. Além do mais, os índios subjugados ou escravizados muitas vezes não se reproduziam, determinando uma posterior procura; o elemento feminino era, por assim dizer, absorvido pela população europeia e subtraído ao *pool* reprodutivo originário. Este modelo de expulsão-destruição poderia, talvez, estender-se às populações da América do Norte([16]).

Nos antípodas da experiência caribenha encontra-se a das missões guaranis do Paraguai, um modelo de expansão demográfica não obstante as epidemias. O governo dos jesuítas subtrai os índios à exploração de paulistas e colonos espanhóis, os mecanismos reprodutivos foram potenciados pela imposição de um modelo monogâmico e de união precoce e a integração social foi cultivada e reforçada por um modelo de vida cooperativo e solidário. A recorrente eclosão de epidemias, periodicamente reintroduzidas do exterior e fortemente destrutivas, dada a alta proporção de não imunes associada à altíssima natalidade, era compensada pela forte natalidade após cada choque. Nos anos normais, o incremento natural era fortemente positivo. Não conhecemos as vicissitudes demográficas do primeiro século do contacto, mas sabemos que a reconstituição das comunidades sob o governo dos jesuítas, desde a primeira metade do século XVII, pode configurar-se como um sucesso demográfico, pelo menos enquanto os acontecimentos exteriores e a mudança de regime, com a expulsão dos padres, não ditaram o fim da experiência.

Restam, ainda, as experiências dos núcleos fortes, evoluídos, estruturados: o México Central e a região andina, as zonas mais densamente povoadas da meseta e das altas planícies. Trata-se de dois modelos com muitas afinidades, mas que divergem em muitos aspectos. Afinidades porque a forte identidade das duas sociedades não é destruída pela Conquista e os mecanismos de recuperação puderam, com o tempo, voltar a mobilizar-se. Divergências porque o peso da Conquista foi mais violento no Peru do que no México. No primeiro, as cruentas guerras civis e de conquista grassaram durante um quarto de século, no segundo a pacificação foi rápida após a Conquista; no primeiro, o confisco do trabalho para serviço pessoal, produção e para as minas foi intenso e constante, no segundo foi bastante menos enérgico e o regime de trabalho relativamente livre; no primeiro, a imposição tributária foi dura, no segundo, mais leve e flexível; no primeiro, o governo férreo de Toledo impôs um processo de relocalização radical da população, no segundo a rede dos povoamentos pré-Conquista permanece praticamente igual. Do ponto de vista demográfico, as comparações são difíceis, não só pela escassez das provas documentais, mas também porque os anos anteriores à Conquista foram marcados, no Peru, pelas guerras civis de sucessão. Todavia, o declínio demográfico do Peru no quarto de século após a morte de Huayna Capac parece ser consequência primária dos conflitos, que determinaram, entre outras coisas, um forte défice de homens. Além do mais, a crise demográfica dos últimos 30 anos do mesmo século parece ter sido menos significativa no Peru do que no México (taxas médias de declínio inferior a 1 e superior a 2%, respectivamente). Embora admitindo que faltam provas documentais objectivas, tem-se a nítida impressão de que o impacto das novas patologias foi menos forte para as populações andinas do que para as mexicanas. Uma possível explicação radica na geografia, no povoamento, no clima. A forte densidade populacional do México Central e do vale do México (no centro do qual se fixou o mais numeroso núcleo europeu da América), as comunicações radiais que deste se dirigiam para as zonas periféricas, a maior frequência do contacto com a Europa: são factores que podem ter determinado maior violência epidémica. Ao invés, a configuração «em pente» das vias de comunicação do Peru (dorsais paralelas aos Andes, povoações nos vales perpendiculares às dorsais e paralelas entre si) terá facilitado menos a difusão do contágio epidémico, assim como a menor densidade de povoamento, a excentricidade da maior concentração de europeus (Lima), a maior distância da Europa. E talvez se deva acrescentar a menor densidade ambiental de parasitas e agentes patogénicos em grandes altitudes. Em suma, a transmissão das novas patologias terá tido um impacto menos traumático no Peru do que no México, compensando deste modo o maior ónus que a Conquista fez pesar sobre as populações andinas em relação às mesoamericanas. Por último, a acção combinada do sistema da *mita* e do tributário provocou amplos movimentos migratórios nas populações, com implicações difíceis de imaginar, mas que diferenciaram o regime demográfico do Peru do do México.

As consequências do contacto ficaram circunscritas a dois pólos extremos: extinção antes das epidemias, como aconteceu com os Tainos da ilha de Hispaniola, de Cuba e Porto Rico e aumento, não obstante as epidemias, como foi o caso dos Guaranis sob a protecção dos jesuítas, entre o Paraná e o Uruguai. A catástrofe, portanto, não foi um destino obrigatório, antes efeito da interacção entre factores naturais e comportamentos humanos e sociais, cujo resultado não estava determinado à partida.

Apêndice

TABELA 1. Estimativas da população americana à época do contacto segundo alguns autores (valores em milhões)

	Kroeber (1939)	Steward (1949)	Rosenblat (1954)	Dobyns (1966)	Denevan (1992)	Denevan (1992)
América do Norte	0,9	1,0	1,0	11,0	4,4	3,8
México	3,2	4,5	4,5	33,7	21,4	17,2
América Central	0,1	0,8	0,8	12,2	5,7	5,6
Caraíbas	0,2	0,2	0,3	0,5	5,8	3,0
Andes	3,0	6,1	4,8	33,8	11,5	15,7
Resto da América do Sul	1,0	2,9	2,0	10,1	8,5	8,6
Continente	8,4	15,5	13,4	101,3	57,3	53,9

Fonte: William M. Denevan (organizado por), *The Native Population of the Americas in 1492*, 2.ª ed., Madison, The University of Wisconsin Press, 1992, pp. XVIII e 3.

Nota: a avaliação de Dobyns (1966) é a média entre a hipótese baixa (90 milhões) e a alta (112,6 milhões).

TABELA 2. *Populações europeias e migrações (valores em milhares)*

Populações	Na América cerca de 1800	Imigração europeia acumulada até 1800	Proporção entre população na América e imigração acumulada	População nos países europeus de origem cerca de 1800	Imigração acumulada por cada 1000 habitantes da população europeia de origem	Habitantes na América por cada 1000 habitantes nos países europeus de origem
	(1)	(2)	(3) = (1) : (2)	(4)	(5) = (2) : (4) × 1000	(6) = (1) : (4) × 1000
Canadá, Franceses	180	25	7,2	29 300	1	6
Estados Unidos, brancos	4306	909	4,7	10 500	87	410
América hispânica, brancos	2500	800	3,1	10 600	75	236
Brasil, brancos	1010	500	2,0	2 900	172	348
TOTAL	7996	2234	3,6	53 300	42	150

Fonte: relativamente aos critérios de construção do quadro, cf. Massimo Livi Baci, *500 anni di demografia brasiliana*, in Popolazione e Storia», 2001, n. 1 pp. 17-20.

TABELA 3. *Escravos transportados para a América (1500-1800) e população negra americana (1800) (valores em milhares)*

Área geográfica	Escravos transportados de África até 1800	População negra na América em 1800	Proporção entre população negra na América e escravos transportados
	(1)	(2)	(2) : (1)
Estados Unidos	348	1002	2,9
Terra firme hispânica	750	920	1,2
Brasil	2261	1988	0,9
Caraíbas:	3889	1692	0,4
Ilhas inglesas e holandesas	*2060*	*570*	*0,3*
Ilhas francesas	*1415*	*732*	*0,5*
Ilhas espanholas (Cuba)	*414*	*390*	*0,9*
TOTAL	7248	5602	0,8

Nota: no que se refere aos escravos transportados de África, estimativas de Philip D. Curtin, *The Atlantic Slave Trade. A. Census*, Madison, The University of Wisconsin Press, 1969. Relativamente a Cuba, a data de referência é 1805 e os dados foram extraídos de Alexander von Humboldt (*Ensayo politico sobre el reyno de Nueva España*, México, Porrúa, 1973, pp. 203--204), quer para a população, quer para os escravos transportados. Redimensionamos, quando necessário, as estimativas de Curtin para dar conta da data efectiva da estimativa do efectivo de população negra. Para os Estados Unidos, a data é 1800 (segundo recenseamento); as informações sobre a população negra em terra firme hispânica são retiradas, no que respeita ao México, de Gonzalo Aguirre Beltrán (*La población negra de México* [1946], 3.ª ed., México, Fondo del Cultura Económica, 1989, p. 234) e, para o resto dos outros países, de Ángel Rosenblat (*La población indigena y el mestizaje en América*, 2 vol., Buenos Aires, Editorial Nova, 1954, vol. I, pp. 192-207), com referência a datas compreendidas entre 1778 e 1812.

TABELA 4. *Patologias infecciosas nas populações indígenas da Amazónia*

Introduzidas do exterior	Zoonóticas	Endémicas
Varíola	Febre amarela	Herpes tipo I
Sarampo	Febre Mayaro	Mononucleoses
Varicela	Febre Oropuche	Citomegalovírus
Parotidite (papeira)	Toxoplasmose	Hepatite B
Gripe A e B	Leishmaniose	Ascaríase
Parainfluenza	Triquinose	Ameba
Poliomielite	Tétano (?)	Treponematose
Malária	Malária	Sífilis
Hepatite A		Algumas doenças de vermes
Dengue		
Constipação comum		
Diarreia de rotavírus		
Difterite		
Escarlatina		
Tosse convulsa		

Fonte: Francis L. Black, *Infectious Diseases and Evolution of Human Populations. The Example of South America Forest Tribes*, in Alan C. Swedlund e George J. Armelagos (organizado por), *Disease in Populations in Transition*, Nova Iorque, Bergin & Garvey, 1990.

TABELA 5. *Índios empregados em Potosí, 1602*

Actividades	Número
Índios de *repartimiento* que trabalham na mina	4 000
Jornaleiros *mingados* (índios contratados)	600
Limpam e transportam o metal para os depósitos de Cerro	400
Total de índios directamente empregados na mina	*5 000*
Recolhem resíduos de minério em Cerro (incluindo crianças)	1 000
Índios de *repartimiento* empregados nos moinhos (*ingenios*)	600
Contratados (*mingados*) nos moínhos (*ingenios*)	40
Índios e índias na laboração (*beneficio*) do minério	3 000
Índios para o transporte do minério para o moínho	250
Índios que transportam o minério para a cidade	180
Contratados para a função anterior	1 000
Índios fornecedores de lenha para a mina	500
Índios que transportam lenha para os fornos e fogueiros	1 000
Índios que transportam estrume (*ocha*) combustível	500
Para a combustão da amálgama mercúrio-minério	200
Índios que transportam a amálgama	1 000
Índios que fazem velas	200
Total de índios empregados no conjunto de actividades associadas	
à exploração mineira	*9 470*
Índios que abastecem a cidade de zonas distantes	1 500
Outros empregados no vale em diversas actividades	30 000
Total de índios empregados noutras funções	*31 500*
TOTAL DE ÍNDIOS EMPREGADOS EM POTOSÍ	45 970

Fonte: AGI, Charcas 134, fg. 5, doc. 1, sem data (provavelmente de 1602).

TABELA 6. *Estimativas da população de Hispaniola à época do contacto*

Autor	Ano	População (valor em milhares)
1 Verlinden	1973	60
2 Amiama	1959	100
3 Rosenblat	1954,1976	100
4 Mira Caballos	1997	100
5 Lipschutz	1966	100/500
6 Nabel Pérez	1992	250
7 Moya Pons	1987	378
8 Cordova	1968	500
9 N.D. Cook	1993	500/750
10 Moya Pons	1971	600
11 C.N. de Moya	1976	1000
12 Zambardino	1978	1000
13 Denevan	1992	1000
14 Guerra	1988	1100
15 Denevan	1976	1950
16 Watts	1987	3/4000
17 Borah e Cook	1971	7975

Fonte: Noble D. Cook, *Born to Die. Disease and the New World Conquest, 1492-1650*, Cambridge, Cambridge University Press, 1988, p. 23. Veja-se também: Esteban Mira Caballos, *El Indio Antillano. Repartimiento, encomienda y esclavitud (1492-1542)*, Sevilha, Muñoz Moya, 1997; Blas Nabel Pérez, *Las culturas que encontró Colón*, Abya-Ala, Habana, 1992; Casimiro N. De Moya, *Bosquejo histórico del descubrimiento y conquista de la isla de Santo Domingo*, Santo Domingo, Sociedad Dominicana de Bibliofilos, vol. I, 1976.

TABELA 7. *População por categoria e por grupos de distritos, repartição de Alburquerque, 1514*

Áreas	Índios de serviço	Naborías	Velhos	Crianças	Caciques	Nataynos	Total de índios	Total de *encomenderos*	Proporção entre índios e	
									Caciques	*Encomenderos*
				Valores absolutos						
5 distritos ocidentais	2 861	1 622	148	318	108	0	5 057	164	46,8	30,8
9 distritos orientais	12 623	5 502	1 425	1 282	271	28	21 131	574	78,0	36,8
6 distritos mineiros	10 759	4 719	1 299	1 169	233	23	18 202	484	78,1	37,6
8 distritos não mineiros	4 725	2 405	274	431	146	5	7 986	254	54,7	31,4
TOTAL	15 484	7 124	1 573	1 600	379	28	26 188	738	69,1	35,5
				Valores percentuais					Índios	Encomenderos
5 distritos ocidentais	56,6	32,1	2,9	6,3	2,1	0,0	100	19,3	22,2	
9 distritos orientais	59,7	26,0	6,8	6,1	1,3	0,1	100	80,7	77,8	
6 distritos mineiros	59,1	25,9	7,2	6,4	1,3	0,1	100	69,5	65,6	
8 distritos não mineiros	59,2	30,1	3,4	5,4	1,8	0,1	100	30,5	34,4	
TOTAL	59,1	27,2	6,0	6,1	1,5	0,1	100	100	100	

Fonte: Luis Arranz Márquez, *Repartimientos y encomiendas en la isla Española. El repartimiento de Alburquerque de 1514*, Fundación Garcia Arévalo, Santo Domingo, 1991.

TABELA 8. *Homens, mulheres e crianças, repartição de Alburquerque em 1514*

Província	Homens	Mulheres	Crianças	Proporção mulheres/homens	Proporção crianças/mulheres
Conceição	949	786	217	0,828	0,276
Puerto Plata	128	108	34	0,843	0,315
TOTAL	1077	894	251	0,80	0,281

Nota: Os dados referem-se às comunidade de caciques nas quais se especificava o número das mulheres e dos homens e onde pelo menos uma criança fora recenseada.

TABELA 9. *População da* Nueva España *segundo o cosmógrafo real López de Velasco, cerca de 1570*

População	Arcebispado do México	Episcopado de Tlaxcala-Puebla	Episcopado de Oaxaca	Episcopado de Michoacán	Governo de Iucatão	*Audiencia* de Nueva Galicia	TOTAL
Famílias de Espanhóis	2 794	400	420	1 000	300	1 500	6 414
Cidades de Espanhóis	9	2	4	7	4	8	34
Pueblos de índios	247	200	350	330	200	150	1 477
Índios tributários	336 000	215 000	96 000	44 000	60 000	20 000	771 000
Índios de confissão	729 000	–	–	–	–		
Repartições de *encomenderos*	186	66	82	25	130	54	543
Repartições do rei	60	60	68	69	–	50	307
Negros	–	1 000	–	–	–	–	1 000
Mosteiros	90	30	–	–	10	–	130

Fonte: Juan López de Velasco, *Geografía y descripción universal de las Indias*, Madrid, Atlas, 1971.

TABELA 10. *Quebra teórica: a população do México Central (1519--1605, valores em milares) segundo as estimativas de Cook e Borah*

	Meseta	Regiões costeiras	México Central
1519	15 300	9 900	25 200
1532	11 226	5 645	16 871
1548	4 765	1 535	6 300
1568	2 231	418	2 649
1580	1 631	260	1 891
1595	1 125	247	1 372
1605	852	217	1 069
		Índices 1519 = 100	
1519	100,0	100,0	100,0
1532	73,4	57,0	66,9
1548	31,1	15,5	25,0
1568	14,6	4,2	10,5
1580	10,7	2,6	7,5
1595	7,4	2,5	5,4
1608	5,6	2,2	4,2
		Variação % anual	
1519-32	− 2,4	− 4,3	− 3,1
1532-48	− 5,4	− 8,1	− 6,2
1548-68	− 3,8	− 6,5	− 4,3
1568-80	− 2,6	− 4,0	− 2,8
1580-95	− 2,5	− 0,3	− 2,1
1595-1605	− 2,8	− 1,3	− 2,5
		Repartição %	
1519	60,7	39,3	100
1532	66,5	33,5	100
1548	75,6	24,4	100
1568	84,2	15,8	100
1580	86,3	13,7	100
1595	82,0	18,0	100
1608	79,7	20,3	100

México Central: estados de Veracruz, Oaxaca, Guerrero, Puebla, Tlaxcala, Morelos, México, Hidalgo, DF, Michoacán, Jalisco, Colima, Nayarit, e partes de Zacatecas, Querétaro e San Luis Potosí. Da fronteira de Chichimeca, a norte, ao istmo de Tehuantepec, a sul.

Fonte: Sherburne F. Cook e Woodrow Borah, *Ensayos sobre la historia de la población. México y el Caribe*, 3 vol., Madrid, Siglo Ventiuno, 1977-1980, vol. I, p. 96.

TABELA 11. *Tributários de 121 localidades em* encomienda, *1569-71 e 1595-99*

Região	Número de tributários			Classes de variação %	Número de localidades
	1569-71	1595-99	Var. %		
				Aumento	19
Arcebispado do México	72 471	38 161	− 47,3	até − 10	5
Episcopado de Oaxaca	31 132	18 480	− 40,6	− 10 a − 20	5
Episcopado de Michoacán	19 945	12 838	− 35,6	− 20 a − 30	7
Episcopado de Tlaxcala	32 822	16 879	− 48,6	− 30 a − 40	18
Província de Panuco	1 925	1 866	− 3,1	− 40 a − 50	21
Zacatula	983	411	− 58,2	− 50 a − 60	12
				− 60 a − 70	14
TOTAL	159 278	88 635	− 44,4	− 70 a − 80	8
				− 80 a − 90	10
				− 90 e menos	2
				TOTAL	121

Fonte: George Kubler, *Population Movements in Mexico*, 1520-1600, in «The Hispanic American Historical Review», XXIII, Novembro 1942, n. 4, pp. 615-616.

TABELA 12. *População e tributários da Cidade do México, 1562*

		San Juan	Santiago Tlateloco	TOTAL
1	Homens casados	9 059	5 397	14 456
2	As suas mulheres	9 059	5 397	14 456
3	Viúvos e viúvas	3 912	3 268	7 180
4	Crianças e jovens não casados	19 393	13 000	32 393
5	TOTAL	41 423	27 062	68 485
5 / 1 = 6	Pessoas por família	4,57	5,01	4,74
4 / 1 = 7	Crianças e jovens por casa	2,1	2,4	2,2
3 / (2 + 1) × 100 = 8	Viúvas e viúvos por cada 100 cônjuges	21,6	30,3	24,8
4 / 5 × 100 = 9	Crianças e jovens por cada 100 habitantes	46,8	48,0	47,3

Fonte: Elaboração com base em France V. Scholes, *Los Indios de Nueva España. Sobre el modo de tributar a su Majestad, 1561-64*, México, Porrúa, 1958. Trata-se da transcrição do documento *Relación de la cuenta y gente que se halló en parte de Santiago y México. 12 de marzo de 1562* (AGI, Patronato, legajo 182, Ramo 2)

	Contagem do secretário da *audiencia* Avendano [1561]							Censo de Luis Morales [1951]				Variações em % entre [1561] e [1951]	
Distrito	População	Tributários	Tributo (pesos)	População por tributário	Tributo por tributário (pesos)	Tributo por habitante	Tributários	Tributo (pesos)	Tributo por tributário (pesos)	Tributários	Tributo (pesos)
Cidade de Cuzco	267 000	78 000	377 000	3,47	4,88	1,41	74 977	380 835	5,08	−2,6	1,3
Cidade de La Plata	232 800	46 560	178 950	5,00	3,84	0,77	31 671	191 410	6,04	−32,0	7,0
Cidade de La Paz	150 655	30 131	150 600	5,00	5,00	1,00	27 837	177 910	6,39	−7,6	18,1
Cidade de Arequipa	201 830	40 366	93 700	5,00	2,32	0,46	19 794	98 335	4,97	−51,0	4,9
Cidade de Guamanca	112 520	22 504	65 914	5,00	2,93	0,59	26 054	101 435	3,89	15,8	53,9
Cidade de Trujillo	215 000	42 000	63 800	5,12	1,52	0,30	17 597	62 100	3,53	−58,1	−2,7
Cidade de Los Reyes	99 600	25 577	55 650	3,89	2,17	0,56	30 708	119 920	3,91	20,1	115,7
Cidade de Guanuco	118 470	23 506	55 650	5,04	2,37	0,47	18 089	65 180	3,60	−23,0	17,1
Cidade de Quito	240 670	49 134	64 800	5,00	1,35	0,27	24 380	79 235	3,25	−49,3	22,3
Cidade de San Miguel	16 617	6 054	33 800	2,47	5,58	2,03	3 537	12 890	3,64	−41,6	−61,9
Cidade de Puerto Viejo	2 297	1 377	5 452	1,67	3,96	2,37	1 253	4 610	3,68	−9,0	−15,4
Cidade de Guayaquil	4 742	2 280	12 664	2,08	5,55	2,67	2 198	8 515	3,87	−3,6	−32,8
Cidade de Loxa	9 495	3 647	11 004	2,60	3,02	1,16	2 849	9 260	3,25	−21,9	−15,8
Cidade de Los Chachapoyas	58 397	16 309	27 600	3,58	1,69	0,47	7 045	21 390	3,04	−56,8	−22,5
Vale de Xauxa	17 248	5 328	12 242	3,24	2,30	0,71					
Cidade de Zamora	11 222	6 093	19 000	1,84	3,12	1,69	685	3 765	5,50	−88,8	−80,2
Cidade de Jaén (não tributada)							2 654	7 980	3,01		
Cidade de Santiago de los Vales (não tributada)											
Província de Chucuito							17 779	80 000	4,50		
Província de Mayobamba							678	2 290	3,38		
Província de Cuenca							1 472	7 360	5,00		
TOTAL	1 758 563	396 866	1 226 776	4,43	3,09	0,70	311 257	1 434 420	4,61	−25,6	

Fonte: para 1561, Juan de Matienzo, *Gobierno del Perú* (1567), organizado por Guillermo Lohmann Vilhena, Paris-Lima, Institut Français d'Études Andines, 1967; para 1591, *Relación de los Indios tributarios que hay al presente en estos reynos de la provincia del Perú, fecha por mandado el Señor Marqués de Cañete, la cual se hizo por Luis Morales de Figueroa, por el libro de las tasas de la visita general y por las revisitas que después se han hecho [...] fecha en el Pardo, a 1.º Novembre de 1591, CDI, VI.*

Nota: a variação % dos tributários, entre 15€1 e 1591, é culculada com base no total de distritos compreendidos em ambas as contagens.

TABELA 14. *População de Chucuito características e proporções significativas*

	Categorias	Homens	Mulheres	TOTAL
1	Crianças, 0-10 anos	9 788	9 789	19 577
2	Crianças e adolescentes, 1 -16 anos	1 827	1 828	3 655
3	Casados, 17-50 anos e as suas mulheres	11 806	11 806	23 612
4	Casados, 50 anos ou mais e as suas mulheres	822	822	1 644
5	Viúvas e solteira em suas casas	1 252	1 252	2 504
6	Não casados, 17-50 anos, que vivem com os pais	1 030	–	1 030
7	Viúvos e solteiros, 50 anos ou mais	315	–	315
8	Viúvas e solteiras, 17-45 anos, na sua casa	–	5 642	5 642
9	Viúvas e solteiras, 50 anos ou mais, em sua casa	–	3 506	3 506
10	Jovens solteiros, 17 anos ou mais, que vivem com os pais	–	1 287	1 287
11	Aleijados, mancos e cegos	55	55	110
12	TOTAL DA POPULAÇÃO	26 945	36 037	62 882
13	TOTAL DE TRIBUTÁRIOS	–	–	15 304

	Categorias	Homens	Mulheres	TOTAL
3/12×100	Casados e casadas (17-45 ou 17-50) por cada 100 habitantes	43,8	32,8	37,5
(1+2)/12×100	% População (0-16 anos)	43,1	32,2	36,9
(4+7)/12; (4+9)/12	% Idosos (50 +; 45 +)	4,2	12,0	8,7
1/3×100	Crianças (0-10) por cada 00 casados (17-50)	–	–	1,66
(1+2)/3×100	Crianças (0-16) por cada 00 casados (17-50)	–	–	1,97
1/3×100	Crianças (0-10) por cada 00 tributários	–	–	1,28
(1+2)/3×100	Crianças (0-16) por cada 00 tributários	–	–	1,52
(5+6)/3×100	Solteiros por cada 100 casados	19,3	–	–
	Homens por cada 100 mulheres	–	–	74,8

Fonte: Waldemar Espinoza Soriano (organizado por), *Visita hecha a la provincia de Chucuito por Garci Diez de San Miguel en el año 1567*, Lima, Ediciones Casa de la Cultura del Peru, 1964.

Nota: Os valores em itálico são obtidos atribuindo metade do total a homens e mulheres.

TABELA 15. *População e tributários do Peru, estimativas para 1570 e 1600*

Área geográfica	População			Tributários			Pessoas por tributário	
	1570	1600	Variação em % anual	1570	1600	Variação em % anual	1570	1600
Costa norte	80 123	40 449	− 2,28	20 398	9170	− 2,66	3,93	4,41
Costa central	128 820	67 710	− 2,14	25 189	14 331	− 1,88	5,11	4,72
Costa sul	36 587	15 394	− 2,89	8 711	3925	− 2,66	4,20	3,92
Sierra norte	209 057	146 274	− 1,19	42 677	26 002	− 1,65	4,90	5,63
Sierra central	240 604	159 071	− 1,38	41 994	29802	− 1,14	5,73	5,34
Sierra sul	595 528	423 104	− 1,14	121 584	88611	− 1,05	4,90	4,77
Peru (fronteiras actuais)	1 290 680	851 994	− 1,38	260 544	171 834	− 1,39	4,95	4,96

Fonte: Noble D. Cook, *Demographic Collapse. Indian Peru, 1520-1620*, Cambridge, Cambridge university Press, 1981, pp. 94, 118.

TABELA 16. *A população e a sua estrutura, cerca de 1573 e 1602, de 146* encomendas *em 24 distritos*

	Tributárics	*Muchachos*	*Viejos*	*Mujeres*	População total
Visita de Toledo (1573)	90 442	99 612	24 733	251 795	466 748
Vásquez de Espinosa (1602)	66 596	66 967	25 072	166 260	324 895
1602 (1573 = 100)	73,6	67,2	101,4	66,0	69,6
Variação em % anual	− 1,06	− 1,73	0,05	− 1,43	− 1,25

	Indicadores e proporções						
	Pessoas por cada tributário	Homens por cada 100 mulheres	*Muchachos* por cada tributário	*Muchachos/-as* por cada mulher com mais de 18 anos	*Viejos* por cada 100 homens	*Muchachos* por cada 100 homens	Homens com mais de 18 anos por cada 100 mulheres com mais de 18 anos
Visita de Toledo (1573)	5,16	85,4	1,10	1,31	11,5	46,3	75,7
Vásquez de Espinosa (1602)	4,88	95,4	1,01	1,35	15,8	42,2	92,3

Fonte: Noble D. Cook, *Population Data for Indian Peru*, in «The Hispanic American Historical Review», LXII, Fevereiro 1982, n. 1, pp. 73-120.

TABELA 17. *Trinta missões: distribuição da população, 1643-44, 1702, 1732, 1767, 1802*

Região	1643-44	1702	1732	1767	1802
			População		
Paraná, margem direita	6 903	20 389	33 808	23 297	8 709
Paraná, margem esquerda	5 366	13 145	23 841	17 753	7 174
Uruguai, margem direita	23 471	35 721	44 190	27 508	16 050
Uruguai, margem esquerda	0	20 046	39 343	20 306	12 026
Paraná	12 269	33 534	57 649	41 050	15 883
Uruguai	23 471	55 767	83 533	47 814	28 076
Mesopotâmia	28 837	48 866	68 031	45 261	23 224
TOTAL	35 740	89 301	141 182	88 864	43 959
			Distribuição em %		
Paraná, margem direita	19,3	22,8	23,9	26,2	19,8
Paraná, margem esquerda	15,0	14,7	16,9	20,0	16,3
Uruguai, margem direita	65,7	40,0	31,3	31,0	36,5
Uruguai, margem esquerda	0,0	22,4	27,9	22,9	27,4
Paraná	34,3	37,6	40,8	46,2	36,1
Uruguai	65,7	62,4	59,2	53,8	63,9
Mesopotâmia	80,7	54,7	48,2	50,9	52,8
TOTAL	100	100	100	100	100

Fonte: Massimo Livi Baci e Ernesto J. A. Maeder, *Missiones Paraquariae. La demografia di un esperimento*, in «Popolazione e Storia», IV, 2004, n. 2.

Nota: os totais por área geográfica relativos a 1643-44 são calculados tendo em conta que, à data, San Nicolas e San Miguel estavam à direita do Uruguai (e não à esquerda como sucederá em seguida), e que Corpus estava à direita do Paraná (e não à esquerda). Cfr. Guillermo Furlong, *Misiones y sus pueblos de Guaraníes*, Buenos Aires, Ediciones Theoria, 1962, pp. 140-141, 148.

TABELA 18. *Natalidade, mortalidade e crescimento natural, 1690-1767 (por cada 1000 habitantes)*

Período	N.º de anos no período com dados disponíveis	Natalidade	Mortalidade	Crescimento natural
		Média		
1690-1767	50	59,1	56,8	2,3
1690-1732	15	64,1	45,1	19
1733-1767	35	56,9	61,4	− 4,5
1690-99	4	61,6	40,4	21,2
1700-09	4	72,3	47,0	25,2
1710-19	1	59,3	91,9	− 32,6
1720-29	3	62,3	37,9	24,4
1730-39	10	48,8	85,1	− 36,2
1740-49	10	69,5	49,8	19,7
1750-59	10	57,6	43,1	14,5
1760-67	8	51,6	63,0	−11,4
		Mediana		
1690-1767	50	61,3	44,2	19,1
1690-1732	15	63,2	41,2	24,6
1733-1767	35	55,4	44,3	10,5
1690-99	4	62,4	38,6	24,5
1700-09	4	74,2	46,1	26,2
1710-19	1	59,3	91,9	− 32,6
1720-29	3	62,9	36,7	22,3
1730-39	10	46,9	63,6	− 19,7
1740-49	10	69,8	43,7	25,8
1750-59	10	60,4	42,0	20,5
1760-69	8	51,8	46,8	4,4

Fonte: Livi Bacci e Maeder, *Misiones Paraquariae*, cit.

Nota: a avaliação de Dobyns (1966) é a média entre a hipótese baixa (90 milhões) e a alta (112,6 milhões).

TABELA 19. *Taxas de mortalidade (por cada 1000 habitantes) das missões nos anos de crise*

Missões	1695	1719	1733	1738-39	1749	1764-65
Todas as missões	197,9	88,3	157,7	169,5	84,7	116,7
Mediana	231,1	41,5	124,0	141,7	71,2	98,9
Missões segundo o nível de mortalidade						
Mortalidade normal < 50‰	1	17	0	11	7	2
Mortalidade alta: 50-100‰	3	7	9	3	16	14
Crise de mortalidade: 100-250‰	4	2	18	5	6	10
Mortalidade catastrófica > 250‰	5	2	3	11	1	4
TOTAL DAS MISSÕES CONSIDERADAS	13	28	30	30	30	30

Fonte: dados relativos às missões recolhidos por Ernesto J. A. Maeder e gentilmente colocados à disposição.

Nota: para 1695, só missões do Paraná.

TABELA 20. *Medições de nupcialidcde, mortalidade e fecundidade, 1690-1767*

Período	Número de anos no período com dados disponíveis(*) (1)	Mortalidade (2)	Óbitos *parvulos* por cada 100 óbitos (3)	Esperança de vida à nascença (4)	Nupcialidade (5)	Natalidade (6)	Baptismos por casamento (7)	Baptismos por cada 1000 cônjuges (8)	Taxa de fecundidade total (TFT) (9)
Média 1690-1767	50	56,8	68,1	23,3	14,6	59,1	4,29	260,8	7,7
Mediana 1690-1767	50	44,2	68,8	24,5	13,3	61,3	4,32	264,3	7,7
Média até 1732	15	45,1	69,1	26,0	11,8	64,1	4,81	277,2	8,0
Média 1733-1767	35	61,4	67,8	22,2	15,6	56,9	4,10	253,8	7,6
Mediana até 1732	15	41,2	66,2	27,1	12,5	63,2	4,71	270,4	7,9
Mediana 1733-1767	35	44,3	68,9	24,3	13,9	55,4	4,10	247,0	7,5
Média 1690-99	4	40,4	73,6	27,7	7,8	61,6	3,91	254,3	7,4
1700-09	4	47,0	66,2	23,9	14,0	72,3	4,97	295,9	8,4
1710-19	1	9,9		13,2	20,3	59,3	2,92	265,8	7,8
1720-29	3	37,9	70,4	28,9	11,0	62,3	5,73	285,1	8,4
1730-39	10	85,1	66,0	19,7	16,5	48,8	3,30	231,0	6,6
1740-49	10	49,8	72,2	22,8	16,7	69,5	4,64	298,1	9,1
1750-59	10	45,1	69,4	26,2	11,3	57,6	5,24	256,9	7,8
1760-67	7	63,0	58,0	21,4	17,8	51,6	3,22	232,4	6,9

(*) Relativamente às colunas 2, 4, 5, 6 e 8. Para a coluna 3, os anos «disponíveis» ao longo de todo o período são 30; para a coluna 9, 49.

Fonte: Livi Bacci e Maeder, *Missiones Paraquariae*, cit.

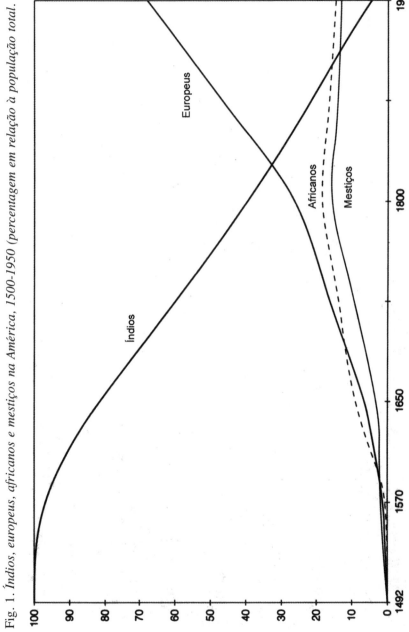

Fig. 1. *Índios, europeus, africanos e mestiços na América, 1500-1950 (percentagem em relação à população total.*

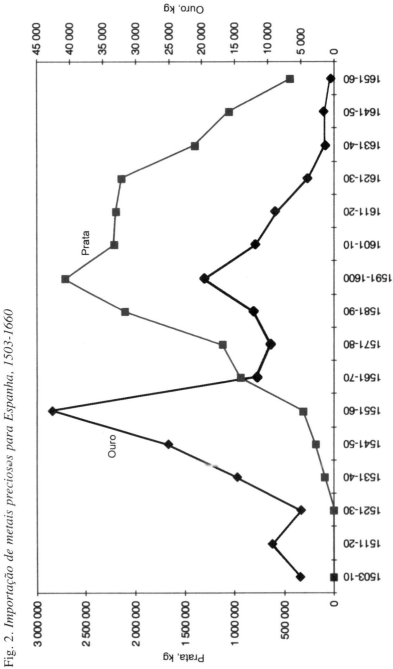

Fig. 2. Importação de metais preciosos para Espanha, 1503-1660

Fig. 3. Mitayos *por cada 100 tributários e variação da população no planalto do Peru, 1573-1602*

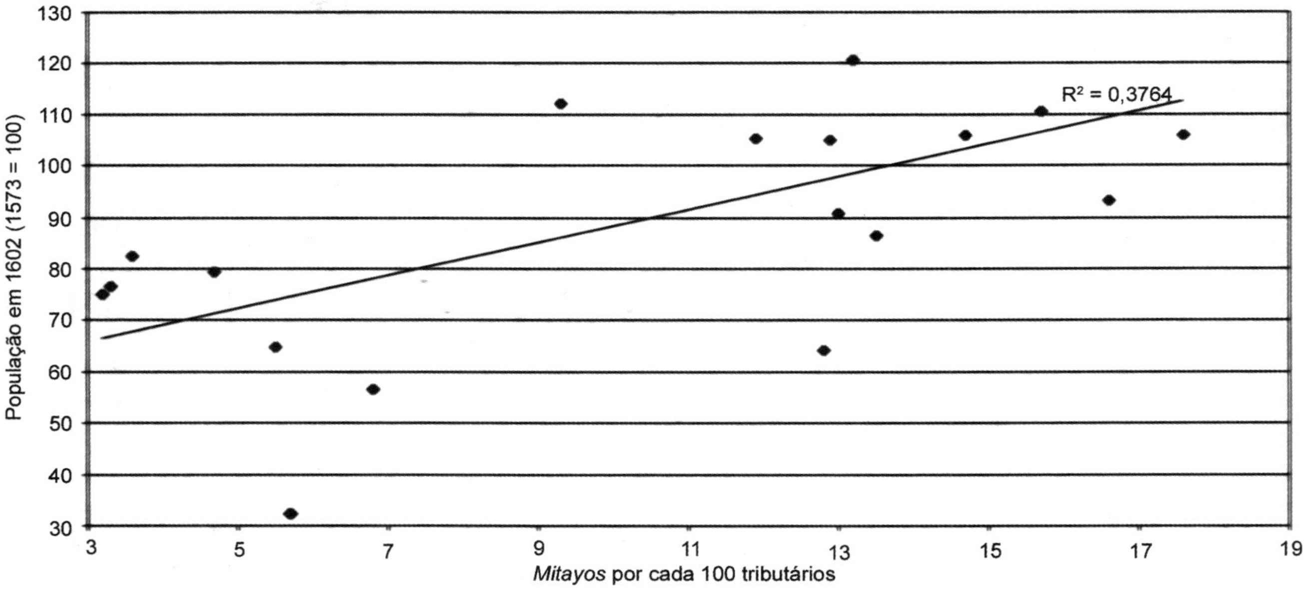

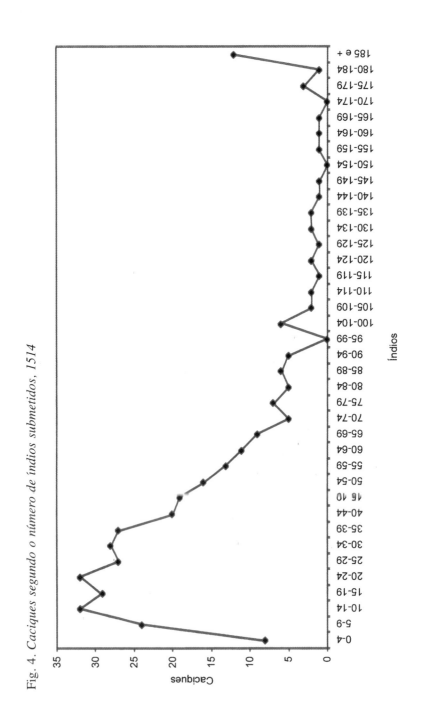

Fig. 4. Caciques segundo o número de índios submetidos, 1514

Fig. 5a. *População e tributários, 1573 e 1602*

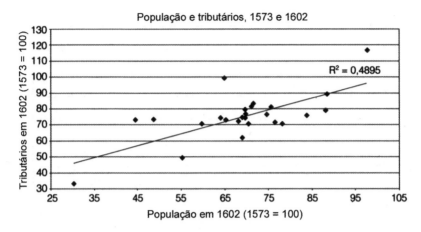

Fig. 5b. *Pessoas por cada tributário, 1573 e 1602*

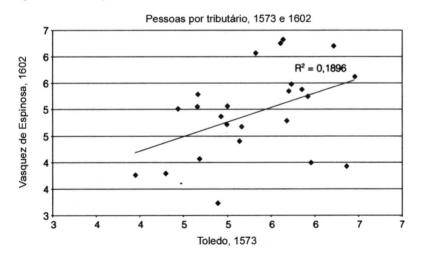

Fig. 5c. *Proporção dos sexos e pessoas por cada tributário, 1573*

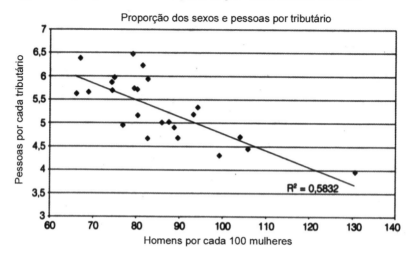

Fig. 5d. *Proporção dos sexos e pessoas por cada tributário, 1602*

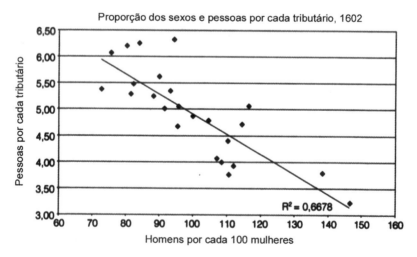

Fig. 6. A população das trinta missões, séculos XVII-XIX

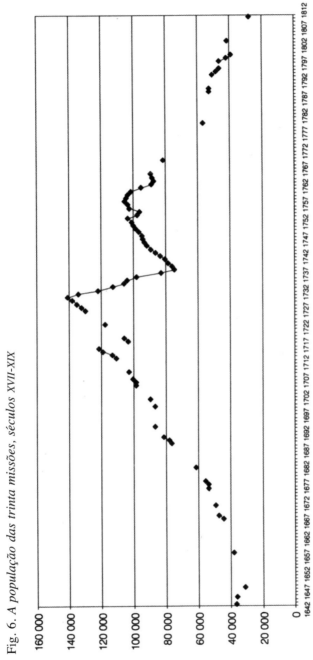

Cronologia

1492	Outubro: Cristóvão Colombo chega à ilha Guanahaní (Baamas)
1492	Colombo aporta no Haiti, que baptiza Española (Hispaniola)
1493	Dezembro: Colombo deixa uma guarnição de 39 homens na localidade baptizada Navidad e levanta ferro para Espanha
1493	Janeiro: recepção triunfal de Colombo em Espanha; encontro com os reis católicos em Barcelona; em Setembro, segunda viagem de Colombo, com 13 naus e 1200 pessoas. Os 39 homens da guarnição morreram
1494-96	Tentativa de submeter os Tainos, que fogem abandonando os campos; falha a imposição de um tributo de ouro; carestia
1496	Partida de Colombo; deixa o comando ao irmão Bartolomé; fundação de Santo Domingo
1501	Divergências entre os Espanhóis; fim do governo de Colombo
1502-09	Ovando procede à «pacificação» cruenta dos Tainos; repartição dos índios; organização institucional da ilha; aumento da procura do ouro
1509	Diego, filho de Cristóvão Colombo, chega como vice-rei, mas o poder está nas mãos dos funcionários reais
1512	Denúncia da opressão dos Tainos por parte dos dominicanos; sermões de frei Antonio de Montesinos; criação da *audiencia* de Santo Domingo; *Leyes de Burgos*
1513	Vasco Núñez Balboa atravessa o istmo do Panamá e chega à costa do Pacífico (mares do Sul)
1514	O *repartimiento* de Alburquerque em Hispaniola conta com apenas 26 000 índios sobreviventes; morrem rapidamente milhares de nativos saqueados nas Baamas
1516	Morre Fernando, *o Católico*; regência do cardeal Cisneros; poder de Las Casas

1516-19	Três frades jerosolimitas enviados a Hispaniola com poderes de governo; varíola na ilha; os Tainos reduzidos a poucos milhares
1517-18	Primeiras expedições de Juan de Grijalba e de Hernández de Córdoba com exploração da costa de Iucatão e do México
1519	Começa o reinado de Carlos V
1519-30	Prossegue a emigração dos Espanhóis de Santo Domingo; desertificação da ilha e fim da produção de ouro; tráfico de escravos de África e desenvolvimento das plantações de cana de açúcar; Santo Domingo permanece um importante porto e centro administrativo
1519-20	Expedição ao México de Hernán Córtes, a partir de Cuba, com 600 homens e 16 cavalos. Cortés avança para o planalto; combate os Tlaxcaltecas e obtém a aliança; entra em Tenochtitlan; prisão e morte de Montezuma; expulsão dos Espanhóis da cidade (*noche triste*); epidemia de varíola
1521	Cerco de Tenochtitlan e a sua queda, 13 de Agosto
1522-24	O centro do México é rapidamente dominado; Cortés parte para as Honduras; expedição de Pedro de Alvarado a Guatemala e de Cristóbal de Olid às Honduras
1524	Constituição do Conselho das Índias, órgão político e jurídico supremo
1524-25	Francisco Pizarro explora a costa do Pacífico até à ilha de São João; morte de Huayna Capac e início do conflito entre os seus sucessores, Huascar e Atahualpa; chegada ao México dos 12 frades franciscanos
1528-30	Mau governo da Primeira *audiencia* no México
1530	Partida de Pizarro do Panamá para a terceira e decisiva viagem
1532	15 de Novembro: Pizarro, juntamente com 30 companheiros, penetra no império inca em Tumbez; encontro de Cajamarca e prisão de Atahualpa, vencedor de Huascar
1530-35	Governo da Segunda *audiencia* no México; chegada do primeiro vice-rei António de Mendoza
1533	Resgate de Atahualpa em troca de ouro e prata; fundição e distribuição do mesmo entre os companheiros de Pizarro; execução de Atahualpa; Pizarro entra em Cuzco; coroação de Manco Capac como inca fantoche
1535	Pizarro funda Los Reyes (Lima); expedição de Diego de Almagro ao Chile
1536	Rebelião inca: os Espanhóis sitiados em Cuzco; fundação no México do Colégio de Santa Cruz de Tlatelolco para formação de índios eruditos
1537-39	Continua a rebelião inca

CONQUISTA

1538	Conflito Pizarro-Almagro; batalha de Las Salinas e execução de Almagro
1540	Almagristas matam Pizarro
1542-46	Descobre-se prata em Potosí; eclode uma epidemia, talvez de tifo, no México
1548	Gonzalo Pizarro é derrotado pelo enviado do rei, Pedro de La Gasca, e é executado.
1549	Proibição aos *encomenderos* de transformar o tributo obrigatório dos índios em serviço pessoal
1550	Debate entre Juan Ginés de Sepúlveda e Bartolomé de Las Casas em Valhadolid
1551	Primeiro Concílio em Lima
1551-64	Governo do segundo vice-rei de Nueva España, Luis de Velasco
1552	Publicação em Sevilha da *Brevísima relación de la destruición de las Indias* de Bartolomé de Las Casas
1553-54	Última guerra civil no Peru; rebelião e derrota de Hernández Girón
1554	Bartolomé de Medina introduz o processo da amálgama com o mercúrio nas minas de Pachuca, no México
1555	Primeiro Concílio do México
1556	Abdicação de Carlos V e coroação de Filipe II
1557	Inicia-se, na *Nueva España*, a transformação do sistema tributário, desde o imposto cobrado às comunidades à uniformidade do tributo *per capita*, com redução das isenções
1559	Descoberta de mercúrio em Huancavelica; fundação da *audiencia* de Charcas (Alto Peru)
1563	Fundação da *audiencia* de Quito
1565-70	Tentativas de subjugar os incas refugiados no distrito de Vilcabamba
1569	Chegada de Francisco de Toledo, quinto vice-rei do Peru (governará até 1581)
1570	Uma comissão autoriza, em Lima, o trabalho compulsivo nas minas (*mita*); Toledo parte para a *visita* geral (até 1573)
1571-73	Transferência forçada dos índios para as novas aldeias planificadas
1572	Guerra em Vilcabamba e execução de Tupac Amaru
1574	Toledo reorganiza a actividade mineira; entendimento com os proprietários; autorização do trabalho compulsivo dos índios (*mita*); publicação de *Geografia y descripción de las Indias* de Lopéz de Velasco
1576-80	Grave epidemia no México
1579-84	*Relaciones Geográficas*, grande inquérito ordenado pelo Conselho das Índias

1586	Nova e grave epidemia geral no Peru
1587	Os jesuítas iniciam a obra de proselitismo no Guayrá
1593-1605	Novo programa de reduções e congregações no México
1604	Criação da província jesuíta do Paraguai (actuais Uruguai, Paraguai, Chile, Argentina, mais algumas partes da Bolívia e do Brasil)
1609	Inicia-se a obra da fundação das missões
1611	As *Ordenanzas de Alfaro* ordenam que os índios paguem o tributo, do qual ficam temporariamente isentos, directamente à Coroa, subtraindo-os ao sistema da *encomienda*
1628	Vázquez de Espinosa publica o *Compendio y descripción de las Indias Occidentales*
1631-32	Os saques dos *bandeirantes* paulistas obrigam os jesuítas a organizar a emigração guarani para sul
1640	(e anos seguintes) As missões fixam-se definitivamente nos vales do Paraná e do Uruguai
1641	Na batalha de Mboreré, os Guaranis das missões derrotam uma expedição paulista
1645	Autorização oficial do vice-rei para os Guaranis das missões usarem armas de fogo
1680	Milhares de Guaranis envolvidos no cerco de Colónia do Sacramento (actual Uruguai) para expulsar os Portugueses
1702-04	Os Guaranis continuam a ser usados em Colónia do Sacramento
1722-23	Primeira revolta dos *comuneros* de Assunção: os Guaranis ajudam os realistas
1732-35	Entre 5000 e 12000 Guaranis envolvidos na «pacificação» após a segunda revolta dos *comuneros*; cerco e conquista de Colónia do Sacramento
1756-57	Guerra de *limites*: os Guaranis opõem-se ao desmembramento das missões na sequência do acordo entre Espanha e Portugal relativamente à linha de fronteira, batalha de Caaybaté com a morte de 1 311 Guaranis em combate
1767	Decreto de expulsão dos jesuítas por parte da Espanha e dos seus domínios
1768	Os jesuítas embarcam em Buenos Aires para a Europa; as missões são governadas por funcionários e pelo clero secular
1768-1815	Declínio progressivo e dispersão da população das missões

Glossário

alcalde autoridade municipal, presidente do *cabildo* com funções judiciais
alguacil autoridade local com funções de polícia
apiris índio que transportava o mineral para fora da mina (*quechua*)
audiencia alta magistratura com funções judiciárias; a da Cidade do México tinha sob sua jurisdição toda a *Nueva España*; a de Quito, Lima e de Charcas tinha sob sua jurisdição o antigo império inca
ayllu grupo que reconhece a ascendência comum, a aldeia (*quechua*)
azogue mercúrio, usado no processo de amálgama da prata
azoguero empresários das minas de prata no Peru

balsa jangada
bandeira expedição organizada para explorações e capturas de escravos (Brasil)
batea grande escudela de madeira para lavar a terra e deixar que o ouro se deposite no fundo (taino)
batey jogo da bola (taino)
boçales escravos nascidos em África (Brasil)
bohío cabana circular com tecto cónico das Caraíbas; habitação indígena por extensão (taino)

cabecera aldeia principal
cabildo conselho municipal
cacique chefe do clã, da aldeia, figura principal (taino)
calpixque capataz, guarda (*nahualt*)
cascabel campainha
cassava raiz comestível, chamada também *yucca* ou mandioca (taino)
chacara campo

chía planta de sementes oleosas (*nahualt*)
choco sintoma da silicose entre os mineiros
chuño batata seca, alimentação básica dos índios do planalto andino (*quechua*)
coa pau pontiagudo para escavar e semear (taino)
cocoliztle grande mortalidade, epidemia (*nahualt*)
conuco campo cultivado (taino)
corregidor administrador real espanhol de distrito com funções judiciais
corregimiento distrito sob jurisdição do *corregidor*
crioulos escravos africanos nascidos no Brasil (Brasil)
cuadrilla equipa, grupo
cuatequil trabalho forçado, corveias (*nahualt*)
curaca chefe do clã, da aldeia, figura principal (como o *cacique*) (*quechua*)

demora estação de trabalho nas minas (seis, oito, dez meses)
desagüe canal emissário

encomendero senhor feudal, titular de uma *encomienda*, isto é, da jurisdição sobre populações indígenas com direito a receber um tributo
encomienda território e população atribuídas ao senhor feudal a quem se pagava um tributo
entrada expedição de exploração e conquista
estancia grande quinta, fazenda

faisqueiro pesquisador de ouro (Brasil)
fánega medida de capacidade equivalente a 55,5 litros
forastero índio não nativo de um distrito, não sujeito a tributo e sem propriedade de terras

guayabo árvore de fruto (taíno)

huautli variedade de beterraba (*nahualt*)
hutía pequeno mamífero semelhante a um porquinho-da-índia (taíno)

indios de mese índios disponíveis para serviços com duração de um mês (Potosí)
índios de plaza índios disponíveis para serviços de curta duração (Potosí)
indios mingados índios das minas contratados livremente

legua légua, igual a 5,57 quilómetros
Leyenda Negra lenda negra das atrocidades, supostas ou verdadeiras, cometidas pelos conquistadores

CONQUISTA

Leyes de Burgos conjunto de leis para o tratamento dos índios proclamadas em Burgos, em 1512

Leyes Nuevas normas promulgadas em 1542-43 que revêem, de forma menos desfavorável aos índios, as *Leyes de Burgos* e limitam a *encomienda*

macehuales classe subalterna (*nahualt*)

maguey agave; do *maguey* extraem-se fibras e prepara-se o *pulque*, bebida alcoólica (*nahualt*)

mal de bubas forma de sífilis menos agressiva para os indígenas, aguda para os Espanhóis

mal de niguas tipo de sarna

mayeques classe subalterna ao serviço de um nobre, não passível de tributação (*nahualt*)

mita trabalho obrigatório, corveia de serviços, com formas de rotatividade (*quechua*)

mita gruesa todos aqueles obrigados ao trabalho, mesmo que por turnos

mitayo índio submetido à *mita,* obrigado ao trabalho

mitimaes colónias implantadas pelos Incas; guarnições (*quechua*)

montón montículo de terra para cultivo da *cassava* nas Caraíbas

naboría servo na casa do *cacique* ou do senhor espanhol, desvinculado da comunidade (taino)

nahualt língua predominante no centro do México

natural originário de um lugar

nitayno figura principal (taino)

nopal variedade de cacto comestível

originario índio residente e originário de um determinado lugar (em oposição a *forastero*) (Peru)

paperas parotidite, papeira

parcialidad parte de uma aldeia ou de uma comunidade

puna planalto peruano e boliviano estépico

quinoa cereais das zonas de grandes altitudes

quinto quota de fusão do ouro reservada à Coroa

quipo cordas coloridas com nós para registos e contagens (*quechua*)

reducción congregação de índios dispersos em aldeias planificadas

repartimiento atribuição de índios a senhores espanhóis, *encomenderos*

revisita nova *visita* com inspecção, contagem, recenseamento

romadizo infecção respiratória

sarampión sarampo

senzala grande casa em forma rectangular para habitação dos escravos e separação de homens e mulheres (Brasil)

tabardete forma de doença exantemática, tifo

tambo estação de correios e armazém nas estradas do império inca

tamemes portadores (*nahualt*)

vaqueria grandes espaços para a criação de gado bravo

vecino família residente; chefe de família; muitas vezes coincidente com o tributário

verruga peruana doença de Carrión ou bartonelose, transmitida pela mosca da areia

visita inspecção com contagem ou recenseamento das casas, famílias e tributários com fins impositivos

yanacona servos em casas ou em quintas dos Espanhóis; fugiam muitas vezes ao tributo (Peru)

yerba mate arbusto cujas folhas secas são utilizadas para uma bebida popular (Paraguai, Uruguai, Argentina)

zemi divindades dos Tainos de Hispaniola (taino)

Ilustrações

As reproduções a preto e branco entre as páginas 48 e 49, aquelas nos cabeçalhos dos diversos capítulos, assim como as vinhetas colocadas no fim de cada um deles, foram retirados da obra de Filipe Guamán Poma de Ayala, *El primer Nueva corónica y buen gobierno*, organizado por John V. Murra e Rolena Adorno, México, Siglo Ventiuno, 1992. O original encontra-se na Biblioteca Real de Copenhaga, GKS 2232, 4.º A obra foi enviada pelo autor para Espanha em 1615 ou em 1616 como parte de uma petição a Filipe III. A identidade do autor e, sobretudo, a sua origem e biografia permanecem até hoje ambíguas. A obra foi publicada pela primeira vez, em fac-símile, em 1936.

O manuscrito contém 398 desenhos que retratam personagens da dinastia inca, trabalhadores agrícolas, a vida da época, vicissitudes da Conquista, personagens da colónia – vice-rei, funcionários, prelados, senhores, índios humildes –, episódios da opressão dos nativos por parte dos Espanhóis e viagens do autor ao Peru. Cada desenho tem um grande número de legendas.

Num anexo, entre as páginas 128 e 129, estão representados os doze meses do ano e o ciclo dos trabalhos agrícolas: as técnicas agrícolas, os instrumentos de trabalho, as plantas e animais são os mesmos do mundo inca antes da Conquista. Destaca-se o sistema de irrigação representado em correspondência com o mês de Novembro.

Os frontespícios dos capítulos representam: Prefácio: «o Autor a caminho»; capítulo I: «Frota de Colombo»; capítulo II: «*Encomendero* numa cadeira de arruar»; capítulo III: «Castigo», capítulo IV: «Cidade de Huancavelica e minas de mercúrio»; capítulo V: «Rapaz à caça»; capítulo VI: «Antonio de Mendoza, primeiro vice-rei do México», capítulo VII: «Atahualpa, Pizarro e Benalcazar em Cajamarca»; capítulo VIII: «A cidade do Paraguai»; epílogo: «Criança a gatinhar».

As reproduções a cores colocadas entre as páginas 64 e 65 foram extraídas do chamado Códice de Florença, cujo original se encontra na Biblioteca

Mediceo-Laurenziana de Florença (ms. Mediceo-Palatino 218-20). Fazem parte da obra de Frei Bernardino de Sahagún, *Historia universal de las cosas de Nueva España* (edição em fac-símile: Florença, Giunti, 1996). Sahagún (nascido em 1499 ou em 1500 em Sahagún, em Espanha, faleceu na Cidade do México em 1590), franciscano, chegou ao México em 1529 e fez parte do Colégio de Santa Cruz de Tlateloco, onde se ministrava o ensino superior aos jovens nobres mexicanos. Recolheu, ao longo de décadas, informações e material etnográfico e histórico, transcrito a partir da própria voz de nativos sábios; a redacção do manuscrito remonta a 1576-77. A obra articula-se em 12 livros: os primeiros 11 ocupam-se da religião e sociedade dos antigos Aztecas, ao passo que o último aborda as vicissitudes da Conquista e contém uma série de pictogramas da autoria de artistas mexicanas. Os primeiros seis livros tratam dos deuses e das suas origens, das cerimónias, da filosofia e religião; o livro sétimo trata do sol, da lua e das estrelas; o oitavo dos reis e dos senhores; o nono dos mercadores; o décimo e décimo primeiro do povo e da sua vida. O texto, em duas colunas, está em castelhano e nahuatl. Podemos observar cenas de cultivo do milho, várias formas de habitação e algumas amostras de tecido, ao passo que na última página estão representados alguns doentes de varíola.

As reproduções a cores colocadas entre as páginas 160 e 161 foram retiradas do Codex Mendonza, cujo original se encontra na Bodleian Library of Oxford (edição fac-símile: Berkley, University of California Press, 1992). Nele está reproduzida, entre coisas, a chamada *Matricola de Tributos*, um códice de 16 folhas de papel nativo, conservado no Museu Nacional de Antropologia da Cidade do México. A *Matricola* contém pictogramas que indicam o nome da província sujeita a tributo, anteriormente aos Espanhóis, o tipo e a quantidade dos tributos devidos. O códice foi mandado compilar pelo primeiro vice-rei Mendonza para Carlos V, mas nunca chegou a Espanha porque o barco que o transportava foi capturado por piratas franceses. O códice foi coligido em 1545 por artistas locais, sob supervisão de religiosos, e contém relatos das conquistas dos reis aztecas, os tributos pagos pelos povos subjugados e uma série de ilustrações relativas à vida quotidiana, aos ritos e aos costumes, do nascimento à morte. A primeira série de figuras representa os tributos devidos às aldeias, entre os quais tecidos e mantos, penas, peles de jaguar, trajes de guerreiro, pedras preciosas, cacau. A segunda série de figuras mostra imagens da vida familiar bem como da instrução dos filhos, de conselhos, castigos, serviços e outras actividades.

Notas

Abreviações e siglas

AGI   *Archivo General de Indias*, Sevilha

CDI   *Colección de documentos ineditos relatvos al descubrimiento, conquista y colonización de las posesiones españolas en América y Oceania*, organizado por Joaquín F. Pacheco, Francisco de Cárdenas e Luis Torres de Mendonza, 42 vols., Madrid, Real Academia de Historia, 1964-1984.

CDU   *Coleccíon de documentos ineditos relativos al descubrimiento, conquista y organización de las antiguas posesiones españolas de ultramar,* II serie, 25 vols. Madrid, Real Academia de Historia, 1994.

CDD   *Colección documental del descubrimiento* (1470-1506), organziado por Juan Pérez de Tutela, 3 vols., Madrid, Real Academia de Historia, 1994.

RCC   *Reales cédulas y correspondencia de gobernadores de Santo Domingo. Colección de J. Marino Inchausteguei*, 5 vols. Madrid, Colección Histórico-documental trujilloniana, vol. I, 1516-1541, 1958.

Capítulo I

(^{1}) Luigi Luca Cavalli-Sforza, Paolo Menozzi e Alberto Piazza, *Storia e geografia dei geni umani*, Milão, Adelphi, 1997, p. 577.

(^{2}) Samuel E. Morison, *Admiral of the Ocean Sea. A life of Christopher Columbus*, Nova Iorque, MJF Books, 1970, p. 148; trad. it. *Cristoforo Colombo. Amiraglio del mare oceano*, Bolonha, Il Mulino, 1985.

(^{3}) *Ibidem*, pp. 165, 226.

(^{4}) RCC, p. 133.

(^{5}) William M. Denevan (org.), *The Native Population of the Americas in 1492*, 2.ª ed., Madison, The University of Wisconsin Press, 1992, p. 3.

(^{6}) *Ibidem*, p. XXVIII.

(^{7}) Charles Darwin, *The Origin of the Species* (1859), Nova York, Random House, 1960, p. 62.

(^{8}) Adam Smith, *The Welth of Nations* (1776), Londres, J.M. Dent & Sons, 1964, vol. I, pp. 62-63.

(^{9}) Thomas R. Malthus, *An Essay on the Principle of Population* (1798), Harmondsworth, Penguin Books, 1979, p. 105.

(^{10}) Bartolomé de Las Casas, *Brevíssima relación de la destruición de las Indias*, Madrid, Cátedra, 1996, p. 78.

(^{11}) Gonzalo Férnandez de Oviedo, *Historia General y Natural de las Indias*, 5 voll. Madrid, Atlas, 1992, vol. I, p. 67.

(^{12}) *Ibidem*, p. 67.

(^{13}) Andrea João Antonil, *Cultura e Opulencia do Brasil por sus drogas e minas*, São Paulo, Companhia Editora Nacional, 1922, pp. 160-161.

(^{14}) Bartolomé de Las Casas, *Historia de las Indias*, 2 vols., México, Fondo de Cultura Económica, 1951, vol. II, p. 226.

(^{15}) Hubert Charbonneau *et al.*, *Naissance d'une population. Les Français établis au Canada au XVIIe siècle*, Montreal, Presses de Université de Montreal, 1977.

(16) Philip D. Curtin, *The Atlantic Slave Trade. A Census*, Madison, The University of Wisconsin Press, 1969.

(17) Lorena S. Walsh, *The African American Population of the Colonial United States*, in Michael H. Haines e Richard H. Steckel (org.), *A Population History of North America*, Cambridge, Cambridge University Press, 2000, pp. 203--204; Richard H. Steckel, *The African American Population of the United States*, in Haines e Steckel, *A Population History*, cit., pp. 442-443.

(18) Walsh, *The African American Population*, cit., p. 206.

(19) Stanley L. Engerman, *A Population History of the Caribbean*, in Haines e Steckel, *A Population History*, cit. p. 509.

(20) *Ibidem*, pp. 506-509.

(21) Stanley J. Stein, *Vassouras. A Brazilian Coffee County, 1850-1900*, Cambridge (Mass.), Harvard University Press, 1957; Emilia Viotti da Costa, *Da Senzala à Colónia*, São Paulo, Livraria Ciências Humanas, 1982; Stuart B. Schwartz, *A População escrava na Bahia*, in Iraci del Nero da Costa (org.), *Brasil. História económica e demográfica*, São Paulo, IPE/USP, 1986.

(22) Thomas W. Merrick e Douglas H. Graham, *Population and Economic Development in Brazil. 1800 to the Present*, Baltimore (Md.), Johns Hopkins University Press, 1979, p. 53.

(23) Schwartz, *A população*, cit. p. 64.

(24) Mary G. Karash, *Slave Life in Rio de Janeiro 1808-1850*, Princeton (N.J.), Princeton University Press, 1987, pp. 32-34.

(25) Stuart B. Schwartz, *Sugar Plantations in the Formation of the Brazilian Society. Bahia, 1550-1835,* Cambridge, Cambridge University Press, 1985; Katia M. De Queirós Mattoso, *To Be Slave in Brazil 1550-1888*, New Brunswick, Rutgers University Press, 1986.

(26) Stuart B. Schwartz, *Segredos Internos. Engenhos e Escravos na Sociedade Colonial, 1550-1885*, São Paulo, Companhia das Letras, 1988, pp. 41-42.

(27) Charles R. Boxer, *The Golden Age of Brazil, 1695-1750*, Berkeley-Los Angeles, University of California Press, 1964.

(28) Citado em Jacob Gorender, *O escravismo colonial*, São Paulo, Ática, 1978, 342.

(29) Las Casas, *Historia de las Indias*, cit., vol. I, p. 357.

(30) Ángel Rosenblat, *La población indígena y el mestizage en América,* Buenos Aires, Editorial Nova, 1954, vol. II, p. 24.

(31) *Ibidem*.

(32) Luis Arranz Márquez, *Repartimientos y encomiendas en la isla Española. El repartimiento De Alburquerque de 1514,* Santo Domingo, Fundación García Arévalo, 1991, p. 223.

(33) Richard Konetzke, *El mestizaje y su importancia nel desarrollo de la población hispano-americana durante la época colonial*, in «Revista de Indias», VI, 1946, n. 24, p. 236.

(34) Rosenblat, *La población*, cit., vol. II, p. 137.

(35) Gonzalo Aguirre *La población negra de México*, 3.ª ed., México, Fondo de Cultura Económica, 1989, p. 269.

CONQUISTA

Capítulo II

(¹) O inédito de Alonso de Castro é citado por Juan Bautista Muñoz, Santo Domigo, Fundación García Arévalo, 1981, p. 397; Gonzalo Fernández de Oviedo, *Historia General y Natural de las Indias*, 5 vol., Madrid, Atlas, 1992, vol. I, p. 66, trad. it. parcial *Le scoperte di Cristoforo Colombo nei testi di Fernandez de Oviedo*, Roma, Instituto Poligrafico e Zecca dello Stato, 1990; Juan López de Velasco, *Geografía y descripción universal de las Indias*, Madrid, Atlas, 1971, vol. CCXLVIII, p. 99.

(²) Sherburne F. Cook e Woodrow Borah, *The Indian Population of Central Mexico, 1531-1610*, em «Ibero-Americana», 1960, n. 44, p. 48.

(³) Noble D. Cook, *Demographic Collapse. Indian Peru, 1520-1620*, Cambridge, Cambridge University Press, 1981, p. 94.

(⁴) López de Velasco, *Geografía*, cit.

(⁵) Antonio Vásquez de Espinosa, *Compendio y descripción de las Indias occidentales*, Madrid, Atlas, 1969; Bartolomé Bennassar, *La América española y la América portuguesa*, Madrid, Akal, pp. 194-195.

(⁶) Fray Toribio Motolinia, *Historia de los Indios de la Nueva España*, México, Porrúa, 1973. As notícias sobre Motolinia são extraídas do prefácio de Edmundo O'Gorman. As dez pragas são descritas no capítulo I e as citações são retiradas das pp. 13-18.

(⁷) Motolinia, *Historia de los Indios*, cit.: *Carta de Fray Toribio de Motolinia al Emperador Carlos V*, pp. 207-208; trad. it. *I segni del diavolo e i segni di Dio. La carta all'«emperador Carlos V»* (2 de Janeiro 1555), Roma, Bulzoni, 1992.

(⁸) A bibliografia sobre Las Casas é imensa. Veja-se, sobretudo, Alvaro Huerga, *Vida y Obras*, in Fray Bartolomé de Las Casas, *Obras completas*, Madrid, Alianza Editorial, 1998, vol. I; Lewis Hanke, *Bartolomé de Las Casas Historiador*, em Bartolomé de Las Casas, *Historia de las Indias*, 2 vols., México, Fondo de Cultura Económica, II ed., 1995, vol. I.

(⁹) Las Casas, *Historia de las Indias*, cit., vol. II, pp. 441-442.

(¹⁰) *Academia de la Historia*, Colección Muñoz, vol. LII, fig. 38.

(¹¹) Bartolomé de Las Casas, *Brevísima relación de la destruición de las Indias*, Madrid, Cátedra, 1996, p. 78; trad. it. *Brevissima relazione della distruzione delle Indie*, Milano, Mondadori, 1991.

(¹²) *Ibidem*, p. 78.

(¹³) *Ibidem*, p. 88.

(¹⁴) Oviedo, *Historia General*, cit., pp. 66-67.

(¹⁵) Pietro Martire d'Anghiera, *Mondo nuovo*, Milão, Alpes, 1930, p. 368.

(¹⁶) José de Acosta, *Historia natural y moral de las Indias*, Madrid, Historia 16, 1986, pp. 198-199.

(¹⁷) *Ibidem*, p. 199.

(¹⁸) Inca Garcilaso de la Vega, *Commentari reali degli incas*, Milão, Rusconi, 1977, p. 758.

(¹⁹) *Ibidem*, p. 401.

(²⁰) *Ibidem*, p. 246.

(²¹) Manuel Ballesteros, *Introducción*, in Pedro Cieza de León, *La Crónica del Perú*, Madrid, Historia 16, 1984; trad. it. *Pedro Cieza de Léon e il Descubrimiento y conquista del Perú*, Roma, Istituto storico italiano per l'etá moderna e contemporanea, 1979.

(²²) Cieza de Léon, *La Crónica*, cit., pp. 75, 361.

(²³) *Ibidem*, p. 215.

(²⁴) *Ibidem*, p. 120.

(²⁵) *Ibidem*, p. 283.

(²⁶) Felipe Guamán Poma de Ayala, *El primer Nueva corónica y buen gobierno*, org. John V. Murra e Rolena Adorno, México, Siglo Ventiuno, 1992.

(²⁷) *Ibidem*, p. 896.

(²⁸) *Ibidem*, p. 900.

(²⁹) *Ibidem*, p. 903.

(³⁰) Os testemunhos poderiam multiplicar-se. Cito duas obras, que se referem ao Peru, onde estes temas são aprofundados com originalidade: Nathan Wachtel, *La vision des vaincus*, Paris, Gallimard, 1971, trad. it. *La visione dei vinti. Gli indios del Perú di fronte alla conquista spagnola*, Turim, Einaudi, 1977; Carlos Sempat Assadourian, *Transiciones hacia el sistema colonial andino*, México, El Colegio de México y Instituto de Estudios Peruanos, 1994.

(³¹) *Parecer de los religiosos de Santo Domingo. Fray Pedro de Córdoba y ocho Dominicos*, CDI, 1869, vol. I, 11, pp. 211-215.

(³²) Para mais pormenores sobre o modelo cf. Massimo Livi Baci, *Las múltiples causas de la catástrofe: consideraciones teóricas y empíricas*, in «Revista de Indias», LXIII, 2003, n. 227.

(³³) Las Casas, *Historia de las Indias*, cit., vol. I, p. 398.

(³⁴) Miguel León-Portilla, *Il rovescio della Conquista*, Milão, Adelphi, 1974, p. 79.

Capítulo III

(¹) A carta é assinada por dois dos três jerosolimitas chegados em 1517, Frei Luıs de Figueroa e Frei Alonso de Santo Domingo. O terceiro, Frei Bernardino de Manzanedo, regressara a Espanha para expor o triste caso de Hispaniola ao rei. *Los Padres Jerónimos, Gobernadores de las Indias, al Rey Don Carlos*, AGI, Patronato Real, 174/11. Veja-se também RCC, pp. 133-134.

(²) A melhor abordagem histórica sobre o tema encontra-se em Alfred J. Crosby, *The Columbian Exchange. Biological and Cultural Consequences of 1491*, Westport (Conn.), Greenwood Press, 1972; trad. it. *Lo scambio colombiano. Conseguenze biologiche e culturali del 1492*, Turim, Einaudi, 1992.

(³) Miguel León-Portilla, *Il rovescio della Conquista*, Milão, Adelphi, 1974, p. 79.

(⁴) Anna L. W. Stodder e Debra L. Martin, *Health and Disease in the Southwest Before and After Spanish Contact*, in John W. Verano e Douglas H. Ubelaker (org.), *Disease and Demography in the Americas*, Washington (D.C.), Smithsonian Institution, 1992.

(⁵) Arthur C. Aufderheide, *Summmary on Disease Before and After Contact*, in Verano e Ubelaker (org.), *Disease and Demography*, cit.

(⁶) Massimo Livi Bacci e Ernesto J. A. Maeder, *Misiones Paraquariae. La demografia di un esperimento,* in «Popolazione e Storia», IV, 2004, n.2.

(⁷) Anónimo, *Cantos y Crónicas del México Antiguo*, org. Miguel León-Portilla, Madrid, Dastin, 2002, p. 243. Veja-se também Carlos T. Viesca, *Hambruna y epidemia en Anháhuac (1450-54) en la época de Moctezuma Ilhuicamina*, in Elsa Malvido e Enrique Florescano (org.), *Ensayos sobre la historia de las epidemias en México*, México, Instituto Mexicano de Seguro Social, 1982, vol. I, pp. 157-165.

(⁸) Diego de Landa, *Relación de las cosas de Yucatan*, Madrid, Historia 16, 1968, p. 57; trad. it. *Relazione sullo Yucatan*, Roma, Edizioni Paoline, 1983.

(⁹) Sintetizo, nas linhas que se seguem, o que muito bem expõe Jared Diamond, *Guns, Germs and Steel*, Nova Iorque, Norton, 1998, pp. 195-214; trad. it. *Armi, acciaio e malattie. Breve storia del mondo negli ultimi tredicimila anni*, Turim, Einaudi, 2005.

(¹⁰) Supõe-se que muitas patologias se tenham desenvolvido na Eurásia, após a passagem para o continente americano dos primeiros habitantes e que, portanto, não as tenham levado com eles para a América. Ou que, seja como for, a passagem para América tenha implicado uma selecção de indivíduos sãos. Veja-se também Francis L. Black, *Infectious Diseases and Evolution of Human Populations. The Example of South American Forest Tribes*, in Alan C. Swedlund e George J. Armelagos (org.), *Diseases in Populations in Transition*, Nova Iorque, Bergin & Harvey, 1990.

(¹¹) Sobre a varíola e a sua epidemiologia, remeto para um clássico na matéria: Cecil W. Dixon, *Smallpox*, London, Churchill, 1962.

(¹²) O facto de a Cidade do México sofrer uma epidemia em 1779, com mais de 9000 óbitos (10% da população), levanta a suspeita de que a varíola não se mantivesse em estado endémico. E tratava-se da cidade mais povoada da América. Cf. Alexander Von Humboldt, *Ensayo político sobre el Reino de Nueva España*, México, Porrúa, 1973, p. 44; ed. orig. *Essai politique sur le royaume de la Nouvelle-Espagne*, Paris, Antoine-Augustin Renouard, 1825-27; trad. it. *Saggio politico sul regno della Nueva Spagna*, Bari, Edipuglia, 1992.

(¹³) *Ibidem*; Livi Baci e Maeder, *Misiones Paraquariae*, cit.

(¹⁴ Dixon, *Smallpox*, cit., p. 317: «Uma população que experimentou a doença durante algumas gerações, ainda que não vacinada, parece ter menor mortalidade do que uma que nunca a tenha tido antes». Todavia, o argumento é controverso. Francis L. Black afirma: «Não existe nenhuma prova de sérias deficiências das defesas imunitárias dos ameríndios, mas apenas algumas provas das diferenças qualitativas na força das respostas a antigénios. Cf. Black, *Infectious Diseases*, cit., p. 72. Contudo, pode haver um tipo de adaptação social à doença que diminui a sua letalidade – como observou Dixon – pois os doentes não são abandonados por pânico, ou porque se conhecem os sintomas são isolados, ou porque se aplicam remédios empíricos, ou por outras razões.

(¹⁵) Frei Toribio Motolinia, *Historia de los Indios de la Nueva España*, México, Porrúa, 1973, p. 14.

(16) Sobre o tema da crise e a recuperação após a crise, Cf. Massimo Livi Bacci, *Mortality Crises in a Historical Perspective. The European Experience*, in Giovanni Andrea Cornia e Renato Paniccià (org.), *The Mortality Crises in Transitional Economics*, Nova Iorque, Oxford 2000.

(17) Thomas M. Withmore, *Disease and Death in Early Colonial Mexico. Simulating Amerindian Depopulation*, Boulder (Colo.), Westview Press, 1992. Withmore, no seu trabalho, aplica um complexo e engenhoso modelo para interpretar o processo de despovoamento do México no século XVI. A combinação, e manipulação, dos parâmetros do modelo – quase todos hipotéticos e quase todos plausíveis – dão lugar a resultados muito distantes entre si, que se adaptam quer às teorias dos «altistas», quer às dos «baixistas» da população na época do contacto e do sucessivo declínio.

(18) Frei Bernardino de Sahagún, *Historia general de las cosas de Nueva España*, México, Porrúa, 1977, vol. IV, pp. 136-137; fac-simile *Historia general de las cosas de Nueva España*, 3 voll., Florença, Giunti-Barbera, 1979; trad. it. parcial *Storia indiana della conquista di Messico*, Palermo, Sellerio, 1983.

(19) A citação é de Francisco López de Gómara, *La conquista de México*, Madrid, Dastin, 2001, p. 233. Veja-se também Bernal Díaz del Castillo, *Historia verdadera de la Conquista de Nueva España*, México, Porrúa, 1976, p. 244; trad. it. *La Conquista del Messico, 1517-1521*, Milão, Longanesi, 1980.

(20) Robert McCaa, *Spanish and Nahuatl Views on Smallpox and Demographic Catastrophe in Mexico*, in «Journal of Interdisciplinary History», XXV, 1995, pp. 397-431.

(21) Bernardino Vásquez de Tapia, *Relación de méritos y servicios del Conquistador Bernardino Vásquez de Tapia, vecino e regidor de esta gran ciudad de Tenuxtitlan*, in Germán Vásquez Chamorro (org.), *La Conquista de Tenochtitlan*, Madrid, Historia 16, p. 141.

(22) De landa, *Relación*, cit., p. 57.

(23) Noble D. Cook, *Born to Die. Disease and the New World Conquest, 1492-1650*, Cambridge, Cambridge University Press, 1998, pp. 70-71.

(24) Linda A. Newson, *The Cost of Conquest*, Boulder (Colo.), Westview Press, 1986, p. 128.

(25) A tese de uma única pandemia de varíola que, como um rolo compressor, percorre toda a América, foi proposta e sustentada vigorosamente por Henry F. Dobyns, *Estimating Aboriginal Populations. An Appraisal of Thecniques with a New Hemispheric Estimate*, in «Current Anthropology», VI, 1966, pp. 395-449. Retomada, mais tarde, por vários autores, entre os quais, embora timidamente, por Crosby, *The Columbian Exchange*, cit., p. 39 e, com muito mais convicção, por Cook, *Born to die*, cit.

(26) Pedro Cieza de León, *El señorio de los Incas*, Madrid, Historia 16, 1984, p. 194.

(27) Cook, *Born to Die*, cit., pp. 60-85.

(28) Jean-Noel Biraben, *La population de l'Amérique pre-colombienne. Essai sur les méthodes*, comunicação apresentada na conferência «The Peopling of the Americas», Veracruz, 1992. Cf. Dixon, *Smallpox*, cit., p. 313, no que diz respeito à transmissão da varíola segundo o clima.

(²⁹) Massimo Livi Bacci, *500 Anos de demografia brasileira: uma resenha*, in «Revista Brasileira de Estudos de População», XIX, 2002, n. 1, p. 144.

(³⁰) Daniel T. Reff, *Old World Diseases and their Consequences in the 16th* of the Americas», Veracruz, 1992.

(³¹) *Id.*, *Contact Shock in Northwestern New Spain*, in Verano e Ubelaker (org.), *Disease and Demography*, cit.

(³²) Cook, *Born to Die,* cit., p. 46.

(³³) Crosby, *The Colombian Exchange*, cit., p. 46.

(³⁴) Sobre a epidemiologia de varíola, de sarampo e de outras doenças transmissíveis, um clássico: Roy M. Anderson e Robert M. May, *Population Biology of Infectious Diseases*, parte I, em «Nature», vol. 280, 2 de Agosto de 1979, pp. 361-367; parte II, in «Nature», vol. 280, 2 de Agosto de 1979, pp. 455-461.

(³⁵) Hugette Chaunu e Pierre Chaunu, *Séville et l'Atlantique*, Paris, S.E.V.P.E.N, 1956, vol. VI/2, p. 496. No que se refere à duração da viagem, *ibidem*, p. 320.

(³⁶) Magnus Mörner, *La emigración española al Nuevo Mundo antes de 1810. Un informe del estado de la investigación*, in «Anuario de Estudios Americanos», XXXII, 1975.

(³⁷) Massimo Livi Baci, *La populazione nella storia d'Europa*, Roma-Bari, Laterza, 1998, p. 121.

(³⁸) *Censo de Castilla de 1591*, vol. I, Instituto Nacional de Estadistica, 1984.

(³⁹) Lorenzo Del Panta, *Le epidemie nella storia demografica italiana*, Turim, Loescher, 1980, pp. 63-73.

(⁴⁰) Daniel E. Shea, *A Defense of Small Population Estimates for the Central Andes in 1520*, in William M. Denevan (org.), *The Native Population of the Americas in 1492*, 2.ª ed., Madison, The University of Wisconsin Press, 1992, p. 161.

(⁴¹) John Hemming, *La fine degli Incas*, Milão, Rizzoli, 1975, pp. 385-387.

(⁴²) Guillermo Furlong, *José Cardiel, S.J. y su Carta-Relación*, Buenos Aires, Libreria del Plata, 1953, p. 188.

(⁴³) Antonio Sepp, *Il sacro esperimento del Paraguay*, Verona, Edizione della Cassa di Risparmio di Verona, 1990, p. 179.

(⁴⁴) Hans Zinsser, *Rats, Lice and History,* Boston (Mass.), Little & Brown, 1935, cap. 14.

Capítulo IV

(¹) Bartolomé de Las Casas, *Historia de las Indias*, 2 vols., México, Fondo de Cultura Económica, 2.ª ed., 1995, vol. I, p. 258. Sobre a tentativa de taxar os Tainos, veja-se Luis Arranz Márquez, *Repartimientos y encomiendas en la isla Española. El repartimiento de Alburquerque de 1514*, Santo Domingo, Fundación García Arévalo, 1991, pp. 30-38, 60-64. O guizo deveria conter 3-4 pesos de ouro (12,5-16,7 gramas).

(²) Citado em Pierre Vilar, *Or et monnaie dans l'histoire*, Paris, Flammarion, 1974, p. 155; trad. it. *Oro e moneta nella storia: 1450-1920*, Bari, Laterza, 1971, que o atribui, erradamente, a Frei Domingo de São Tomás.

(³) David A. Brading e Harry E. Cross, *Colonial Silver Mining. Mexico and Peru*, in «The Hispanic American Historical Review», LII, 1972, n. 4, p. 568.

(⁴) Earl Hamilton, *American Treasure and the Price Revolution in Spain, 1501-1650*, Cambridge (Mass.), Harvard University Press, 1934, tabela 4.

(⁵) Vilar, *Or et monnaie*, cit., p. 133.

(⁶) *Ibidem*, p. 140.

(⁷) Estimativas da produtividade da recolha de ouro relativas a diferentes épocas e áreas geográficas da América encontram-se em Massimo Livi Bacci, *Return to Hispaniola. Reassessing a Demographic Catastrophe*, in «The Hispanic American Historical Review», LXXXIII, 2003, n.1, pp. 15-20.

(⁸) Zemira Díaz López, *Oro, sociedad, economía. El sistema colonial en la Gobernación de Popayán: 1533-1733*, Santa Fé de Bogotá, Banco de la República, 1994, p. 178.

(⁹) *Ibidem*, p. 183.

(¹⁰) Gonzalo Fernández de Oviedo, *Historia General y Natural de las Indias*, 5 vol., Madrid, Atlas, 1992, vol. I, pp. 159-161, trad. it. parcial *Le scoperte di Cristoforo Colombo nei testi di Fernandez de Oviedo*, Roma, Instituto Poligrafico e Zecca dello Stato, 1990; Bartolomé de Las Casas, *Apologética Historia Sumaria*, 3 vol., Madrid, Alianza Editorial, 1992, vol. I, pp. 313-315, 319-320.

(¹¹) Oviedo, *Historia general*, cit., p. 162.

(¹²) *Ibidem*.

(¹³) Las Casas, *Historia de las Índias*, cit., vol. II, pp. 336-337.

(¹⁴) *Carta que escriberon los Padres de la Orden de Santo Domingo a Mosior de Xèvres, 4 Juni de 1516*, in Robert Marte (org.), *Santo Domingo en los manuscritos de Juan Bautista Muñoz*, Santo Domingo, Fundación García Arévalo, 1980, p. 253.

(¹⁵) Vejam-se, na ordem, CDI, X, pp. 109 e ss.; CDI, I, p. 309; CDI, I, p. 36.

(¹⁶) *Carta que escribió el licenciado Alonso de Zuazo al ministro flamengo Xevres en 22 de Enero de 1518*, in Emilio Rodríguez Demorizi, *Los Dominicos y las encomiendas de indios en la isla Española*, Santo Domingo, Edición del Caribe,1971, p. 253.

(¹⁷) Las Casas, *Historia de las Índias*, cit., vol. II, pp. 356.

(¹⁸) Os pesquisadores de ouro chamavam-se *faisqueros*, de *faísca*, «centelha», «brilho» do ouro nas águas das torrentes. Um clássico sobre a época do ouro no Brasil: Charles R. Boxer, *The Golden Age of Brazil: 1695-1750*, Berkeley, University of California Press, 1964. Veja-se também Universidade Federal de Ouro Preto, *Governo do estado de Minas Gerais*, Belo Horizonte, 1981.

(¹⁹) Luis Capoche, *Relacíon general de la Villa Imperial de Potosí*, Madrid, Atlas, 1959, p. 77.

(²⁰) Citado em Lewis Hanke, *Estudio Preliminar*, in Capoche, *Relación general*, cit., p. 25.

(²¹) Antonio de la Calancha, *Crónica moralizadora*, citado em Ricardo Rodriguez Molas, *Mitayos, ingenios y proprietarios en Potosí, 1633, Buenos Aires, Insituto de Estudios Antropológicos*, 1986, p. 181.

(²²) Capoche, *Relación general*, cit., p. 75.

(23) Antonio Vázquez de Espinosa, *Compendio y descripción de las Indias occidentales*, Madrid, Atlas, 1969, p. 411.

(24) *Ibidem*.

(25) Gwendolyn B. Cobb, *Supply and Transportation for the Potosí Mines, 1545-1640*, in «The Hispanic American Historical Review», XXIX, Fevereiro 1949, n. 1, pp. 31-32.

(26) Jeffrey A. Cole, *The Potosí Mita, 1573-1700*, Stanford (Calif.), Stanford University Press, 1985, p. 3. Além do livro de Cole e do relatório de Capoche, as notícias a seguir reportadas sobre a *mita* e sobre Potosí provêm também de um outro clássico: Henrique Tandeter, *Coacción y mercado. La minería de la plata en el Potosí colonial*, Madrid, Siglo Ventiuno, 1992.

(27) Vilar, *Or et monnaie*, cit., p. 150.

(28) Guillermo Lohmann Villena, *Las minas de Huancavelica en los siglos XVI y XVII*, Sevilha, CSIC, 1949, p. 96.

(29) Cole, *The Potosí Mita*, cit., pp. 9, 13, 72.

(30) *Curaca* tem o mesmo significado que *cacique*, ou *cacico* (palavra taína), isto é, «chefe local».

(31) Capoche, *Relación general*, cit., p. 135.

(32) Veja-se o documento n. 82, *Carta anua* de Rodrigo de Cabredo ao Padre Geral Acquaviva (28.IV.1603), in *Monumenta Peruana*, Roma, Mon. Hist. Societatis Jesu, 1986, vol. VIII, pp. 317-339.

(33) Rodriguez Molas, *Mitayos*, cit., p. 135.

(34) Citado em Noble D. Cook, *Demographic Collapse in Spanish Peru, 1520--1620*, Cambridge University Press, 1982, p. 242.

(35) No ano em que Capoche escrevia, 567 *mitayos* faltaram à chamada, por causas várias (morte, fuga, etc.); Capoche, *Relación general*, cit., p. 145.

(36) Cook, *Demographic Collapse*, cit., p. 237; Lewis Hanke, *La Villa Imperial de Potosí*, in «Revista Shell», Maio 1962, n. 42, p. 8.

(37) Pedro Cieza de Léon, *La Crónica del Perú*, Madrid, Historia 16, 1984, p. 376; trad. it. Pedro Cieza de León *e il Descubrimiento y conquista del Perú*, Roma, Instituto Histórico Italiano para a Idade Moderna e Contemporânea, 1979.

(38) Capoche, *Relación general*, cit., pp. 179-180.

(39) Cole, *The Potosí Mita*, cit., p. 29.

(40) Cook, *Demographic Collapse*, cit., p. 94.

(41) José de Acosta, *Historia natural y moral de las Indias*, Madrid, Historia 16, 1986, pp. 236-237.

(42) Cole, *The Potosí Mita*, cit., pp. 23-24.

(43) Capoche, *Relación general*, cit., p. 159.

(44) Francisco López de Caravantes, *Noticia general del Perú*, Madrid, Atlas, 1987, vol. IV, p.84.

(45) Tandeter, *Coacción y mercado*, cit., p. 57.

(46) Juan de Matienzo, *Gobierno del Perú* (1567), Paris-Lima, Instituto Francês de Estudos Andinos, 1967, p. 33.

(47) López de Caravantes, *Noticia general*, cit., p. 129.

(48) Vejam-se Cole, *The Potosí Mita*, cit., pp. 35-45; Tandeter, *Coacción y mercado*, cit., pp. 42-45.

MASSIMO LIVI BACCI

(⁴⁹) Tandeter, *Coacción y mercado*, cit., pp. 42-43.
(⁵⁰) López de Caravantes, *Notícia general*, cit., p. 85.
(⁵¹) Rodríguez Molas, *Mitayos*, cit., p. 187.
(⁵²) AGI, Charcas, 134.
(⁵³) Cole, *The Postosí Mita*, cit., p. 41.
(⁵⁴) Os índios forçados haviam baixado para 1600 em 1604: Lohmann Villena, *Las minas de Huancavelica*, cit. p. 97.
(⁵⁵) AGI, Lima, 271.
(⁵⁶) *Ibidem*.
(⁵⁷) Sobre a actividade mineira no México, veja-se Peter J. Bakewell, *La mineria en la Hispanoamérica colonial. Historia de América Latina*, org. Leslie Bethell, vol. III, Barcelona, Cambridge University Press – Editorial Crítica, 1990; Brading e Cross, *Colonial Silver Mining*, cit.; Francisco R. Calderón, *Historia económica de la Nueva España en tempo de los Austrias*, México, Fondo de Cultura Económica, 1988; Peter J. Bakewell, *Silver Mining and Society in Colonial Mexico: Zacatecas, 1546-1700*, Cambridge, Cambridge University Press, 1971.
(⁵⁸) Alexander von Humboldt, *Ensayo político sobre el Reino de Nueva España*, México, Pórrua, 1973, p. 49; ed. orig. *Essai politique sur le royaume de la Nouvelle- Espagne*, Paris, Antoine-Augustin Renouard, 1825-27; trad. it. *Saggio politico sul regno della Nuova Spagna*, Bari, Edipuglia, 1992.
(⁵⁹) *Ibidem*
(⁶⁰) Brading e Cross, *Colonial Silver Mining*, cit., p. 557.

Capítulo V

(¹) Bartolomé de Las Casas, *Historia de las Indias*, 2 vols., México, Fondo de Cultura Económica, 2.ª ed., 1995, vol. I, pp. 259-260.
(²) *Ibidem*
(³) Ángel Rosenblat, *La población indígena y el mestizaje en America*. I: *La población indígena, 1492-1950*, Buenos Aires, Editorial Nova, 1954.
(⁴) Las Casas, *Historia de las Indias*, cit., vol. I, p. 272.
(⁵) *Ibidem*, pp. 279-283.
(⁶) *Ibidem*, p. 357.
(⁷) A síntese baseia-se em cronistas da época e em historiadores contemporâneos. Os primeiros: Hernán Colón, *Historia del Almirante* (1571), Madrid, Historia 16, 1984; Las Casas, *Historia de las Indias*, cit.; Antonio de Herrera, *Historia general de los hechos de los castellanos en las islas y terrafirme del mar Océano* (1601-15), 10 vol., Assunção, Editorial Guarania, 1944-47; Pedro Martyr de Angleria, *Décadas del Nuevo Mundo* (1530), Buenos Aires, Editorial Bajel, 1944, trad. it. *Mondo Nuovo*, Milão, Alpes, 1930; Gonzalo Fernández de Oviedo, *Historia General y Natural de las Indias* (1551-55), 5 vols., Madrid, Atlas, 1992, trad. it. parcial *Le scoperte di Cristoforo Colombo nei testi di Fernandez de Oviedo*, Roma, Istituto Poligrafico e Zecca dello Stato, 1990. Historiadores modernos: Luis Arranz Márquez, *Repartimientos y encomiendas en la isla Española. El repartimiento de Alburquerque de 1514*, Santo Domingo, Fundación García Arévalo, 1991; Frank Moya Pons, *Después de Colón. Trabajo, sociedad y poli-*

tica en la economía del oro, Madrid, Alianza Editorial, 1987; Juan Pérez de Tudela, *Las armadas de Indias y los orígenes de la política de colonización*, Madrid, CSIC, 1956; Lesley B. Simpson, *The Encomienda in New Spain*, Berkeley, University of California Press, 1966. Para os aspectos demográficos: Massimo Livi Baci, *Return to Hispaniola. Reassessing a Demographic Catastrophe*, in «The Hispanic American Historical Review», LXXXIII, 2003, n. 1, pp. 3-51.

([8]) Roberto Marte (org.), *Santo Domingo en los manuscritos de Juan Bautista Muñoz*, Santo Domingo, Fundación García Arévalo, 1981.

([9]) Sherburne F. Cook e Woodrow Borah, *Essays in Population History. Mexico and the Caribbean*, Berkeley, University of California Press, 1971, vol. I, cap. 7; Francisco Guerra, *The Earliest American Epidemic. The Influenza of 1493*, in «Social Science History», XII, 1988, n. 3; Sauer, *The Early Spanish Main*, cit.

([10]) Arranz Márquez, *Repartimientos y encomiendas*, cit., pp. 45-58.

([11]) Ángel Rosenblat, *The Population of Hispaniola at the Time of Colombus*, in William M. Denevan (org.), *The Native Population of the Americas in 1492*, 2.ª ed., Madison, University Press, 1992; David Henige, *On the Contact Population of Hispaniola. History as High Mathematics*, in «The Hispanic American Historical Review», LVIII, 1978, n. 2.

([12]) Bartolomé de Las Casas, *Apologética Historia Sumaria,* 3 vols., Madrid, Alianza Editorial, 1992; *Id., Historia de las Indias*, cit.; Oviedo, *Historia General*, cit.

([13]) Las Casas, *Apologética*, cit., vol. I, p. 331; Oviedo, *Historia General*, cit., vol. I, p. 230.

([14]) Las Casas, *Historia de las Indias*, cit., vol. II, p. 483. Para uma discussão sobre as características dos montículos, cfr. Livi Baci, *Return*, cit., p. 10, nota 9.

([15]) CDI, I, pp. 366-368.

([16]) Oviedo, *Historia General*, cit., vol. I, pp. 230-231.

([17]) *Ibidem*, p. 278.

([18]) David Watts, *The West Indies. Patterns of Development, Culture and Environmental Change since 1492,* Cambridge, Cambridge University Press, 1971; Bernard Nietschmann, *Between Land and Water*, Nova Iorque-Londres, Seminar Press, 1973, p. 241.

([19]) Arranz Márquez, *Repartimientos y encomiendas*, cit., pp. 30-68, 60-64.

([20]) *Ibidem*, p. 62.

([21]) Earl Hamilton, *American Treasure and the Price Revolution in Spain*, 1501-1650, Cambridge (Mass.), Harvard University Press, 1934, tabela 4.

([22]) Para uma discussão sobre a produtividade da pesquisa do ouro, Livi Baci, *Return*, cit., pp. 11-20.

([23]) José Joaquín de Rocha, *Memória Histórica da Capitania de Minas Gerais,* in «Revista do Archivo Publico Mineiro», II, 1987, n. 3.

([24]) Samuel E. Morison, *Admiral of the Ocean Sea,* Nova Iorque, MJF Books, 1970, p. 288, trad. it. *Cristoforo Colombo. Ammiraglio del mare Oceano*, Bolonha, Il Mulino, 1985; Las Casas, *Historia de las Indias*, cit., vol. I, p. 264.

([25]) Morrison, *Admiral*, cit., p. 289; Las Casas, *Historia de las Indias*, cit., vol. I, p. 266.

(²⁶) Las Casas, *Historia de las Indias*, cit., vol. I, p. 267.

(²⁷) *Ibidem*, p. 275.

(²⁸) Las Casas, *Apologética*, cit., vol. I, p. 292-327.

(²⁹) Colón, *Historia del Almirante*, cit., p. 199.

(³⁰) Las Casas, *Historia de las Indias*, cit., vol. I, p. 287; Pietro Martire d'Anghiera, *La scoperta del Nuovo Mondo negli scritti di Pietro Martire d'Anghiera* (1530), Roma, Istituto Poligrafico e Zecca dello Stato, 1988, p. 293.

(³¹) Irving Rouse, *The Tainos. Rise and Decline of the People who Greeted Columbus*, New Haven (Conn.), Yale University Press, 1992, p. 15; Oviedo, *Historia General*, cit.; Francisco López de Gómara, *Historia de la Conquista de México* (1552), 2 vols., México, Editorial Pedro Robredo, 1943; Girolamo Benzoni, *La Historia del Mondo Nuovo* (1565), Milão, Giordano, 1965; Jesse W. Fewkwes, *The Aborigenes of Porto Rico and Neighbouring Islands*, in «25th Annual Report, Bureau of American Ethnology, 1903-04», Washington (D.C.), Government Priting Office, 1907; Frank Moya Pons, *The Tainos of Hispaniola*, in «Caribbean Review», XIII, 1984, n. 4.

(³²) Sauer, *The Early Spanish Main*, cit., p. 67; Rouse, *The Tainos*, cit., p. 215.

(³³) José Alcina Franch, *La cultura taína como sociedade en transición entro los niveles tribal y de jefaturas,* in *La cultura taína*, Madrid, Turner, 1989.

(³⁴) Oviedo, *Historia General*, cit.; Las Casas, *Apologética*, cit.; Fewkes, *The Aborigenes*, cit.; Irving Rouse, *The Arawak*, in Julian H. Steward (org.), *Handbook of South American Indians*, Washington (D.C.), Smithsonian Institution, 1948, vol. IV; Rouse, *The Tainos*, cit.; Arranz Márquez, *Repartimientos y encomiendas*, cit.; Marcio Veloz Maggiolo, *La Isla de Santo Domingo ante de Colon*, Banco Central de la Republica Dominicana, 1993.

(³⁵) Las Casas, *Apologética*, cit., vol. II, p. 524.

(³⁶) *Id.*, *Historia de las Indias,* cit., vol. I, p. 259.

(³⁷) *Ibidem*, p. 274

(³⁸) Chanca, in Juan Pérez de Tudela (org.), *Colección documental del descubriemento* (1470-1506), Madrid, Real Academia de Historia, 1994.

(³⁹) Colón, *Historia del Almirante*, cit., p. 120; Morison, *Admiral*, cit., p. 260.

(⁴⁰) CDD, p. 514.

(⁴¹) Las Casas, *Historia de las Indias,* cit., vol. III, p. 301; *Id.*, *Obras escogidas*, Madrid, Atlas, 1958, p. 15.

(⁴²) *Id.*, *Historia de las Indias*, cit., vol. III, p. 123; CDI, XXIII, p. 314; CDI, I, pp. 366-368; Esteban Mira Caballos, *Indio Antillano. Repartimiento, encomienda y esclavitud (1492-1542)*, Sevilla, Muñoz Moya, 1997, p. 144.

(⁴³) Veloz Maggiolo, *La Isla de Santo Domingo*, cit., p. 112; Arranz Márquez, *Repartimientos y encomiendas*, cit., p. 122.

(⁴⁴) Las Casas, *Historia de las Indias*, cit., vol. I, p. 365.

(⁴⁵) *Ibidem*, pp. 346, 371: Marte (org.), *Santo Domingo*, cit., p. 188; Arranz Márquez, *Repartimientos y encomiendas*, cit., p. 122.

(⁴⁶) CDI, XXXVII, p. 293; Marte (org.), *Santo Domingo*, cit., pp. 396-397; Oviedo, *Historia General*, cit., vol. I, pp. 66-67; Juan López de Velasco, *Geografia y descripción universal de las Indias*, Madrid, Atlas, 1971.

(47) Bartolomé de Las Casas, *Brevísima relación de la destruición de las Indias*, Madrid, Cátedra, 1996, p. 89; trad. it. *Brevissima relazione della distruzione delle Indie*, Milão, Mondadori, 199.

(48) Rouse, *The Tainos*, cit., p. 161.

(49) *Ibidem*, pp. 170-171.

(50) Mira Caballos, *Indio Antillano*, cit., pp. 165, 177, 172.

(51) *Ibidem*, pp. 46, 209; Watts, *The West Indies*, cit.

(52) CDI, I, pp. 50-236; Emilio Rodríguez Demorizi, *Los Dominicos y las encomiendas de indios en la isla Española*, Santo Domingo, Edición del Caribe, pp. 732-748.

(53) Rodríguez Demorizi, *Los Dominicos*, cit., p. 92.

(54) É útil recordar brevemente o significado dos termos usados na repartição. *Cacique* é o chefe da aldeia ou do clã. *Nitayano* é uma pessoa de destaque, um chefe menor, muitas vezes parente de um *cacico*. Os *indios de servicio* eram os adultos, acima de uma certa idade (oficialmente, 14 anos) aptos para trabalhar. Estavam afectos aos trabalhos agrícolas, à criação, à pesquisa do ouro. Juridicamente não eram escravos e deviam ser instruídos na verdadeira fé. Escravos eram os negros trazidos de África, ou os índios hostis capturados (em grande parte *indios caribe*). Os *niños* são as crianças com menos de 14 anos; *viejos* era uma categoria indeterminada que incluía, presumivelmente, quem era incapaz de trabalhar devido à idade ou por doença ou por outro motivo. Acrescente-se ainda que numa comunidade como a taína, a idade era sempre uma aproximação. O *naboría de casa* era um servo do patrão e da sua família encarregado de várias tarefas domésticas, que vivia na casa dos Espanhóis. Os *allegados* eram uma categoria de natureza incerta, que provavelmente se referia a índios não associáveis a um *cacico* e «temporariamente» entregues a um *encomendero*. O *encomendero* era um espanhol a quem eram entregues os índios pertencentes a um clã e a um *cacico*, como mão-de-obra forçada ou para serviço de casa e pessoal, que tinha a obrigação de proteger os índios e de instruí-los na fé.

(55) Para maiores pormenores, veja-se Arranz Márquez, *Repartimientos y encomiendas*, cit.; Livi Baci, *Return*, cit.

(56) Rodríguez Demorizi, *Los Dominicos*, cit., p. 251.

(57) Oviedo, *Historia General*, cit.

(58) CDI, I, p. 309.

(59) CDU, II, pp. 1-127.

(60) Arranz Márquez, *Repartimientos y encomiendas*, cit., p. 239.

(61) CDD, p. 867.

(62) Las Casas, *Historia de las Indias*, cit., vol. I, p. 458; Pietro Martire d'Anghiera, *La scoperta del Nuovo Mondo*, cit.; Arranz Márquez, *Repartimientos y encomiendas*, cit., p. 28; CDI, X, p. 114.

(63) Noble D. Cook, *Disease and Depopulation of Hispaniola, 1492-1518*, in «Colonial Latin American Review», II, 1993, nn. 1-2; *Id.*, *Born to Die. Disease and the New World Conquest, 1492-1650*, Cambridge, Cambridge University Press, 1998; Francisco Guerra, *La epidemia americana de influenza en 1493*, in «Revista de Indias», XLV, 1986, n. 176; *Id.*, *The Earliest American Epidemic. The*

Influenza of 1493, in «Social Science History», XII, 1988, n. 3; *Id.*, *Epidemiologia americana y filipina. 1492-1898*, Madrid, Ministerio de Sanidad y Consumo, 1999.

([64]) Guerra, *Epidemiologia*, cit., pp. 114-126.

([65]) Noble, D. Cook, *Una primera epidemia americana de viruela en 1493?*, in «Revista de Indias», LXIII, Janeiro-Abril 2003, n. 227.

([66]) CDD, p. 867.

([67]) Las Casas, *Historia de las Indias*, cit., vol. I, p. 420; Pietro Martire d'Anghiera, *La scoperta del Nuovo Mondo*, cit., p. 275.

([68]) Las Casas, *Historia de las Indias*, cit., vol. II, p. 226.

([69]) RCC, p. 131.

([70]) Las Casas, *Apologética*, cit., vol. I, pp. 361-363; Oviedo, *Historia General*, cit., vol. I, pp. 53-55.

([71]) Arranz Márquez, *Repartimientos y encomiendas*, cit., pp. 226-228.

([72]) CDU, V, pp. 43-52; Marte (org.), *Santo Domingo*, cit., p. 45; CDU, IX, pp. 22-23; Marte (org.), *Santo Domingo*, cit., p. 191; CDI, XI, pp. 298-321.

([73]) Se a repartição tivesse tido em consideração *niños* e crianças com menos de catorze anos, a taxa de crescimento implícita teria sido menor: se 10 anos, $r = -2,1\%$; se 12, $r = -2,8\%$ contra $-3,5\%$ para a idade de 14 anos.

([74] Las Casas, *Historia de las Indias*, cit., vol. II, pp. 482-489; Marte (org.), *Santo Domingo*, cit., pp. 115-119.

([75] López de Velasco, *Geografia*, cit., p. 97.

([76]) Dados extraídos de Watts, *The West Indies*, cit.

([77]) Oviedo, *Historia General*, cit., vol. II, p. 30.

([78]) *Ibidem*, p. 30.

([79]) CDI, I, *Relación de la Isla Española al Rey Felipe II*.

([80]) Oviedo, *Historia General*, cit., vol. II, p. 38.

([81]) Watts, *The West Indies*, cit., cap. 3.

Capítulo VI

([1]) Hernán Córtes, *Cartas de Relación*, México, Pórrua, 1974, p. 62; trad. it. *La conquista del Messico*, Milão, Rizzoli, 1996. Em 1591, segundo o *Censo de Castilla*, a província de Sevilha contava com 46 209 *vecinos* e a cidade 10 910; cfr. Instituto Nacional de Estadística, *Censo de Castilla de 1591*, Madrid, 1986, pp. 506, 518 e 718.

([2]) *Ibidem*.

([3]) *Ibidem*.

([4]) Bernal Díaz del Castillo, *Historia verdadera de La Conquista de La Nueva España*, México, Pórrua, 1976, p. 172; trad. it. *La conquista del Messico*, 1517-1521, Milão, Longanesi, 1980.

([5]) William T. Sanders, *The Population of the Central Mexican Symbiotic Region, the Basin of Mexico, and the Teotihuacán Valley in the Sixteenth Century*, in William M. Denevan (org.), *The Native Population of the Americas in 1492*, 2.ª ed., Madison, The University of Wisconsin Press, 1992, p. 130.

CONQUISTA

(^{6}) Muitos estudiosos utilizam uma definição «restrita» e referem-se ao centro do México, ou seja, a parte da Mesoamérica compreendida entre a «fronteira chichimeca» – uma linha móvel a norte, para lá da qual a escassa população era composta predominantemente por grupos nómadas e guerreiros com reduzidas radicações sedentárias – e o istmo de Tehuantepec, excluindo o Iucatão e as populações de origem maia. Essa parte era pouco povoada e a sua inclusão ou omissão tem pouca relevância; o mesmo não acontece com a região maia. As estimativas foram retiradas de Denevan, *The Native Population*, cit., pp. XXI-XXII, XXVIII, 3, 77-83. De um modo geral, sobre a história da população do México, além dos trabalhos citados na nota 13, referimos o clássico de Nicolás Sánchez-Albórnoz, *La población de América Latina desde los tiempos precolombianos al año 2025*, Madrid, Alianza Editorial, 1994; Gonzalo Aguirre Beltrán, *La población negra de México. Estudio etnohistorico*, México, Fondo de Cultura Económica, 1989; Robert McCaa, *El poblamiento de México. Desde sus orígenes a la revolución*, in José Gómez de León Cruces e Cecilia Rabell Romero (org.), *La población de México. Estudio etnohsitorico*, México, Fondo de Cultura Económica, 2001; Cecilia Rabell Romero, *El descenso de la población indígena durante el siglo XVI y las cuentas del gran capitán*, in Aa.Vv. (org.), *El poblamiento de México. Una visíon histórico-demográfica. II: El México colonial*, México, Consejo Nacional de Población, 1993.

(^{7}) Sobre a natureza dos tributos no período pré-hispânico, a obra de Alonso de Zorita, membro da *audiencia* do México de 1556 a 1566, é um clássico. Cf. Alonso de Zorita, *Relación de la Nueva España*, México, Conaculta, 1999, vol. I, pp. 391-413. Encontra-se uma boa síntese em Woodrow Borah e Sherburne F. Cook, *The Aboriginal Population of Central Mexico on the Eve of the Spanish Conquest*, Berkeley – Los Angeles, University of California Press, 1963, pp. 6-21.

(^{8}) Lesley B. Simpson, *The encomienda in New Spain*, Berkeley, University of California Press, 1966, cap. V.

(^{9}) Para a evolução do tributo na primeira metade do século XVI, veja-se Sherburne F. Cook e Woodrow Borah, *The Population of Central Mexico in 1548. An Analysis of the Suma de Visitas de Pueblos*, Berkeley, University of California Press, 1960; *Id.*, *The Indian Population of Central Mexico, 1531-1610*, Berkeley, University of California Press, 1960; Bernard H. Slicher van Bath, *The Calculation of the Population of New Spain, Especially for the Period before 1570*, in «Boletín de Estudios Latinoamericanos y del Caribe», n. 24, Junho 1978.

(^{10}) Slicher van Bath, *The Calculation of the Population*, cit., p. 72.

(^{11}) *Ibidem*, p. 71; Cook e Borah, *The Indian Population*, cit., pp. 40-46.

(^{12}) Juan López de Velasco, *Geografia y descripción universal de las Indias*, Madrid, Atlas, 1971.

(^{13}) A primeira obra sobre o tema, na verdade, é a de Sherburne F. Cook e Lesley B. Simpson, *The Population of Central Mexico in the Sixteenth Century*, Berkeley, University of California Press, 1948, em que os dois autores atribuíam ao centro do México uma população de 11 milhões. Seguiram-se Cook e Borah, *The Indian Population*, cit.; *Id.*, *The Population of Central Mexico*, cit.; Borah e Cook, *The Aboriginal Population*, cit.; e ainda, Sherburne F. Cook e Woodrow

Borah, *Essays in Population History. Mexico and the Caribbean*, 3 vols., Berkeley, University of California Press, 1971-79.

(14) Cook e Borah, *The Population of Central Mexico*, cit., pp. 37-49.

(15) Borah e Cook, *The Aboriginal Population*, cit., pp. 45-71.

(16) O código original da *Matrícula de Tributos* encontra-se no Museu Nacional de Antropologia da Cidade do México. Uma versão da *Matrícula* foi copiada no código Mendoza, mandado elaborar pelo vice-rei Mendoza para Carlos V, enviada para Espanha num barco, depois capturada pelos Franceses, e encontra-se agora na Bodleian Library de Oxford.

(17) Borah e Cook, *The Aboriginal Population*, cit., p. 125.

(18) Cook e Borah, *The Indian Population*, cit., pp. 40-48.

(19) Sanders, *The Population*, cit, pp. 96-97.

(20) Cook e Borah, *The Indian Population*, cit., p. 48.

(21) *Suma de visitas de pueblos por orden alfabético*, ms. 2800, Biblioteca Nacional, Madrid, transcrita e publicada por Francisco del Paso y Troncoso, *Papeles de Nueva España*, II s., Madrid, Rivadeneyra, 1905, vol. I.

(22) Cook e Borah, *The Population of Central Mexico*, cit., pp. 67-103.

(23) Sanders, *The Population*, cit., pp. 92-101; Slicher van Bath, *The Calculation of the Population*, cit.

(24) France V. Scholes, *Sobre el modo de tributar de los Indios de Nueva España a su Majestad,* 1561-64, México, Porruá, 1958.

(25) *Ibidem*, p. 30.

(26) *Carta del virrey don Luis de Velasco a su Majestad, México, 29 de abri de 1562* [AGI, Patronato, legajo 182, ramo 2]; *Relación que se envió a España de lo que parece podrían tributar ya al presente tributan las siete cabeceras aquí contenidas, que están en la Real Corona* [*ibidem*]. Ambos os documentos são publicados por Scholes, *Sobre el modo*, cit., pp. 122-128.

(27) Sanders, *The Population*, cit., pp. 122-128.

(28) Sherburne F. Cook e Woodrow Borah, *Categorías civiles y grupos de edad*, in *Id.*, *Essays*, cit., vol. I, pp. 239-241.

(29) Numa população estável, com crescimento igual a zero e esperança de vida em torno dos 24 anos (modelo West, cf. Ansley J. Coale e Paul Demeny, *Model Life Tables and Stable Populations*, Princeton (N.J.), Princeton University Press, 1966), a relação entre jovens dos 0-18 anos e metade da população adulta dos 20-50 anos (supondo que esta quantidade seja equivalente ao total dos casais) é da ordem de 1,9 (mas trata-se de uma estimativa por defeito; com efeito, o número dos casais é supostamente inferior, visto que o número dos solteiros e das solteiras e dos viúvos na faixa etária entre os 20-50 anos é seguramente maior do que o número de casados na faixa dos 50 e acima dos 50, que pesa menos de um terço do que população de 20-50 anos na população total). Portanto, 1,9 constitui um mínimo e valores de 1,3-1,6, como os calculados por Cook e Borah, denotam indubitavelmente uma população em manifesto declínio.

(30) *Relación de la cuenta y gente que se halló en la parte de Santiago y México. 12 de marzo de 1562* [AGI, Patronato, legajo 182, ramo 2], in Scholes, *Sobre el modo*, cit., pp. 76-79.

(31) Remetemos para a nota 29; além disso, importa sublinhar que uma proporção de 47% de jovens é coerente com a proporção de 2,3 de jovens/casais.

(32) Sobre *Relaciones Geográficas*, veja-se a introdução in René Acuña (org.), *Relaciones Geográficas del siglo XVI*, II: *Guatemala*, México, Universidad Nacional Autónoma de México, 1984-1989.

(33) O questionário é reproduzido em Paso y Troncoso, Papeles de Nueva España, cit., vol. IV, pp. 1-7.

(34) Juan Bautista de Pomar, *Relacíon de Texcoco*, in *Relaciones de Texcoco y de la Nueva España*, México, Chavez-Hayhoe, 1941, p. 50.

(35) Acuña (org.), *Relaciones Geográficas del siglo XVI. V: Tlaxcala*, cit., pp. 230-231.

(36) *Ibidem*, vol. I, p. 76.

(37) *Ibidem*, vol. II, p. 314: *Carta de los licenciados Espinosa e Zuazo a su Cesarea Majestad (30.III.1528)*. Veja-se Roberto Marte (org.), *Santo Domingo en los manuscritos de Juan Bautista Muñoz*, Santo Domingo, Fundación García Arévalo, 1981, pp. 279-280.

(38) Corine S. Wood, *New Evidence for Late Introduction of Malaria into the New World*, in «Current Anthropology», XVI, marzo 1975, n. 1, p. 94; Francisco Guerra, *Epidemiología americana y filipina*, 1492-1898, Madrid, Ministerio de Sanidad y Consumo, 1999, pp. 100-101; Henry R. Carter, *Place of Origino of Malaria. America?*, 1923, http//etext.lib.viginia.edu/etcbin/fever.

(39) Sobre as epidemias no México, e em toda a América, veja-se Guerra, *Epidemiología*, cit., que dá um repertório histórico pormenorizado, com ensaios introdutórios importantes. Uma fonte clássica e muito citada é a de Frei Jerónimo de Mendieta, *Historia Eclesiástica Indiana*, México, Porrúa, 1993, em particular o capítulo XXXVI do livro quarto, pp. 513-519. Entre os contemporâneos, vejamse os ensaios coligidos em Elsa Malvido ed Enrique Florescano (org.), *Ensayos sobre la historia de las epidemias nel México*, 2 vol., México, Instituto Mexicano del Seguro Social, 1982. Cronologias das epidemias encontram-se em Charles Gibson, *Los Aztecas bajo el dominio español*, Madrid, Siglo Ventiuno, 1967, pp. 460-461; Peter Gerhard, *A Guide to the Historical Geography of New Spain*, Cambridge, Cambridge University Press, 1972, p. 23; Hans Prem, *Brotes de enfermedad en la zona central de México*, in Noble D. Cook e George Lovell (org.), *Juicios secretos de Dios*, Quito, Abya-Yala, 2000.

(40) Prem, *Brotes*, cit. p. 84.

(41) Sobre a epidemia da varíola de 1520-21, além de remeter para o capítulo 3, recordo a obra de Robert McCaa, *Spanish and Nahuatl Views on Smallpox and Demographic Catastrophe in Mexico*, in «Journal of Interdisciplinary History», XXV, Inverno 1995, n. 3, e a de Noble D. Cook, *Born to Die. Disease and New World Conquest*, 1492-1650, Cambridge, Cambridge University Press, 1998.

(42) Frei Beranardino de Sahagún, *Historia general de las cosas de Nueva España*, México, Porrúa, 1977, vol. IV, p. 137; facsmile *Historia general de las cosas de Nueva España*, 3 vol., Florença, Giunti-Barbera, 1979; trad. it. parcial *Storia indiana della conquista di Messico*, Palermo, Sellerio, 1983.

(43) Relatório enviado ao rei a 22 de Maio de 1522, in Cortés, *Cartas de Relación*, cit., p. 105.

(^{44}) José Luis Martínez, *Hérnan Cortés*, México, Fondo de Cultura Económica, 1990, pp. 297-303.

(^{45}) Bernal Díaz del Castillo, *Historia verdadera de la Conquista de la Nueva España*, México, Porrúa, 1976, p. 370; trad. it. *La Conquista del Messico, 1517--1521*, Milão, Longanesi, 1980.

(^{46}) Frei Toribio Motolinia, *Historia de los Indios de la Nueva España*, México, Porrúa, 1973, p. 14.

(^{47}) Citado em Germán Somolinos d'Ardois, *Las epidemias en México durante el siglo XVI*, in Malvido e Florescano, Ensayos, cit., p. 208.

(^{48}) Mendieta, *Historia Eclesiástica*, cit., p. 515.

(^{49}) Somolinos d'Ardois, *Las Epidemias*, cit.

(^{50}) Enrique Otte, *Cartas privadas de emigrantes a Indias, 1540-1616*, México, Fondo de Cultura Económica, 1995, carta 72, *Juan López de Soria e la Condessa de Ribadavia (30.XI.1576)*.

(^{51}) Francisco del Paso y Troncoso, *Epistolario de Nueva España*, México, Editorial Pedro Robredo, 1940, vol. XII, documentos 690, 691, 692.

(^{52}) M.J. Cuevas, S.J., *Historia de la Iglesia en México*, 5 vol., México, Imprenta del Colégio Salesiano, 1926, vol. II, pp. 500-501, citado em Daniel T. Reff, *Old World Diseases and Their Consequences in 16th Century New Spain*, comunicação apresentada na Conferência «The Peopling of the Americas», Veracruz, 1992.

(^{53}) Prem, *Brotes*, cit., p. 81.

(^{54}) Mendieta, *Historia Eclesiástica*, cit., p. 515.

(^{55} France V. Scholes, *Moderación de las doctrinas de la Real Corono administradas por las órdenes mendicantes, 1623*, México, Porrúa, 1959, p. 16.

(^{56}) James Lockhart, *The Nahuas after the Conquest*, Stanford (Calif.), Stanford University Press, 1992, cap. II; Gerhard, *A Guide*, cit., pp. 4-5.

(^{57}) Gerhard, *A Guide*, cit., p. 27.

(^{58}) Lockhart, *The Nahuas*, cit., cap. 2.

(^{59}) Gerhard, *A Guide*, cit., p. 27.

(^{60}) Scholes, *Moderación*, cit., pp. 22-23.

(^{61}) Silvio Zavala, *El servicio personal de los Indios en la Nueva España, 1521-50*, México, El Colégio del México, 1984, vol. I, pp. 512-513.

(^{62}) Martínez, *Hérnan Cortés*, cit., pp. 293-294; Hugh Thomas, *Montezuma, Cortés, and the Fall of Old Mexico*, Nova Iorque, Simon & Schuster, 1993; Juan Miralles, *Hernán Cortés*, Barcelona, Tusquets, 2003, pp. 284-285.

(^{63}) Simpson, *The Encomienda*, cit., cap. 5.

(^{64}) *Ibidem*, pp. 147-150.

(^{65}) Para uma síntese da evolução do regime da *encomienda* e do trabalho, além do livro anteriormente citado de Simpson, veja-se Zavala, *El servicio personal*, cit., pp. 19-42.

(^{66}) Zavala, *El servicio personal*, cit., pp. 279-292.

(^{67}) Citado em Sherburne F. Cook e Woodrow Borah, *El pasado de México*, México, Fondo de Cultura Económica, 1989, p. 254.

(^{68}) Zavala, *El servicio personal*, cit., p. 498.

(⁶⁹) *Ibidem*, p. 499; *Carta de Fray Francisco de Mayorga al Obispo de Santo Domingo, Presidente dell'Audiencia de México*, in Paso y Troncoso, *Epistolario de Nueva España*, cit., vol. III, pp. 120-122. É um protesto contra os abusos cometidos com os índios, obrigados a carregar pedras para a Cidade do México para as obras de construção de Córtes.

(⁷⁰) Charles Gibson, *Tlaxcala in the Sixteenth Century*, Stanford (Calif.), Stanford University Press, 1967, pp. 123-130, 135.

(⁷¹) Simpson, *The Encomienda*, cit., cap. VI; *Carta al Emperador del licenciado Salmerón (9.II.1533)*, in Paso y Troncoso, *Epistolario de Nueva España*, cit., vol. III, pp. 19-21. Salmerón refere os seus esforços para convencer os senhores ilustres de Tlaxcala e Cholula a enviar mais índios para trabalho e serviço em Puebla.

(⁷²) Sobre as obras do *desagüe*, vejam-se Alexander von Humboldt, *Ensayo politico sobre el Reino de Nueva España*, México, Porruá, 1973, livro III, cap. VIII; ed. orig. *Essai politique sur le royaume de la Nouvelle-Espagne*, Paris, Antoine-Augustin Renouard, 1825-27, trad. it., *Saggio politico sul regno della Nuova Spagna*, Bari, Edipuglia, 1992; Gibson, *Los Aztecas*, cit., p. 9.

(⁷³) Zavala, *El servicio personal*, cit., p. 128.

(⁷⁴) *Ibidem*, p. 121.

(⁷⁵) Motolinia, *Historia de los Indios*, cit. Contém a *Carta de Fray Toribio de Motolinea al Emperador Carlos V*.

(⁷⁶) Rodrigo de Albórnoz, *Contador de Nueva España, a Carlos V (15.XII.1525)*, reproduzido em Lesley B. Simpson, *Los Conquistadores y el Indio Americano*, Barcelona, Península, 1970, p. 196; ed. orig. *The Encomienda in New Spain*, Berkeley, University of California Press, 1966.

(⁷⁷) *Ibidem*, p. 198.

(⁷⁸) Zavala, *El servicio personal*, cit., p. 183.

(⁷⁹) Lockhart, *The Nahuas*, cit., p. 164.

(⁸⁰) Cook e Borah, *The Population of Central Mexico*, cit., p. 114.

(⁸¹) Gerhard, *A Guide*, cit., p. 3.

(⁸²) Francisco R. Calderón, *Historia económica de la Nueva España en tiempo de los Austrias*, México, Fondo de Cultura Económica, 1988, p. 353.

(⁸³) Gibson, *Los Aztecas*, cit., p. 10.

(⁸⁴) Gibson, *Tlaxcala*, cit., p. 153.

(⁸⁵) Cook e Borah, El pasado, cit., p. 238.

(⁸⁶) Carlos Sempat Assadourian, *La despoblación indígena en Péru y en Nueva España durante el siglo XVI y la formación de la economia colonial*, in «Historia Mexicana», XXXVIII, 1989, n. 3.

Capítulo VII

(¹) Michel A. Little e Paul T. Baker, *Environmental Adaptations and Perspectives*, in Paul T. Baker e Michael A. Little (org.), *Man in the Andes. A Multidisciplinary Study of High-Altitude Quechua*, Stroudsburg (Pa.), Dowden, Hutchinson & Ross, 1976.

(^{2}) José de Acosta, *Historia natural y moral de las Indias*, Madrid, Historia 16, 1986, p. 402.

(^{3}) *Ibidem*.

(^{4}) Pedro Gutierrez de Santa Clara, *Crónicas del Perú*. III: *Quinquenarios, o Historia de las guerras civiles del Perú*, Madrid, Atlas, 1963.

(^{5}) Sobre os levantamentos e as fontes demográficas segui, no parágrafo que se segue, Noble D. Cook, *Population Data for Indian Peru. Sixteenth and Seventeenth Centuries*, in «The Hispanic American Historical Review», LXII, Fevereiro 1982, n. 1, pp. 73-120.

(^{6}) *Instrucción que el Marqués Francisco Pizarro dió a Diego Verdejo para la visita que había de hacer desde Chicama hasta Tucoma (4.VI.1540)*, in *Gobernantes*, pp. 19-25. «Visitareis todas as aldeias e tomareis nota dos índios que há em cada uma delas, vendo as casas em que moram.» Veja-se também a carta de Pedro de la Gasca ao Conselho das Índias de 28 de Janeiro de 1549: «Durante estes dias, dei ordens em todas as povoações destas regiões para que todos os inspectores partissem para efectuarem as suas *visitas*», *ibidem*, p. 151.

(^{7}) Juan de Matienzo, *Gobierno del Peru* (1567), org. Guillermo Lohmann Villena, Paris-Lima, Institut Français d'Études Andines, 1967, p. 110

(^{8}) Waldemar Espinoza Soriano, *La destrucción del impero de los incas*, 4.ª ed. Lima, Amaru Editores, 1986.

(^{9}) *Ibidem*, p. 178; Carlos Sempat Assadourian, *Transiciones hacia el sistema colonial andino*, Mexico, El Colegio de México y Instituto de Estudios Peruanos, 1994, p. 47.

(^{10}) Pedro Cieza de León, *La Crónica del Perú*, Madrid, Historia 16, 1984, p. 318; trad. it. *Pedro Cieza de León e il Descubrimiento y conquista del Peru*, Roma, Istituto storico italiano per l'età moderna e contemporanea, 1979.

(^{11}) John V. Murra (org.), *Visita de la provincia de León de Huánuco en 1562*, Huánuco, Universidad Nacional Hermilio Valdizán, 1967; Nathan Wachtel, *La vision des vaincus*, Paris, Gallimard, 1971, pp. 139, 157-161, trad. it. *La visione dei vinti. Gli indios del Perú di fronte alla conquista spagnola*. Torino, Einaudi, 1977.

(^{12}) Wachtel, *La vision*, cit., pp. 140, 168-170.

(^{13}) Waldemar Espinoza Soriano (org.), *Visita hecha a la provincia de Chucuito por Garci Diez de San Miguel en el año 1567*, Lima, Ediciones Casa de la Cultura del Perú, 1964.

(^{14}) *Ibidem*, p. 64.

(^{15}) *Ibidem*, p. 206.

(^{16}) Sobre os problemas relativos à definição de tributário, cfr. Noble D. Cook, *Demographic Collapse. Indian Peru, 1520-1620*, Cambridge, Cambridge University Press, 1981, p. 45.

(^{17}) Pilar Remy, *El documento*, in *Las visitas a Cajamarca 1571-72/1578*, Lima, Instituto de Estudios Peruanos, 1992, vol. I, pp. 37-46, 59-60.

(^{18}) Marco Jiménez de la Espada (org.), *Relaciones Geográficas de Indias. Perú*, 2 vol., Madrid, Atlas, 1965, vol. I, p. 155.

(^{19}) William M. Denevan, *The Native Population of the Americas in 1492*, II ed., Madison, *The University of Wisconsin*, 1992, p. XXVIII, nota; C.T. Smith,

CONQUISTA

Depopulation of the Central Andes in the 16ᵗʰ Century, in «Current Anthropology», VII, 1966, pp. 395-416; Cook, *Demographic Collapse*, cit., pp. 41-54, 109--114; Wachtel, *La vision*, cit., p. 140; Daniel E. Shea, *A Defense of Small Population Estimates for the Central Andes in 1520*, in Denevan, *The Native Population*, cit., p. 174.

([20]) Vejam-se as considerações feitas nas notas 29 e 31 do cap. 6.

([21]) Carta de 17 de Julho de 1549, in *Gobernantes del Perú*, cit., p. 210.

([22]) Espinoza Soriano (org.), *Visita hecha a la provincia de Chucuito*, cit., p. 169. Há muitos outros testemunhos que falam dos ocultamentos, *ibidem*, pp. 151, 154, 160, 163.

([23]) *Gobernantes del Peru*, cit., vol. VIII, p. 372.

([24]) Nicolas Sánchez-Albórnoz, *Indios y tributarios en alto Perú*, Lima, Instituto de Estudios Peruanos, 1978, pp. 29, 49; *Id.*, *La ciudad de Arequipa, 1573-1645. Condición, migración y trabajo indígeno*, Arequipa, Universidad Nacional de San Agustín, 2003. Cerca de 1640, segundo o inquérito de Felipe de Bolívar, nos episcopados de Cuzco, Chuquisaca (Charcas) e la Paz, 49,8% dos homens seriam imigrantes recentes ou seus descendentes: cfr. Carlos Sempat Assadourian, *La crisis demográfica del siglo XVI y la transición del Tawantinsuyu al sistema mercantil colonial*, in Nicolás Sánchez-Albórnoz, *Población y mano de obra em América Latina*, Madrid, Alianza Editorial, 1985, p. 76.

([25]) Francisco López de Caravantes, *Noticia general del Perú*, Madrid, Atlas, 1987, vol. IV, pp. 296-297.

([26]) *Relación del Sr Virrey Luis de Velasco al Sr Conde de Monterrey sobre el estado del Perú*, in *Colección de las memorias o relaciones que escubieron los Virreyes del Perú*, in *Colección de las memorias o relaciones que escribieron los Virreyes del Perú*, org. Ricardo Beltrán y Rózpide, vol. I, Madrid, Imprenta del Asílo de Huérfanos, 1921, pp. 119-120. Veja-se também a carta dos caciques de Chucuito a Filipe II, de 2 de Setembro de 1597, na qual se lamentam as fugas para escapar à *mita*, o aumento da pressão fiscal para os índios que ficam nas aldeias, a avidez dos *alguaciles* controladores, em *Monumenta peruana*, Roma, Mon. Hist. Societatis Jesu, 1974, vol. VI, pp. 443-451.

([27]) *Gobernantes del Perú*, cit., vol. VIII, pp. 253-254, 350.

([28]) Assadourian, *La crisis demográfica*, cit., p. 76; *Colección de las memorias*, cit., p. 166: um número igual a 25 000, supostamente famílias.

([29]) Para as *Relaciones Geofráficas*, cf. capítulo 6, nota 32. Para as instruções e as perguntas do questionário veja-se *Instrucción y memoria de las relaciones que se han de hacer para la descripción de las Indias*, in René Acuña (org.), *Relaciones Geográficas del siglo XVI. II: Guatemala*, México, Universidad Nacional Autónoma de México, 1984-1989, pp. 15-21.

([30]) Jiménez de la Espada (org.), *Relaciones Geográficas*, cit., em particular, vol. I, pp. 155-156, 221; vol. II, pp. 328, 344.

([31]) *Ibidem*, vol. I, pp. 155-156, 221.

([32]) Nathan Wachtel, *La vision*, cit., p. 150.

([33]) Francisco de Solano, *Normas y leyes de la ciudad hispano-americana, 1492-1600*, Madrid, CSIC, 1996. Veja-se também Matienzo, *Gobierno del Perú*, cit., pp. 49-50. Em cada aldeia reduzida deveria haver, segundo Matienzo, 500 tributários.

([34]) *Puntos de la Instrucción que dió el Virrey Don Francisco de Toledo...* in López de Caravantes, *Noticia general,* cit., vol. IV, pp. 288-289. Para a *Memoria de Toledo a Filipe II: Colección de las memorias,* cit., p. 83.

([35]) *Colección de las memorias,* cit., p. 88.

([36]) John Hemming, *La fine degli Incas,* Milão, Rizzoli, 1997, p. 386.

([37]) *Ibidem,* p. 387; Espinosa Soriano (org.), *Visita hecha a la provincia de Chucuito,* cit., p. 223.

([38]) Jimenéz de la Espada (org.), *Relaciones Geográficas,* cit., vol. II, pp. 334--337.

([39]) Assadourian, *Transiciones,* cit.; *Id., La crisis demográfica,* cit.

([40]) Cieza de León, *La Crónica,* cit., pp. 208-209.

([41]) Hemming, *La fine degli Incas,* cit., p. 153; *Carta del Licenciado Vaca de Castro al Emperador Don Carlos, 24 novembre 1542,* in *Gobernantes del Perú,* cit., vol. I, p. 58.

([42]) Agustin de Zarate, *Historia del descubrimiento y conquista de la provincia de Perú,* Madrid, Atlas, 1947, pp. 564, 566-567; veja-se também *Carta del licenciado La Gasca a los Oficiales de la Casa de Contratación de Sevilla, 25 aprile 1548,* in *Gobernantes del Perú,* cit., vol. I, e James Lockhart, *Spanish Peru 1532-1560. A Social History,* 2.ª ed., Madison, The University of Wisconsin Press, 1992, p. 233.

([43]) Cieza de León, citado em Espinoza Soriano, *La destrucción,* cit., p. 176.

([44]) Cristóbal de Molina, *Relación de muchas cosas acaecidas en el Perú,* Madrid, Atlas, 1968, p. 62.

([45]) *Ibidem,* p. 65.

([46]) *Ibidem,* p. 66.

([47]) Polo de Ondegardo, citado em Assadourian, *Transiciones,* cit., p. 27.

([48]) Lockhart, *Spanish Peru,* cit., p. 233.

([49]) *Carta del licenciado La Gasca al Consejo de Indias (28.I.1549),* in *Gobernantes del Perú,* cit., vol. I, p. 153.

([50]) Espinoza Soriano, *La destrucción,* cit., p. 179; *idem* (org.), *Visita hecha a la provincia de Chucuito,* cit., p. 170.

([51]) Waldemar Espinoza Soriano, *Los Huancas, aliados de la Conquista,* in «Anales Científicos de la Universidad del Centro del Perú», n. 1, Huancayo, 1971. Para uma análise pormenorizada do documento e das respectivas conclusões, Assadourian, *Transiciones,* cit., pp. 40-60.

([52]) Segundo a nossa contagem, 27 014 capturados e 7 056 desaparecidos ou falecidos.

([53]) Uma *fanega* correspondia a 58 litros que, traduzida em peso, dava cerca de 46 quilogramas de milho. Supondo que o equivalente calórico de 300 quilogramas de milho, por ano, corresponde à necessidade nutritiva de um adulto.

([54]) Assadourian, *Transiciones,* cit., p. 60.

([55]) *Ibidem.*

([56]) Frederick A. Kirkpatrick, *Los conquistadores españoles,* Madrid, Espasa-Calpe, 1986, capp. XIV e XIX; ed. orig. *The Spanish Conquistadores,* London, A&C Black, 1946.

(⁵⁷) Assadourian, *Transiciones*, cit., p. 56.

(⁵⁸) Kirkpatrick, *Los conquistadores*, cit., p. 161.

(⁵⁹) Pedro Cieza de León, *El señorio de los Incas*, Madrid, Historia 16, 1984, p. 194: «Contam que houve uma grande peste de varíola tão contagiosa que morreram mais de 200 mil almas em todas as províncias, pois foi geral; e ele [Huayna Capac] adoeceu».

(⁶⁰) O debate foi enriquecido recentemente com as comunicações apresentadas na sessão «Epidemics and Demographic Disaster in Colonial Latin America» do Congresso anual da American Historical Association, que teve lugar em Washington, em Janeiro de 2004, e, em particular, com as comunicações de James B. Kirakofe, *A Case of Mistaken Identity! Leprosy, Measles or Smallpox? Old World Names for a New World Disease: Bartonellosis*; de Robert McCaa, Aleta Nimlos e Teodoro Hampe-Martinez, *The Death of Huayna Capac Re-Examined*, bem como com o texto dos comentários às comunicações da sessão de Noble D. Cook.

(⁶¹) Cieza de León, *La Crónica*, cit., pp. 138-139. Talvez fosse a esta epidemia que Pedro de La Gasca se referia na carta enviada ao Conselho das Índias em Janeiro de 1549: «Uma doença de catarros e dores no peito que em muitos lugares se difundiu entre eles [os índios] e os Espanhóis», in *Gobernantes del Peru*, cit., vol. I, p. 152.

(⁶²) D.F. Montesinos, *Anales del Perú*, 2 vols., Madrid, 1906, vol. I, p. 254. Juan B. Lastres, *Historia de la medicina peruana. II: La medicina en el Virreinato*, Lima, Imprenta Santa Maria, 1951, p. 76. No que se refere à Colómbia, veja-se Juan A. Villamarín e Judith E. Villamarín, *Epidemias y despoblación en la Sabana de Bogotá, 1536-1810*, em Noble D. Cook e George Lovell (org.), *Juicios Secretos de Diós*, Quito, Abya-Yala, 1999, p. 146; quanto ao Equador, Linda A. Newson, *Epidemias del Viejo Mundo en Ecuador*, *ibidem*, p. 127.

(⁶³) Veja-se, entre todos os testemunhos, o respeitabilíssimo testemunho do vice-rei Dom Luis de Velasco e da *audiencia* de Lima que, dado as «enfermidades gerais e mortes dos índios» que ocorreram nos anos anteriores, a população sofreu uma forte diminuição, pelo que foi necessário proceder a novas *visitas* para apurar o número de tributários sobreviventes. Veja-se Silvio Zavala, *El servicio personal de los indios en la Nueva España, 1521-50*, México, El Colégio de México, 1984, vol. I, p. 209.

(⁶⁴) Lastres, *Historia de la medicina*, cit., p. 77; *Descripción de la tierra del Corregimento de Abancay*, in Jiménez de La Espada (organizada por), *Relaciones Geográficas*, cit., p. 76.

(⁶⁵) Zavala, *El servicio personal*, cit., p. 177.

(⁶⁶) Zavala, *El servicio personal*, cit., p. 177.

(⁶⁷) Wachtel, *La vision*, cit., p. 183. Sobre a imposição tributária, Carlos Sempat Assadourian, *La politica del Virrey Toledo sobre el tributo indio: el caso de Chucuito*, in Jauvier Flores Espinoza e Rafael Varón Gabai (org.), *El hombre en los Andes*, Lima, Pontificia Universidad Católica del Perú, 2002, vol. II, pp. 741-766.

(⁶⁸) Zavala, *El servicio personal*, cit., p. 207.

(⁶⁹) *Monumenta Peruana*, cit., vol. II, pp. 765-769, *Carta anua* de Rodrigo Cabredo a Padre Geral Acquaviva (1.III.1602).

(70) Cook, *Demographic Collapse*, cit., p. 247.

(71) *Ibidem*.

Capítulo VIII

(1) Frederick A. Kirkpatrick, *Los conquistadores españoles*, Madrid, Espasa Calpe, 1986, pp. 212-213; ed. orig. *The Spanish Conquistadores*, Londres, A&C Black, 1946.

(2) William Denevan, *The Native Population of the Americas in 1492*, 2.ª ed., Madison, The University of Wisconsin Press, 1992, p. XXXVIII.

(3) David J. Owens, *A Historical Geography of the Indian Missions in the Jesuit Province of Paraguay, 1609-1768*, tese de doutoramento não publicada, University of Kansas, 1977, p. 16.

(4) *Ibidem*, p. 170.

(5) *Ibidem*, p. 4.

(6) Rafael Carbonell de Masy, *Estrategias de desarrollo rural en los pueblos Guaranies (1609-1767)*, Barcelona, Antoni Bosch, 1992, p. 95.

(7) Ernesto J. A. Maeder e Alfredo S.C. Bolsi, *La Población Guaraní de la provincia de Misiones en la época post-Jesuítica (1768-1810)*, in «Folia Histórica del Nordeste», suplemento do n.º 54, 1982, p. 72.

(8) Sobre a organização política, social e económica das missões existem inúmeros documentos e estudos modernos e contemporâneos. São particularmente relevantes as obras de José Cardiel, *Las Misiones del Paraguay*, Madrid, Historia 16, 1989; Guillermo Furlong, *José Cardiel, S.J. y su Carta-Relación*, Buenos Aires, Libreria del Plata, 1953; Pierre F.J. de Charlevoix, *Histoire du Paraguay* (1756), 3 vol., Paris, Didot, 1956; Martin Dobrizhoffer S.J., *Historia de los Abipones*, 3 vol., Resistencia, Universidad Nacional del Nordeste, 1967, 1968 e 1970; José M. Peramás, *La República de Platón y los Guaraníes*, Buenos Aires, Emecé, 1946. Além disso, vejam-se, em particular, Alberto Armani, *Città di Dio e Città del Sole*, Roma, Studium, 1977; Francesco Barbarani, *Le riduzioni dei Guaraní: un'alternativa al sistema coloniale*, in Antonio Sepp, *Il sacro esperimento del Paraguay*, Verona, Edizione della Cassa di Risparmio di Verona, 1990; Philip Caraman, *The Lost Paradise. An Account of the Jesuit in Paraguay, 1607-1768*, Londres, Sidgwick & Jackson, 1975; Carbonell de Masy, *Estrategias de desarrollo*, cit.; Guillermo Furlong, *Missiones y sus pueblos de Guaraníes*, Buenos Aires, Ediciones Theoria, 1962; Pablo Hernández, *Organizacíon social de las doctrinas Guaraníes de la Compañia de Jesus*, 2 vol., Barcelona, Gustavo Gili, 1913; Ernesto J. A. Maeder, *Aproximación a las Misiones Guaraníticas*, Buenos Aires, Ediciones de la Universidad Católica, 1996; Magnus Mörner, *The Political and Economic Activities of the Jesuits in the la Plata Region, Stockholm*, Library and Institute of Ibero American Studies, 1953; Owens, *A Historical Geography*, cit.

(9) Hernández, *Organización*, cit., vol. I, pp. 87-88.

(10) Armano, *Città di Dio*, cit., p. 115.

(11) Gonzalo de Doblas, *Memoria sobre Misiones*, in Pedro de Angelis, *Colección de obras y documentos relativos a la historia antigua y moderna de las pro-*

CONQUISTA

vincias del Rio de la Plata, 8 vols., Buenos Aires, Editorial Plus, Ultra, 1970, pp. 24-25.

(12) Pablo Pastells, *Historia de la Compañia de Jesús en la Provincia del Paraguay,* 8 vol., Madrid, Victoriano Suárez, 1933, vol. V, pp. 107, 148. Os outros volumes a que faremos referência oportunamente são: vol. I, Madrid, Victoriano Suárez, 1912; vol. II, 1915; vol. III, 1918; vol. IV, 1923; vol. VI (com F. Mateos), Madrid, CSIC, 1946; vol. VI (com F. Mateos), 1953; vol. VIII (com F. Mateos), 1959.

(13) Francesco Barbarani, *Organizzazione del territorio e sviluppo urbanistico nelle missione gesuitiche del Paraguay (1609-1641),* in Giovanna Rosso Del Brena (org.), *La costruzione di un nuovo mondo,* Genova, Sagep Editrice, 1994; Carbonell de Masy, *Estrategias de desarrollo,* cit., pp. 301-302; Furlong, *Misiones,* cit., p. 187.

(14) Sepp, *Il sacro esperimento,* cit., pp. 195 ss.

(15) Furlong, *Misiones,* cit., vol. I, p. 102.

(16) J. M. Blanco, *Historia documentada de la vida y gloriosa morte de os Padres Roque Gonzales de la Cruz, Alonso Rodríguez, y Juan del Castillo de la Compañia de Jesús,* Buenos Aires, Mártires del Caaró y Yjuhi, 1929, p. 108.

(17) J. M. Blanco, *Historia documentada de la vida y gloriosa morte de os Padres Roque Gonzales de la Cruz, Alonso Rodríguez, y Juan del Castillo de la Compañia de Jesús,* Buenos Aires, Mártires del Caaró y Yjuhi, 1929, p. 108.

(18) Hernández, *Organización,* cit., vol. I, pp. 101-102. Armani, *Città di Dio,* cit., pp. 153-155.

(19) Armani, *Città di Dio,* cit., pp. 153-155.

(20) Cardiel, *Las Misiones,* cit., p. 103.

(21) Carbonel de Masy, *Estrategias de desarollo,* cit., p. 103.

(22) Dobrizhoffer, *Historia,* cit., vol. I, pp. 321-325; Sepp, *Il sacro esperimento,* cit., pp. 173-174.

(23) Cardiel, *Las Misiones,* cit., p. 72.

(24) Carbonell de Masy, *Estrategias de desarrollo,* cit., p. 106.

(25) *Ibidem,* p. 107.

(26) Pastells, *Historia,* cit., vol. IV, p. 92.

(27) Caraman, *The Lost Paradise,* cit., p. 139.

(28) Furlong, *Misiones,* cit., p. 294.

(29) Caraman, *The Lost Paradise,* cit., p. 139.

(30) Dobrizhoffer, *Historia,* cit., vol. VI, p. 12.

(31) Mörner, *The Political and Economical Activities,* cit.

(32) Furlong, *Misiones,* cit., p. 294.

(33) Peramás, *La República,* cit., p. 139.

(34) Archivum Romanum Societatis Iesu, Paraquariae 12, Roma, ff. 168-176; Hernández, *Organización,* cit., vol. I, pp. 592-598.

(35) Pastells, *Historia,* cit., vol. VI, p. 12.

(36) Cardiel, *Las Misiones,* cit., p. 93; Branislava Súznik e Miguel Chase-Sardi, *Los indios del Paraguay,* Madrid, Editorial Mapfre, 1995.

(37) Archivum Romanum Societatis Iesu, Paraquariae 12, cit.

(^{38}) Hernández, *Organización,* cit., vol. I, pp. 197-198; Peramás, *La República*, cit., p. 63.

(^{39}) Cardiel, *Las Misiones*, cit., p. 121.

(^{40}) Sepp, *Il sacro esperimento*, cit., p. 124; Furlong, *Misiones*, cit., p. 288.

(^{41}) Súznik e Chase-Sardi, *Los indios*, cit., pp. 96-97.

(^{42}) Hernández, *Organización*, cit., vol. I, p. 90; vol. II, pp. 34-36.

(^{43}) Para o aprofundamento dos temas demográficos das missões, incluindo uma apresentação das fontes, da crítica e da avaliação dos dados, da ilustração das estimativas das taxas de fecundidade e mortalidade, e dos métodos adoptados para obtê-las, veja-se Massimo Livi Baci e Ernesto J. A. Maeder, *Misiones Paraquariae: la demografia di un esperimento*, in «Popolazione e Storia», IV, 2004, n.2. Veja-se também Ernesto J. A. Maeder e Alfredo S.C. Bolsi, *La población de las Misiones Guaraníes entre 1702-1767*, in «Estudios Paraguayos», 1974, n. 2; e dos mesmos autores, *Evolución y características (1671-1767)*, in «Cuadernos de Geohistória Regional», 1980, n.4.

(^{44}) Furlong, *José Cardiel*, cit., p. 140.

(^{45}) Súznik e Chase-Sardi, *Los indios*, cit., p. 140.

(^{46}) Pastells, *Historia*, cit., vol. V, p. 327.

(^{47}) Pierre F.J. de Charlevoix, *Historia del Paraguay,* 6 vol., Madrid, Victoriano Suárez, 1913, vol. IV, p. 216.

(^{48}) Guillermo Furlong, *Manuel Querini S.J. y sus «Informes al Rey» 1747-1750*, Buenos Aires, Theoria, 1969, pp. 113-114; Pastells, *Historia*, cit., vol. V, p. 689.

(^{48}) Ernesto J.A. Maeder, *Un pueblo de disertores Guaraníes del Iberá en 1736*, in «Folia Histórica», 1974, n.1; Súznik e Chase-Sardi, *Los indios*, cit., p. 95.

(^{50}) Hernández, *Organización*, cit., vol. I, pp. 397-398.

(^{51}) Doblas, *Memoria*, cit., p. 29.

(^{52}) Diego de Alvear, *Relación geográfica e histórica del territorio de las Misiones*, in Angelis, *Colección*, cit., vol. III, p. 707.

(^{53}) Roy M. Anderson, *Directly Transmitted Viral and Bacterial Infections of Man*, in *Id.* (org.), *The Population Dynamic of Infectious Diseases, New York,* Chapman & Hall, 1982.

(^{54}) Cecil W. Dixon, *Smallpox*, London, Churchill, 1962; Russel Thornton, Jonathan Warren e Tim Miller, *Depopulation in the Southeast after 1492*, in John W. Verano e Douglas H. Ubelaker (org.), *Disease and Demography in the Americas*, Washington (D.C.), Smithsonian Institution, 1992.

(^{55}) Owens, *A Historical Geography*, cit., p. 240.

(^{56}) Sepp, *Il sacro esperimento*, cit., p. 179.

(^{57}) Carlos Leonhardt (org.), *Cartas anuas de la Provincia del Paraguay, Chile y Tucumán de la Compañia de Jesús (1615-37)*, 2 vol., Buenos Aires, Iglesia, 1927-29, vol. I, p. 452; vol. II, p. 701.

(^{58}) *Ibidem*, vol. I, p. 215.

(^{59}) Pastells, *Historia*, cit., vol. IV, p. 56.

(^{60}) Maeder e Bolsi, *La Población Guaraní,* cit., p. 75.

(^{61}) Pastells, *Historia*, cit., vol. IV, p. 52.

CONQUISTA

(^{62}) *Manuscritos da Coleção de Angelis*. IV: *Jesuítas e bandeirantes no Uruguai (1611-1758)*, Rio de Janeiro, Biblioteca Nacional, 1970, p. 204.

(^{63}) Sepp, *Il sacro esperimento*, cit., p. 175.

(^{64}) Maeder e Bolsi, *Evolución y características*, cit., p. 127.

(^{65}) Archivio Congregazione Propaganda Fide (APF), Roma, América do Sul 2, fig. 32.

(^{66}) Caraman, *The Lost Paradise*, cit., pp. 144-145.

(^{67}) Pedro Lozano, *Historia de las Revoluciones de la provincia del Paraguay (1721-1735)*. I: *Antequera*; *Los Comuneros*, Buenos Aires, Cabaut, 1905, vol. II, p. 357.

(^{68}) D. Muriel *Historia de las Revoluciones de la provincia del Paraguay (1721-1735)*. I: *Antequera*; II: *Los Comuneros*, Buenos Aires, Cabaut, 1905, vol. II, p. 357.

(^{69}) Peramás, *La República*, cit., p. 65.

(^{79}) Furlong, *José Cardiel*, cit., p. 172.

(^{71}) Doblas, *Memoria*, cit., pp. 33-34.

(^{72}) United Nations, *World Population Prospects. The 2002 Revision*, Nova Iorque, 2003.

(^{73}) Maeder e Bolsi, *La Población Guaraní*, cit., p. 75.

(^{74}) *Ibidem*, p. 78.

(^{75}) Maeder, *Aproximación*, cit., p. 117.

(^{76}) Pastells, *Historia*, cit., vol. I, p. 276.

Epílogo

(^{1}) Douglas H. Ubelaker, *Patterns of Disease in Early North American Population*, in Michael H. Haines e Richard H. Steckel (org.), *A population History of North America*, Cambridge University Press, 2000, pp. 53-54; Russel Thornton, *Population History of Native North Americans*, in Haines and Steckel, *A Population History*, cit., pp. 13, 32.

(^{2}) George Lovell e Cristopher H. Lutz, *Perfil etnodemográfico de la Audiencia de Guatemala*, in «Revista de Indias», LXIII, 2003, n. 227, p. 163.

(^{3}) John Hemming, *Red Gold. The Conquest of Brazilian Indians*, Cambridge (Mass.), Harvard University Press, 1978; trad. it. *Storia della Conquista del Brasile*, Milão, Rizzoli, 1982.

(^{4}) José Miranda, *La población indígena de México en el siglo XVII*, in «Historia Mexicana», XII, Outubro-Novembro 1962, n. 2.

(^{5}) Alexander von Humboldt, *Ensayo político sobre el Reino de la Nueva España*, México, Porrúa, 1973, p. 38; ed. orig. *Essai politique sur le royaume de la Nouvelle-Espagne*, Paris, Antoine-Augustin Renouard, 1825-27; trad. it. *Saggio politico sul regno della Nuova Spagna*, Bari, Edipuglia, 1992. Ainda segundo Humboldt, era opinião comum que as omissões eram consideráveis, e, portanto, propôs uma estimativa de 5,2 milhões, *ibidem*, p. 39.

(^{6}) Além de Humboldt, veja-se Gonzalo Aguirre Beltrán, *La población negra de México*, 3.ª ed., México, Fondo de Cultura Económica, 1989, p. 228.

307

(7) Nicolás Sánchez-Albórnoz, *La población de América Latina. Desde los tiempos precolombinos al año 2025*, 3.ª ed., Madrid, Alianza Editorial, 1994, pp. 97, 105-106; *Id.*, *Migración rural en los Andes. Sipesipe (Cochabamba), 1645*, in «Revista de Historia Económica», I, 1983, n. 1.

(8) George Lovell, *Conquest and Survival in Cololonial Guatemala*, Montreal & Kingston, McGill-Queen's University Press, 1992, p. 145.

(9) Thornton, *Population History*, cit., pp. 24, 32.

(10) Humboldt, *Ensayo*, cit., p. 39.

(11) *Ibidem*, p. 68.

(12) *Ibidem*, p. 69.

(13) Charles-Marie de La Condamine *Voyage sur l'Amazone*, Paris, Maspero, 1981, p. 119.

(14) Frei Toribio Motolinia, *Historia de los Indios de la Nueva España*, México, Porrúa, 1973, p. 40.

(15) H. B. Johnson, *Portuguese Settlement, 1500-1580*, in Leslie Bethell (org.), *Colonial Brazil*, Cambridge University Press, 1987, p. 31; M. Luiza Marcílio, *La población del Brasil colonial*, in Leslie Bethell (org.), *Historia de América Latina*, Barcelona, Crítica, 1990, vol. IV, p. 46.

(16) John Hemming, *Indian and the Frontier*, in Bethell (org.), *Colonial*, cit. Massimo Livi Baci, *500 anni di demografia brasiliana: una rassegna*, in «Popolazione e Storia», I, 2001, pp. 15-16.

Índice de nomes próprios

Acosta, José de, 45, 91, 167, 189
Acquaviva, geral, 289, 303
Acuña, René, 297
Adorno, Rolena, 277, 301
Adriano VI, 37
Agueibana, 84
Aguirre Beltrán, Gonzalo, 243, 282, 295, 307
Albornoz, Rodrigo de, 158, 299
Alcina Franch, José, 292
Alfaro, Francisco, 178, 200, 272
Almagro, Diego de, 28, 184, 186, 189, 190, 270, 271
Altamirano, padre, 209
Alvarado, Alonso de, 28
Alvarado, Pedro de, 42, 186, 270
Alvear, Diego de, 215, 306
Anderson, Roy M., 287, 306
Adreoni, Giiovanni António (Andrea João Antonil), 21, 27, 85
Angelis, Pedro de, 304, 306, 307
Arella, Ramirez de, 95
Armani, Alberto, 304, 305
Armelagos, George J., 244, 285
Arranz Marquez, Luís, 109, 110, 118, 247, 282, 287, 290-4
Assadourian, Carlos Sempat, 12, 185, 189, 190, 284, 299-303

Atahualpa, 7, 36, 47, 55, 67, 78, 165, 184, 185, 188, 270, 277
Aufderheide, Arthur C., 285

Baker, Paul T., 299
Bakewell, Peter J., 290
Ballesteros, Manuel, 284
Barbarani, Francesco, 12, 304-5
Beltrán y Rózpide, Ricardo, 301
Benalcázar, Sebastián de, 28, 47, 277
Bennassar, Bartolomé, 283
Benzoni, Girolamo, 292
Betanzos, Juan de, 67, 191
Bethell, Leslie, 290, 308
Biraben, Jean-Noel, 286
Black, Francis L., 244, 285, 302
Blanco, J. M., 305
Bobadilla, Francisco de, 69
Bolívar, Felipe de, 301
Bolívar, Simón, 87
Bolsi, Alfredo S.C., 304, 306, 307
Borah, Woodrow, 42, 131, 134, 135, 138, 139, 142, 143, 159, 246, 250, 283, 291, 295, 296, 298, 299
Boroa, Diego de, 217
Boxer, Charles R., 288, 290

Brading, David A., 288, 290
Brizeño, Diego, 180-182
Buendía, Juan Maldonado de, 183
Burgés, padre, 217

Caboto, Sebastião, 200
Cabral, Pedro Álvares, 229
Cabredo, Rodrigo de, 289, 303
Calancha, António de la, 86, 288
Calderón, Francisco R., 290, 299
Candia, Pedro de, 190
Cañete, Garcia Hurtado de Mendoza, marquês de, vice-rei, 41, 168, 253
Capoche, Luís, 85, 86, 88-90, 92, 288, 289
Caraman, Philip, 304, 305, 307
Carbonell de Masy, Rafael, 304, 305
Cárdenas, Francisco de, 280
Cardiel, José, 73, 211, 214, 223, 287, 304-307
Carlos III, rei de Espanha, 231
Carlos V, rei de Espanha, 40, 129, 155, 158, 185, 270, 271, 278, 283, 296, 299
Carter, Henry R., 297
Castro, Alonso de, 36, 115, 176, 283
Cavalli-Sforza, Luigi Luca, 281
Centeno, Diego, 186
Ceron Carvajal, Jorge, 145
Chanca, doutor, 113, 122, 292
Carbonneau, Hubert, 281
Charlevoix, Pierre F.J. de, 304, 306
Chase-Sardi, Miguel, 305, 306
Chaunu, Huguette, 287
Chaunu, Pierre, 69, 287
Cieza de León, Pedro, 47, 43, 49, 67, 90, 169, 170, 185, 191, 192, 284, 286, 289, 300, 302, 303
Cisneros, Francisco Jiménez de, cardeal, 40, 104, 269
Coale, Ansley J., 296
Cobb, Gwendolyn B., 289
Cole, Jeffrey A., 95, 289, 290
Colombo, Bartolomé, 103, 105, 269

Colombo, Cristóvão, 15, 17, 22, 28, 40, 44, 72, 77, 99, 101, 103, 105, 109, 111, 113, 117, 120, 121, 122, 125-127, 129, 269
Colombo, Diego, 114, 120, 124, 269
Colón, Hernán, 111
Condamine, Charles-Marie de La, 232, 308
Cook, Noble D., 91, 121, 122, 173, 246, 255, 256, 283, 286, 289, 293, 294, 297
Cook, Sherbune F., 134, 283, 291, 295, 296, 298, 300, 303
Córdoba, Pedro de, 40, 52
Corsini, Carlo A., 12
Cortés, Hernán, 23, 36, 65, 127, 129, 130, 132, 139, 146, 148, 153--158, 186, 270
Costa, Iraci del Nero da, 282
Crosby, Alfred J., 68, 69, 284, 286, 287
Cross, Harry E., 288, 290
Cuevas. M. J., 298
Cuitlahuac, senhor de Ixtapalapa, 65
Cuneo, Michele da, 121
Curtin, Philip D., 243, 282
Cutimbo, Pedro de, 188

Darwin, Charles, 19, 281
Del Panta, Lorenzo, 287
Demeny, Paul, 296
De Moya, Casimiro, 246
Denevan, William M., 18, 131, 241, 246, 281, 287, 291, 294, 295, 300, 301, 304
Diamond, Jared, 285
Díaz del Castillo, Bernal, 65, 129, 130, 148, 286, 294, 298
Díaz López, Zemira, 288
Diez de San Miguel, Garci, 171, 183, 254, 300
Diez Hoyo, Maria del Cármen, 12
Dixon, Cecil W., 285, 286, 306
Doblas, Gonzalo de, 215, 304, 306, 307

Dobrizhoffer, Martin, 304, 305
Dobyns, Henry F., 131, 172, 241, 258, 286
Durán, padre, 89

Echagoian, *licenciado*, 126
Engerman, Stanley L., 282
Espinoza Soriano, Waldemar, 254, 300, 301, 302

Fernando, *o Católico*, rei de Espanha, 16, 40, 101, 104, 269
Fewkes, Jesse W., 292
Figueroa, Luís de, 16, 284
Filipe II, rei de Espanha, 41, 138, 182, 271, 301, 302
Flores Espinoza, Jauvier, 303
Florescano, Enrique, 285, 297, 298
Furlong, Guillermo, 257, 287, 304-307

Garcia Ros, Baltazar, 221
Gerhard, Peter, 160, 297-299
Gibson, Charles, 160, 297, 299
Girón, Hernández, 170, 184, 271
Gómez de León Cruces, José, 295
Gómez, Manuel Hilário, 29
Gonzales Dávila, Gil, 83, 121
Gorender, Jacob, 282
Gorjón, Hernando, 123
Graham, Douglas H., 282
Grijalba, Juan de, 270
Guacanagarí, *cacique*, 103, 111, 113
Guadalupe, Juan Fernández de, 118
Gualpa, índio, 85
Guamán Poma de Ayala, Felipe, 49, 50, 277, 284
Guarionex, *cacique*, 111, 121
Guerra, Francisco, 121, 291, 293, 297
Gutierrez de Santa Clara, Pedro, 300
Guzmán, Nuño de, 42, 157

Haines, Michael H., 282, 307
Hamilton, Earl, 288, 291

Hampe-Martinez, Teodoro, 303
Hanke, Lewis, 283, 288, 289
Hemming, John, 182, 287, 302, 307, 308
Henige, David, 291
Hernández de Córdoba, Francisco, 270
Hernández, Pablo, 304-306
Herrera, Antonio de, 290
Higuey, Maria de, 119, 120
Hojeda, Alonso de, 109, 114
Huascar Capac, 165, 184, 270
Huayna Capac, 55, 67, 165, 170, 179, 185, 187, 191, 193, 236, 270, 303
Huerga, Álvaro, 283
Humboldt, Alexander von, 62, 96, 230-232, 243, 285, 290, 299, 307, 308

Ibarra, *licenciado*, 117
Iguanama, Isabel de, 120
Isabel, *a Católica*, rainha de Castela, 101, 115

Jimenez, Bartolomé, 214
Jiménez de la Espada, Marco, 300-303
Johnson, H.B., 308

Karash, Mary G., 282
Kirakofe, James B., 303
Kirkpatrick, Frederick A., 302-304
Konetzke, Richard, 282
Kroeber, Alfred, 131, 241
Kubler, George, 156, 251

La Gasca, Pedro de, 47, 168, 170, 176, 184-188, 271, 300, 303
Landa, Diego de, 60, 67, 285, 286
Las Casas, Bartolomé de, 20, 22, 40-43, 53, 77, 82-84, 104-108, 111-115, 123, 158, 233, 269, 271, 281-288, 290-294

Lastres, Juan B., 303
León, António de, 226
Leonhardt, Carlos, padre, 306
León-Portilla, Miguel, 284, 285
Lipschutz, Alejandro, 246
Little, Michael A., 299
Livi Bacci, Massimo, 258, 260, 285-
-288
Loaysa, arcebispo, 168
Lockhart, James, 159, 298, 299, 302
Lohmann Villena, Guillermo, 253,
289, 290, 300
López de Caravantes, Francisco,
289, 290, 301, 302
López de Gomara, Francisco, 65,
286, 293
López de Velasco, Juan, 36, 37, 115,
125, 133, 143, 156, 249, 273,
283, 292, 294, 295
López, Francisco, 171
López, Martin, 153
Lovell, George, 297, 303, 307, 308
Lozano, Pedro, padre, 214, 307
Lutz, Christopher H., 307

Maeder, Ernesto J. A., 12, 225, 257-
-260, 285, 304, 306, 307
Malthus, Thomas R., 20, 24, 281
Malvido, Elsa, 285, 297, 298
Mancera, Pedro de Toledo y Leiva,
marquês de, vice-rei, 95
Manco Capac, 184, 270
Manicaotex, *cacique*, 118
Manzanedo, Bernardino de, 124, 284
Marcílio, M. Luiza, 308
Maria de Toledo, 104
Marte, Roberto, 288, 291, 292, 294,
297
Martin Cari, *cacique*, 171, 177
Martin Cusi, *cacique*, 177
Martin, Debra L., 284
Martínez, José Luís, 298
Matienzo, Juan de, 92, 168, 169,
253, 289, 300-302

Matrone, Luciano, 12
May, Robert M., 287
McCaa, Robert, 286, 295, 297, 303
Medina, Bartolomé, 271
Mencarini, Letizia, 12
Mendieta, Jerónimo de, 149, 297,
298
Mendoza, António de, vice-rei, 155,
270, 277, 296
Mendoza, Pedro de, 200
Menozzi, Paolo, 281
Mercadillo, Alonso de, 190
Merrick, Thomas W., 282
Messia, Alfonso, 89
Miller, Tim, 306
Mira Caballos, Esteban, 246, 292,
293
Miralles, Juan, 298
Miranda, José, 230, 307
Miranda, Josefa Flores, 29
Molina, Cristóbal de, 186, 187, 302
Molina, Francisco de, 145
Montesclaros, Juan de Mendoza y
Luna, marquês de, vice-rei, 92,
150, 153
Monterrey, conde de, vice-rei, 153,
178
Montesinos, Antonio de, 40, 269
Montesinos, D. F., 303
Montezuma, senhor Tenochtitlan,
65, 129, 270
Morison, Samuel E. 281, 291, 292
Mörner, Magnus, 287, 304, 305
Motolinia (Toribio da Benavente),
37-40, 43, 63, 148, 149, 156,
158, 159, 193, 233, 283, 285,
298, 299, 308
Moya de Contreras, Pedro, 149
Moya Pons, Frank, 246, 290, 292
Muñoz Camargo, Diego, 115, 145
Muñoz, Juan Bautista, 115, 283
Muriel, D., 307
Murra, John V., 277, 277, 284, 300

Nabel Pérez, Blas, 246
Narváez, Pánfilo de, 38, 65, 67, 147
Newson, Linda A., 286, 303
Nietschmann, Bernard, 291
Nimlos, Aleta, 303
Núñez Vela, Blasco, vice-rei, 191

O'Gorman, Edmundo, 283
Olid, Cristóbal de, 270
Ondegardo, Polo de, 187, 302
Otte, Enrique, 298
Ovando, Juan de, 143
Ovando, Nicolás de, governador, 22, 40, 53, 69, 82, 110, 115, 120, 123, 124, 151, 269
Oviedo, Gonzalo Fernández de, 20, 21, 36, 43, 44, 45, 82, 106, 115, 123, 126, 190, 281, 283, 288, 290-294
Owens, David J., 304, 306

Pacheco, Joaquín F., 280
Palata, Melchor de Navarra y Roca-full de la, duque, vice-rei, 177, 231
Paniccià, Renato, 286
Papi, Floriano, 12
Pasamonte, Miguel de, tesoureiro do rei, 114, 117
Paso y Troncoso, Francisco del, 296--299
Pastells, Pablo, 305-307
Paullu Inca, 190
Pedrarías Dávila (Pedro Árias de Ávila), 42
Peramás, José M., 304-307
Pérez de Tudela, Juan, 280, 291, 292
Piazza, Alberto, 281
Pietro Martire d'Anghiera, 44, 77, 122, 283, 292-294
Pizarro, Francisco, 28, 36, 49, 67, 167, 172, 184-186, 188, 270, 271
Pizarro, Gonzalo, 28, 47, 184, 187--191, 271

Pizarro, Juan, 28
Pomar, Juan Bautista de, 144, 297
Pombal, Sebastião José de Carvalho e Melo, marquês de, 231
Ponce de León, Juan, 42, 84, 117
Prem, Hanns, 147, 297, 298

Queirós Mattoso, Katia M. de, 282
Querini, Manuel, 214
Quisquis, general de Atahualpa, 185

Rabell Romero, Cecília, 12, 295
Reff, Daniel T., 287, 298
Reher, David, 12
Remy, Pilar, 300
Revillagigedo, Juan Vicente de Güe-mes, 230
Ribadavia, condessa de, 149
Rocha, José Joaquín de, 291
Rodríguez Demorizi, Emílio, 288, 293
Rodríguez Molas, Ricardo, 289, 290
Rosas, Diego de, 190
Rosenblat, Ángel, 102, 131, 241, 243, 246, 282, 290, 291
Rosso del Brenna, Giovanna, 305
Rouse, Irving, 292, 293
Rowe, John H., 172

Sahagún, Bernardino de, 60, 64, 147, 149, 278, 286, 291
Salinas y Córdoba, frade, 89
Salmerón, *licenciado*, 299
Sánchez-Albórnoz, Nicolás, 12, 177, 230, 301, 308
Sanders, William T., 131, 137, 140, 294, 296
Santo Domingo, Alonso de, 16
São Tomás, Domingo de, 86, 287
Sapper, Carl, 131
Sauer, Carl O., 291, 292
Scholes, France V., 252, 296, 298
Schwartz, Stuart B., 282
Sepp, Antonio, padre, 73, 202, 211, 228, 287, 304-307

Sepúlveda, Juan Ginés de, 271
Shea, Daniel E., 72, 172, 287, 301
Simpson, Lesley B., 136, 291, 295, 298, 299
Slicher van Bath, Bernard H., 131, 295, 296
Smith, Adam, 20, 281
Smith, C.T., 172, 300
Solano, Francisco de, 301
Solís, Juan de, 200
Somolinos d'Ardois, Germán, 298
Steckel, Richard H., 282, 307
Stein, Stanley J., 282
Stewart, Julian H., 292
Stodder, Ann L. W., 284
Súznik, Branislava, 305, 306
Swedlund, Alan C., 244, 285

Tandeter, Enrique, 289, 290
Thomas, Hugh, 298
Thornton, Russell, 306-308
Toledo, Francisco de, vice-rei, 73, 87, 88, 92, 94, 95, 168, 169, 170, 172, 173, 174, 176-178, 181-184, 187, 236, 256, 271
Torres, Antonio de, 122
Torres, Diego de, 207
Tupac Amaru, 169, 271
Tupac Inca Yupanqui, 180
Turillazzi, Stefano, 12
Tutela, Juan Pérez de, 280

Ubelaker, Douglas H., 284, 285, 287, 306, 307
Ulloa, Juan de
Urbano VIII, papa, 223

Vaca de Castro, *licenciado*, 186, 189
Valderrama, inspector real, 149

Valdivia, Pedro de, 190
Varón Gabai, Rafael, 303
Vázquez Chamorro, Germán, 286
Vázquez de Espinosa, António, 272, 289
Vázquez de Tapia, Bernardino, 65
Vega, Garcilaso de la, 46, 283
Velasco, Luís de, vice-rei, 139, 140, 155, 178, 271
Velasco, Luís de, filho, 161, 195
Velásquez, Diego, 40, 117
Veloz Maggiolo, Márcio, 292
Verano, John W., 284, 285, 306
Verlinden, Charles, 246
Vieira, António, padre, 235
Viesca, Carlos T., 285
Vilar, Pierre, 287, 288, 289
Villagarcia, Félix de, 220
Villamarín, Juan A., 303
Villamarín, Judith E., 303
Viotti da Costa, Emília, 282
Walsh, Lorena S., 282
Warren, Jonathan, 306
Wachtel, Nathan, 172, 181, 194, 284, 300, 301, 303
Watts, David, 246, 291, 293, 294
Wood, Corinne S., 297

Xévres (ou Chèvres), Croy, Guillermo de, monsenhor, 83

Zabala, Bruno, 220
Zambardino, Rudolph A., 131, 246
Zarate, Agustin de, 302
Zavala, Sílvio, 157, 298, 299, 303
Zinsser, Hans, 149, 287
Zorita, Alonso de, 295
Zuazo, Alonso de, *licenciado*, 83, 104, 115, 119, 120, 145, 146

Índice geográfico

África, 18, 19, 25, 27, 28, 68, 84, 104, 115, 146, 235, 270, 273, 293
Albuquerque, 116
Alasca, 15
Alto Peru, 177, 178, 193, 199, 200, 271
Amazónia, 59, 72, 200, 231, 244
América Central, 22, 23, 36, 67, 229, 241
América do Norte, 18, 23, 25, 229, 231, 235, 241
América do Sul, 81, 200, 201, 214, 241
Ananhuanca, 170
Ancerma, 49
Andaguaylas, 49
Andamarcas, 49
Ande, 18, 72, 131, 190, 230, 237, 241
Anansaya, 171
Antequera, 144
Antilhas, 8, 20, 64, 68, 78, 82, 91, 99, 101, 102, 104, 124, 125, 230, 234
Antioquia, 47, 49
Arauco, 217
Arequipa, 49, 88, 69, 178, 253
Argentina, 200, 272, 276

Arica, 86, 95, 183
Arma, 49
Ásia, 146
Assunción, 200
Assunção, 200, 205, 209, 215, 220-222, 272
Ayacucho, 181
Axacopan, 137

Baamas, 51, 104, 113, 269
Baía, 26
Beríngia, 15
Bogotá, 29
Bolívia, 37, 167, 169, 177, 199, 200, 231, 272
Brasil, 11, 21-28, 68, 110, 192, 200, 209, 222, 229, 231, 235, 242, 243, 272-274, 276
Bretanha, 24
Buenaventura, 110
Buenos Aires, 86, 200, 202, 205, 206, 210, 218, 220-222, 272

Caaybaté, 272
Cahuacán,, 137
Cajamarca, 36, 49, 171, 184, 186, 189, 270, 277
Cali, 49
Callapa, 183

315

Canadá, 24, 68, 242
Canárias, 15, 126
Canas, 88
Canchis, 88
Candelária, 209, 218
Caquingora, 183
Caraíbas, 16-18, 21, 24, 25, 36, 45, 55, 67, 72, 78, 108, 112, 142, 169, 229, 234, 241, 243, 273, 275
Cartagena de Índias, 47, 192, 215
Castela, 29, 50, 101, 111, 124, 192
Castilla de Oro, 78, 79, 104. 234
Castrovirreina, 93, 176
Cempoala, 65, 145
Cerro, 85, 86, 89, 245
Chalco, 65, 140, 147, 152
Chapultepec, 156
Charcas, 88, 167, 169, 177, 178, 271, 273
Chichimeca, 134, 250
Chile, 36, 37, 165, 189, 190, 192, 200, 217, 270, 272
Chincha, 49, 95
Cholula, 129, 140, 148, 149, 152, 156, 299
Chucuito, 89, 95, 170-172, 177, 178, 193, 188, 194, 253, 254
Chupas, 186
Chuquisaca, 301
Cibao, 103, 109, 122, 123
Cipango, 113
Cidade do México, 38, 62, 130, 139, 140, 143, 147, 149, 150, 156, 159, 230, 252, 273, 278, 285, 296, 299
Ciudad Real, 215
Coaque, 191
Coaquiauire, 183
Colima, 250
Collaguas, 180
Colômbia, 47, 79, 110, 192, 203
Colónia do Sacramento. 221, 272
Concepción, 101, 110, 118, 119, 124

Condes, 88
Contisuyu, 46
Córdoba, 40, 101, 129, 218
Corpus, 209, 217, 257
Corrientes, 209, 222
Cuatlán, 65
Cuba, 11, 36, 38, 65, 78, 79, 104, 112, 113, 117, 147, 237, 243, 270
Cuenca, 192, 253
Culata de Urabá, 49
Cuyo, 202
Cuzco, 39, 46, 85, 87, 88, 95, 169, 170, 178, 184, 185, 187, 188, 190-192, 194, 253, 270, 301

Darién, 42, 43, 49, 78, 146

Equador, 37, 47, 67, 110, 165, 167, 169, 192, 303
Estremadura, 47
Europa, 15, 18, 23, 24, 31, 51, 52, 59, 70, 72, 74, 92, 124, 125, 151, 161, 185, 207, 208, 218, 220, 229, 233, 237, 272

Flandres, 90, 109
França, 24, 74, 253

Granada, 74
Grã-Bretanha, 24
Guamanca, 169, 181, 183, 253
Guanahaní, 15, 269
Guanajuato, 96, 150
Guanuco, 253
Guaqui, 183
Guarco, 47
Guarima, 186
Guatemala, 16, 36, 42, 67, 150, 186, 191, 229, 231, 270
Guayaquil, 253
Guayrá, 200, 202, 215, 217, 272
Guerrero, 250

Haiti, 101, 110, 269
Hidalgo, 140, 250
Higuey, 119, 120
Hispaniola (ou Espanhola), 16, 20,
   22, 29, 36, 44, 53, 54, 57, 68,
   69, 72, 77-79, 99, 101-104, 106,
   109, 110, 112, 113, 116, 117,
   119, 121, 147, 151, 191, 192,
   237, 246, 269, 270, 276, 284
Holguín, 113
Honduras, 67, 104, 146, 157, 158, 270
Huancavelica, 87, 93, 95, 176, 271
Huánuco, 170, 173
Huejotzingo, 140
Hueyotlipan, 160

Ibera, 214
Ilha das Pérolas, 47
Índias Ocidentais, 125
Isabela, 103, 114, 121, 123
Itapúa, 209, 210, 218
Itatín, 202
Itzacalpan, 145
Iucatão, 36, 67, 249, 270, 295

Jaén, 29, 253
Jalisco, 157, 250
Jamaica, 36, 65, 78, 79, 113, 117
Jaquijaguana, 186
Jatunsausa, 170
Jauja, 47
Jeréz de la Frontera, 70
Jilotepec, 137
Juli, 89

La Cabana, 120
La Gomera, 15, 122
La Paz, 88, 169, 180, 183, 253
La Plata, 169, 253
Las Salinas, 271
Lima, 39, 49, 62, 88, 95, 167, 169,
   176, 187, 192, 193, 235, 237,
   270, 271, 273

Lisboa, 85
Loja, 192
Loreto, 218
Los Angeles, 29
Los Chachapoyas, 253
Los Reyes, 49, 253, 270
Loxa, 253
Lucanas, 49
Lucayas, 51, 104, 113
Lurinhuanca, 170, 188

Machaca, 183
Madrid, 90
Mantaro, 169
Mayobamba, 253
Mboreré, 272
Mediterrâneo, 74
Mesoamérica, 18, 60, 80, 127, 131,
   157, 159, 199, 295
México, 16, 22, 36-40, 42, 54, 64,
   65, 67, 68, 72, 74, 78, 87, 96,
   97, 104, 130-135, 137, 139, 140,
   143-147, 149, 150, 152, 153,
   156, 159, 161, 165, 167, 184,
   191, 194, 229-231, 234, 236,
   237, 241, 249-251, 270-272, 275
Michoacán, 144, 150, 230, 249-251
Minas Gerais, 85, 110
Montevideo, 221, 222
Moquega, 183
Morelos, 140, 250

Nata, 67
Navidad, 103, 113, 269
Nayarit, 250
Nazca, 49
Nicarágua, 42, 43
Nuestra Señora de Fe, 218
Nueva España, 37, 38, 42, 78, 134,
   143, 146, 152, 157, 158, 161,
   230, 249, 271, 273, 278
Nueva Galicia, 150, 249
Nueva Granada, 78, 79

Oaxaca, 144, 249-251
Oaxtepec, 137
Ocuilan, 137
Orenoco, 72

Pacajes, 183
Pachuca, 96, 150, 271
Pacífico, 67, 86, 165, 199, 234, 235, 269, 270
Palos, 15
Panamá, 29, 43, 47, 67, 78, 79, 229, 269, 270
Panuco, 42, 251
Paraguai, 59, 73, 86, 192, 200, 202, 203, 209, 220, 221, 224, 235, 272, 276
Paraná, 36, 152, 197, 199, 202, 206, 209-211, 217-221, 237, 257, 272
Paranapané. 202
Paraquariae (ou Paraquaria), 200, 257, 258, 260
Paria, 97
Parral, 96
Pasto, 47
Patagónia, 15
Peru, 22, 36, 37, 39, 41, 42, 45, 47, 49, 54, 55, 68, 73, 78, 87, 91, 96, 97, 133, 151, 152, 161, 165--169, 172, 173, 177, 178, 180-182, 184-188, 190, 191, 193--195, 199, 200, 213, 231, 236, 237, 253, 255, 263, 271-273, 275, 276
Piura, 47
Popayán, 47, 49, 79
Porco, 85, 93
Portugal, 24, 212, 272
Porto Rico, 36, 42, 57, 65, 78, 79, 83, 84, 117, 237
Potosí, 75, 85-91, 93-95, 97, 176, 178, 179, 194, 245, 271, 274
Púcara, 47
Puebla, 134, 140, 156, 230, 249, 250, 299

Puerto de los Hidalgos, 114
Puerto Plata, 119, 124, 248
Puerto Santa Maria, 70
Puerto Viejo, 49, 253

Quebeque, 23, 68
Quechua, 46
Querétaro, 250
Quimbaya, 192
Quito, 29, 67, 167, 184, 185, 189, 190, 192, 253, 271, 273

Rio de la Plata, 22, 199, 202, 205, 209, 221, 226, 229
Rio Hayna, 109
Rio Magdalena, 47

Salamanca, 129
Sama, 183
Samaná, 122
San Bartolomé, 95
San Borja, 217
San Carlos, 218
San Cosme, 209
San Igancio Miní
San Juan, 57, 83, 112, 118, 143, 207, 252
San Lucar de Barrameda, 69, 70
San Luis Potosí, 250
San Miguel, 47, 171, 183, 207, 253, 254, 257
San Nicolas, 257
San Salvador, 17
Santa Ana, 218
Santa Bárbara, 95
Santa Fé, 68, 205, 213, 221, 222
Santa Maria de Fe, 202, 209, 214
Sant'Angel, 202
Santa Rosa, 209
Santiago, 118, 209
Santiago del Estero, 218
Santiago de los Valles, 253
Santiago Tlatelolco, 143, 252
Sant'Ignacio Guazú, 209, 218

CONQUISTA

Santo Domingo, 16, 39, 40-43, 65, 67, 69, 83, 84, 103, 104, 118, 120, 126, 146, 156, 246, 247, 269, 270
São Paulo, 200
São Tomé, 218
Serra do Espinhaço, 85
Sevilha, 42, 69, 70, 71, 78, 83, 87, 110, 113, 129, 246, 271
Sinaloa, 68
Sombrerete, 96
Sonora, 68
Soras, 48, 180
Sucre, 169

Tacuba, 131
Tape, 202
Tarapacá, 49
Tarija, 87
Tarumá, 214
Taxco, 137
Tebicuarí, 220, 221
Tehuantepec, 134, 250, 195
Tenochtitlan, 36, 65, 129-131, 139, 152, 153, 156, 270
Tepeaca, 65, 145, 150
Tepecacuilco, 137
Texcoco, 29, 131, 140, 144
Tiaguanaco, 183
Titicaca, 47, 86, 89, 170, 175, 183
Tlapa, 137
Tlatelolco, 143, 270
Tlaxcala, 65, 129, 134, 139, 140, 144, 145, 149, 150, 152, 153, 156, 160, 249-251
Toluca, 137, 150
Trois Rivières. 110

Trujillo, 47, 192, 253
Tucumán, 86, 202
Tumbez, 47, 185, 270
Tumibamba, 185

Urubamba, 170
Uruguai, 152, 197, 199, 200, 202, 206, 109-211, 218, 220, 221, 237, 257, 272, 276

Valhadolid, 271
Vega Real, 103, 109, 111, 114, 119, 121, 123
Venezuela, 97
Veracruz, 129, 145-147, 151, 154, 156, 250
Veragua, 78
Viacha, 183
Vilcabamba, 184, 247
Vilcas Guaman, 180
Vilcas, 49
Villarica, 215

Xaraguá, 40, 119, 120
Xauxa, 253
Xochimilco, 140

Yapeyú, 202, 217, 218
Yaquimo, 118
Yauyos, 172, 180, 181
Yucay, 170

Zacatecas, 96, 150, 250
Zacatula, 251
Zamora, 253
Zarapate, 187